팀 켈러,
고통에 답하다

Walking with God through Pain and Suffering
by Timothy Keller

Copyright © 2013 by Timothy Keller
Korean Translation Copyright © 2018 by Duranno Ministry

This Korean edition published by arrangement
with Timothy Keller c/o McCormick Literary, New York,
through Duran Kim Agency, Seoul

팀 켈러,
고통에 답하다

지은이 | 팀 켈러
옮긴이 | 최종훈
초판 발행 | 2018. 2. 26.
28쇄 발행 | 2025. 1. 3.
등록번호 | 제1988-000080호
등록된 곳 | 서울특별시 용산구 서빙고로65길 38
발행처 | 사단법인 두란노서원
영업부 | 02)2078-3333 FAX | 080-749-3705
출판부 | 02)2078-3330

책값은 뒤표지에 있습니다.
ISBN 978-89-531-3058-6 03230

독자의 의견을 기다립니다.
tpress@duranno.com   www.duranno.com

두란노서원은 바울 사도가 3차 전도 여행 때 에베소에서 성령 받은 제자들을 따로 세워 하나님의 말씀으로 양육
하던 장소입니다. 사도행전 19장 8-20절의 정신에 따라 첫째 목회자를 돕는 사역과 평신도를 훈련시키는 사역,
둘째 세계선교TIM와 문서선교단행본·잡지 사역, 셋째 예수문화 및 경배와 찬양 사역, 그리고 가정·상담 사역 등을 감
당하고 있습니다. 1980년 12월 22일에 창립된 두란노서원은 주님 오실 때까지 이 사역들을 계속할 것입니다.

팀 켈러,
고통에 답하다

팀 켈러 지음 | 최종훈 옮김

두란노

누구보다 오래 참을 줄 알고

기쁨을 나눠 주는 나의 누이,

무거운 짐을 견디며, 깊은 슬픔과 맞서고,

하나님을 신뢰하는 법을 가르쳐 준

셰런 존슨Sharon Johnson에게.

Contents

Part 1

고난이라는
풀리지 않는 수수께끼

||||||||||||||||||||||||||||||||||||||||||||||||||||||||||||||||||
고통을 해석하려는 다양한 시도들
||||||||||||||||||||||||||||||||||||||||||||||||||||||||||||||||||

Part 2

성경, 고통에 답하다

||||||||||||||||||||||||||||||||||||||||||||||||||||||||||||
바른 '고난 신학'을 배우다
||||||||||||||||||||||||||||||||||||||||||||||||||||||||||||

Part 3

고통이 내 것이 되었을 때

'왜'냐고 묻고 싶은 고통의 순간들, 예수와 함께 통과하기

고난으로 신앙을 떠나거나,
고난으로 하나님을 만나거나

삶을 진지하게 대한다는 것은 이런 의미가 아닐까 싶다.
이 땅에서 무엇을 하든,
삶에서 깨달은 피조세계의 두려움이라는 진실 ……
만물에 깔려 있는 그 공포스러운 불안을 인정하면서 한다는 것이다.
그렇지 않다면 거짓이다.
_어네스트 베커Ernest Becker[1]

괴로움은 사방에 널렸다. 피할 길이 없는 데다가 질리도록 광범위한 그늘을 드리우기 일쑤다. 한 시간 동안 이 책을 읽는다고 하자. 그 사이에 세상에서는 다섯 명 이상의 어린이들이 학대와 폭력에 시달리다 죽어 간다.[2] 하루 종일이라고 한다면, 그 사이 험한 일을 당해 목숨을 잃는 아이들의 수는 백 명을 웃돈다. 괴로움의 형태와 방식은 학대와 폭력 말고도 헤아릴 수 없이 많다. 시침이 한 바퀴 돌 때마다 수천 명이 교통사고와 암으로 숨지고 사랑하는 누군가가 갑자기 세상을 떠났다는 소식이 수십만 명에게 전해진다. 날마다 소도시 하나만큼의 인구가 가족과 친구들을 남겨 둔 채 세상을 떠난다.

대참사로 엄청난 희생자가 날 때마다(1970년 방글라데시를 초토화시킨 볼라 사이클론이나 2004년 인도양 연안을 강타한 지진 해일, 2010년 아이티 대지진 같은 천재지변은 단번에 30만 명이 넘는 희생자를 냈다) 난리의 소문은 온 세상에 퍼지고 듣는 이마다 어마어마한 피해에 큰 충격을 받는다. 하지만 통계 수치는 실체를 다 보여 주지 못한다. 그런 사건들이 희대의 참사인 건 분명하지만 고통의 총량을 생각하면 빙산의 일각에 지나지 않는다. 난데없이 닥친 비극적인 사고로 죽음을 맞는 인구가 하루에 수만 명이 넘고 수십만에 이르는 이들이 말할 수 없는 슬픔과 충격에 휩싸이는 게 현실이다. 하지만 그런 일들이 뉴스의 헤드라인을 장식하는 경우는 거의 없다. 우리가 사는 세상에서 고통과 괴로움은 일상이 되어 버렸기 때문이다.

이를 꿰뚫어 본 셰익스피어William Shakespeare는 이렇게 노래한다.

> 아침마다
> 새로운 과부들이 아우성치고, 새로운 고아들이 울부짖으며,
> 새로운 슬픔이 하늘의 낯을 치니.[3]

악과 고통이 세상에 이미 너무나도 만연해 앞서 이야기한 통계 수치를 듣는다 한들 눈 하나 깜빡할지 의심스럽다. 작가 어네스트 베커는 인생의 비참한 면모와 누구에게나 고난이 닥칠 수 있다는 점을 부정하는 행태가 얼마나 위험천만한지 설명한다. 비극적인 소식을 듣는 순간, 인간의 내면에서는 깊숙이 자리 잡은 심리적 방어기제가 작동한다. 그처럼 끔찍한 사건이나 사고는 내가 아닌 남들에게, 혹은 빈곤층에게, 그것도 아니라면 미리 대비하지 않은 사람들에게나 생기는 일이라 치부한다. 또 유능한 인물을 책임자로 뽑아서 사회 체제를 바로잡기만 하면 다시는 이런 종류의 참사가 벌어지지 않을 거라고 믿는다.

하지만 베커는 그런 사고방식을 고집하는 것은 "삶에 대해 진지하지 못한 것이며, 삶에서 깨달은 피조세계의 두려움이라는 진실, 만물에 깔려 있는 그 공포스러운 불안"[4]을 인정하지 못하는 것이라고 생각했다. 극도의 두려움이 분출되는 근원지는 죽음이다. 죽음은 무슨 수로도 예측하거나 되돌릴 수 없다. 워싱턴 DC 인근에서 인종과 나이를 가리지 않고 그야말로 닥치는 대로 저격을 일삼은 이른바 '벨트웨이 스나이퍼Beltway Sniper' 사건이 일어났을 당시, 앤 파체트Ann Patchett는 〈뉴욕 타임스 매거진The New

York Times Magazine〉에서 동일한 메시지를 전했다.

> 살인 사건이 벌어질 때마다 모두들 자신은 이 사건과 동떨어진 안전한 곳에 있다고 자위한다. '나와는 상관없는 일이야. 난 그런 동네에 살지 않거든. 거기에 가본 적도 없고 희생자와는 전혀 모르는 사이지.' 그렇다면 이유와 장소, 대상을 가리지 않는 살인은 어찌할 것인가? 우리는 무슨 수로 마음의 평안을 얻을 것인가?
> 죽음을 늦추려는 발버둥은 이미 전 세계적으로 사람들의 높은 관심사가 되었다. 운동, 콜레스테롤 검사, 유방 조영검사, 그밖에 무슨 수를 써서든 사람들은 영생에 도전하고 싶어 한다. 영생의 조건이 무엇인지 파악해서 어떻게든 거기에 맞추려 한다. 하지만 다수의 군중을 향한 난사가 아니라 대상을 설정해 정확한 한 발의 조준 사격을 가하는 이 저격수는 죽음의 실체를 살벌하리만치 선명하게 드러내 보인다. 벗어나려고 아무리 애써도 대다수 인간에게 죽음은 여전히 무작위적이다. 죽음은 한 치의 어김도 없이 또박또박 닥쳐오고 있다.⁵

파체트와 베커는 공포스러운 불안을 외면하기 위해 대중이 동원하는 꼼수를 여지없이 발가벗긴다. 이 책은 삶에 대해 진지하라는 그들의 주장을 실행에 옮기려는 노력의 산물이다. 우리가 이 끔찍한 현실을 염두에 두고도 만족스럽고 더 나아가 행복하게 살 수 있으면 좋겠다. 하지만 인간이라면 누구나 사랑하는 이를 잃는다든지, 치명적인 질병에 걸린다든지, 믿었던 사람에게 배신을 당한다든지, 재정적인 어려움에 부닥친다든지, 윤리적인 실수를 저지른다든지 하는 일들을 겪게 마련이다. 그리고 이러한 일들에 예방 백신 같은 건 없다.

가족, 친지들과 더불어 건강하고 넉넉하며 안락하게 살고 일터에서 승승장구하기 위해 어떤 대책을 세우고 얼마나 애쓰는지와 상관없이 무언가가 필연적으로 그 모든 걸 엉망으로 만들어 버린다. 제아무리 많은 돈과 권력을 쌓고 계획을 세운다 해도 가족과의 사별, 심각한 질병을 비롯한 끔찍한 일들이 수시로 삶에 끼어드는 걸 막을 수 없다. 인생은 한없이 연약하며, 불가해한 힘에 휩쓸리게 되어 있다. 그래서 삶은 비극적이다. 군이 가르치지 않아도 인간이라면 저절로 아는 사실이다. 어려움과 아픔을 겪는 사람들은 인력으로는 어찌해 볼 도리가 없음을 누구보다 잘 안다. 절망에 무릎 꿇지 않으려면 도움이 필요하다. 그리고 결국 그 도움은 영적일 수밖에 없다는 것을 이 책을 통해 이야기하려 한다.

마음이 상한 자를
가까이하시는 하나님

결혼식 날, 가족과 친지 앞에서 아내와 나는 서약을 주고받았다. 우리는 전형적인 서약서 문구에다, 결혼반지에 새긴 성경 말씀인 시편 34편 1-3절을 덧붙였다.

내가 여호와를 항상 송축함이여 내 입술로 항상 주를 찬양하리이다 내

영혼이 여호와를 자랑하리니 곤고한 자들이 이를 듣고 기뻐하리로다
나와 함께 여호와를 광대하시다 하며 함께 그의 이름을 높이세.

결혼 서약은 참으로 가슴 벅찬 순서였다. 시편 기자가 선포하는 고상한 말씀이 감격을 보탰다. 이제 크리스천으로서, 또한 평생 함께할 사역에 부부로서 첫발을 들여놓았다. 우리가 아는 하나님을 세상에 담대하게 드러내는 일에 둘이 하나 되어 참여하게 된 것이다.

하지만 그때는 그 구절 한복판에 자리 잡고 있는 짧은 문구를 완전히 무시하다시피 했다. 본문은 "곤고한 자들이 이를 듣고 기뻐하리로다"라는 말로 사역의 성공 여부를 가늠한다. 거기에 눈길이 가지 않은 까닭은 훗날 아내가 지적한 대로, "아직 나이라는 걸 발톱이 살 속으로 파고드는 것만큼 고통스럽게 느끼지 않던 시절"이었기 때문이다. 둘 다 젊었고 그만큼 자신만만해서 고난과 고통까지 헤아릴 겨를이 없었다. 고통의 본질을 이해하고 정면으로 맞서도록 누군가를 돕는 한편 자신 역시 고통에 올바르게 대처한다는 게 얼마나 혹독한 일인지 당시에는 감조차 잡지 못했다.

목회자의 길에 들어서고 나서, 수많은 사람들이 왜 하나님께 반항하거나 부정하는지 골똘히 살피기 시작했다. 고통과 고난 탓일지도 모른다는 생각에 미치기까지는 그리 긴 시간이 필요하지 않았다. '선하신 하나님, 정의로우신 하나님, 사랑이 넘치시는 하나님이라면 어떻게 그처럼 참담하고, 썩어 문드러지고, 고통스럽고, 괴로운 일들을 허락하실 수 있단 말인가!' 고통이 마음에 뿌리를 내릴수록 머릿속의 회의도 자라간다. 고난을 당하는 이들 곁에 다가설 때마다 하나님의 존재와 기독교 신앙을 향

한 혐오의 불길이 극렬하게 타오르는 장면을 목격했다.

몇 년 전, 갑작스러운 사고로 연인을 잃은 할리우드 여배우가 기자와 인터뷰를 했다. 오랜 세월 하나님을 생각하거나 입에 올려 본 적이 없음에도 불구하고, 막상 불행한 일이 닥치자 비난부터 쏟아 냈다. "사랑이 많다는 분이 어쩜 이럴 수가 있죠?" 하나님을 향한 감정이 냉담에서 분노로 급변했던 것이다.[6] 작가 스탕달Marie-Henri Beyle Stendhal을 비롯한 수많은 사상가들 역시 그와 비슷한 경험을 하고 나서 "하나님이 없다는 것 말고는 설명이 안 된다"[7]는 결론을 내렸다.

하지만 다른 한편으로는 많은 이들이 고통과 고난을 통해 하나님을 만났다는 사실 또한 알게 됐다. 역경이 주님으로부터 멀어지게 만들기는 커녕 도리어 그분께 다가서게 했다. 곤고하고 고단한 시간들이 '영적 자만'이라는 깊은 잠에서 깨어나 하나님을 진지하게 탐색하도록 이끌었다. 고난은 "반역한 심령의 요새에 진리의 깃발을 꽂는다."[8] 삶에 고난이 찾아들지 않는 한 아무도 하나님을 찾지 않는다는 말은 과장된 말임에 틀림없지만 그렇다고 아주 틀린 말도 아니다. 고난이 닥치면 그제야 비로소 인간은 자신이 제 삶을 마음대로 할 수 없으며, 그렇게 해본 적도 없다는 사실을 절감하게 된다.

그뿐이 아니다. 곤경은 그저 하나님의 존재를 믿게 하는 데 그치지 않고 이미 신앙을 가진 이들을 이끌어 하나님의 실재와 사랑과 은혜를 더 깊이 경험하게 한다는 생각이 갈수록 짙어졌다. 고난의 풀무불을 거치는 과정이야말로 하나님을 추상적으로 아는 수준을 넘어 인격적인 만남으로 이끄는 주요한 통로다. C. S. 루이스Lewis의 말처럼, "하나님은 기쁨을

통해 속삭이시고, 양심을 통해 말씀하시며, 고통을 통해 소리치신다."⁹

웬만한 크리스천이라면 수많은 교리들을 잘 이해해서 머릿속에 간직하고 있을 것이다. 하지만 실망과 실패, 상실의 통로를 거치지 않는 한, 그 진리들은 마음 깊은 곳에 닿지 않는다. 일자리와 가족을 한꺼번에 잃어버린 한 남성은 이렇게 고백한다. "예수님만 있으면 무슨 어려움이든 다 헤쳐 나갈 수 있다는 얘기는 이미 들어서 알고 있었습니다. 원론적으로 말입니다. 하지만 가진 걸 전부 잃어버리고 제게 예수님만 남자, 비로소 그분 한 분만으로 충분하다는 사실이 무슨 의미인지 실감하게 되더군요."

하나님 말씀을 깊이 알아가면서 차츰 '고난의 실상'이야말로 성경이 가르치는 가장 중요한 주제 가운데 하나임을 깨달았다. 창세기는 세상에 악과 죽음이 들어온 전말을 설명하는 데서 시작한다. 출애굽기는 이스라엘 백성의 40년에 걸친 광야생활이 시련을 통한 집중 점검 기간이었다고 이야기한다.

구약성경의 지혜서들은 고난의 문제를 다루는 데 상당 부분을 할애한다. 시편은 살아가면서 부닥칠 수 있는 시련에 대한 기도, 고통에 대한 호소, 부당한 고난에 대한 부르짖음으로 가득하다. 시편을 보노라면 하나님께 제기하는 불만 가득한 질문들이 얼마나 많은지 모른다. 시편 44편에서 기자는 황폐해진 조국을 바라보며 부르짖는다. "주님, 깨어나십시오. 어찌하여 주무시고 계십니까? …… 어찌하여 얼굴을 돌리십니까? 우리가 고난과 억압을 당하고 있음을 어찌하여 잊으십니까?"(시 44:23-24, 새번역) 욥기와 전도서는 삶의 부당한 고통과 실망을 성찰하는 데 지면의 대부분을 할애한다.

예레미야와 하박국 같은 선지자들은 신랄한 표현을 써 가며 악이 지배하는 것처럼 보이는 현실에 대해 인간적인 불만을 토로한다. 히브리서와 베드로전서를 비롯한 신약성경들은 크리스천들이 끈질기게 달라붙는 괴로움과 어려움에 맞서도록 돕는 데 온 힘을 기울인다. 이렇듯 성경은 그 어떤 주제 못지않게 고난에 관심을 두고 있다.

우리 부부도 예외가 아니어서 주어진 몫의 고난과 씨름해야 했다. 2002년, 나는 갑상선암 진단을 받았고 수술과 치료 과정이 뒤따랐다. 게다가 엇비슷한 시기에 아내는 크론병이 심해져서 몇 년 동안 여러 차례 수술을 받아야 했다. 심지어 어느 해인가는 연달아 일곱 차례 수술을 받기도 했다. 문득, 아내의 병이 더 깊어지면 목회를 그만두어야 할지도 모르겠다는 생각이 들었다. 인생 전체를 통틀어 가장 암담했던 시절이었다. 성경 말씀과 경험에 비춰 보면 그보다 더 심한 암흑기도 얼마든지 닥쳐올 수 있다. 그러나 지금으로서는 상상하기조차 어려운 큰 기쁨 역시 예비되어 있다.

아내와 함께 삶을 돌아보면서 사람들이 하나님을 인정하거나 부정하는 지점, 하나님의 살아 계심을 강하게 확신하거나 의심하는 기준선에 고난이 있음을 깨달았다. 이 난해하고 심오한 패턴을 이해하기 위해 성경을 살피다 보니, 하나님은 '고난과 상관없이'가 아니라 '고난을 통해서' 온전한 기쁨을 주셨다. 하나님은 '십자가를 지는 고통과 상관없이'가 아니라 '그 아픔을 통해서' 인류를 구원해 주셨다. 그러므로 오로지 고난을 통해, 그리고 고난 가운데서만 맛볼 수 있는 특별하고, 충만하며, 가슴에 사무치는 기쁨이 있다.

'고난 가운데 있는 사람들'을 여러 해 동안 섬기면서 깨달은 가르침을 이 책에 썼다. 시몬 베유Simone Weil는 "고난이 심하면 하나님이 없는 것처럼 보인다"라고 했다. 하지만 시편 34편에서 다윗은 하나님이 없는 것처럼 보이는 순간에도 정말 그런 것은 아니라고 못 박아 말한다. 일생일대의 위기를 맞아 목숨마저 위태로웠던 시절을 돌아보며 다윗은 단언한다. "여호와는 마음이 상한 자를 가까이하시고 충심으로 통회하는 자를 구원하시는도다"(18절). 이 책을 쓰기로 한 건 그 말씀이 어김없는 진실임을 알았기 때문이다.

거대한 풀무불 속으로
직접 들어오신 분

이 책의 주제는 '고난'이다. 하지만 여기에는 약간의 구별이 필요하다. 인간은 누구나 고난을 당하는 당사자거나 후보자들이다. 하지만 모두가 지금 당장 깊은 고통과 괴로움을 겪고 있는 것은 아니다. 자신은 아니지만 다른 누군가가 곤경에 처한 것을 보는 이들은 거기에 대한 철학적이고 사회적이며 심리적이고 도덕적인 의문을 품게 된다. 반면에 당장 고통과 역경의 손아귀에 붙들려 신음하는 이들은 현실을 철학적인 이슈로 대할 여유가 없다.

한 책에서 관찰자와 주인공의 질문에 한꺼번에 답하는 건 만만한 과제가 아니다. 깊은 고난의 골짜기를 지나는 이들이 "하나님, 어째서 이런 일들이 벌어지게 놔두셨습니까?"라는 철학적인 질문을 던진다 해도 실질적인 관심사는 생존 그 자체에 가 있게 마련이다. '어떻게 하면 살아남을 수 있을까?' '한 인간으로서 품위를 잃지 않고 역경을 헤쳐 나갈 방법은 무엇일까?' 실질적으로 어려움을 겪는 이들에게 철학적인 자세로 고난에 대해 이야기하는 건 잔인한 짓이다. 하지만 고통이 하나님과 인생의 본질에 대한 "중대한 물음"으로 이끌어 가는 것은 분명한 사실이다.

악과 고난에 대한 책을 읽노라면 대부분 어느 한 가지 관점에 얽매여 있을 때가 많다. 그저 '악'이라는 문제에 초점을 맞추어 철학적 시각에 머무는 책들도 있고, 성경에서 고통과 고난에 관한 가르침을 증류해 내는 신학적 입장을 가진 책들도 있다. 예배의 차원에서 접근하는 책들도 제법 있는데, 고난의 수렁에 빠져 숨이 막히도록 괴로워하는 이들에게 도움이 될 만한 일련의 묵상을 담은 글 모음이다. 또한 난관과 시련에 맞서도록 돕는 방식이 문화에 따라 어떻게 다른지를 역사적이고 인류학적으로 탐색하는 책들도 있다. 고난에 대한 연구를 거듭할수록 한 가지 시점에 얽매인 처방으로는 고난이라는 풀리지 않는 수수께끼에 도저히 답할 수 없음이 또렷해졌다.

그래서 이 책을 세 부분으로 나누고 제각기 다른 도구를 써서 이 주제를 다루기로 했다. 셋을 통합하는 요소는 고난을 '뜨겁게 달아오른 풀무불'에 빗대는 이미지다. 성경이 보여 주는 대단히 풍요로운 은유다. 물론 불은 가혹한 고난과 고통의 상징으로 널리 쓰인다. 성경은 시험과 역경을 "불 가운데로 지날 때에"(사 43:2)라든지 "불 시험"(벧전 4:12) 같은 말로 표현한다. '불로 연단함'(벧전 1:6-7)에 빗대는 경우도 종종 있다.

성경이 말하는 풀무는 요즘의 '용광로'와 비슷한 의미다. 뜨겁게 달아오른 물질은 무엇이 됐든 대단히 위험하고 강렬하다. 하지만 적절히 쓴다면 파괴적이지만은 않다. 용광로에 적절히 녹인 물질은 모양을 빚고, 정제하고, 순도를 높여서 근사한 물건을 만들 수 있다. 고난을 설명하는 데 이만큼 훌륭한 이미지는 없을 것이다. 당당히 맞서서 믿음으로 견디면 더 훌륭하고, 강건하며, 고귀한 성품과 활기찬 기운이 넘치는 사람으로 성장할 수 있다. 그래서 고난은 악으로 악을 막는 도구가 될 수 있다. 파괴적인 악의 의도를 무산시키고 어둠과 죽음에 빛과 생명을 끌어들이는 것이다.

1부에서는 외부에서 풀무불을 들여다볼 작정이다. 인간고의 여러 현상을 살펴보면서, 문화와 종교와 시대에 따라 어떤 방식으로 거기에 맞서고 헤쳐 나가도록 도왔는지 짚어 볼 것이다. 아울러 '악의 문제'에 관한 대표적인 철학 논의를 훑어 보고 어떻게 답할 수 있을지 살펴볼 작정이다. 이처럼 1부는 학술적인 내용이 많은 부분을 차지하므로 신학적인 검토가 뒤따를 수밖에 없다. 큰 그림을 그리는 데 반드시 필요한 내용이지만 당장 고통 중에 있는 사람들에게는 비현실적인 이야기처럼 들릴 가능성이 크다.

2부에서는 신학적인 이슈를 넘어 고난의 속성에 대해 말하는 성경의 가르침들을 두루 섭렵할 것이다. 철학적인 영역을 떠나 인격적인 차원으로 들어가기 시작한다. 성경은 마치 부모가 자녀에게 하듯 한 발짝씩 걸음마를 가르치고 있다. 성경 말씀은 차근차근 고난을 통과해 지나가라고 가르친다. 그러자면 이 주제와 관련해 균형 잡히고 포괄적인(말할 수 없을 만큼 현실적인 동시에 희망적인) 가르침들을 정확히 파악해야 한다. 그래야 풀무불에서 달아나려 하거나(회피), 서둘러 지나가려 들거나(부정), 무기력하게 주저앉는 것(좌절)을 피할 수 있다.

마지막으로 3부에서는 실질적인 자료들을 제공하려 한다. 성경은 고난의 풀무불을 지나는 일을 기술적인 문제로 취급하지 않는다. 하나님이 친히 우리와 함께 불 속을 지나가시므로 고난은 파괴가 아니라 정련이 된다. 하지만 그처럼 어려운 시기를 주님과 함께 헤쳐 나가려면 구체적으로 무엇을 어떻게 해야 하는가? 어떻게 해야 하나님께 시선을 고정하고 고난을 통해 나빠지는 게 아니라 더 나아질 수 있는가? 각 장의 기저에는 고통스러운 풀무불 속에서 하나님과의 관계를 지켜 나가는 전략이 하나씩 깔려 있다. 이들은 일정한 순서에 따라 하나하나 밟아가야 할 일련의 '단계'가 아니라 "네가 물 가운데로 지날 때에 내가 너와 함께할 것이라 …… 네가 불 가운데로 지날 때에 …… 불꽃이 너를 사르지도 못하리니"(사 43:2)라고 말씀하시는 하나님을 알아가는 과정으로 보아야 한다.

지금 역경의 한복판을 지나는 이들은 2부와 3부에 더 끌릴지 모른다. 고난에 맞설 방법이 놀랍도록 많으며 다양하다는(그래서 더러 서로 모순이란 생각이 들 정도로) 사실을 알게 될 것이다. 고난을 당하는 이들의 자산으로서 성경이 독특한 지위를 갖는 데는 그 풍부하고 다각적인 접근 방식도 단단히 한몫을 한다. 성경은 고난의 형태와 이유, 대응 방식이 대단히 다채롭다고 이야기한다.

고난에 대처하는 사람들의 반응을 최대한 많이 보여 주기 위해 각 장의 끝에는 시련을 만났지만 하나님과 더불어 돌파한 인물의 이야기를 1인칭으로 정리해 실었다. 실제 일어났던 사연들이다. 성경은 고난이 완전히 해소될 것이라든지 결국은 '해피엔딩'으로 마무리될 것이라고 약속하지 않는다. 하지만 이 이야기들은 신앙인들이 어떻게 하나님의 도우심에 기대어 온갖 어려움을 이겨 내고 고난의 풀무불을 통과했는지 보여 준다. '최악'이라고 할 만한 시기에도, 아니 그런 때일수록 하나님의 임재를 더 확고하게 인식하게 만든다.

성경을 통틀어 고난을 가장 생생하게 보여 주는 대목은 다니엘서 3장이 아닐까 싶다. 본문에서 다니엘의 세 친구는 사형선고를 받고 맹렬하게 타오르는 풀무불에 던져졌다. 하지만 신비로운 인물이 그들 곁에 나타났다. 불구덩이 속에 셋이 아니라 네 사람이 있는 것을 본 구경꾼들은 화들짝 놀랐다. 새로운 인물은 마치 '신의 아들' 같았다.

지푸라기처럼 타버릴 줄 알았던 사형수들은 태연히 풀무불 속을 거닐었다. 신약의 관점을 갖게 된 오늘날의 크리스천들은 그로부터 수백 년 뒤, '하나님의 아들'이 십자가를 지시고 비교할 수 없이 큰 풀무불 속으로 걸어 들어가셨음을 알고 있다. 주님이 우리와 '동행'하신다는 개념을 전혀 다른 차원으로 끌어올린 일대 사건이다. 인간이 겪는 불처럼 뜨거운 고통 속으로 하나님도 예수 그리스도를 통해 걸어 들어가셨다. 그분은 참으로 우리와 동행하시는 하나님이다. 우리의 괴로움을 다 아시고 사랑으로 함께하신다.

우리가 풀무불 속에 있을 때 주님은 친히 그 한복판에 뛰어드셨다. 덕분에 돌이켜 그분을 바라보면서 우리도 검불처럼 소진되는 게 아니라 크고 고운 인간으로 빚어지리라는 사실을 온 마음으로 깨닫게 된다. "내가 너와 함께하리라. 환란으로 축복을 빚으며 네 깊은 아픔으로 널 거룩하게 하리라."[10]

Walking with God
through Pain and Suffering

고통을 해석하려는 다양한 시도들

고난이라는
풀리지 않는
수수께끼

'인생의 목적'에 따라
고통에 대한 해석이 달라진다

고통을 바라보는 문화의 시선들

"도대체 왜 이러는 것인가?"
숨을 거두기 전, 아버지는 물었다.

고난은 삶의 의미들을 수없이 짓이겨 도저히 목숨을 부지하기 어렵겠다 싶게 만드는 듯하다. 마지막 순간을 몇 주 앞두고, 아버지는 치명적이고 고통스러운 질환들을 한꺼번에 앓았다. 급성 담낭염에 담낭농종, 극심한 좌골신경통을 치료하는 와중에 울혈성 심부전과 세 가지 암이 발병했다. 어느 날, 병실로 문병을 온 벗에게 아버지는 물었다. "도대체 왜 이러는 것인가?" 아버지는 그렇지 않아도 몸이 너무 아파서 살아도 사는 것이 아니었다. 어째서 이토록 극심한 괴로움이 끊임없이 이어지는 것일까?

아버지의 장례식에 참석한 그 친구분은 아버지에게 성경의 기본 진리들을 조심스럽게 되새겨 주었노라고 했다. '하나님이 세상에 계속 남겨 두시는 건 아직 주위 사람들을 위해 해야 할 일이 남아 있다는 뜻이다.' '예수님은 우리를 위해 그 누구보다 큰 고통을 당하셨으므로 우리 역시 그분을 위해 작은 아픔을 감내해야 할 때가 있다.' '마침내 하늘나라에 이르면 온갖 괴로움이 다 치유될 것이다.'

벗이 더없이 따뜻한 마음으로 전한 이 메시지들은 오랫동안 묻혀 있던 아버지의 신앙을 일깨웠고, 아버지의 영혼을 되살려 마지막 날들을 견디게 해 주었다. 뼈아픈 역경을 한창 겪는 중에도 목표에서 시선을 떼지 않고 삶을 사는 법을 배우는 것이 무엇보다 중요하다.

고통에 무심한
세속적 현대 문화

지독한 악이나 곤경에 적절히 대처하도록 돕는 기능이야말로 문화가 그 구성원들에게 기여하는 주요한 방법이다. 사회이론가 막스 셸러Max Scheler는 "세계 어디서나 위대한 신앙가나 사상가들의 가르침에는 고통과 고난의 의미가 그 핵심을 이룬다"면서, 어떤 사회든 이러한 사상들 가운데 특정한 입장을 선별해서 구성원들에게 "고난과 적절히 마주하는(또는 다른 차원으로 승화시키는) 데 필요한 지침들을 제공한다"고 주장했다. 사회학자와 인류학자들은 특정한 문화가 슬픔과 고통, 상실에 대처하도록 구성원들을 훈련시키는 다양한 방법들을 분석하고 비교해 왔다. 그 결과 세속적인 현대의 서구 문화가 역사상 그 어느 문화보다 고난에 대응하는 데 미숙하고 취약하다는 점이 자주 드러난다.

인간은 누구나 "세계를 의미 있는 우주로 인식하고 거기에 대해 적절한 입장을 취하려는 내면의 욕구"[2]를 좇아 움직인다. 고난에 대해서도 마찬가지다. 인류학자 리처드 슈웨더Richard Shweder는 "인간이라면 분명히 참담한 현실에서도 깨달음을 얻기를 원한다"[3]라고 말했다. 사회학자 피터 버거Peter Berger의 논지도 비슷하다. 모든 문화는 "고난과 악에 의미를 부여하는 식으로 인간사를 해석해"[4] 왔다는 것이다. 고난 자체가 선하다거나 의미심장하다고 가르쳤다는 이야기가 아니다(그런 시도가 수없이 많았지만, 전문가들은 그러한 접근 방식을 정확히 꼬집어서 '철학적 마조히즘'이라고 불렀다). 버거는 고난의 경험을 쓰레기 취급해서는 안 되며, 고통스럽지만 삶을 잘 꾸려 가게 하는 뜻깊은 길이 될 수 있음을 아는 게 중요하다고 말하는 것이다.

인간에게는 이처럼 뿌리 깊은 "내면의 욕구"가 있으므로, 어떤 문화든 구성원들이 고난에 맞서게 돕든가, 아니면 신뢰를 잃어버릴 위험을 감수하든가 양단간에 선택을 해야 한다. 고난이 그저 무의미하고 쓸데없는 경험인 데다가 피할 길마저 없다고 생각하는 희생자에게 아무런 설명도 주어지지 않으면, 프리드리히 니체Friedrich Nietzsche와 막스 베버Max Weber를 비롯해 수많은 사상가들이 "르상티망ressentiment"(원한 또는 복수심 - 옮긴이 주)이라고 불렀던 깊이 고착된 분노가 심한 증오를 키울 수 있다.[5] 또 르상티망은 심각한 사회 불안으로 이어질 가능성이 크다. 따라서 사회학의 용어를 빌려 말하자면, 구성원들이 상황을 납득하는 데 필요한 '담론'을 제공해야 한다. 여기에는 고통에 적절하게 반응하는 방식뿐 아니라 그 원인에 대한 이해도 포함된다. 그런 담론을 통해 사회는 구성원들을 무장시켜서 세상에서 생존이라는 치열한 전투를 치르게 한다.

하지만 모든 사회가 똑같이 이러한 기능을 제대로 해내고 있는 것은 아니다. 현대 서구 사회는 구성원들에게 고난에 관해 아무 이야기도 들려주지 않으며 어떻게 고통을 처리해야 하는지 안내하는 법도 없다. 2012년 12월, 뉴타운 지역 한 초등학교에서 총격 사건이 일어난 며칠 뒤에, 모린 다우드Maureen Dowd는 12월 25일자 〈뉴욕 타임스The New York Times〉에 "어째서입니까, 하나님?"이란 칼럼을 싣고 참혹한 학살 사건에 대한 가톨릭 신부의 답변을 소개했다.[6]

기사가 나가기가 무섭게 반응이 쏟아졌다. 대부분은 부정적인, 정확히 말하자면 갖가지 이유를 들어 반박하는 내용이었다. 더러는 윤회의 개넘을 들고 나왔다. 이생에서 당하는 고난은 전생에 저지른 죄를 갚는 과정이라고 했다. 불교 사상에 뿌리를 두고, 눈에 보이는 물질세계는 허상에 불과하다고 지적하는 이들도 있었다. 다른 이들은 전통적인 기독교 세계관을 내세웠다. 하늘나라에 가면 헤어졌던 사랑하는 이들과 다시 만날 수 있으며 그것을 생각하면 어려움을 겪는 가운데서도 위로를 얻을 수 있다는 설명이다.

한편에서는 스토아학파와 고대 그리스-로마 시대의 뛰어난 사상가들의 논리에 기대어 고난은 인간을 더 강하게 단련한다는 식의 주장을 펴기도 했다. 반면에 내생 따위는 애당초 존재하지 않으므로 '영적인' 데서 위안을 얻으려는 사고방식 자체가 고난에 대해 적절히 반응하는 힘을 떨어트린다고 열을 올리는 이들도 있었다. 세상을 살 만한 곳으로 만드는 것만이 역경에 제대로 맞서는 유일한 방법이라는 것이다.

칼럼을 둘러싼 독자들의 반응은 그만큼 현대 서구 문화가 비극적인 일들을 감당하고 처리해 낼 수단을 제대로 제공하지 못함을 보여 준다. 비판적인 입장을 보인 이들은 힌두교, 불교, 고대 그리스 사상, 기독교 등 여러 문화와 종교들을 두루 살피며 칠흑같이 어두운 순간에 대응하는 방법을 찾았다. 저마다 알아서 제 길을 찾아가야 하는 신세가 된 것이다.

결국, 현대인은 선대에 비해 역경 앞에 더 무기력하며 한결 심한 충격을 받게 되었다. 중세 유럽에서는 갓 태어난 아기 다섯 가운데 한 명은 첫돌을 넘기지 못하고 목숨을 잃었으며 고작 절반 정도만 열 살을 넘길 수 있었다.[7] 일반적으로 자식 둘 가운데 하나는 성인이 되기도 전에 땅에 묻는 게 보통이었다. 선대들의 삶에는 현대인들보다 훨씬 더 많은 아픔과 어려움들이 차곡차곡 들어차 있었다.

하지만 그들이 요즘 사람들보다 얼마나 차분하고 씩씩하게 고단함과 괴로움을 받아들였는지 보여 주는 일기와 기록, 역사 문서는 너무도 많아서 이루 헤아리기 어렵다. 북유럽 고대사를 연구하는 한 학자는 1,500년 전에 살았던 인류가 상실과 폭력, 고난과 죽음에 얼마나 당당하게 맞섰는지를 알면 현대인들은 기가 죽을 것이라고 단언한다.[8] "옛날에 살았던 사람들이 얼마나 잔인했는지 알면 깜짝 놀라겠지만, 요즘 사람들의 '연약하고, 세속적이며, 소심한' 모습을 보면 선조들 역시 큰 충격을 받을 것"[9]이라고 말하는 이들도 있다.

이 점에 있어서 서구 사회는 지난 세대뿐 아니라 다른 세계 주민들보다도 상당히 약해졌다. 한센병 환자를 대상으로 한 정형외과 수술의 선구자로 인디아에서 의사 생활을 시작해 미국에서 마쳤던 폴 브랜드Paul Brand 박사는 이렇게 말했다. "미국에서 …… 무슨 수를 써서라도 고통을 피하려는 사회와 맞닥뜨렸다. 예전에 진료했던 이들과는 비교할 수조차 없이 안락한 환경에 살면서도 환자들은 고통을 다룰 준비가 훨씬 부족하고 시련 앞에서 한층 심한 충격을 받았다."[10] 어째서일까?

간단히 압축하자면, 다른 문화권에서는 "인생의 목적은 무엇인가?"라는 질문에 대해 구성원들에게 다채로운 답변들을 제공하고 있기 때문이다. 어떤 문화권에서는 인생의 목적이 선업을 쌓아서 윤회와 환생의 고리에서 벗어나 영원한 복을 누리는 것이라고 가르친다. 깨달음, 곧 우주와 자신이 하나임을 인식하고 해탈의 경지에 이르는 데 목적이 있다고 설명하는 문화권도 있다. 더러는 덕성과 고결함, 명예라고 말한다. 또 한편에선 인생의 궁극적인 목표는 하늘나라에 가서 하나님은 물론, 사랑하는 이들과 영원히 사는 것이라고 가르친다.

여기에는 결정적인 공통점이 있다. 이런 세계관들은 비록 고통스러울지라도 고난은 사실 삶의 목적을 이루는 중요한 수단이 될 수 있음을 입을 모아 강조한다는 점이다. 시련은 당신이 가장 중요한 목표를 향해 나가는 데 중추적인 역할을 한다. 다른 문화들의 광대한 내러티브(인간의 삶 자체) 하나하나를 살펴보면 고난이 그 이야기의 중심, 또는 핵심을 이룬다.

하지만 현대 서구 문화는 형편이 다르다. 세속적인 관점으로는 물질 세계만이 존재할 따름이다. 따라서 행복을 안겨 주는 삶을 자유롭게 선택할 자유를 거머쥐는 걸 평생의 목표로 삼게 되었다. 그런 시각으로 보자면 고난은 인생의 불필요한 부분이 된다. 인간사의 중추는커녕 순탄한 인생길에 가로놓인 장애물일 뿐이다. 그런 식으로 삶을 바라보는 이들에게 고난은 무슨 수를 써서라도 피하거나 축소시켜야 할 대상에 지나지 않는다. 결국 세속적인 세계관을 가진 이들은 피할 수도, 되돌릴 수도 없는 시련과 마주할 때마다 우주의 본질에 관한 스스로의 신념과 상관없이 다른 인생관, 가령 윤회사상이나 불교, 그리스 스토아 철학, 기독교 신앙에서 비롯된 자원에 도움을 구하게 된다.

여기가 바로 현대 세속주의가 다른 신앙이나 문화에 비해 취약성을 드러내는 대목이다. 지금부터 몇 장에 걸쳐 그 실상을 구체적으로 살펴보려 한다.

고난을 바라보는
전통적인 시각들

리처드 슈웨더는 오늘날 비서구 문화들이 어떻게 구성원들을 도와 "비참한 현실에서 깨달음을 얻도록" 돕는지를 보여 주는 연구 결과를 제시한다. 전통적인 문화들은 고난의 원인을 주로 영적이고 공동체적이며 윤리적인 맥락에서 인식했다. 그러한 사회들이 고난과 악의 제물이 된 사회 구성원들을 돕는 방식에는 대략 네 가지가 있다.

첫 번째로, 일부 인류학자들이 '윤리적 관점'이라고 부르는 방식이 있다. 거기에는 바르게 살지 못하는 데서 고통과 고난이 비롯된다고 가르쳐 온 문화들이 포함되어 있다. 이런 시각은 다양한 형태로 변형되어 나타난다. 윤리적인 질서에 따르고 하나님, 또는 신들에 복종하면 삶은 순탄하게 마련이라고 믿는다. 고난과 역경을 회개하고 돌이키라는 일종의 '경고등'으로 본다.

가장 순수한 형태의 윤리적인 관점을 고르라면 아마 윤회사상일 것이다. 여기에 따르면 인간의 영혼은 끝없이 환생한다. 다시 태어날 때마다 고난을 비롯해 전생의 업보들을 고스란히 지고 간다. 지금 겪는 역경은 전생에 달려 나오는 후식이나 다름없다. 이생에서 품위와 용기, 사랑을 지니고 살면 내생은 훨씬 좋아질 것이다. 간단히 말해서, 누구든 자신의 죄에서 벗어나지 못하며 마지막 한 톨까지 다 갚아야 한다. 가진 죄를 남김없이 다 닦아 내야 해탈해서 열반에 들 수 있다.

두 번째는 이른바 '자기초월적 관점'이다.[11] 불교 교리에 따르면, 고난은 지난날의 행실이 아니라 이뤄지지 않은 욕망에서 비롯되며 그 욕망은 스스로를 개별적이고 독존적인 자아로 보는 망상의 산물이다. 고대 그리스 스토아학파와 마찬가지로, 붓다Buddha는 생각을 바꿔서 욕망을 없애는 게 고난에서 벗어나는 길이라고 가르쳤다. 덧없는 물질과 인간의 허상을 마음에서 몰아내야 한다는 것이다. 불교의 지향점은 "온갖 욕구와 아집, 고苦가 해소되는 무념무상의 경지에 이르는'"12 데 있다.

또 다른 문화권에서는 요즘 서구인들로서는 도저히 이해가 가지 않는 집단적 노력을 통해 자기초월을 도모한다. 가족 또는 민족의 유익이나 번영을 개인의 정체성이나 행복과 따로 떼어 생각하지 않는다. 이런 세계관에 기대면 역경이 진정한 '당신의 자아'를 해치지 못하기 때문에 고통이 완화되게 마련이다. 당신은 후손과 민족 가운데서 계속 살아 존재한다.13

세 번째로는 고난을 운명적으로 해석하는 '숙명론적 관점'이다. 별자리나 초자연적인 힘, 신들이 정한 불행한 운명, 무슬림이라면 속내를 알 수 없는 알라의 뜻이 삶의 형편을 가름한다. 이러한 세계관을 가진 이들은 지혜와 덕성을 갖춰야만 마음을 다스리고 현실과 조화를 이룬다고 본다.

고대 북유럽 이방 문화권에서는 종말이 오면 처참한 라그나뢰크 전투가 벌어지고 신과 영웅들은 마침내 악마들의 손에 죽음을 맞는다고 믿었다. 따라서 그 사회에서는 절망적인 운명에 맞서 한 치도 물러나지 않고 당당하게 싸우는 것을 더없는 미덕이자 이 땅에서 누리는 최고의 영광으로 여겼다. 그렇게 살았던 주인공들의 행적은 노래와 전설 속에 영원히 살아 숨 쉬게 된다. 이슬람 신앙도 수수께끼 같은 신의 뜻에 군말 없이 복종하는 자세를 의로움의 핵심 요건으로 친다. 이 모든 문화권에서는 신이 부여한 가혹한 운명에 타협이나 불평 없이 복종하는 것이 최상의 덕성이며 고난에 커다란 의미를 두는 근거이기도 하다.[14]

마지막으로, '이원론적 관점'을 가진 문화들이 있다. 여기에 속하는 종교와 사회들은 세상을 운명이나 신의 손에 온전히 좌지우지되는 공간이 아니라 어둠과 빛의 세력이 충돌하는 전쟁터로 판단한다. 이 땅에 불의와 죄, 고통이 깃드는 것은 사악한 사탄의 권세 탓이다. 고난을 당하는 이들의 존재는 눈에 보이지 않는 이런 전쟁과 인과관계에 있다. 막스 베버는 설명한다. "피할 수 없는 고난이 가득하기는 하지만, 세상은 어둠의 오염을 끊임없이 걷어 내는 빛의 정화 작용을 통해 진보한다." 그리고 한마디를 덧붙였다. 이러한 개념은 "대단히 강력하고도 …… 정서적인 역동성을 낳는다."[15]

고난을 당하는 이들은 스스로를 악과 맞서는 싸움의 희생자로 인식하고 결국은 선이 이긴다는 말에서 소망을 얻는다. 고대 페르시아 제국의 조로아스터교처럼 상대적으로 선명한 형태의 이원론들은 종말에 이르면 구원자가 나타나 세상을 완전하고도 영구적으로 혁신하리라고 믿었다. 마르크스주의처럼 그보다 선명도가 다소 떨어지는 이원론들 역시 미래의 어느 시점에는 선의 세력이 악을 정복하리라고 본다.

언뜻 네 가지 접근 방법은 서로 충돌하는 것처럼 보인다. 윤리적인 문화는 고난을 당하는 이들에게 바르게 살라고 명령하고, 자기초월적인 문화는 사고방식을 바꾸라고 요구하고, 숙명론적인 문화는 운명을 당당하게 받아들이라고 주문하며, 이원론적인 문화는 미래에 소망을 두기를 강조한다.

하지만 이들 사이에는 상당히 비슷한 면도 있다. 우선, 구성원들에게 고난은 놀랄 일이 아니며 인간 존재를 구성하는 씨줄과 날줄이라고 가르친다. 둘째로, 역경은 인간을 일으켜 세워 영적인 성장이든, 해탈이든, 영예든, 선한 세력의 승리든 으뜸가는 삶의 목적을 향해 전진하게 한다고 설명한다. 셋째로, 고난을 거치며 성장하고 성취하느냐는 자기 하기 나름이라고 말한다. 제각기 영적인 실존과 올바른 관계를 맺는 게 열쇠라는 뜻이다.

집단적인 문화권에서는 고난받는 이들이 이렇게 말하길 기대한다. "조만간 나도 죽겠지. 하지만 내 자식과 그 자녀와 자녀의 자녀들로 영원히 삶이 이어질 거야."[16] 불교 문화권에서는 이렇게 말할 것이다. "틀림없이 언젠가는 죽겠지만, 죽음은 그저 허상일 뿐, 그 뒤에도 지금처럼 우주의 일부로 여전히 존재할 거야." 윤회설에 기대는 이들은 역경을 맞을 때마다 마음에 되새길 것이다. "갖은 고생을 다 하다가 결국 죽겠지만 착하고 고상하게 살면 다음번에는 더 나은 생을 살게 될 테고 끝내는 인간고를 한꺼번에 벗어 버릴 날이 올 거야." 하지만 어떤 경우든 고난은 주인공에게 책임을 부여하고 기회를 준다. 괴로움을 허투루 흘려보내선 안 된다.

이처럼 고대의 다양한 접근 방식들은 한결같이 고난을 진지하게 받아들이는 한편, 삶에 더 큰 유익을 도모하는 통로로 본다. 셰익스피어의 희곡, 《뜻대로 하세요 As You Like It》에 나오는 공작(로잘린드의 아버지)의 말 그대로다.

달콤하기도 해라, 시련의 쓰임새는.

두꺼비처럼 추하고 독을 뿜지만,

이마에 값진 보석을 달고 있다네(2막 1장, 12-17).

전통적인 문화들은 어차피 삶에는 고난이 가득하기에 구성원들에게 무엇보다 내면을 갈고 닦아야 한다는 처방을 내린다. 이러저러한 방식으로 허물을 고백하고 죄를 씻으며, 영적으로 성장해서 힘을 얻고, 진리에 충실하며, 자신과 이웃 그리고 신성한 존재와 올바른 관계를 구축하기를 요구한다. 고난은 일종의 도전이지만 제대로 감당하기만 하면 커다란 유익과 지혜, 영광을 불러온다. 이생에서 단맛을 볼 뿐 아니라 내생에서 영원히 안락한 삶을 누릴 준비를 제대로 갖추게 한다는 것이다. 고난을 당하는 이들은 지상에서 멋진 내일을 맞거나, 영적인 축복을 받아 신과 합일을 이루거나, 깨달음을 얻고 평화를 누리거나, 하나님의 은총을 입고 낙원에 들어가 사랑하는 이들과 다시 만나리라는 희망을 품는다.

고난은 우연히 발생한 의미 없는 사고일 뿐이다?

리처드 슈웨더는 이런 전통적인 문화들이 고난을 대하는 서구 문화들의 시각과 상당히 거리가 있다고 지적한다. 서구의 과학은 우주를 '자연주의적' 시각으로 바라본다. 다른 문화권에서는 세상은 물질과 영혼으로 이뤄진다고 생각하지만 서구 사상은 '의도'라고 볼 만한 면이 전혀 없이 세상은 단순한 물리력으로 작동된다고 판단한다. 죄악이라든지 우주적인 싸움, 인간의 운명을 결정하는 차원 높은 힘이 빚어 낸 결과가 아니라는 것이다. 따라서 서구 사회는 고난을 우연히 발생한 '사고' 정도로 여긴다. 이런 관점에 따르면, "고난은 실존하지만 선악의 지배를 받지 않는다."[17]

리처드 도킨스Richard Dawkins는 《에덴의 강River Out of Eden: A Darwinian View of Life》이라는 책에서 악과 고난을 바라보는 세상의 시각을 독보적이리만치 명확하게 드러낸다.

> 자연계에서 매년 발생하는 고난의 총량은 상상을 초월한다. …… 무차별적인 물리력과 유전적인 복제가 지배하는 우주에서 어떤 이들은 상처를 입고 또 다른 이들은 행운을 누리지만 거기에는 어떠한 운율이나 인과관계, 더 나아가 어떠한 정의도 없다. 인간이 아는 우주는 실제로 예상되는 특성을 그대로 가지고 있을 뿐이다. 무슨 설계라든지, 목적이라든지, 선이나 악 같은 것은 찾아볼 수 없으며 그저 냉혹하리만치 무심할 따름이다.[18]

이는 비서구권 문화가 바라보는 고난과 완전히 동떨어진 관점이다. 다른 세계관들은 고난에 징벌이나 테스트, 또는 기회 같은 의도가 있다고 믿는다. 하지만 도킨스의 관점에서 보면 인간이 역경 앞에서 그토록 지독하게 괴로워하는 까닭은 고난에 목적이라고 할 만한 게 없다는 사실을 도무지 받아들이지 않기 때문이다. 고난은 고난일 뿐이다. 나쁘지도 선하지도 않다. 우리가 사는 우주에서 악이니 선이니 하는 구분은 의미가 없다. 도킨스는 "목적이라는 것은 머릿속에만 들어 있을 뿐"이라고 주장한다. "두뇌는 온갖 목적과 과정을 제시한다. 그리고 '왜'라는 질문을 멈출 수 없게 만든다. …… 이는 광범위하게 퍼져 있는 착각이다. …… 비극적인 일이 벌어지면 마치 앙갚음이라도 하려는 듯 해묵은 속삭임이 되살아난다. …… '어째서, 도대체 왜 암이, 지진이, 허리케인이 내 아이를 앗아간 걸까?'"

그러나 속이 들끓는 까닭은 따로 있다는 게 도킨스의 입장이다. "그일은 선하지도 악하지도 않고 잔인하지도 친절하지도 않으며 그저 무신경할 뿐인, 다시 말해 목적 같은 건 애초에 존재하지도 않으며 고통 따위에는 완전히 무감각하다는 사실을 인정하지 않는 탓이다. …… 불우했던 시인 A. E. 하우스만Housman이 노래한 것처럼 '무정하고 무분별한 자연은 우리의 고통에 대해 신경을 쓰지도, 알지도 못할 것이다.'"[19]

간단히 말해서, 고난에는 아무런 의미도 없으며 '불행'이라는 이름의 딸꾹질 정도라는 것이다. 도킨스는 삶이라는 게 "공허하고, 헛되기 이를 데 없어서 무의미하고 무가치한 사막이나 다름없다"는 이야기에 동의하지 않지만, 역경과 마주했을 때 영적인 수원지를 바라보며 목적과 의미를 찾는 태도는 "유치한" 짓이라고 비판한다.[20]

그러나 슈웨더는 도킨스 식의 설명은 부적절한 동시에 실현 불가능한 이야기며 "고난을 이해하려는 욕구는 인간을 인간답게 하는 고유한 특성"[21]이라고 반박한다. 다시 말해, 괴롭고 어려운 형편에 짓눌려 비명을 내지르며 어떻게 해서든 도망치려 하는 데서 그치지 않는 기질이야말로 인간과 짐승을 구별하는 조건 가운데 하나라는 것이다. 우리는 고통 속에서 의미를 탐색하고, 잔인한 기계의 톱니바퀴가 되기보다 그것을 기반으로 한계를 뛰어넘을 길을 모색한다. 고난의 참뜻을 추구하는 성향은 인간을 존엄하게 할 뿐 아니라 지울 수 없다. 피터 버거를 비롯해 인류 문화와 관련된 분야를 공부하는 이들은 입을 모아 도킨스가 불가능한 요구를 거듭하고 있다고 지적한다. 의미를 잃어버린 인간은 죽을 수밖에 없다.

물론 도킨스도 "'우리의 삶은 스스로 어떻게 빚어가기로 선택하느냐에 따라 의미를 갖고 충만해지며 근사해진다'고 보는 관점이야말로, 진정으로 어른스러운 시각"[22]이라고 덧붙인다. 달리 말하자면 제각기 자신만의 의미를 창출해야 한다는 뜻이다. 결국 더없이 소중하고 가치 있는 삶의 형태를 스스로 결정한 뒤에 그런 부류의 인생을 가꾸려고 노력해야 한다는 말이다.[23]

하지만 스스로 생산해 낸 그 어떤 의미도 이 세상과 삶의 굴레에 갇히게 마련이다. 도킨스의 현실 인식과 고통에 대한 이해가 다른 세계관들과 그토록 동떨어져 보이게 만드는 대목이 바로 이 지점이다. 이 세계가 오로지 물리적인 우주일 뿐이라는 철저하게 세속적인 가정을 그대로 받아들인다면, 삶의 목적을 가져다주는 요소는 물질적인 무엇이거나 이 세상의 조건(안락한 생활이나 안전, 쾌락 등)이어야 한다. 그러나 고통은 그런 삶의 요소들을 손에 넣지 못하게 가로막는다. 고난은 그것을 망쳐 버리든지 심각한 위험에 빠트린다. 폴 브랜드 박사가 *The Gift of Pain*(고통이라는 선물)이라는 책 마지막 장에서 지적한 대로, 서구인들에게 고통이 그토록 충격적인 이유는 삶의 의미를 쾌락과 개인의 자유를 추구하는 데 두기 때문이다.

다른 문화들은 하나같이 개인의 행복과 안위를 뛰어넘는 그 무언가에 으뜸가는 삶의 목적을 둔다. 도덕적인 덕성이 될 수도 있고 깨달음이나 명예, 진실을 충실하게 지키는 것이 될 수도 있다. 영예로운 인간이 되거나 가족과 공동체가 우러러보는 인물이 된다든지, 대의나 운동을 펼쳐 간다든지, 하늘나라나 깨우침을 추구하는 일일 수도 있다.

고통은 어떤 문화적인 내러티브에서나 바람직한 결말에 이르는 중요한 통로가 된다. 이 모든 '삶의 의미들'은 '고난에도 불구하고'만이 아니라 '고난을 통해서'도 성취될 수 있다. 이런 세계관에서라면 고난과 악이 반드시 승리할 이유가 없다. 끈질기고 슬기롭게, 그리고 용맹스럽게 맞선다면 고통은 실제로 원하는 목적지를 향해 가는 여정에 속도를 더해 준다. 우리의 인생 줄거리에서 아주 중요한 대목이자 삶을 통틀어 첫손에 꼽는 결정적인 단계가 될 수 있다는 말이다.

하지만 철저하게 세속적인 관점에서 보면 고난은 인생의 만족스러운 한 대목이 될 수 없다. 오히려 삶에 딴죽을 거는 훼방꾼일 따름이다. 고난은 안식처로 이끌지 않는다. 도리어 인간이 가장 간절하게 바라는 삶의 모습에 다가가지 못하게 한사코 가로막을 뿐이다. 간단히 말해, 세속적인 관점에서 보자면 고난은 항상 승리를 거둔다.

슈웨더는 같은 이야기를 이렇게 표현했다. "오늘날 세속적인 관점을 보여 주는 비유들 가운데 고난에 대한 가장 지배적인 비유는 '우연히 맞닥뜨린 불운'이다. 고통을 당하는 이는 아무 이유 없이 자연의 공격을 받은 일종의 희생자다." 이는 "고난은 인생의 내러티브와 동떨어진 …… 말하자면 인생 드라마에 어쩌다 끼어든 일종의 소음이다. 고난은 인생의 그 어떤 줄거리와도 납득할 만한 상관관계가 없다. 혼란을 불러일으키는 단절된 상황일 뿐이다."[24]

이전 시대뿐 아니라 오늘날 서구 세계 밖의 문화들에서도 고난은 삶의 이야기 속에서 충분히 예상할 수 있는 대목으로, 한 인격과 영혼으로 성장하는 데 결정적인 도구다. 하지만 서구 사회에서는 삶의 의미가 개인의 자유에 있다. 우리 사회에서 무엇이 올바르고 적합한지를 스스로 결정할 수 있는 권리와 자유보다 고상한 것은 어디에도 없다. 문화적인 관습들은 중성적이고 '가치중립적'이어야 한다고 믿는다. 무엇을 위해 살지 이야기할 것이 아니라 저마다 가장 만족스럽고 성취감을 준다고 믿는 바에 따라 살아갈 자유를 보장해 주어야 한다고 생각한다. 하지만 삶의 의미가 개인의 자유와 행복에만 있다면 고난은 아무짝에도 '쓸모'가 없게 된다. 이런 세계관에 비춰 보자면, 고난은 어떻게든 피해야 하거나 결국 모면할 수 없으면 힘닿는 데까지 축소하고 처리해야 하는 일일 뿐이다.

통증을 덜어줄
전문가에게 맡겨라?

고난에 대한 세속적인 시각이 불러오는 결과 중 하나는 고난에 대처할 책임을 회피하게 한다는 점이다. 슈웨더는 우연이라든지 사고에 빗대는 문화에서 "고통은 문제를 다룰 적절한 기술을 가진 대리인의 중재를 통해 처리해야 하는 일"[25]이라고 한다.

고난을 바라보는 전통적인 관점들은 어두운 시기를 헤쳐 나갈 책임이 고난을 겪는 당사자에게 있다고 본다. 그들에게 요구되는 일들도 인내와 지혜, 성실과 같은 내면에서 이뤄지는 '정신적 작업'의 형태를 띤다. 하지만 현대 문화는 고통을 형벌로 여기지 않음은 물론이고 기회나 시험으로도 보지 않는다. 고난을 당하는 이는 비인격적인 우주의 희생자이므로 의학적으로든, 심리적, 사회적, 국가적으로든 스트레스 요인을 최대한 제거해서 고통을 덜어 주는 전문가의 도움을 구해야 한다.

하지만 고통을 전문가의 몫으로 넘기는 이런 움직임은 우리 사회에 커다란 혼란을 불러왔다. 전문가 집단들마다 고난을 겪는 이들에게 내리는 처방이 판이하게 다른 까닭이다. 탁월한 심리치료 전문가이자 인류학자인 제임스 데이비스James Davies는 이런 현상을 꿰뚫어 본다. 데이비스는 "20세기 현대 사회에서 살아가는 이들은 정서적으로 어려움을 겪는 까닭을 두고 더 혼란스러워졌다"고 했다. 또한 "생체의학, 정신의학, 학술정신의학, 유전학, 현대경제학"을 열거하며, "저마다 독특한 가정을 바닥에 깔고 자신만의 방식을 통해 자신만의 목표를 추구하므로 인간 고통의 뿌리를 어느 한 가지 뚜렷한 요인에서 찾기를 좋아한다."[26] 옛말이 이르듯, 망치질 달인의 눈에는 온갖 문제가 다 못처럼 보이게 마련이다. 당연히 난감한 형국에 빠질 수밖에 없다. 고통당하는 이들을 전문가의 손에 맡겨 버리지만, 다양한 유형의 전문가들이 갈래갈래 나뉘는 세분화와 고통의 지나친 단순화reductionism 탓에 대중은 당혹스럽기만 하다.

데이비스의 결론은 슈웨더의 분석을 뒷받침한다. 세속적 모델이, 지난날의 문화들처럼 고난을 인간의 삶에서 떼어 놓을 수 없는 필수적인 부분으로 바라보는 게 아니라 어떻게 인생의 맥락과 분리시켜 생각하게 했는지 설명한다. 데이비스는 2007년에 있었던 로버트 스피처Robert Spitzer 박사의 BBC 인터뷰를 인용한다. 스피처는 진단분류학에 큰 관심을 가지고 있었던 정신의학 전문가로 1980년, 미국정신의학회가 DSM-III(정신장애 진단 및 통계 편람 3판 - 편집자 주)을 출판할 당시 중심축이 된 인물이다. DSM-III 의 목표는 정신 진단의 균질성을 높이는 데 있었다. 그로부터 25년이 지난 뒤, 스피처는 BBC와의 인터뷰에서 이제와 돌아보면 슬픔, 괴로움, 염려 같은 인간의 여러 통상적인 경험들을 정신장애로 규정했다며 과오를 인정했다. "그래서 인간의 슬픔을 상당 부분 효과적으로 치료했습니까?" 라고 묻자, 스피처는 대답했다. "어느 정도는 그랬다고 봅니다. …… 어떤 문제가 얼마나 심각하냐는 알 수 없는 노릇입니다. …… 20퍼센트일 수도 있고 30퍼센트일 수도 있겠죠. …… 하지만 그만해도 상당한 수준입니다."[27]

데이비스는 이어서 DSM의 관심은 온통 증상들을 향해 있다고 지적한다. "환자의 삶이라든지, 고통의 원인을 이해하는 데는 아무 관심이 없다. 몹시 슬퍼하거나 불안해하거나 불행하다고 느끼면, 변화가 필요한 인간의 자연스럽고 통상적인 반응으로 여기기보다 치료가 필요한 기능장애에 시달리고 있다고 가볍게 판단한다."[28]

고통은 인간의 내면세계와 외부세계 사이의 갈등에서 비롯된 증상이라는 것이 고난을 바라보는 과거의 시각이었다. 어려움을 겪는 이의 행동과 생각이 달라지거나, 그를 둘러싼 환경이 변하거나, 아니면 둘 다 바뀌어야 한다는 뜻이다. 고통스럽고 불편한 감정이 아니라 그 감정이 삶에 관해 무슨 이야기를 하고 있으며 거기에 따라 어떤 조치를 취해야 하느냐에 초점을 맞췄다. 그런 분석을 하자면 당연히 도덕적이고 영적인 기준이 있어야 했다. 가치판단을 내려야 하기 때문이다.

하지만 세속적인 문화 제도 속에서 훈련받은 전문가들은 인생의 이야기가 아니라 정서적 고통이나 불만이라는 증상을 강조한다. 전문가의 역할은 다채로운 과학적 기법들을 통해 통증을 완화하는 데 있을 따름이다. 삶의 맥락 같은 건 입에 올리지도 않는다.

데이비스는 결론짓는다.

> 나날이 영향력이 커져가는 DSM은 인간이 일상적으로 마주하는 고통들을 최대한 빨리 제거해 버려야 할 치명적인 폐단이라는 식의 해로운 문화적 신념을 퍼트리고 있다. 이는 고난을 삶에 처음부터 끝까지 부정적으로 작용하는 힘으로 간주하는 세계관에 더 깊이 빠져들게 만든다.[29]

고난을 속히 치워야 할
걸림돌로 여길 때

세속적인 시각에서 보면, 고난은 절대로 삶의 의미 있는 대목이 될수 없고 그저 걸림돌에 지나지 않는다. 그런 관점을 지키는 한, 고난과 고통이 닥쳤을 때 할 수 있는 행동은 두 가지뿐이다.

우선은 고통을 관리하고 줄이는 일이다. 지난 두 세대에 걸쳐, 어려움을 겪는 이들에게 제공되는 전문적인 서비스들이 대부분 고통의 원인을 이야기하는 데서 스트레스를 줄이는 방안을 논의하는 쪽으로 넘어갔다. 전문가들은 더 이상 참을성 있게 역경을 견디는 법에 대해 말하지 않는다. 그 대신 경영학과 심리학, 의학에서 가져온 용어들을 구사해 가며 스트레스나 긴장, 또는 트라우마를 관리하고 되돌리고 극복할 수 있다고 말한다. 고통스러워하는 이들에게 부정적인 생각을 피하고 휴식과 운동, 지지해 주는 관계들에 기대 자신을 지키라고 조언한다. 오로지 고통스러운 감정을 통제하는 데만 초점을 맞춘다.

이런 틀에서 고난에 대처하는 두 번째 방법은 고통의 원인을 찾아서 없애는 것이다. 다른 문화들은 고난을 삶의 기본 구조를 이루는 필연적인 요소이며 선과 악의 갈등처럼 눈에 보이지 않는 힘에서 비롯된다고 본다. 하지만 오늘날 우리가 속한 문화는 영적인 힘을 믿지 않는다. 고통에는 예외 없이 물리적인 원인이 존재하므로 이론적으로 '수정'될 수 있다고 믿는다. 불공정한 경제나 사회적 조건, 바르지 못한 공공정책, 깨어진 가족 관계, 또는 그저 악랄하고 사악한 정당이 고통을 안기는 경우가 허다하다고 여긴다. 이에 대한 적절한 반응으로는 분노, 문제가 되는 당파에 대한 저항, 그리고 외부 환경을 변화시키는 행동이다(그 자체가 부적절하다는 뜻은 아니다. 성경은 억눌린 이들에게 정의를 실현하는 문제에 관해 수없이 이야기한다).

지난날의 문화들은 내면을 성찰해 고통을 극복해 가는 방법을 찾았다. 하지만 현대 사회는 눈앞에 닥친 고난에 마냥 노여워하며 외부 요인들을 바꿔서 그런 고달픈 일이 다시는 일어나지 않게 하려 안간힘을 쓴다. C. S. 루이스는 전통 문화와 현대 문화 사이의 차이를 명쾌하게 설명했다. "옛 현인들에게는 어떻게 하면 마음을 현실에 맞추느냐가 중요한 문제였으며 지식과 자기훈련, 덕성에서 답을 찾았다. 현대인들에게는 …… 어떻게 현실을 다스려 인간의 욕구에 맞추느냐가 핵심 과제이며, 해결책은 테크닉이다."[30]

철학자 찰스 테일러Charles Taylor는 널리 권위를 인정받는 책 *A Secular Age*(세속 시대)에서 어떻게 서구 사회에 세속적인 관점이 가득 차게 되었는지(저자는 이를 "인간중심적인 전환"이라고 불렀다) 설명한다. 테일러는 이런 전환이 일어난 뒤에 "세상에 질서를 세우시는 하나님의 임재에 대한 의식이 흐려지기 시작했다"고 지적한다. "그리고 스스로의 존재를 토대로 세계 질서를 세우는 관념이 고개를 들기 시작했다." 결국 서구 사회의 "지상 목표는 …… 고난을 막는 것이 되었다."[31]

서구 문화는 어려움을 겪는 이들에게 내면의 성찰이나 성장이 중요하다고 말하지 않는다. 슈웨더가 지적하듯, 고통을 당하는 이에게 사실상 도덕적인 책임을 부여하지 않는다. 서구 사회에서 이는 지극히 이단적인 행위이기 때문이다. 통증 관리든, 심리적이거나 의학적인 치료든, 법률이나 공공정책의 변화든 고난에 반응하는 일은 언제나 전문가들의 몫이다.

〈보스턴 리뷰*Boston Review*〉는 다른 사람을 위해 크게 희생한 이들을 연구하고 책을 낸 라리사 맥파커Larissa MacFarquhar를 인터뷰했다. 이 책의 주인공들 가운데는 신앙을 가진 이들이 많았다. 〈뉴요커*The New Yorker*〉의 전속 기고가인 맥파커는 특정 종교의 영향을 받지도 않았으며 신앙적인 배경에서 자라지도 않았다. 인터뷰가 얼마쯤 진행됐을 무렵, 기자는 책 속 주인공들을 어떻게 생각하느냐고 물었다. 맥파커는 신앙을 가진 사람들과 세속적인 사람들의 차이는 시사하는 바가 아주 크다면서 다음과 같은 통찰력 있는 대답을 내놓았다.

여러 신앙적 전통들 가운데는 고난을 삶의 일부로 받아들이고 더 온전한 인간이 되게 해 준다는 점에서 꼭 끔찍한 일만은 아니라고 여기는 수준을 뛰어넘는 무언가가 있었습니다. 반면에 세속적인 실용주의자들은 고난을 혐오했어요. 적어도 저의 제한된 경험으로는 그랬습니다. 고통 속에 담긴 선한 면모를 전혀 보지 못하고 어떻게든 없애 버리고 싶어 했어요. 스스로 그래야 할 책임이 있다고 여기더군요.

맥파커는 세속적인 사람들에게는 언젠가 문제를 바로 잡아 줄 신에 대한 믿음이 전혀 없다는 점을 짚어 냈다. 신앙인들에게는 "신이 모든 것을 주관하며 사랑으로 세상을 샅샅이 감찰합니다. 반면에 세속적인 사람들에게는 만사가 스스로에게 달렸습니다. 인간은 이 땅에 홀로 존재할 따름이죠. 개인적으로 세속적인 이들에게 위기와 절망의 층이 한 겹 더 존재한다고 생각하는 이유가 바로 여기에 있습니다."[32]

기존 태도들을 뒤집어엎는
'은혜'의 관점

	윤리적 관점	자기초월적 관점	숙명론적 관점	이원론적 관점	세속적 관점
고난의 원인	그릇된 행동	망상	운명	우주적인 갈등	우연
적절한 반응	선행	해탈	인내	끊임없는 정화	테크닉
결과	영원한 축복	깨달음	영광과 명예	빛의 승리	더 나은 사회

그렇다면 기독교의 입장은 어떠한가? 독일 철학자 막스 셸러는 "고난의 의미"라는 유명한 글에서 크리스천의 관점이 갖는 독특한 면을 지적했다. 다른 문화들이나 종교들과 비교할 때 "고난에 관한 기독교 신앙의 가르침은 기존의 태도들을 완전히 뒤집는다."[33]

수치심과 명예를 중요하게 여기는 문화들에 널리 퍼져 있는 숙명론적인 시각에서와 달리, "기독교 신앙에서는 해묵은 오만을 찾을 수 없다. …… 그러니까 자신이 감당하고 있는 고난의 깊이를 다른 이들의 입을 빌려 내세우거나 자화자찬하는 모습을 조금도 찾아볼 수 없다." 극도의 비운을 견뎌 내는 금욕적인 인내 대신 "고통스러워하는 인간의 울부짖음이 십자가를 포함해 기독교 신앙 구석구석에 거칠 것 없이 사납게 메아리친다."[34] 크리스천들의 고난에는 눈물 어린 외침과 괴로움을 표현하는 행위가 허용된다. 아니 장려되기까지 한다.

불교도들과 달리, 크리스천들은 고통이란 환상이 아니라 현실이라고 받아들인다. "재해석의 여지는 없다. 고통은 고통이고 비참한 노릇일 뿐이다. 즐거움은 즐거움이요, 붓다가 선 중의 선으로 여겼던 '평정심' 정도가 아닌 확실한 행복이다. 기독교 신앙은 고통의 감도를 낮추지는 않지만 마음의 평안을 잃지 않게 하여 총체적으로 고난을 견디게 한다."[35]

다시 예수님의 경우를 살펴보자. 겟세마네 동산에서 그리스도는 "내마음이 심히 고민하여 죽게 되었으니"(막 14:34)라고 실토한다. 얼마나 괴로움이 심했던지 기도하는 동안 땀이 핏방울같이 되어서 땅에 떨어졌다(눅 22:44). 평정심과는 거리가 멀었다. 그분은 세상의 좋은 일들을 멀리하면서 내면의 고요를 추구하지 않았다. 그 대신 아버지에게 고백했다. "나의 원대로 마시옵고 아버지의 원대로 하옵소서"(막 14:36).

업보를 믿는 이들과 달리, 크리스천들은 고난이란 부당하고 부적절하다고 믿는다. 인생은 불공평하며 악인들이 떵떵거리고 살기 일쑤라고 토로한다. 셸러는 기독교가 이러한 사실을 인정함으로 고난의 엄중하고 비참한 실상을 최대한 제대로 드러내는 데 성공했다고 말한다. 누구나 그만한 이유가 있어서 고난을 당한다고 주장하는 카르마karma(업) 교리로는 납득하기 어려운 일이다. 욥기는 이러한 사실을 가장 또렷이 보여 준다. 하나님은 욥의 고통과 고난이 윤리적으로 부정한 삶을 사는 데서 비롯되었다고 우기는 친구들을 꾸짖으셨다.

이러한 사실은 그 누구보다 그리스도를 통해 더없이 잘 확인할 수 있다. 성품과 행실을 토대로 행복한 삶에 가장 적합한 인물을 고르라면 단연 예수님이겠지만 실제로 그분은 유복한 생을 누리지 못했다. 셸러가 글에 썼듯, 기독교 신앙의 중심에는 "남들의 빚을 짊어지고 서슴없이 고난을 받으신 죄 없는 이의 본보기"가 자리 잡고 있다. "고난은 고통스러워하는 인간의 거룩한 품성을 통해 고결함이라는 열매를 맺는다." 십자가에 비춰 보면 고난은 "징벌이 아니라 정화다."[36]

이원론적인 입장과 달리, 기독교 신앙은 고통을 견디며 덕을 쌓아서 죄짐을 털어 버릴 수 있다고 말하지 않는다. "금욕적이고 자발적인 고행이 더 신령하게 만들고 신과 친밀하게 한다고 가르치지 않는다. 고난 자체에 인간과 신을 친밀하게 하는 힘이 있다는 해석은 기독교적이라기보다 그리스 사상과 신플라톤주의에 훨씬 가깝다."[37]

아울러, 이원론은 세상을 선한 인간과 악한 인간으로 나눈다. 고난은 덕성의 증표이자 도덕적 우월의 상징이 되고, 고통을 주는 대상에게 악마의 낙인을 찍도록 허락하는 구실이 된다. 하지만 기독교 신앙은 알렉산드르 솔제니친Aleksandr Solzhenitsyn이 쓴 유명한 글처럼, "선과 악을 구분하는 경계선은 각 사람의 마음속을 뚫고 지나간다"[38]라고 믿는다.

크리스천들이 고난을 이해하는 데는 은혜라는 관념이 중요하다. 크리스천이라면 누구나 그리스도를 통해 용서와 사랑을 받고 하나님의 가족이 된다. 그럴 자격이 없음에도 불구하고 엄청난 선물을 받은 것이다. 이러한 사실은 고난을 자랑하지 않게 한다. 또한 놀라운 은혜를 누리고 기뻐하는 마음은 고난을 견뎌 낼 힘이 된다.

셸러는 이렇게 적었다. "순교자들이 놀라운 힘을 낼 수 있었던 이유는 내생에 대한 소망이 점점 커져서가 아니라 극심한 고통을 겪는 내내 하나님의 은혜를 누리는 행복을 경험했기 때문이었다." 참으로 이런 기쁨은 고난을 참아 내게 할 뿐 아니라 고통 속에서도 춤출 수 있게 만든다. "기독교의 고난에 대한 교리는 고통을 참고 견디는 수준에서 멈추지 않는다. 살아가면서 부닥치는 고난과 고통은 …… 그리스도의 대속을 통해 받은 신령한 선물들에게로 우리의 영적인 시선을 고정하게 해 준다."[39]

그렇다면 고난에 대한 기독교 신앙의 처방은 세속 문화와 어떻게 다를까? 너무나 중요한 문제이므로 나중에 더 긴 시간을 들여 설명하겠지만 이렇게 간추릴 수 있다. 기독교 신앙은 숙명론과 달리, 고난이 압도적이라고 말한다. 불교와 대조적으로, 고난은 현실이라고 말한다. 업보를 강조하는 카르마 신앙과 달리, 고난은 불공평하다고 말한다. 그리고 세속주의와 대조적으로, 고난은 의미가 있다고 말한다. 고난에는 목적이 있으며 올바르게 대처하기만 하면, 하나님의 사랑과 평안, 영적인 능력 속으로 더욱 깊이 들어가게 해 준다. 고난을 두고 불교는 받아들이라 하고, 카르마 신앙은 값을 치르라 하고, 숙명론은 영웅적으로 견디라 하고, 세속주의는 피하거나 바로잡으라고 한다.

크리스천의 눈으로 보자면, 이런 문화들의 고난 의식에는 모두 진리의 성분이 들어 있다. 고난을 겪는 이들은 물질적 풍요를 지나치게 갈구하는 성향을 멀리해야 한다. 성경도 같은 입장이다. 세상에 차고 넘치는 고통은 전반적으로 인류가 하나님에게서 등을 돌린 결과다. 아울러 고난을 참아 내기만 하거나 짓눌리지 말아야 한다. 세속주의는 고통을 주는 요소들을 무조건 수용할 것이 아니라 변화시켜야 한다고 정확하게 경고한다. 세속주의 이전의 문화들은 얼마든지 변화시킬 수 있는 환경과 부당한 일들을 지나치게 수동적으로 허용하는 경우가 잦았기 때문이다.

그러나 지금까지 살펴보았듯 크리스천의 세계관에 비쳐 볼 때, 이런 접근 방식들은 다들 너무나 단순하고 환원주의적이어서 반쪽짜리 진리로 평가할 수밖에 없다. 예수님이 보여 준 모범과 대속 사역은 이런 통찰들을 한데 아울러 앞뒤가 완벽하게 들어맞는 완전체를 만들면서도 그 모든 것을 초월한다. 셸러는 이 논문을 마무리하면서, 기독교 신앙은 결국 다른 종교들과 문화들의 가르침을 모조리 뒤집어엎는다고 다시 한 번 강조한다.

> 고대인들에게 …… 외부세계는 행복하고 즐거움이 넘쳤지만 세상의 속은 더없이 슬프고 암울했다. '옛날 옛적 즐거운 시절'이란 말이 있을 만큼 흥청거리는 세상의 꺼풀 뒤에는 '위험'과 '운명'의 그림자가 어른거렸다. [반면] 크리스천들에게 외부세계는 어둡고 고통으로 가득하지만 그 삶의 중심부에는 순전한 행복과 기쁨뿐이다.[40]

고대 문화와 관련해서도 마찬가지지만 셸러의 주장은 세속적인 세계관과 특히 잘 들어맞는다. 리처드 도킨스의 말대로, 세속주의는 궁극적인 본질을 차갑고 무심하며 결국은 소멸될 수밖에 없는 것으로 본다. 다른 문화들 역시 하루하루의 삶은 즐거울지라도 그 이면을 뒤집어보면 온통 어둠과 환상뿐이라고 믿는다. 그러나 기독교 신앙은 세상을 전혀 다르게 파악한다. 다른 세계관들이 삶의 즐거움 한복판에 앉아 다가오는 괴로움을 내다보도록 이끌어 간다면, 기독교 신앙은 세상 고초의 중심에 앉아 다가올 기쁨을 기대하며 맞는다.

눈부신 결승선을 향해
달려가다

에밀리 이야기

9월이 오기 전에 내게 누군가가 감사할 일이
무엇이냐고 물었다면 가족과 집, 일 그리고 하나
님을 꼽았을 것이다. 날 사랑하고 자상하게 돌봐
주는 남편, 건강하고 행복하게 자라는 네 아이들
(열네 살, 열한 살, 아홉 살, 다섯 살), 가질 수 있으리라고는
꿈도 꿔보지 못했던 주택, 집에 앉아 머리를 써서
일하면서 회사와 고객들을 바꾸는 직업, 그리고
받을 자격이 없는데도 불구하고 이 모든 선물을
허락하신 하나님께 감사했다.

9월의 어느 날, 남편은 한 여성을 위해 나와
네 아이들을 남겨두고 떠났다(상대 여성도 그녀의 남편과

두 아이를 버렸다). 있을 수 없는 일이 일어났다. 그쪽 가정은 안팎으로 다 내 친구들이었다. 두 집이 함께 모여 여름휴가를 보낸 것만 해도 세 번이나 된다. 그들이 모두 내 벗이라고 생각했다.

크리스천인 남편은 나와 함께 아이들을 앉혀 놓고 더러 이혼하는 어른들이 있지만 우리에게는 그런 일이 절대로 일어나지 않을 거라고 말했었다. 우린 무슨 일이 있든지 사랑하는 이와 아이들을 위해 늘 곁에 있겠노라고 하나님과 서로에게 약속했다. 그런 우리에게 이런 일이 일어난 것이다. 나는 울면서 매달렸다. 그러면 될 줄 알았다. 하지만 아니었다. 남편은 기어코 나와 아이들을 두고 떠났다.

나는 남편을 다그쳤다. "애들한테 한마디 말도 없이 그냥 갈 순 없어요." 아이들을 보면 분명히 무언가 느끼는 것이 있을 거라고 믿었다. 사랑스런 아이들을 마주하면 차마 떠나겠다는 소리는 할 수 없을 거라고 여겼지만 남편은 아랑곳하지 않았다. 잠이 든 아이들을 깨워 거실로 불러내서는 아빠는 떠나야 한다고 이야기했다. 꼬맹이들은 무슨 소린지 제대로 이해하지 못했다. "출장을 간다고요? 언제 돌아와요?" "아니야, 얘들아. 아빠는 집을 떠나는 거야. 다신 안 돌아와." 마음이 무너져 내렸다.

8주가 지났다. 마음은 여전히 짓뭉개진 그대로다. "하나님, 이것이 정말 주님 뜻입니까? 어떻게 이것이 거룩한 뜻이 될 수 있습니까? 주님이 마음을 치료해 주실 줄 압니다. 이 일을 통해서 무언가 선한 열매가 맺히리라는 것도 압니다. 그래도 어떻게 이런 일이 생길 수가 있는 거죠? 도대체 왜요?"

다들 우리를 위해 기도해 주는 것을 알지만 앞으로 무슨 일이 닥칠지 두려웠다. 지금까지 이렇게 분노에 시달린 적이 한 번도 없었다. 아이들은 정말 힘들어하고 있다. 아빠가 자신들에 대한 '사랑'보다 스스로의 '욕망'을 앞세우다니! "여전히 너희를 사랑해"라고 남편은 말한다. 정말? 사랑한다면서 어떻게 그렇게 끔찍한 고통을 안긴단 말인가!

네 달이 지났다. 하나님은 치유의 손길을 펼치셨지만 내가 전혀 생각하지 못한 방식을 사용하셨다. 정의가 드러나는 모습을 보길 원했지만 그것을 실현하는 일은 내 몫이 아니었다. 남편에 '대해서'가 아니라 남편을 '위해서' 기도하기 시작했다. 그의 마음이 치유되기를 간구하기 시작했다. 돌아오길 구했지만 '내게로'가 아니라 '하나님께로'였다.

이제는 아니 어쩌면 앞으로도 줄곧 남편 없이 살아가야 하지만 그 쓰라림을 이겨 내기 위해선 먼저 그를 용서해야 했다. 평생 뼈아픈 상처를 안고 괴로워하긴 싫었다. 하지만 어떻게 그럴 수 있을까? 하나님은 기도하라고 하셨다. 내게 주어진 일은 기도뿐이었다.

가족을 사랑한다. 그리고 짝으로 맞았던 남자를 항상 사랑할 것이다. 남편이 정신을 차리고 집으로 돌아오는 길을 찾는 기적을 일으켜 주시길 간구하지만 한편으로는 그 사람 없이 꿋꿋이 살아갈 것이다. 현실적으로, 영적으로, 정서적으로, 재정적으로 균형감을 가지고 해야 할 일들을 다 해 가면서 삶을 계획하고 지속해 나가려 노력할 것이다.

날마다 남편을 위해 기도하려고 한다. 앞으로도 계속 사랑하겠지만 상대가 무슨 짓을 하든지 당하고만 있는 멍청이는 되지 않을 것이다. 가족을 먹여 살리고 우리 삶을 위한 하나님의 계획을 탐색하고 추구할 것이다. 그를 용서하지만 잊지는 않을 것이다. 그랬다간 어디선가 이렇게 악몽 같은 현실을 통과하고 있을 또 다른 이들을 도울 깨달음들을 다 놓치고 말 테니까. 아플 만큼 아파할 필요가 있다. 그러고 나서 그 아픔을 치유해 주시고 나를 새롭게 빚으시는 하나님께 맡겨 드려야 한다. 왠지 가슴이 뛴다. 이 참담한 사태를 헤쳐 나가려는 생각에 가슴이 뛰다니, 앞뒤가 안 맞아도 한참 안 맞는 느낌이다.

벌써 여섯 달이 지났다. 형편은 갈수록 나빠지지만 그래도 은혜를 실감하며 산다. 남편은 아직 돌아오지 않았고 여전히 그 여성과 지내고 있다. 남편은 자기들도 우리 아이들과 삶을 나누고 싶다고 한다. 거기에 익숙해지고 그녀를 미워하지 않아야 한다. 그는 말했다. 내가 그녀를 원수로 삼으면 자기도 나를 적으로 여기겠다고 말이다.

아이들은 지금도 아빠가 떠난 충격과 씨름하는 중이다. 우울해하고 화를 내고 혼란스러워하다가 절망한다. 첫째아이는 신앙에 회의를 품기 시작했다. 모든 권위에 맞서고 식구들에게 으르렁거린다. 집을 팔려고 급매로 내놓았다. 조만간 은행에서 담보권을 행사하겠지. 어디로 이사를 가야할지 막막하기만 하다. 하지만 이렇게 곤고한 가운데서도 새로운 차원으로 하나님을 알아가고 있다. 새로운 방식으로 일하시는 주님을 보게 되었다. 하나님의 역사를 얘기로만 들어봤지 직접 목격하게 될 줄은 몰랐다. 이를 경험하는 것은 정말 놀라운 일이다.

지금까지 살면서 이렇다 할 비극을 겪어 본 일이 없고, 하나님을 진정으로 의지하지도 않았다. 이전에도 기도했고 주님의 역사를 지켜본 건 분명하지만 이번만큼은 아니었다. 하나님께 완전히 기대야 할, 그러니까 그분께 몸과 마음을 다 맡기고 쉬어야 할 필요를 느낀 적이 없었다. 하나님의 위로를 받고 싶을 때 머리에 떠오르는 이미지는 예수님께 매달리면 주님이 나를 안아 주시는 그림이었다. 지금은 완전히 널브러진 나를 주님이 업고 가신다. 그리고 그건 어마어마한 경험이다.

여성으로서 정체성과 가정이 송두리째 공격받는 이 참혹한 상황 속에서 어렴풋하게나마 하나님이 무슨 일을 하고 계시는지, 나와 우리의 삶이 어떻게 달라질지 가늠할 수 있었다. 그리고 이 모든 일을 겪고 마지막에 선 내 모습을 내다보며 마음이 설렌다. 마치 경주에 나선 것 같다. 빗속을 뚫고 진창을 철벅거리며 뛰어나가야 한다. 에둘러 갈 길은 없다. 정면으로 뚫고 지나가야 한다. 쏟아지는 빗줄기와 엉겨 붙은 진흙이 발목을 잡는다. 지름길은 없다. 고통스럽게 내딛는 한 걸음 한 걸음에 집중해야 한다.

하지만 바로 그때, 무언가가 몸을 잡아 일으켜 계속 달리게 한다. 멀리서 보면 온통 내리치는 빗발뿐이다. 자동 세차장 속에 들어앉은 기분이다. 그런데 문득 무언가가 눈에 들어온다. 태양이다. 눈을 씻고 다시 봐도 분명하다. 거기에 도달한 나는 더 강해져 있을 것이다. 어둠 속을 어떻게 달려야 하는지 더 잘 알게 될 것이다. 한없는 만족과 평안을 누릴 것이다. 물론 지쳤겠지만 그런 경험이 기운을 북돋아 준다.

하나님이 주신 깨달음을 이야기하지 않고는 견딜 수가 없었다. 내 공이 더 쌓일 때까지 기다릴 수가 없었다. 아이들을 불러 놓고 설명했다. "동화에는 어김없이 큰 어려움이 등장하게 마련이야. 주인공은 그 역경에 맞서고 이겨 낼 뿐 아니라 도리어 시련 덕분에 엄청난 성공을 거둔단다. 하나님은 우리 몫의 동화를 주셨어. 너희 눈에는 어떤 결말이 보이니?"

2

고통을 위로하고 처리할
만능열쇠 같은 건 없었다

고통에 대한 시대별 처방들

누군가에게 커다란 책임을 맡기려 할 때,
하늘은 우선 그에게 고난을 견디게 한다.
힘줄과 뼈는 고된 노동을 겪게 하고, 창자는 주림에 시달리게 한다.
가난을 떠안기고 무언가를 세우려 하는 족족 무너뜨린다.
하늘은 이런 식으로 마음을 단련하고,
성정을 가라앉히고, 약점을 메운다.

_맹자

지금까지 다양한 사회들이 어떻게 구성원들을 준비시켜서 고난에 대처하게 하는지 살펴보았다. 이를 수행하는 여러 문화들의 방식을 돌아보았으므로 지금부터는 각 시대마다 어떻게 이 문제를 다루었는지, 특히 서구 사회를 중심으로 짚어 보려고 한다.[1]

철학,
어떻게든 살아보려는 발버둥

고대 로마의 저술가 키케로Cicero는 철학의 주요한 과제는 "죽음과 대면하는 법을 가르치는 것이다"라는 유명한 말을 남겼다. 인간은 유한한 존재이고 언젠가 죽을 수밖에 없다는 사실은 필연적으로 두려움과 슬픔을 빚어낸다. 철학의 목적은 그런 감정을 덜어 주고 두려움에 짓눌린 마음을 다독이는 데 있다는 것이다. 그래서 "철학은 스스로 자기 영혼의 의사가 되게 하고 또 그러하길 요구한다."[2]

프랑스의 현대 철학자 뤽 페리Luc Ferry는 키케로 이상의 철학적 정의가 나오기는 불가능하다고 생각한다. "놀이로 즐기려고 심각하게 철학적인 이야기를 늘어놓는 것이 아니다. 심지어 세상을 더 잘 이해하기 위해서도 아니다. 때로는 말 그대로 '목숨을 부지하기 위해서'일 뿐이다."[3]

행복한 삶은 "권태, 시간을 허송하는 느낌," 그리고 "여러 얼굴을 가진 죽음"에 대한 두려움을 이겨 내는 방법을 배우는 데 달렸다. 필연적으로 사랑하는 이들과 헤어지게 된다는 사실은 인간이 마주할 수밖에 없는 가장 끔찍한 진실이다. 페리는 묻는다. 우리는 무엇을 가장 간절하게 소망하는가? 혼자이기보다 누군가에게 이해받고 사랑받는, 그래서 무엇보다도 "죽지 않고 [사랑하는 이들의] 죽음 또한 보지 않는"[4] 것이다.

요즘도 에피쿠로스를 비롯한 고대 사상가들처럼 죽음을 생각해 봐야 무슨 소용이 있느냐고 말하는 세상 사람들이 숱하다는 사실을 페리는 알고 있다. 죽음은 그저 '삶의 끝'일 뿐이라고 그들은 말한다. 죽으면 그냥 없어지고 만다. 그럼 아무것도 모를 테고 걱정할 일도 없다. "그렇다면 그렇게 무의미한 문제에 신경을 쓸 이유가 무엇이란 말인가?" 하지만 페리는 이런 식의 논리는 "솔직하다기에는 너무 잔인하다"[5]라고 대꾸한다.

삶을 의미 있게 하는 요소들 가운데 으뜸은 무엇인가? 사랑하는 이들과의 관계가 아닌가? 지금 애지중지하는 것들을 죄다 빼앗기게 될 미래의 상황에 대한 두려움이 전혀 없노라고 정말 정직하게 말할 수 있는가? 사랑하는 이들이 그다지 중요하지 않아서 영원히 헤어져도 상관없다고 장담할 수 있는가?

삶을 의미 있게 만드는 요소들이 사라져 버리는 일들은 우리 삶에 이미 시작되었다. "사물의 비가역성irreversibility은 삶의 한복판에서 일어나는 일종의 죽음이다."[6] 우리는 이것을 악과 고통이라고 부른다. 페리는 정직한 사람이라면 죽음과 거기서 비롯된 온갖 결과들이 인류의 거대한, 어쩌면 유일한 문제임을 인정할 수밖에 없다고 결론짓는다. 행복하고 자유로운 삶을 살려면 되돌릴 수 없는 상실들이 빚어내는 필연적인 두려움을 물리칠 방법을 찾아야만 한다.[7]

고대 그리스 철학자들은 악과 고통, 더 나아가 죽음에 맞설 길을 찾는 데 철학의 목표가 있다고 믿었다. 페리도 사실상 철학이나 종교만이 고통과 죽음에 맞서도록 돕는다고 주장한다. 어째서 그런가? 고난은 사랑과 기쁨, 안전처럼 인간이 삶에 의미를 부여하는 토대들을 앗아 가 버린다. 고통스러운 일이 벌어진다면 어떻게 평정심, 더 나아가 평안하고 즐거운 마음을 유지할 수 있을까? 하지만 여기에 정답이 숨어 있다.

죽음이 건드리지 못하는 영역에 인생의 의미를 둘 때만 고난을 견뎌 낼 수 있다. 이는 "인생의 목적은 무엇인가?"와 "이 땅에 존재하는 동안 어떻게 살아야 하는가?"라는 질문의 답을 '고난이 파괴할 수 없는 본질'에 두어야 한다는 뜻이다. 그것은 철학이나 종교를 통해서만 가능하다. 페리는 결론짓는다. "예를 들어, 현대 심리학이 이 과정을 대신할 수 있다고 믿는 건 착각에 지나지 않는다."[8]

페리는(그는 신앙인이 아니었다) 이 대목에서 세속적인 세계관에 맞서고 있다. 그는 과학은 삶의 목적을 찾아내도록 도울 능력이 없으므로 고난이라는 이슈를 다루는 데 도움이 될 수 없다고 단언한다. 과학은 무엇이 존재하는지 이야기해 주지만, 무엇이 되어야 하는지에(이는 철학과 신앙을 필연적으로 수반한다) 대해서는 말하지 않는다는 것이다. 그러나 이런 이슈들을 정확하게 규정하지 않고는 삶의 곤고함을 다룰 방도가 없다.

그래서 역사의 각 단계마다 고난당하는 이들에게 주는 '위로' 문서,

쉽게 말해 역경과 상실을 겪는 이들을 돕기 위한 글이 등장했다. 지금부터는 서구 역사를 고대, 중세, 현대 셋으로 나누어 각 시대가 어떤 노력을 기울였는지 살펴보려고 한다.

스토아학파,
이성을 통해 구원으로

그리스 철학을 통틀어 가장 영향력이 컸던 집단은 아무래도 스토아학파일 것이다.[9] 이들은 우주에는 '로고스'라는 신성한 이성 구조가 존재한다고 믿었다. 우주가 순전히 물리적인 물질로만 이뤄졌다고 생각지 않았지만 그렇다고 우주를 창조하고 또 초월하는 인격적인 개념의 신이 있다고 여기지도 않았다. 오히려 우주는 거룩하고, 아름답고, 아주 체계적이며, 합리적이고 이성으로 감지해 낼 수 있는 질서를 가졌다고 보았다.

그러므로 도덕적인 '절대기준'이 있어서 우주의 질서에 순응하는 올바른 행동방식과 아울러 그 질서를 거스르는 생활방식이 존재한다고 믿었다. 그리고 가시적인 세계에서 그런 기준들을 추정하고 추론해 낼 수 있다고 여겼다. 혼란스러운 시기와 무질서한 지점들이 엄연히 존재함에도 불구하고 우주는 본질적으로 조화로워서 만물이 제자리를 찾고 합당한 역할과 과제를 수행한다고 보았다.

스토아학파에게 인간 정신과 이성의 임무는 세계의 질서를 받아들이고 순응하는 일이었다. 구체적으로는 죽음과 고난에 세 가지 자세로 대처한다는 뜻이었다. 첫째는 "예상치 못한 운명의 전개와 전환을 신의 섭리이자 결국 유익이 되는 역사로 받아들이는"[10] 자세다. 우주가 신성하고, 이성적이며, 완벽한 질서를 유지하고 있다면 "우주와 합치된" 삶을 산다는 건 곧 세상이 무엇을 보내 주든지 전폭적으로 받아들인다는 의미가 된다. 스토아학파에게 "'바람직한 삶'이란 희망과 두려움이 둘 다 박탈된 삶이다. 달리 말하자면, 주어진 상황을 감수하는 삶, 세상을 있는 그대로 받아들이는 삶이다."[11]

둘째는, 감성보다 이성에 절대 우위를 두며, 고난을 견딜 수 없게 만드는 압도적인 고통이 집착에서 오므로 삶에서 마주치는 그 무엇에도 지나치게 애착을 갖지 않는 법을 배우는 것이다. 어느 학자가 명쾌하게 정리한 대로, 이 원리는 "이성을 단련해서 분수에 넘치는 온갖 일들에 냉담해지며 …… 영혼이 강렬한 감정들을 몰아내거나 억눌러야 한다"[12]는 뜻이다. 예를 들어, 에픽테토스 Epictetus는 *Discourses*(담화록)에서 문하생들에게 이렇게 말했다.

> 훈련의 가장 고상한 방식, 그리고 행복의 문턱에 이르게 하는 최고의 방식은 너무 좋다 싶은 것도 절대적인 존재로 여기지 않는 것이다. …… 자녀들이나 형제들, 또는 친구들과 입 맞추고 인사할 때 절대로 그대들에 대한 애정을 앞세우지 말며, 상상에 무한한 자유를 주지 말라. 오히려 억제하고 제한하라.[13]

에픽테토스는 계속해서 학생들에게 주문한다. "그대들이 사랑하는 것들이 그대들과 마찬가지로 언젠가는 반드시 죽을 것임을, 또 무엇을 사랑하든 그것은 그대들의 소유가 아님을 잊지 말라. …… 아들딸들에게 입 맞출 때마다 '내일이면 너는 죽는구나'라고 부드럽게 속삭인들 해가 될 게 무엇인가?"[14]

뤽 페리는 이것이 이루 말할 수 없을 만큼 차갑게 들린다는 데 동의하면서도 에픽테토스를 역성든다. 아이들에게 잔인하게 굴라는 얘기가 아니라, "아무것도 바라지 말며 그래서 그 무엇도 후회가 남지 않을 만큼 현재를 사랑하라"[15]는 뜻이라고 설명한다. 스토아 사상의 목표를 성취하면, 시간의 길이를 고민하는 두려움이 소멸되므로 더 이상 그 무엇도 평정심을 해치지 못하는, 말하자면 구원과 비슷한 경지에 이르게 된다고 이야기하는 셈이다. 깨달음이 그쯤 되는 현자라면 마치 '신처럼' 결코 사라지지 않는 순간을 영원히 살게 된다.[16]

고통을 겪는 이에게 스토아학파가 제시하는 셋째 길은 죽음과 관련이 있다. 스토아 사상은 죽는 순간 존재가 끝나는 것이 아니라고 가르친다. 죽음은 한 상태에서 다른 상태로 탈바꿈하는 일일 뿐이라는 것이다. 말하자면, 지금까지 우주는 인간의 모습을 한 존재가 필요했다. 하지만 죽음과 동시에 인간을 구성했던 요소(몸과 영혼 둘 다)는 또 다른 형태로 우주의 일부를 이루게 된다.

고대 로마의 황제 마르쿠스 아우렐리우스Marcus Aurelius는 말한다. "그대는 세상에 와서 그 일부가 되었다. 그리고 그대들을 세상에 태어나게 한 전체 속으로 사라져 가거나, 도리어 변화의 과정을 거쳐 생성 원리 속으로 되돌아갈 것이다."[17]

운명에
복종하다

고난에 관해 가장 영향력 있는 글을 쓴 고대 작가를 꼽는다면 그리스 스토아 철학의 영향을 강하게 받은 로마의 사상가 키케로와 세네카 Seneca일 것이다. 죽음은 악이 아니며 두려움과 혐오의 대상으로 여겨서는 안 된다는 주장이 키케로의 《투스쿨룸 대화 Tusculan Disputations》의 핵심 주제다. 삶은 자연에서 빌려 온 것이므로 아무 때고 도로 찾아갈 수 있다. 자연은 사랑하는 이들을 영원히, 또는 오랫동안 붙들어 둘 수 있게 해 주겠다고 약속하지 않는다. 키케로는 사랑하는 이의 죽음을 슬퍼하는 건 어쩔 수 없는 일이라고 믿는 중립적인 입장이었다. 하지만 애통해 하는 심정을 인정하면서도 여전히 그런 슬픔에는 긍정적인 기능이 전혀 없으므로 반드시 다스려 눌러야 한다고 했다.[18]

또 한 권의 위로 문서는 세네카의 글, "마르시아에게 주는 위로"다. 마르시아라는 여인은 아들을 잃은 지 3년이 흐른 뒤까지 여전히 슬픔을 떨치지 못하고 있었다. 세네카는 키케로와 비슷한 논리로, 슬픔을 이겨 내고 "앞으로 나가라"고 말한다. 젊은이는 비록 젊어서 세상을 떠났지만 살면서 마주칠 뻔했던 수많은 악을 피했고, 사실 죽음은 훨씬 더 심한 괴로움을 모면할 수 있는 길일지도 모른다는 것이다. 긴 설명 끝에 세네카는 행복한 삶을 사는 비결을 마르시아에게 제시한다. 운명에 복종하고 저항하거나 씨름하려 들지 말라는 것이다.

그리스와 로마 철학자들이 운명과 고난에 관한 사상을 정리해 내기는 했지만, 상당히 비슷한 관념이 이미 다른 쪽 세상에도 퍼져 있었다. 수백 년 전, 동양 문화와 종교들은 눈앞의 물질세계, 그리고 그 안에 독립체로 존재하는 인간이란 인식은 망상일 뿐이라고 믿었다. 힌두교와 인도사상을 담아낸 가장 오래된 경전인 《베다 vedas》는 결국 '다름'은 존재하지 않는다고 가르친다. 최고의 진리는 '탓 트밤 아시Tat tvam asi'(그대가 곧 그것)이다.

바꿔 말하면, 물질세계는 서로 다른 수많은 물체들을 끌어안고 있는 것처럼 보인다. 여기 있는 물건 A는 저기 놓인 물건 B가 아니다. 우리의 감각은 (그리고 과학과 논리도) 그렇게 말한다. 어떤 이들은 상실로 괴로워하는 반면, 또 다른 이들은 풍요를 누린다. 하지만 그것은 마야maya라고 부르는 기만적인 거죽일 뿐이다. 실상은 악도 없고 선도 없으며, 개체도 없고 물질적인 세계도 없다. 모든 게 실제로는 하나, 완전한 영, 또는 절대정신의 일부일 따름이다. 그 바깥에는 아무것도 없다.[19] 그러므로 궁극적으로 인간은 아무것도 잃어버릴 수 없다. 우리는 만물의 일부일 뿐이다.

이런 사상이 오늘날 가장 순수하고 영향력 있게 구현된 형태가 바로 불교다.[20] 전승에 따르면, 고타마 싯다르타 왕자는 안전하고 호젓한 궁궐에서 넉넉하고 호화로운 삶을 살고 있었지만, 어느 날 궐 밖으로 나갔다가 "네 가지 고통스러운 장면"(병자, 노인, 죽은 사람, 가난한 사람)과 맞닥뜨렸다. 여기에 반응해서, 왕자는 인간의 고통 가운데서 평정심을 유지하며 살 방도를 찾는 일에 삶을 바치기로 했다.

오랜 세월이 지난 뒤, 마침내 싯다르타는 나무 아래서 깨달음을 얻었다. 첫 번째 설법을 베풀며 붓다는 네 가지 고귀한 가르침, 곧 '사성제

四聖諦'를 설파한다. 첫째, 삶은 하나같이 고통스럽다. 둘째, 고통의 원인은 욕구와 갈망이다. 셋째, 갈망을 없애야만 고통이 끝난다. 넷째, 깨달음에 이르는 여덟 가지 길, 즉 '팔정도八正道'를 따라야만 그 뜻을 이룰 수 있다. 팔정도는 바르게 보고, 바르게 생각하며, 바르게 말하고, 바르게 행동하고, 바르게 생활하며, 바르게 노력하고, 바르게 마음을 챙기며, 바르게 명상하는 것으로서 삶의 전 영역을 아우른다.

고통을 극복하는 방법은 마음을 내려놓고 이 세상 그 무엇도 지나치게 사랑하지 않는 것이다. 고난을 겪는 이들의 핵심 문제는 만족스럽지 못한 의식 상태이기 때문이다. 인간의 갈망과 어려움 속에서 느끼는 고통은 스스로 독립적인 자아 또는 인격이라고 생각하는 착각에 토대를 둔다. 그러나 영원한 것은 어디에도 없다고 본다면 거기에 집착하지 않을 것이다. 만물이 정말 우리의 일부라고 본다면, 설령 무엇을 잃어버린다 하더라도 그토록 집착하거나 애통해하지 않을 것이다. 결국 무엇이 됐든 진정으로 잃어버릴 수는 없다. 언젠가는 결국 되돌아가야 할 절대적인 존재의 일부분인 까닭이다.

이제 불교 사상과 그리스 사상(특히 스토아 철학)의 접근 방식 사이에 강력한 유사성이 있음을 명확히 알 수 있다.[21] 스토아학파는 이 세상의 밑바닥에 깔린 실재는, 우주의 중심이며 만사를 결정하는 비인격적이고 보편적인 로고스라고 가르쳤다. 이미 살펴본 것처럼, 행복한 삶을 사는 가장 현실적인 방법은 "집착에 절대로 굴복하지 말고" 무슨 일이 있어도 사랑이나 기쁨 같은 감정을 자제하는 것이다. 프랑스 철학자 앙드레 콩트-스퐁빌 André Comte-Sponville은 스토아 철학과 불교 사이의 긴밀한 연관성을 지적한다. 양쪽 다 "희망을 가지고 사는 삶"의 유익을 부정한다. 도리어 소망은 "킬러killer"라고 입을 모은다. 뜻한 계획이 이루어지느냐 안 이루어지느냐에 따라 행복과 불행이 갈린다고 생각한다면, 삶이 끝날 때까지 내내 초조하고 불안한 감정에 시달릴 테고, 목표를 달성하지 못하면 큰 타격을 입을 수밖에 없다. 그리고 이 일은 우리의 결함으로 남을 것이다.[22] 그리스의 수필가 플루타르크Plutarch의 말대로 인간은 "상황의 결정에 군말 없이 고분고분"[23] 복종해야 한다.

'더 큰 소망'의 근거,
부활 신앙

기독교가 성장하면서부터 크리스천 작가들은 재빨리 새로운 사고방식, 특히 고통과 슬픔에 관해 서구의 이방 신앙은 물론이고 동양 철학과도 확연히 다른 사상들을 쏟아 내기 시작했다.[24] 기독교가 로마제국에서 거둔 성공과 인간 사고에 미친 영향을 감안하면 고난에 대한 크리스천의 접근 방식을 무시하고 지나갈 수 없었다.

초기 크리스천 강연자들과 작가들은 기독교의 가르침이 고난에 관해 더 설득력 있는 설명을 담고 있으며 신자들의 실생활이 그 증거라고 목소리를 높였다. 키프리아누스Cyprianus는 무서운 페스트가 창궐할 당시, 크리스천들이 이교도인들처럼 병에 걸린 사람들을 버리지 않았고 도시에서 도망치지도 않았던 사연을 들어 이야기한다. 크리스천들은 아픈

이들을 보살피면서 지극히 침착하게 죽음에 맞섰다.[25]

안디옥의 이그나티우스Ignatius of Antioch가 쓴 "로마인들에게"와 폴리캅의 글 "빌립보 사람들에게 보내는 편지"를 비롯한 초기 기독교 문서들은 고문을 당하고 죽음에 내몰렸던 크리스천들이 보여 준 평온한 자세를 언급한다. "크리스천들은 고난을 이용해 스스로 믿는 교리의 탁월함을 내보였다. 그들은 이방인들보다 고통을 더 잘 견뎌 냈다."[26]

그리스 철학자들은 고통과 죽음에 맞서도록 돕는 데 철학의 목적이 있다고 가르쳤다. 키프리아누스와 암브로시우스Ambrosius, 그리고 훗날 아우구스티누스Augustinus(어거스틴) 같은 이들은 그런 가르침을 염두에 두고 크리스천이 고난을 더 잘 참아내고 더 당당하게 죽음을 맞는다는 사실을 강조했다. 기독교 신앙이 '탁월한 철학'이라는 실증적이고 가시적인 증거로 내세운 것이다. 이처럼 이방인과 크리스천 사이의 명확한 차이는 크리스천들의 주장에 깊은 신뢰를 보내게 만들었다. 고난과 악의 존재가 기독교 신앙을 흔들어 비판과 회의에 이르게 하는 요즘 세상과 달리, 초기 크리스천들은 살아가면서 마주하는 고통과 역경을 통해 신앙을 더 깊이 받아들였다.

크리스천들이 그토록 다른 면모를 보였던 까닭은 무엇인가? 타고난 기질이 달라서였을까? 크리스천들이 남달리 강인했던 것은 아니었다. 그것은 세상에 대한 그들의 생각과 관련이 있다. 고전학자 주디스 퍼킨스Judith Perkins의 주장에 따르면, 그리스 철학은 평범한 이들에게 실질적이지 않았고 만족을 주지도 못했다. 보다 큰 슬픔의 장과 보다 큰 소망의 근거를 갖추고 고난에 다가서는 크리스천의 접근 방식이야말로 기독교

신앙에 호소력을 더했다.[27]

우선, 기독교 신앙은 더 큰 소망의 근거를 제시했다. 뤽 페리는 "기독교 신앙의 승리"[28]라는 글에서, 고통을 향한 크리스천의 접근 방식이야말로 기독교 신앙이 그토록 철저하게 그리스 철학을 물리치고 로마 제국의 지배적인 세계관으로 자리 잡게 된 주요한 요인이었다는 사실에 공감한다. 페리가 보기에, 사랑과 인간의 의미에 대한 그리스도의 가르침은 결정적인 차이를 빚어냈다. 가장 선명한 차이는 장차 육신을 입고 부활하며 물질세계가 회복된다는 기독교의 교리였다. 스토아 철학자들은 죽고 나면 우주의 일부로 계속 존재하게 되지만 개인적인 형태는 아니라고 설명했다. 페리가 요약했듯, "스토아 철학의 구원 신조는 단호하리만치 몰개성적이고 비인간적이었다. 자신 있게 영원을 약속하지만 개인적인 유형이 아니고 그저 우주의 이름 없는 파편 한 조각으로 남을 따름이었다."[29]

반면에, 크리스천들은 부활한 그리스도를 목격한 수백 명에 이르는 증인들의 확고한 증언을 기반으로 흔들림 없이 부활을 믿었다. 그게 우리의 미래상이었다. 개별적인 자아를 그대로 지닌 채 구원을 받는다. 죽은 뒤에도 인격적인 특성이 유지되고, 아름답게 단장되며, 완전해진다. 궁극적으로 마주할 미래는 하나님과 이웃과 더불어 나누는 온전하고 사랑이 거칠 것 없는 충만한 세상이다. 암브로시우스는 이렇게 적었다.

> 그리스도의 종들과 우상숭배자들 사이에 이런 차이가 나게 하십시오.
> 우상숭배자들은 친구들을 위해 눈물을 흘립니다. 그들이 영원히 사라

졌다고 여기기 때문입니다. …… 하지만 우리에게 죽음은 본질이 아니라 그저 이 땅의 삶이 끝난 데 지나지 않습니다. 우리의 본질 자체는 더 나은 상태로 회복되므로 우리 앞에 당도한 죽음은 모든 눈물을 깨끗이 씻어갈 것입니다. [30]

그리스 철학, 특히 스토아학파는 "죽음의 두려움에서 결연히 인간을 구출하려 애썼지만 그 과정에서 개인의 정체성을 말살하는 대가를 치렀다."[31] 하지만 기독교 사상은 이와는 비교가 안 될 정도로 만족스러운 입장을 내놓았다. 인간이 가진 "무엇보다 큰 소망은 사랑하는 이들과 다시 만나는, 그것도 자갈이나 채소들처럼 누군지 알아볼 수 없는 부스러기의 형태로가 아니라 목소리를 듣고 얼굴을 대하는 형태로 재회하는 일이다."[32]

요한복음 1장만큼 기독교 신앙과 이교도 신앙의 차이를 극명하게 드러내는 서술도 없을 것이다. 요한은 "태초에 말씀the Logos이 계시니라"(요 1:1)라고 선언하면서 그리스 철학의 주요 주제 하나를 기막히게 끌어들인다. 하지만 곧이어 설명한다. "말씀Logos이 육신이 되어 우리 가운데 거하시매 우리가 그의 영광을 보니 아버지의 독생자의 영광이요"(요 1:14).

가슴 벅찬 이야기다. 요한은 "우주의 이면에 질서가 존재하며 자기 삶을 거기에 맞춰 조정하는 데 인생의 의미가 있다는 사실에 동의한다." 하지만 우주 이면의 로고스는 공부깨나 한 지식인들이 깊은 묵상을 통해서만 파악할 수 있는 추상적이고 이성적인 원칙이 아니라고 지적한다. 오히려 우주의 로고스는 누구든 인격적인 관계를 맺고 사랑하며 알아갈 수 있는 예수 그리스도라는 인격적인 존재라고 주장한다.

페리는 문화에 대한 요한의 메시지를 "신은 …… 더 이상 비인격적인 구조가 아니라 비범한 개인"[33]이란 말로 간추린 뒤, 이는 "사상사에 이루 헤아릴 수 없을 만큼 큰 영향을 미친 불가해한 변화"라고 했다.

눈물과 울음, 자연스럽고 선한 것

그리스 철학과 기독교 신앙 사이의 또 다른 차이점은 크리스천의 위로가 슬픔과 괴로움을 억누르지 않고 활짝 열어 주었다는 데 있다. 기독교 신앙은 눈물과 울음을 엄하게 제한하지 않았으며 자연스럽고 선하게 여겼다. 키프리아누스는 바울서신의 한 구절(살전 4:13)을 인용해서 말했다. "크리스천은 진정으로 슬퍼하지만, 소망 가운데 깊이 잠깁니다."[34]

크리스천들은 슬픔을 무슨 수를 써서라도 억제해야 할 감정으로 보지 않았다. 암브로시우스는 형제의 죽음 앞에서 눈물을 쏟으며 슬퍼했지만 사과하거나 변명하지 않았다. 그는 나사로의 무덤 앞에서 눈물을 보이셨던 예수님을 거론하며 이렇게 말했다. "눈물이 통탄할 만한 죄를 불러온 적은 단 한 번도 없습니다. 모든 울음이 믿음이 없고 연약한 데서 나오는 것이 아닙니다. 주님도 우셨습니다. 그분은 피 한 방울 섞이지 않은 이를 위해 우셨고, 나는 형제를 위해 울었습니다. 주님은 한 사람을 위해 울면서 모두를 위해 우셨고, 나는 형제를 위해 울면서 모두를 위해 울겠습니다."[35]

크리스천들은 고난을 이성과 의지력을 동원해 부정적인 감정들을 통제하고 억누르는 방식으로 다루지 않았다. 그들은 이성이나 사색이 아니라 관계를 통해 궁극적인 실재에 이른다고 믿었다. 이성이나 감정 절제가 아니라 겸손과 믿음, 사랑을 통해 구원을 받는다고 배웠다. 그러기에 크리스천들은 인간과 세상 만물을 향한 사랑을 금욕적으로 줄이는 방식으로 역경에 맞서지 않는다.

페리는 말한다. "전반적으로는 사랑을 집착으로 보고 강하게 비판해 왔던 아우구스티누스는 대상이 신인 경우에는 그 감정을 애써 몰아내지 않았다."[36] 풀이하자면, 기독교 신앙은 세상에 속한 것들에 집착하는 마음가짐이 불필요한 고통과 슬픔에 이르게 한다는 이방 작가들의 입장에 공감하면서도 물질을 덜 사랑하기보다 하나님을 그 무엇보다 더 사랑하는 것이 해결책이라고 가르쳤다. 더없이 큰 사랑, 목숨과도 바꿀 만큼 사랑을 쏟는 대상이 하나님일 때에만 무슨 일이 닥치든 고통 속에서 침몰하지 않을 수 있다. 큰 슬픔이 사라지지는 않겠지만 사랑과 소망을 품고 스스로 정련되며 새 힘을 낼 수 있다.

크리스천들은 사랑과 소망에 기대 성숙하게 슬픔을 처리해 내는 차원을 넘어, 하나님이 아버지처럼 보살피신다는 사실을 알고 거기서 위로를 얻는다. 옛 현자들은 어려움을 겪는 이들에게 누구도 냉혹한 운명을 피해갈 수 없다는 사실을 받아들이라고 조언했다. 운명은 합리적인 이유나 목적 없이 돌아가는 우연의 수레바퀴처럼 제멋대로다. 따라서 자기 연민이나 불평에 빠지지 말고 숙명을 고스란히 받아들여야 한다는

것이다.[37]

기독교 신앙은 이런 자세를 단호하게 거부한다. 수많은 신들과 세력들이 서로 사납게 부대끼고 비인간적인 운명이 모든 걸 쥐고 흔든다고 믿었던 그리스-로마 문화에 기독교는 백팔십도 다른 시각을 제시한다.

역사가 로널드 리트거스Ronald Rittgers는, 크리스천들의 경우 단 한 분의 창조주가 있어 인격적인 지혜와 사랑으로 온 세상을 움직인다고 주장했는데, 이는 "이방인들의 다신교 및 운명론과 정면으로 충돌하는" 사고방식이었다.[38] 핵심만 보면 이렇다. "하나님은 자신과 교제하도록 인류를 지으셨다." 그러나 인류가 스스로 주인 노릇하기 위해 친밀한 사귐을 내동댕이치자 죽음과 고통의 짐을 지게 하셨다. "죽음과 고역은 인간이 원초적으로 가진 속성의 일부가 아니었다는 뜻이다."

인류가 타락하고 고통과 악이 세상에 들어오자 하나님은 그리스도를 통해 교제를 회복시키는 구원 사역을 시작하셨다. 그리고 그 시기 동안 "시험과 시련, 역경들을 사용해 인간의 마음을 확인하셨으며" 그때마다 어김없이 "구원의 소망을 함께 주셨다. …… 죽음의 가시를 뽑아 준 주인공도 바로 그분이었다."[39]

간단히 말해서, 아빠 엄마의 행동방식이 갓난아이에게 납득하기 어려워 보이듯, 하나님의 방법들도 불투명해 보이기 십상이다. 그럼에도 불구하고 크리스천은 하늘 아버지가 늘 변함없이 돌보시며 삶의 온갖 상황들 속에서 앞길을 인도하시고 보호하신다는 사실을 믿어 의심치 않는다.

기독교 신앙의
독보적인 고난관

기독교 신앙의 세계관은 서서히, 그러나 확고하게 낡은 이교도의 시각을 대체했으며 시간이 갈수록 지배적인 문화 사상으로 자리 잡았다. 앞에서도 이야기한 적이 있지만, 가장 중요한 변화는 부활 교리와 관련이 있었다. 크리스천들은 언젠가 예수님이 몸을 입고 오서서 구원을 베풀고 육신 그대로 우리를 다시 살리신다고 가르쳤다. 그리스 철학과 달리, 두 발을 딛고 선 이 물질세계의 삶이 선하며 마음껏 누릴 가치가 있다는 의미였다. 그렇다면 일상생활과 관계가 주는 즐거움과 안락함을 혐오하거나 애써 물리칠 이유가 없었다. 페리는 말했다. "무신론자들은 육신과 감각에 맞서 일대 전쟁을 벌여야 한다고 설득했지만, 기독교 신앙은 그런 싸움에 온 힘을 기울이지 않았다."[40]

부활에는 그 이상의 의미가 담겨 있다. 페리는 인간 존재의 어쩔 수 없는 특성인 비가역적인 상실에 대한 정서를 에드가 앨런 포Edgar Allan Poe의 시, "큰 까마귀The Raven"를 인용해 사무치게 묘사한다. 여기 등장하는 이 불길한 새는 "이젠 끝이야Nevermore"라는 말만 되풀이한다. 삶의 비가역성을 이 시는 무섭도록 명쾌하게 담아낸다. 청춘도, 어린 시절 함께 했던 가정도, 사랑하는 이들도 모두 한때뿐, 떠나면 다시는 돌아오지 않는다.

비가역성은 삶의 한복판에 도사리는 일종의 죽음이다. 하지만 바로 이 지점이 육신의 부활이라는 교리가 들어오는 자리이기도 하다. 하늘이 결코 소멸되지 않는 영혼을 선물로 허락한다는 사실만이 죽음에 위안을 준다고 가르치는 종교들은 많지만, 기독교 신앙은 생명이 되살아나는 부활을 주장한다. 늘 동경하지만 단 한 번도 맛보지 못했던 새로운 육신, 새로운 삶을 되찾는다고 한다. 크리스천의 소망은 육신에서 벗어나 하늘에만 머무는 존재가 아니라 영혼과 몸이 마침내 완벽하게 통합되는, 그래서 춤추고 노래하고 일하고 놀 수 있는 존재로 거듭나는 데 있다. 이렇게 기독교의 부활은 거스를 수 없어 보이는 죽음을 되돌리는 교리다.

뤽 페리는 믿기지 않을 만큼 놀라운, 그러나 역사적으로 부인하기 어려운 결론에 이른다.

> 기독교 신앙은 그리스 철학의 약점으로 여겨지던 면을 파고들어 구원의 교리를 새로이 창출했다. 고대 철학들과 현격한 차이가 있었으며 그 영향력이 얼마나 컸던지 거의 1,500년에 걸쳐 [서구] 세계를 지배했다. …… [기독교 신앙은] 죽음의 두려움을 뛰어넘게 할 뿐 아니라 죽음 자체를 통제할 수 있는 유일한 것처럼 보인다. [41]

초기 크리스천 설교가들과 저술가들은 이처럼 고난에 대처하는 획기적인 방식의 기초를 잡은 뒤에, 성경을 연구해서 어려움을 겪는 이들을 위로할 한층 섬세하고 현실적인 자료들을 내놓았다. 그 결과, 고난받는 심령을 위로하고 '치료'하는 방법을 두고 갈수록 미묘한 차이를 보이는 작품들이 쏟아져 나왔다. 가장 도드라지는 점들 가운데 하나는 크리스천 위로자들이 이전 사상가들과는 전혀 다른 방식으로 다양한 형태의 고난을 인식하게 되었다는 점이다.

심령을 치료하는 문제와 관련해 초기 기독교 역사에서 가장 큰 영향력을 발휘한 저자는 아마 교황 그레고리오 1세Gregory the Great일 것이다. 여러 글들 가운데서도 욥기 연속 강해에 해당하는 *The Book of Pastoral Rule*(사목규범)과 *Moralia*(모랄리아)는 더없이 중요한 책으로 꼽힌다.[42] 여기서 그레고리오는 고난에는 늘 목적이 있으며, 고난을 망상이나 운명의 장난으로 보는 관점을 거부한다. 인간은 거역할 수 없는 운명에 속수무책으로 휘둘리는 희생자가 아니라 지혜로우신 하나님의 손안에 있는 존재들이므로 잔인하고 무책임한 운명을 탓하기보다 욥처럼 끈질기게 고통을 견뎌 내야 한다고 강조한다.

아울러 그레고리오는 카르마를 중심으로 한 힌두 사상처럼 고난을 당하는 것은 그만한 죄를 지었기 때문이라고 믿는 도덕주의도 부정한다. 그 대신 일반적으로 고난은 인간의 죄에서 비롯되지만 그렇다고 해서 특정한 고통이 반드시 특정한 죄의 결과는 아니라고 가르쳤다. 죄와 고난을 지나치게 관련짓는 것을 경계하면서 그게 바로 욥기가 주는 주요한 교훈이라고 했다.

Moralia(모랄리아)에서 그레고리오는 욥에게 닥친 어마어마한 고난이 죄의 대가임에 틀림없다는 친구들의 주장을 소개하면서, 세상에 넘치는 고통에는 여러 유형이 있으며 "하나님의 섭리에 따라 다양한 목적들을"[43] 이룬다고 지적했다. 요나가 폭풍을 만나 죽을 뻔했던 경우처럼 그릇된 생활 방식을 꾸짖고 바로잡기 위한 고난이 있다. 그러나 요셉이 종

으로 팔려 갔던 사건처럼 "지난날의 잘못된 행실을 교정하려는 게 아니라 앞날을 위해 준비된" 역경도 있다. 그뿐만 아니라 한 인간을 하나님의 사랑으로 더 가까이 이끌어 한없는 평안과 자유를 주시려는 고난도 있다. 그레고리오의 관점에 따르자면, 욥에게 닥친 가혹한 시련은 이 마지막 범주에 속한다.[44]

인격적인 하나님은 또한 뜻을 품고 역사하시는 하나님이다. 성경을 보면, 고난이 삶에 다양하게 작용한다는 사실을 알 수 있다. 초기 기독교 목회자들은 역경을 제대로 처리할 수 있도록 준비시키거나 어려움을 겪는 이들을 위로해 주는 '만능열쇠' 같은 방법은 없다고 믿었다.

고난을 잘 견디면
구원받을 자격을 얻는다?

교황 그레고리오 1세 시대 이후, "하나님의 은혜에 힘입어 하늘나라에 보물을 쌓는 심정으로 끈질기게 참아 내는 게 [고난에] 적절히 대처하는 방법"[45]이라는 쪽으로 점진적이지만 뚜렷한 사상의 변화가 교회 안에 일어났다. 카르마를 믿는 동양 종교의 영향으로 고통이 죄를 떨쳐 버리는 하나의 방법으로 등장한 것이다. 고난을 참을성 있게 견뎌 내면 죄짐을 덜어 내고 하나님의 사랑과 인정을 받아 영원한 복을 누리게 된다는 사고방식이다.

1504년에 *Supplement to the Heavenly Mine*(하늘의 보고를 채우라)이라는 책

을 쓴 중세 후기 신학자 요하네스 폰 플라츠Johannes von Paltz가 대표적인 본보기다. 그는 고난을 참아 내는 인내는 윤리적으로 한없이 값진 덕목이어서 설령 평생 쉴 새 없이 죄를 지으며 산다 하더라도 마지막 순간에 차분한 믿음을 지킨 채 죽음을 받아들인다면 그 모든 허물이 완전히 사면된다고 주장했다. 로널드 리트거스는 고난을 통해 구원의 자격을 갖춘다는 관념을 이토록 강조하는 태도는 초기 크리스천의 가르침을 되돌려서 슬픔을 드러내지 못하게 막는 이교도의 신앙으로 기울어지게 한다고 지적한다. 리트거스의 말을 빌리자면, 결과적으로 "기독교식 스토아 철학"[46]이 되고 만 것이다.

슬픔을 드러내거나 고통에 울부짖는 행위가 순종하는 신앙이 부족한 증거로 그릇 해석될 수 있으므로 감정을 억누르며 어떤 고통에도 토를 달지 않고 잠잠히 감수하는 자세가 무엇보다 중요해진다. 이런 인식 속에는 욥의 분통이나 시편 기자의 탄식이 깃들 여지가 없다. 고통과 고난에 대한 성경의 풍부하고도 다각적인 가르침이 이를 악물고 참는 인내에 짓눌려 뭉개질 따름이다.

하지만 유럽의 종교개혁, 특히 마르틴 루터Martin Luther의 성경 신학은 교회의 갱신을 불러왔을 뿐 아니라 세부적으로는 고난에 대한 크리스천의 이해를 한층 깊게 했다. 루터는 덕성을 키우고 선을 쌓는 점진적인 과정을 통해 마침내 영원한 생명을 얻을 자격을 갖춘다는 중세의 구원관을 부정했다. 그는 구원이 믿음에서 온다고 판단했다. 믿음의 본질을 순결이라는 내면의 자질이 아니라 "받아들이는 능력"으로 보았다. 믿음은 하나님의 약속을 신뢰하는 마음가짐이며, 구원은 자신의 힘이 아니라 그리스도의 구원 사역에 기대어 값없이 받는 것이라고 주장했다. 이런 신학은 고난을 바라보는 크리스천의 인식에 "혁명적인 영향"을 미쳤다.[47]

루터는 인간의 힘으로는 자신의 구원에 터럭만큼의 힘도 보탤 수 없음을 깨닫는 것이 제일 중요하다고 설교했다. 그리스도를 믿는 믿음을 통해 거저 주시는 거룩한 은혜로만 온전한 용납을 얻으며 하나님이 보시기에 의롭다는 합법적인 인정을 받을 수 있다. 이를 이해하고 단단히 붙잡는다는 것은 곧 사회나 가족, 남들은 물론이고 스스로에게까지 자기를 증명해 보여야 하는 견딜 수 없는 무거운 짐에서 벗어났다는 뜻이다. 이는 미래에 대한 두려움과 영원한 숙명에 대한 불안감에서 자유로워졌다는 뜻이기도 하다. 인간을 더없이 자유롭게 하는 사상이다. 십자가 덕분에 우리는 무슨 일이 있어도 하나님과 한편이 되며 부활의 결과로 마침내 모든 문제가 회복될 것을 알기에 고난에 맞설 수 있다.

스스로 갖추는 덕성이나 마음 상태, 또는 선행으로 구원을 받는다는 사고방식은 인생이라는 지반에 불확실하고 불안정한 단층을 형성한다. 삶의 품질에 따라 하나님의 대우가 달라지는데 그 삶의 질을 완벽하게 유지할 도리가 없다면 주님이 온전히 한편이 되시며 사랑을 베풀어 주시리라고 확신하기가 불가능해진다.

루터의 관점에서 보자면, 고난은 이중적인 역할을 한다. 고난에 맞서 이겨 내도록 도와줄 기쁨과 사랑을 얻기에 앞서, 고난은 우선 우리의 교만을 비워 내게 해 준다. 루터는 선언한다. "하나님이 수많은 시련으로 우리의 소유와 생명을 다 거둬 가신다면, 더 귀한 무언가에 매달리지 않고는 즉 믿음으로 주님과 하나가 되지 않고는 차분한 마음으로 어려움을 견뎌 낼 길이 없다."[48] 고난은 '내 삶을 다스리고 구원할 힘과 권한이 나에게 있다'는 망상을 몰아내 준다. 인간은 "역경을 지나면서 텅 빈 상태가 되어" 하나님과 은혜로 채울 여지가 생긴다.[49]

루터는 말한다. "무無에서 유有를 만드시는 것이 하나님의 속성이다. 그러므로 아직 완전히 비어 있지 않다면 주님은 거기서 아무것도 빚어 내실 수 없다." 그는 이렇게 덧붙였다.

> 그러므로 하나님은 오로지 버림받은 이들을 받아주시고, 병든 이들만 치료하시며, 눈먼 이들만 보게 하시고, 죽은 이들에게만 삶을 되돌려 주신다. 죄인들만 거룩하게 하시며, 어리석은 이들만 슬기롭게 하신 다. 한마디로, 그분은 가엾은 이들에게만 은혜를 베푸신다.[50]

내 아픔이
그분의 아픔이 되다

루터에게 고난은 영적인 준비 과정 수준을 훨씬 넘어서는 의미가 있었다. "영광의 신학"에 대비되는 "십자가의 신학"이란 용어를 만들어 낸 주인공은 바로 루터였다. 세상은 강력한 하나님을 원한다. 한 치의 실수도 없이 명령하신 것을 따르면 축복과 성공을 허락하시는 하나님을 기대한다. 욥의 친구들, 예수님 시대의 바리새인들, 그리고 루터의 말을 빌리자면 중세 교회의 대다수 지도자들의 마음가짐이 그러했다.

그런데 성경의 메시지는 십자가의 연약함과 고통, 죽음에 하나님의 성품을 드러내는 가장 심오한 계시가 담겨 있다고 말한다. "인간이 하나님을 찾으려 하는 지점과 완전히 대척점에 있는"[51] 가르침이다. 루터는 "95개조 반박문 풀이"에서 이렇게 말한다.

> 하나님의 드러나지 않고 보이지 않는 면들을 피조물 가운데서 또렷이 감지할 수 있다고 주장하는 이는 신학자라고 불릴 자격이 없다. 그러나 고난과 십자가를 통해 하나님의 보이고 드러나는 면들을 이해하는 자라면 그는 신학자라고 불리기에 충분하다.[52]

루터는 "영광"의 신학자들이 하나님 방법들을 "또렷이 감지할 수 있다"고 여긴다고 생각했다. 그래서 욥의 친구들은 마음먹은 대로 만사가 술술 풀리면 제대로 살고 있고 하나님이 기뻐하신다고 판단하는 한편, 일이 잘 돌아가지 않으면 그릇되게 살아서 주님께 버림을 받았다고 확신했다. 하나님의 뜻과 계획을 분별하는 일이 어렵지 않다고 믿었다. 하지만 욥의 시련들은 그야말로 수수께끼였다. 욥은 물론이고 그의 고백을 읽는 독자 대다수도 하나님의 뜻을 도무지 가늠하지 못한다. 그럼에도 불구하고 욥이 겪은 극심한 괴로움과 시련은 주인공의 됨됨이를 바꾸는 데 그치지 않고 성경, 아니 세상 모든 문서들을 통틀어 하나님의 속성을 더없이 심오하게 드러내는 통로가 되었다.

예수님 당시의 종교 지도자들도 다르지 않았다. 그들은 로마의 압제를 단숨에 물리치고 이스라엘을 정치적 독립으로 이끌 근사하고 한눈에 알아볼 수 있는 메시아를 기대했다. 연약하고, 고통당하며, 십자가에 못 박힌 메시아는 도무지 납득할 수가 없었다. 십자가에 달려 죽어 가는 예수님을 지켜보면서도 인류 역사에서 가장 위대한 구원 사건을 목격하고 있다는 사실을 결코 자각하지 못했다.

십자가 주위의 구경꾼들은 주님을 올려다보면서 하나님이 역사하시는 방법을 또렷이 감지할 수 있었을까? 천만의 말씀이다. 놀라운 은혜를 두 눈으로 직접 보고 있었지만 그러하지 못했다. 그들은 그저 어둠과 고통을 보았을 뿐이다. 이성의 한계에 갇힌 인간으로서는 하나님이 그 사건 가운데, 그리고 그 사건을 통해 역사하고 계시다는 확신을 품을 수 없었다. 그래서 예수님을 향해 비웃으며 소리쳤다. "그가 남은 구원하였으되 자기는 구원할 수 없도다 …… 지금 십자가에서 내려올지어다"(마 27:42). 그들은 주님이 그분 자신을 구하려 하지 않았기에 다른 이들을 구원할 수 있었다는 사실을 조금도 깨닫지 못했다.

하나님은 오로지 연약함과 고난을 통해서만 구원을 베푸셨다. 주님은 더없이 강력한 방식으로 우리를 향한 은혜와 사랑을 보여 주셨다. 사실 여기에는 율법을 엄정하게 집행하는 한편, 그 율법을 어긴 죄인들을 확실하게 용서하는 두 가지 요구를 한 방에 채우는 매우 심오한 지혜가 담겨 있다. 하나님의 사랑과 공의는 단번에 충족되었다. 메시아는 스스로 죽어서 죽음 자체를 영원히 끝내기 위해 오셨다. 연약함과 고통을 통해서만 속죄의 역사가 일어날 수 있다. 인간의 종말을 보지 않고 악을 끝낼 유일무이한 방법이었다.

십자가에 달려 "나의 하나님, 나의 하나님, 어찌하여 나를 버리셨나이까"(마 27:46)라고 하셨던 예수님의 부르짖음을 루터는 "성경 전체에서 가장 위대한 구절"[53]로 꼽았다. 삶의 갖가지 불행과 고난을 통해 인간에게 쏟아지는 세상과 육신, 마귀의 "공격들"을 이 종교 개혁의 지도자는 "안페히퉁Anfechtungen"이라고 불렀는데, 여기에 관해서라면 누구 못지않게 잘 알고 있었다. 루터에게 "안페히퉁은 고뇌[또는 두려움]라는 개념과 아주 가까운 절망적이고 무기력한 상태를 가리킨다."[54]

십자가에 달려 버려진 아픔을 호소하는 이 말씀에서 루터는 깊고 깊은 역설을 보았다. 인성이라는 측면에서 그리스도는 아버지로부터 버림받으며 인간이 맛볼 수 있는 한계 이상의 안페히퉁을 뼛속 깊이 체감하셨다. 그리스도는 '모든 일에 우리와 똑같이 시험을 받으셔서 우리의 연약함을 동정하지 못하실 이가 아니므로 때를 따라 돕는 자비와 은혜를 얻기 위해 담대히 주께 나가라'고 권면하는 말씀(히 4:14-16)의 속뜻이 바로 여기에 있다. 실제로 루터는 "하나님께 버림받은 죄인은 그리스도를 통해 하늘 아버지의 외면을 감당하시고 또한 이겨 내신 구세주를 소유하게 된다"[55]고 보았다.

루터는 어둠과 고통이 삶을 가득 채운다 한들 놀랄 이유가 무엇이겠냐고 묻는다. 심지어 하나님마저 그리스도 안에서 흑암과 고난을 피하지 않으셨다. 욥이나 십자가 아래에 모여 섰던 구경꾼들이 그랬던 것처럼 하나님의 뜻을 도무지 가늠할 수 없는 경우가 허다하다할지라도, 성경의 가르침을 받았고 그 메시지를 정확히 파악하는 크리스천들이라면, 높아지고자 하면 반드시 낮아져야 한다는 진리를 모르지 않을 것이다. 힘과 자유, 행복으로 가는 길은 고난과 상실, 슬픔의 골짜기를 거치게 마련이다.

고난이 자동으로, 또는 일종의 보상 같은 형태로 이런 자유나 행복을 빚어내는 건 아니다. 인류를 위한 그리스도의 고난과 사역을 제대로 이해할 때에만 고난은 성장을 낳는다. 루터는 "그리스도가 대신 감당하신 고난이 가져다주는 유익을 남김없이 받아들이기 전까지는 그분과 함께 고난을 받을(즉 고통 속에서 주님의 본을 따라 참고 사랑할) 수 없다"[56]라고 단언한다. 하나님의 사랑을 확신하지 못할 때, 고난이 우리를 얼마나 심하게 헤집어 놓는지 루터는 경험해서 알고 있었다. 어려움을 견뎌 내면 하나님의 은혜를 입을 수 있다는 중세 교회의 가르침은 전혀 통하지 않았다. 그런 식으로는 아무리 애를 써도 양심이 편해지지 않았다. 온전한 순종과 순결의 마음으로 고난을 겪고 있는지 가늠할 길은 없기 때문이다.

루터는 고난에 제대로 맞서려면 '거리낌 없는 양심'을 으뜸이 되는 전제로 삼아야 한다고 생각했다. 그리스도와 화평하기 위해 인내를 동원하려 해선 안 된다. 시련을 참고 견디려면 이미 그리스도와 화평한 상태여야 한다. 주님이 우리를 위해 차고 넘치도록 고난을 당하셨다는 사실을 깊이 신뢰해야 그분처럼 어려움을 견뎌 내는 시늉이라도 시작해 볼 수 있다.

흠투성이임에도 불구하고 하나님이 무조건적인 사랑을 베풀어 주셨음을 알고 있다면, 바로 그 하나님이 우리가 혹독한 고통과 괴로움을 겪는 시간 동안에도 삶 가운데 동행하시고 역사하신다는 사실을 자각하게 된다. 우리 곁을 지키실 뿐 아니라 우리 안에 머무심을 알 수 있다. 우리는 그분의 지체이므로 우리의 고난을 그분 자신의 아픔으로 여기시는 까닭이다(행 9:4; 골 1:24).

'내재적인 틀'의 부상,
이신론으로 이어지다

근대 초까지만 하더라도 유럽은 물론이고 신세계 식민지들에서도 기독교는 우위를 보였다. 하지만 그 뒤로 5백여 년의 세월이 흐르는 사이에 형편이 크게 달라졌다. 철학자 찰스 테일러는 묻는다. "2000년대에는 하나님을 믿지 않는 일이 쉽고 당연해 보이기까지 하는데, 어째서 1500년대에는 그런 일이 말 그대로 불가능했던 것인가?"[57]

지난 5백여 년 사이, 신앙적 분위기가 가득했던 서방의 여러 나라들이 차츰 세속화되었다. 종교와 신앙이 공공기관과 제도에 미치는 영향력은 눈에 띄게 줄어들었다. 하나님을 믿는 신앙이 허용되기는 했지만 문제를 제기하는 도전들이 끊이지 않았고, 신앙이란 인생의 여러 옵션 가운데 하나쯤으로 여기는 시각이 퍼져 나갔다.

테일러는 현대 세속주의를 설명하는 독특한 용어들을 여럿 만들어 냈다. 우선, 현대인들은 "내재적인 틀immanent frame," 다시 말해 세계는 오로지 자연 질서로만 이루어지며 초자연적인 질서는 어디에도 없다고 보는 관점을 지닌다. 가능성이 열려 있는 "초월적인" 세계에 비해 철저하게 "내재적인" 세계다.[58]

테일러가 쓰는 또 다른 용어로 "닫힌 자아buffered self"가 있다. 지난날의 자아 개념은 막히지 않고 열려 있었다. 예를 들어, 하나님이나 영적인 세계와 연결해 주는 영혼 같은 개념을 끌어안고 있어서 정신적인 성향과 감정, 직관과 태도가 밖에서 오는, 그래서 스스로 통제할 수 없는 힘의 영향을 적잖이 받게 마련이었다. 올바르게 사는 법을 배우려면 자아의 한계를 넘어 바깥을(자연과 하나님을) 바라보아야 한다는 이야기다.

하지만 현대인들은 "닫힌 자아" 곧 울타리 안에 묶이고 독립된 자아를 가지고 산다. 초월적이고 초자연적인 질서란 존재하지 않으므로 스스로 자신이 누구이며 무엇이 될지를 결정하는 주체가 된다.[59] 어떻게 살아가야 할지 알기 위해 자신 외에는 무언가를 바라볼 필요가 없다. 오늘날의 자아는 "자신을 위해 사물의 의미를 결정하는 주권자"의 자리에 올랐다. 자아는 "의미를 규정하는 권리를 주장하게"[60] 된 것이다.

테일러는 이렇게 자아 관념이 새롭게 변하기까지는 "제힘으로 도덕질서를 바로잡을 수 있다는 자신감이"[61] 몰라보게 커진 게 큰 역할을 했다고 주장한다. 과거에는 우주를 이해하는 인간의 능력에 관해 훨씬 겸손한 입장이었다. 더 큰 우주를 염두에 두었기 때문이다. 거기엔 끝을 알 수 없는 수수께끼가 존재했다. 인간 이성으로는 죽었다 깨어도 가늠하거나 헤아릴 수 없는 깊이였다. 인간의 철학으로 그려 볼 수 있는 "하늘과 땅에 속한 것들" 이상의 무언가가 있었다. 오직 내재적인 요소들만 가지고 규정지을 수 있는 우주가 아니었다. 영적인 요소들도 차고 넘쳤다.

하지만 내재적인 틀이 두루 퍼지면서 자신을 지나치게 신뢰하는 닫힌 자아도 함께 자라났다. 테일러는 학문적인 용어들을 동원해 이야기했지만, 일상생활에서 그 핵심을 드러내는 더 대중적이고 생생한 표현들을 얼마든지 찾아볼 수 있다.

최근에 나온 〈뉴욕 타임스〉 기사는 요즘 사람들, 특히 여성들이 스스로 이름을 짓는 트렌드에 주목했다. 이혼하고 나서 이름을 바꿨다는 한 여성은 이렇게 설명했다. "자기 이름을 지어 부르는 일은 여러 면에서 상징적입니다. 처음부터 끝까지 스스로 삶을 책임져야 한다는 사실을 되새기게 하죠. 내 손으로 행복을 가꿔야 하고, 능력을 키워야 하고, 기회를 만들고 잡기 위해 싸워야 합니다."[62]

내재적인 틀이 부각되는 변화가 당장에 신앙심을 상쇄해 버리진 않았지만 상당 부분 바꿔 놓았다. 말하자면, 사방으로 견고하지 않으면서 꼭대기에는 겨우 하늘을 향해 작은 틈이 나 있는 구조인 셈이다. 테일러는 어떻게 이신론이 18세기 엘리트들 사이에 스며들었는지 설명한다. 이신론이란 하나님이 우리를 위해 천지만물을 지으셨지만, 세상은 이제 그분의 지속적이고 직접적인 개입 없이 알아서 작동한다는 사상이다. 세상은 시계처럼 돌아가며 과학적으로 파악할 수 있어서 신의 계시는 조금도 필요 없다는 것이다.

이런 세계관에 따르면, 하나님은 엄연히 존재하지만 인간이 알 수 있는 존재가 아니라 멀리 떨어져 있는 누군가, 또는 무언가가 된다. 인간의 주요한 책무는 주님을 사랑하고, 예배하며, 섬기면서 그러지 못할 때마다 용서를 구하는 것이 아니다. 그 대신 인간 존재의 주요한 목적은 이성과 자유의지를 활용해 인류의 번영을 추구하는 데 있다. 한마디로, 하나님의 영광을 위해 인간이 존재한다는 구시대의 기독교 사상이 물러가고, 인간을 보살피고 뒷받침하기 위해 하나님이 존재한다는 신념이 그 자리를 채우게 되었다.

리스본 대지진과 함께 등장한
'악의 문제'

1755년에 일어난 리스본 대지진은 새로이 등장한 근대적 자아가 불행, 또는 고난과 마주친 첫 번째 지점 가운데 하나로, 인간에게서 비롯된 재난이 아니라 자연에서 비롯되는 악natural evil의 대표적 사례로 꼽힌다. 만성절All Saint Day인 11월 1일, 갑자기 찾아온 지진은 수도의 거의 대부분을 쑥대밭으로 만들고 수만 명의 목숨을 앗아 갔다. 볼테르를 비롯해 유럽의 수많은 철학자와 사상가들은 이 사태를 두고 성경이 말하는 '사랑의 하나님'이 존재하지 않는다는 명백한 증거로 보았다.

세속적 문화 속에 깊이 들어앉아 이 사건을 되짚어 보는 이들에게는 이를 재앙 앞에서 하나님을 의심하는 '악의 문제'로 여기는 게 지극히 당연할지 모른다. 비극적인 대형 사건들이 터질 때마다 하나님을 믿는 신앙을 겨냥해 이런 식의 공공연한 질문과 도전이 일어나는 것이 오늘의 현실이다.

하지만 찰스 테일러는 리스본 대지진을 두고 '악의 문제'를 들먹이는 것은 아주 새로운 현상이었다고 지적한다. 물론, 인간사 속에 역사하시는 하나님의 방법과 공정성에 의문을 제기하는 사례는 욥기, 아니 그 이전부터 늘 있어 왔다. 하지만 리스본 대지진 이전까지는 그 어떤 기록에서도 불행하고 악한 사태를 이유로 하나님이 계실 리가 없다는 식의 주장을 하는 경우는 찾아볼 수 없다. 악이 하나님의 존재를 부정한다는 주장은 내재적인 틀에 맞춰 하나님을 생각하는 가정들이 이미 깔려 있을 때에만 나올 수 있다.

서구 사회가 신비롭고 이성으로 헤아릴 수 없는 세계를, (그리고 영화롭고 말로 다 표현할 수 없는 하나님을) 믿던 시절에는 악의 문제가 이렇게까지 "첨예한" 이슈가 아니었다고 테일러는 말한다. 그 시절의 관점에서 보면, 설명할 수 없는 악과 불행도 얼마든지 일어날 수 있다. 하지만 이신론이 가진 세속적인 성격은 두 가지 이유에서 악의 문제를 더욱 악화시켰다.

지난날에는 재난이 벌어졌을 때 인간 정신으로 합당한 이유를 찾지 못할지라도, 그게 곧 아무런 이유가 없다는 뜻은 아니었기 때문이다. 그것이 곧 인간이 가진 지적 한계임을 인정했다. 세상을 이해하는 능력에 대해 지금보다 훨씬 겸손한 자세를 가졌다. 하지만 18세기 계몽주의 시대에 들어서면서, 인간의 사고와 이성으로 만사를 다 파악할 수 있다고 믿기에 이르렀다. 면밀하게 관찰할 줄 아는 힘을 지나치게 자신했으며, 그런 확신은 고통을 생각하는 방식을 바꿔 놓았다. 이제 악은 예전과 비할 바 없이 큰 문제가 되었다.

> 하나님이 주는 시련을 감당하는 데 필요한 온갖 요소들을 다 갖추고 있다는 확신은 …… 세계상Worldpicture의 시대에만 유입될 수 있는 사고방식이다. …… 이전에는 하나님이 지은 세상에서 큰 시련을 겪게 되면, 그분의 피조물이 어떻게 곤경에 빠지게 되는지, 그리고 누구의 잘못 때문인지(짐작컨대 우리의 허물) 꿰뚫어 볼 능력이 없음을 받아들이고 지금보다 한결 쉽게 조력자이자 구원자인 주님께 호소하는 쪽으로 기울었다. 세상사가 어떻게 돌아가는지 다 파악할 수 있다고 자부하게 된 지금

…… 사람들은 카페와 광장에 앉아 하나님의 정의를 곱씹으며 불만을 드러내고, 신학자들은 반드시 그 도전에 응해야 한다는 부담을 느끼기 시작한다.[63]

둘째로, 이제는 인간이 하나님을 위해 그분을 섬기도록 지어진 존재가 아니라고 믿게 되었다. 하지만 리스본 대지진을 악의 문제로 몰아간 요인은 전통적인 기독교 세계관이 아니라 신앙의 이성화를 시도하는 이신론적인 세계관이었다고 테일러는 단언한다.

일단, 우주와 그 작동 원리를 안다고 주장하면 아니, 우주가 인간을 위해 만들어졌느니 어쩌니 하면서 어떻게 돌아가는지 설명하려 들기만 해도 선명한 도전에 직면하게 될 가능성이 크다. …… 1755년 리스본의 경우, 우주가 인간을 위해 움직이지 않은 것은 분명해 보인다. 그러므로 초월적인 세계를 부정하는 내재적인 틀은 부담만 커질 뿐이다.[64]

하나님이 우리를 위해 세상을 지으셨다고 믿는다면, 삶을 바라보는 시선은 끔찍한 시련과 악에 심하게 휘둘릴 것이다. 참혹한 악은 전통적인 신앙을 가진 이들보다 기독교의 '찌꺼기'를 유산으로 물려받은(인간을 위해 멀찌감치 떨어져 존재하는 하나님을 믿는) 이들에게 더 큰 문제가 되었다. 달리 표현하자면, 전통적인 관점에서 벗어난 특정한 하나님 의식을 가진 이들이 아니고서는 고난과 악이 하나님의 부재를 증명한다는 말을 꺼낼수 없다. 회의적인 결론은 대부분 그런 전제를 깔고 있다. 악과 역경을 만나면, 성경이 가르치는 하나님에게 불리한 게임이 될 수밖에 없다는 소리는 내재적인 틀을 지닌 이들이나 할 수 있는 주장이다.

어정쩡한 신앙은
역경에 맞설 힘이 없다

유럽과 캐나다에 비해 느린 속도로 진행되었다고는 하지만, 어쨌든 미국이 꾸준히 세속화되어 왔음은 어김없는 사실이다. 토머스 제퍼슨을 비롯한 미국 건국의 여러 주역들이 이신론을 품고 있었음에도 불구하고, 몇 차례 영적인 부흥이 강력하게 일어나면서 대중문화 속에 기독교 신앙이 단단히 자리를 잡았다.

모든 인간에게는 악으로 기우는 타고난 성향, 곧 죄의 보편성이 있음을 믿었으므로 그만큼 '도덕적인 악'(인간이 다른 인간들에게 안기는 끔찍한 고난과 고통)을 설명하기가 쉬웠다. 고통을 죄에 물든 인간 세상에서 피할 수 없는 삶의 일부이자 한 영역으로 보았고, 아울러 원죄의 교리 역시 자연적인 악으로 풀이했다. 인간이 하나님께 등을 돌린 탓에 세상은 공의로운 하나님의 심판 아래 있게 되었고 어둡고 깨어진 곳이 된 것은 지극히 당연한 일이었다. 그러므로 적의 침략뿐 아니라 지진 역시 대중들에게 기도와 회개를 촉구하는 사건이었다.

하지만 미국은 점차 인간의 죄에 물든 본성과 영적인 무지, 그리고 하나님의 도움 없이는 살 수 없다는 이전의 신앙에서 멀어지기 시작했다. 앤드류 델방코Andrew Delbanco는 *The Death of Satan*(사탄의 죽음)이란 책에서 19세기 초, 미국 문화가 어떻게 인간 본성에 자리 잡은 악과 사탄의 실재를 가르치는 기독교 교리를 놓치기 시작했는지 추적한다. 저자는 이렇게 말했다. "지난날 사탄의 특성으로 여겨지던 '자신에 대한 자부'가 이제는 보편적인 정서가 되었을 뿐 아니라 미국을 지배하는 신이 되었다. …… 이 시대에 기세를 떨치는 자유주의적 개인주의는 그런 사고의 현대판으로 보인다."[65]

그렇게 오늘날에 이르렀다. 이제 서구 사회는 다들 세속적인 틀 속에서 살아간다. 하나님을 믿는 지극히 전통적인 신앙을 고백하는 이들이 여전히 많이 남아 있기는 하지만, 그래도 세속적인 틀에 영향을 받은 이들이 대다수를 차지한다. 자신의 운명을 스스로 결정할 수 있고, 옳고 그름을 스스로 분별할 수 있으며, 자신이 세운 기준에 비추어 충분히 선한 삶을 살고 있다면, 하나님은 만사가 잘 돌아가도록 조절해 줄 책임이 있다고 생각한다. 사회학자 크리스천 스미스Christian Smith는 이를 가리켜 "도덕적, 치유적 이신론moralistic, therapeutic deism"[66]이라고 했다.

이런 마음가짐을 가진 이들 가운데는 하나님을 믿는다고 여기며 스스로 크리스천이라고 자부하는 이들이 많다. 하지만 앞서 살펴본 바와 마찬가지로, 세속화는 전통적인 신앙을 솎아 낸다. 이렇게 세속화된 신앙, 찌꺼기 기독교는 고난과 마주하는 데 최악의 만성질환으로 작용할 수 있다.

예전에는 기독교 신앙 안에 악과 고난, 죽음에 맞설 우월한 자원이 들어 있다고 두루 인정했다. 공개적인 논의를 거치지는 않았지만, 현대에 들어서도 이런 상황은 달라지지 않았다. 세속적 문화가 무엇을 제공하든, 기독교 신앙은 그보다 훨씬 더 큰 도움을 줄 강력한 자산을 보유하고 있다. 다만, 살아 움직이는 독특한 기독교 신앙에서만 그 자원을 찾을 수 있다는 조건이 붙는다.

악과 고난에 관해 크리스천들이 가진 첫 번째 자산은, 인격적이고 전능하신 하나님이 세상만사를 주관하신다고 믿는 신앙이다. 이는 변덕스러운 운명과 가늠할 수 없는 우연이 삶을 쥐고 흔든다는 악의 문제 앞에서 더할 수 없는 위안을 준다.

두 번째 결정적인 교리는, 하나님이 예수 그리스도를 통해 친히 세상에 오셔서 우리를 위해, 우리와 더불어 고난을 받으셨다는 가르침이다. 이는 신은 세상사에 멀리 떨어져 아무런 개입도 하지 않는다는 이신론적 세계관과 대척점에 서서 우리에게 큰 위로를 준다.

세 번째는, 십자가에서 그리스도가 이루신 역사를 믿음으로 구원을 얻는다는 신념이다. 이는 예수님이 이미 값을 치르셨으므로 살아가며 만나는 힘겨운 일들은 우리가 지난날 저지른 죄의 대가가 아니라는 점을 의심하지 않게 만든다. 세속주의는 이런 믿음을 줄 수 없다. 덕을 쌓고 선행을 베풀어 구원을 받으라고 주문하는 종교들도 마찬가지다.

네 번째는, 믿는 이들마다 어김없이 죽음을 이기고 몸으로 다시 살아난다는 교리다. 기쁨과 위안의 다양한 스펙트럼을 완결하는 신념이다. 인간의 마음 가장 깊은 곳에 있는 소망 가운데 하나는 사랑하는 이들과 헤어지지 않고 영원히 함께하는 일이다. 따라서 기독교의 부활 신앙은 죽으면 무無로 돌아가거나 인격이 없는 영적인 존재가 된다는 관념보다 훨씬 큰 진정한 위로가 된다. 부활은 육신을 세상에 버려 둔 채 영혼만 하늘나라로 들어가리라는 약속이 아니다. 지금으로서는 상상할 수조차 없을 만큼 아름답게 회복한 모습으로 몸을 돌려받게 된다.

부활하신 예수님의 몸은 물질적이었다. 만져볼 수도 있고 안을 수도 있었다. 주님은 음식을 드시기까지 했다. 하지만 닫혀 있는 문을 통과하시기도, 홀연히 사라지시기도 했다. 물질적이었지만 인간의 생각을 뛰어넘는 존재였다. 하늘나라 개념은 시련을 달래 주는 위안이나 잃어버린 삶에 대한 보상이 될 수 있다. 그러나 부활은 위안 차원에 머물지 않는다. 부활은 회복이다. 사랑, 사랑하는 이들, 삶 속의 아름다운 것들을 남김없이, 상상할 수 없을 만큼 영화로운 모습으로 돌려받는다. 뤽 페리가 말한 상실의 비가역성을 거스르는 것이다.[67]

기독교 신앙이 가르치는 이런 교리들이 위로가 되지 않는다면, 세속화된 신앙으로 하나님을 찾기보다 차라리 그분을 철저하게 불신하는 편이 비극적인 사태와 마주하는 더 좋은 대비책이라고 본다. 오늘날 수많은 이들이 하나님을 믿는다지만, 구원을 받고 주님 품에 안겼다는 확신이 있는지, 그리스도가 십자가에서 나를 대신해 돌아가셨다는 역사적 사실을 인정하고 깊은 감동을 받는지, 예수님과 성도들이 육신으로 부활했고 또 그렇게 될 것임을 의심하지 않는지 물어보면 고개를 가로젓거나 눈만 껌벅거리는 반응이 돌아오기 십상이다.

서구 문화를 사로잡고 있는 내재적인 틀은 살아 계신 하나님을 믿는 믿음을 약화시켰다. 마음에 확신을 품기가 힘들어진 것이다. 하지만 참혹한 역경과 마주해 그런 어정쩡하게 믿는 기독교 신앙이나 유신론을 지켜 내기란 무신론을 고수하는 쪽보다 훨씬 힘들다. 테일러가 지적하듯, '자연적인 악'에서 비롯되는 고난의 문제는 세속화된 신앙으로 하나님을 찾는 이들을 공략하게 마련이며, 우리 모두가 구원이 필요한 죄인임을 인정하지 않는 이들을 당혹스럽게 만든다.

무신론 작가 수전 재코비Susan Jacoby는 〈뉴욕 타임스〉에 이렇게 썼다. "칼바람을 맞으며 떨고 있는 노숙인들을 볼 때, 뉴스 미디어들이 자식 잃은 부모들의 처절한 슬픔을 무례하다 싶을 만큼 눈앞에 들이댈 때, 신앙을 가진 이들이 그러는 것처럼, 전지전능하시고 한없이 선하신 하나님이 어떻게 그런 일들을 허락하실 수 있느냐고 물을 필요는 없다."[68] 어떤 면에서는 옳은 얘기다. 하나님을 믿지 않는다면 인생이 그토록 불공평한 이유를 붙들고 씨름할 이유가 없다. 세상이 다 그러려니 하고 넘어가면 그만이다. 하지만 동시에 기독교 신앙이 줄 수 있는 강력한 위안과 기쁨도 전혀 누리지 못한다. 재코비는 무신론이, "흔히 알고 있는 신정론의 문제(신이 선하다면 왜 세상에 악과 고난을 허용하는가 - 편집자 주)에서 우리를 자유롭게" 해 준다고 말한다. "눈에 보이지 않는 다음 생의 지배자와 함께" 이생의 "[끔찍한] 일들을 바로잡을" 필요가 없기 때문이다.

하지만 철학자 찰스 테일러의 글에서 보듯, 신정론 문제는 대체로 하나님과 죄를 믿는 단호한 믿음이 아니라 연약한 형태의 세속적 신앙이 빚어낸 결과물이다. 자기중심성이 커질수록 하나님의 은혜와 계시에 덜 의지하게 되며, 우주가 어떻게 돌아가고 역사가 어떻게 굴러가야 하는지 잘 아노라고 자신하게 되므로, 악의 문제는 갈수록 견디기 힘들어질 수밖에 없다. 그리고 하나님이 멀어질수록(악에서 우리를 건지기 위해 고초를 겪고 돌아가셨다는 점에서가 아니라 그저 추상적인 의미의 사랑이 많으신 하나님이 될수록), 고통과 맞닥뜨리는 순간마다 그분이 더없이 쌀쌀맞아 보일 수밖에 없다.

한마디로, 구원이나 부활을 확고하게 믿지 않는 유신론은 고통의 소용돌이 속에서 무신론보다 훨씬 깊은 환멸을 느끼게 한다. 역경을 겪는 상황에서는 그분을 전혀 믿지 않는 쪽보다 하나님을 부실하게 믿는 쪽이 훨씬 불리하다.

혼자 헤쳐 나가라고
떠맡기지 않으셨다

테스 이야기

성인이 되고 얼마 지나지 않아서부터
신앙의 위기가 찾아왔다. 개인적으로 무슨
큰 시련이 있었던 것은 아니다. 의사가 되
는 수련을 받으면서 말로 다할 수 없는 어
려움을 겪는 이들을 보살피는 데 힘을 보탰
다. 일곱 살짜리 꼬맹이가 끔찍한 교통사고
를 당한다든지, 스물다섯 젊은 나이에 유방
암 진단을 받는다든지, 크리스마스 날 심장
마비로 쓰러진다든지 하는 식이었다. 한두
번 본 것이 아니었다. 수많은 환자들을 치
료했다.

남편 배리와 함께 이처럼 도전적인 환경과 씨름하고 또 헤쳐 나오면서 신앙 또한 치열한 검증 과정을 거쳤다. 하나님은 우리의 믿음을 키우셔서 주님을 깊이 의지하게 하셨다. 그분을 이해하지 못하는 순간에도 마찬가지였다. 세월이 흐르고 인간 생리가 얼마나 복잡한지 더 깊이 알아갈수록, 인체의 모든 기관이 제대로 돌아간다는 사실이 더 큰 놀라움으로 다가왔다. 잠에 곯아떨어진 사이에도 숨을 쉬고, 소화를 시키며, 암과 싸울 수 있다는 건 참으로 경이로운 일이었다.

차를 몰고 집에 돌아올 때마다 정교한 자극 하나에도 균형이 무너지기 쉬운 자연을 바라보며 만사가 순전히 하나님의 은혜라는 생각을 하고는 했다. 그러기에 고난과 고통 앞에서 흔히 던지는 '왜 내게 이런 일이?' 같은 식의 질문은 우리 사전에 애당초 없었다. 도리어 스스로 묻는다. '어째서 내게는 그런 일이 생기지 않았던 거지? 이렇게 공짜로 끊임없이 복을 누릴 만한 공로가 있는 것도 아니잖아?'

2012년 초, 어머니의 난소암이 재발되고 전이까지 되었다는 진단을 받았다. 말기라고 했다. 우리 네 식구와 배 속의 셋째 아들까지 포함해 다섯 식구가 애리조나주의 부모님 댁에 들어가 살면서 마지막 시간을 함께 보내기로 했다.

어머니는 그로부터 3주 만에 숨을 거두고 주님 품에 안겼다. 병이 끝을 향해 달려가던 마지막 며칠 동안, 어머니의 의식은 점점 혼미해졌지만 놀랍게도 성경 말씀을 중얼거리곤 했다. 마음에 얼마나 단단히 새겼던지, 질병이 정신을 황폐하게 만들어 횡설수설하는 상태에서도 하나님의 말씀만큼은 그대로 살아남았던 것이다. 어머니를 땅에 묻으면서,

내게도 그 거룩한 말씀을 단단히 간직하게 하셔서 훗날 죽음을 앞둔 상황에서도 하나님의 말씀을 주께 도로 고백하게 해 달라고 기도했다.

그해 8월, 우리 부부는 셋째 아들을 세상에 반갑게 맞아들였다. 둘째를 낳은 지 3년만이었다. 아기가 생후 14주쯤 되던 화창하고 따뜻한 11월의 어느 날 오후, 직장에서 더없이 행복한 우리 집으로 돌아왔다. 보모 아주머니가 낮잠을 자던 아기를 막 깨우던 참이었다. 두려움에 사로잡혀 내지르는 아주머니의 비명소리가 내 귀를 관통했다. 도대체 무슨 일인가 싶어 침실로 달려갔다.

아이가 죽었음을 한눈에 알 수 있었다. 그 순간 가장 먼저 뇌리에 떠오른 건 욥기 1장 21절이었다. "주신 이도 여호와시요 거두신 이도 여호와시오니 여호와의 이름이 찬송을 받으실지니이다." 곧이어 데살로니가전서 5장 18절이 떠올랐다. "범사에 감사하라 이것이 그리스도 예수 안에서 너희를 향하신 하나님의 뜻이니라."

오랜 훈련 기간이 갑자기 찾아왔다. 꼭 필요한 시점에 꼭 필요한 자질을 갖추게 하시는 성령님의 놀라운 능력과 함께였다. 서둘러 남편에게 전화해서 와이어트가 숨졌으니 어서 집으로 오라고 했다. 스피커폰으로 911에 신고를 하면서 동시에 심폐소생술을 실시했지만 의례적인 절차에 지나지 않는다는 것을 잘 알았다.

경찰과 형사들이 다녀갔다. 타살 가능성은 없다고 했다. 검시관이 와서 시신을 실어 가겠다고 했다. 거절했다. 하나님과 씨름해 보기 전에는 아기를 포기하고 싶지 않았다. 적어도 따져보기라도 해야 할 것 같았다. 구하면 얻을 것이며 얻지 못하는 건 구하지 않기 때문이라는 말씀을 기억했다. 재판관에게 끈질기게 매달려 견디다 못해 요구를 들어주게 만들었던 과부와 겨자씨만 한 믿음 이야기도 알고 있었다.

우리 부부는 보모 아주머니와 함께 한 시간 동안 아들아이를 되살려 달라고 기도했다. 나사로처럼 실질적으로, 몸으로 부활하게 해 주시길 간구했다. 하나님의 보좌 앞에 담대하게 나가서 단도직입적으로 요청했다. 슬픔에 짓눌려서가 아니라 말짱한 정신으로 아기를 되돌려 주시길 강청했다. 하지만 내 뜻대로가 아니라 주님의 뜻이 이뤄지길 구했다.

하나님은 기도를 들으셨다. 그리고 "안 된다"라고 하셨다. 나는 "알겠습니다"라고 말씀드렸다. 다만 이런 비극을 내 힘으로는 감당할 도리가 없으니 꼭 도와주시길 요청했다. 사인은 체위성 질식, 또는 유아돌연사증후군으로 밝혀졌다. 아기는 어디 하나 아픈 데도 없이 건강한 상태였다.

하지만 이것이 결말은 아니다. 주님은 이 어려움을 헤쳐 나가는 일을 우리 손에만 떠맡겨 놓을 뜻이 전혀 없음을 거듭 보여 주셨다. 하나님은 자신을 나타내셨고, 그리스도의 몸을 내어 주셨다. 와이어트가 세상을 떠난 다음 날 아침, 친구 둘이 전화도 없이 찾아와서 우리 아이들을 돌봐 주었다. 리디머교회 공동체는 기도의 전사들과 섬김의 용사들을 출동시켰다. 음식을 보내왔다. 니카라과와 아칸소, 텍사스, 애리조나에서 가족들이 비행기를 타고 날아오자 숙소를 마련해 주고 한 동네에 아파트를 빌려 주었다. 브루클린에 사는 보모 아주머니에게 음식을 보내고, 장례예배를 준비하고 진행했으며, 부고장을 돌렸다. 자질구레한 일 하나까지 빠트리지 않고 손을 썼다. 우리 부부에게 알리거나 물어보는 법도 없이 정확하고 훌륭하게 일을 처리했다.

덕분에 우리는 슬픔의 깊은 골짜기로 내려가 그 아픔을 한껏 맛보고 나서 맞은편으로 빠져나올 수 있었다. 긴 터널을 빠져나왔을 즈음에는 고난을 통해 온 공동체가 하나가 되었고, 우리는 다시 아기를 가졌다. "주신 이도 여호와시요 거두신 이도 여호와시오니 여호와의 이름이 찬송을 받으실지니이다."

"하나님은 '그분이 알고 계신 모든 걸 우리도 알았다면 우리가 마땅히 구했을 것'을 우리에게 주신다." 언젠가 팀 켈러 목사님에게 들은 이야기다. 하늘나라의 왕자가 보좌를 버리고 가난한 신세가 되어 우리 가운데 머물러 산다는 생각을 하면 저절로 겸허해질 수밖에 없다. 심지어 자식을 잃는 비극까지, 하나님이 친히 겪어 보지 않은 인간의 경험이란 단 하나도 없음을 생각하면 버팀목에 기댄 듯 든든하다.

예수님의 상처가 부활을 통해 영광이 되었다는 사실을 생각하면 새로운 힘이 솟는다. 하나님은 주의 영광을 위해 상처들을 들어 쓰셔서 우리의 영광이 되게 하실 것이다. 참으로, 이야기는 아직 끝나지 않았다.

3

인본주의도 무신론도,
실제 고난 앞에 무력해지다

고난 속에서 더 커지는 영적 필요들

친구여, 삶의 기술을 알고 싶은가?
이 한마디에 다 들어 있지. 고난을 활용하게.
_헨리 프레데리크 아미엘 Henri Frédéric Amiel[1]

지금까지 고난이라는 이슈를 둘러싼 세속적 관점의 도전들을 살펴보았다. 그리스의 고전적인 철학자들은 그들의 사상이 슬픔과 죽음에 맞서게 하는 데 도움을 주었다고 주장하지만, 정말 그러할까? 오늘날에도 이런 주장들은 반복되고 있다. 리처드 도킨스나 수전 재코비 같은 무신론 작가들도 비슷한 이야기를 내놓는다. 철저하게 세속적인 인생관들이 '악의 문제'를 깨끗이 제거해 세상을 더 나은 곳으로 만드는 일에 마음 편히 집중하게 만든다는 것이다. 하지만 이런 시각이 얼마나 많은 사람들에게 제대로 먹혀들까?

리처드 슈웨더가 지적하듯, 서구 사회의 엘리트 기관들 사이에서는 이런 관점이 지배적인 반면, 실질적으로 고난을 당하는 이들에게는 대부분 외면당하고 있다. 슈웨더는 우세를 보이는 세속적 담론의 수면 아래에서는 지난날의 더 영적이고 전통적인 접근 방식이 더 큰 지지를 받고 있다고 말한다. "과학적 설명이라는 공적인 담론과 대비되는, 개인적이거나 공동체적인 '반담론들'"[2]인 셈이다.

비극에 함께 맞서는
살아 있는 공동체

2012년 12월, 뉴타운 지역 초등학교에서 총격 사건이 벌어지고 얼마 지나지 않아서, 시민 사회 지도자들의 입장 표명과 추모예배, 장례식 같은 일들이 다 마무리되었을 즈음, 새뮤얼 프리드먼Samuel G. Freedman은 〈뉴욕 타임스〉에 "위기 상황에 인본주의자들은 보이지 않았다"는 칼럼을 기고했다. 글쓴이는 정치 지도자들과 고난에 맞닥뜨린 이들 모두가 명백한 종교 용어와 상징들을 자주 사용하는 데 주목했다.

코네티컷주는 바이블벨트(미국 남부의 근본주의 기독교 신앙의 색채가 짙은 지대 - 옮긴이 주)로 꼽힌 적이 거의 없지만, 자녀를 잃은 뉴타운의 가정들은 한 집도 빼지 않고 개신교 대형교회와 유대교 묘원은 물론이고 가톨릭교회, 회중교회, 감리교회로 두루 흩어져 예배에 참석했다. 어느 아프리카계 미국인 청년 그룹은 미국 남동부 끄트머리에서 먼 거리를 달려와 〈나 같은 죄인 살리신Amazing Grace〉을 불렀다.[3] 오바마 대통령은 추모연설에서 하나님이 "아이들을 집으로 부르셨다"고 표현했다. 설교에서나 나올 법한 이야기였다. 고린도후서 4장과 5장 말씀을 폭넓게 인용하면서, 성경이 가르치는 대로 하늘나라를 바라보는 소망으로 지금 여기서 겪는 상실을 달래고 견디자고 했다.

이제 인구의 20퍼센트 정도가 통계 조사원에게 "믿는 종교가 없다"고 답할 만큼 갈수록 세속화되는 세상에서, 우리 사회가 대놓고 하나님과 신앙으로 돌아가 공동체적으로 비극에 맞서고 있다는 사실에 많은 사람이 놀랐다. 프리드먼은 말한다. "결국 껄끄러운 질문 하나만 덩그러니 남았다. 인본주의자들은 다 어디로 갔는가? 믿고 따르는 종교가 없는 미국인의 비율이 빠르게 늘고 있는 시대임에도 불구하고, 시쳇말로 '무당파 nones'(프리드먼이 만든 용어로, 인격적인 신이나 초자연적인 신을 믿지 않는 세속적인 이들을 가리킨다)들은 온데간데없어 보인다."

프리드먼은 하버드대학의 교목이자 인본주의자인 그렉 엡스타인Greg M. Epstein의 주장을 예로 들었다. "이런 시기에 종교가 대중들에게 제시해야 할 요소는 신학이나 거룩한 임재 같은 것들이 아니라 공동체다. 신앙인이 아니라고 고백하는 인구가 점점 늘어나는 추세이므로 …… 반드시 대안이 될 만한 형태의 공동체를 내놓아야 한다." 간단히 말해서, 종교는 시련을 겪는 이들을 위로하는 공동체, 그 이상을 제공할 능력이 없으며, 그쯤은 세상 사람들도 얼마든지 채워 줄 수 있다는 것이다.

하지만 문화와 역사를 조사해 보면, 그렇지 않음이 금방 드러난다. 리처드 슈웨더와 피터 버거를 비롯한 많은 사회학자와 인류학자들은 '신학'이 아니라 종교적 문화가 '힘을 주는 공동체'를 제공한다는 주장에 단연코 동의하지 않을 것이다. 종교는 역경을 맞은 이들에게 다른 그 무엇보다도 고난을 이해하는 큰 그림을 보여 주고 고통의 의미를 깨닫게 도와준다. 그런 설명들은 심오하리만치 신학적일 수밖에 없으며 오늘날 유행하는 세속주의가 손을 쓸 수 없는 지점이 바로 이 대목이다.

프리드먼은 계속해서 세속적인 인본주의는 신학을 제공하지 못할 뿐 아니라 공동체를 세울 방법조차 알지 못한다고 덧붙였다. 종교들은 공동예배와 전례, 신앙적인 텍스트들에 토대를 두고 동일한 신앙 고백으로 하나 되는 공동체를 형성한다. 현재의 공동체 구성원들만이 아니라 시간을 초월하여 흘러간 시대의 신자들, 더 나아가 과거 그 자체와 단단히 연결하는 출산과 성년, 결혼, 죽음과 관련된 의례를 빚어낸다. 세속주의는 이런 요소들을 창출할 수 없으며, 자연히 큰 슬픔을 겪는 동안 대중을 위로해 줄 견고한 공동체를 구축해 낸 적도 없다.

프리드먼은 세속주의에는 종교적인 신념에서 출발한 "끈끈한" 공동체들 같은 형태를 형성하려 할 때마다 늘 발목을 잡는 근본적인 문제가 있다고 지적한다. 인간들 사이에서는 어느 특정한 개인의 이익을 뛰어넘어 더 높은 차원의 충성을 바칠 중요한 무언가가 있어야만 공동체 형성이 가능하다. 그런데 "인본주의자들은 …… 저마다 개인적으로 내리는 가치 평가에 시달리고 있다"고 프리드먼은 말한다. 옳고 그름을 판단하는 최종적인 권위를 제 손에 틀어쥐고 스스로 적합하다고 생각하는 방식대로 살 권리를 으뜸으로 내세운다면 공동체는 허물어질 수밖에 없으며, 구성원들이 서로를 떠받치는 탄탄한 공동체는 아예 존재조차 불가능할지 모른다.

무신론은
진정 위로와 자유를 주는가

프리드먼의 글이 실린 뒤 며칠이 지나지 않아서, 수전 재코비는 같은 지면에 "무신론의 은총"이라는 기사로(2장에서도 다룬 적이 있다) 반론을 폈다.

재코비는 "코네티컷주 뉴타운에서 벌어진 도무지 이해할 수 없는 살상으로 엄청난 충격을 받은 이들에게 하나님을 믿는 신앙만이 유일한 위안이라는 소리를 끝없이 해대고 …… 신앙이 없는 쪽에서는 '…… 고난을 당하는 이들에게 해줄 수 있는 일이 없다고 하는 통에 얼마나 분통이 터졌는지 모른다"[4]라고 이야기한다. 그러고는 자신이 무신론자가 된 사연에서부터 그날 받은 인상에 대해 설명하기 시작한다.

> 내 무신론의 뿌리는 소아마비라는 재앙과 처음 맞닥뜨린 일곱 살 무렵으로 거슬러 올라간다. 1952년, 아홉 살 먹은 내 친구는 소아마비에 걸려 평생 '아이언 렁iron lung'(소아마비 환자의 생존을 돕는 호흡보조장치 - 옮긴이 주)에 갇혀 살아야 했다. 병원에 가서 친구를 만나고 온 날, 어머니에게 물었다. "하나님은 왜 어린아이에게 그런 모진 일을 겪게 하셨을까요?" 긴 한숨을 내쉬며 어머니는 대답했다. "나도 모르겠구나. 목사님은 분명히 하나님의 뜻이 있다고 하시지만, 그게 무엇일지는 엄마도 알 길이 없단다."
> 정확히 2년 뒤인 1954년, 조너스 소크Jonas Salk가 개발한 백신이 소아마비를 몰아내기 시작했고 어머니는 그 기회를 놓치지 않고 틀림없이 하나님이 연구를 이끌어 주셨을 거라고 했다. 나는 지지 않고 대꾸했다. "진작에 의사 선생님을 인도하셨어야죠. 그럼 앨AI도 아이언 렁에 들어갈 이유가 없었잖아요." (그 친구는 겨우 8년을 더 살다 세상을 떠났고 그때부터 난 무신론자가 되었다.)

재코비는 계속해서 "고난을 마주한 상황에서는 억지로라도 무신론이 제시하는 지침들을 떠올리는 일이 우선"이라고 주장한다. 무신론자인 자신은 신앙인들에게 어김없이 찾아오는 '악의 문제' 앞에서 자유롭다고 단언한다. "신앙을 가진 이들이라면 누구나 그러하듯, 전지전능하신 하나님이 어째서 이런 일들이 벌어지게 하셨느냐고 물을" 필요가 없다. 그는 '악의 문제'라는 부담스러운 짐에서 벗어난 무신론자들은 마음 놓고 이 세상의 운명에만 집중할 수 있다고 주장한다. 비극적인 현실 앞에서 회의와 혼란의 먹잇감이 되고 마는 신앙인들과 달리(재코비는 그렇게 장담한다), 무신론자들은 시련의 희생자들을 보살피고 상황을 변화시켜 다시는 같은 일이 되풀이되지 않게 하는 일에 힘을 모을 수 있다는 것이다.

마지막으로, 재코비는 "이성과 감정은 서로 충돌하는 것이 아니라 양자를 보완한다는" 사실을 통해 누군가를 위로할 수 있다고 설명하며 19세기의 "위대한 불가지론자"의 말을 인용한다. 친구의 자식을 땅에 묻는 자리에서 로버트 그린 잉거솔Robert Green Ingersoll은 말했다. "찢어지는 가슴으로 이 조그만 무덤가에 둘러선 이들은 두려움을 품지 말아야 합니다. 아무리 참담한 경우라도 죽음은 그저 완벽한 쉼이라는 믿음이야말로, 그 무엇보다 크고 고상한 신앙일 것입니다. …… 죽은 사람은 고통스럽지 않습니다."[5] 재코비는 이를 세속적인 위로의 본보기로 꼽는다. 잉거솔은 죽음 이후에는 아무것도 없다는 대단히 "이성적인" 입장을 주장했으며 그런 논리를 동원해 큰 슬픔을 겪는 이들을 위로했다.

재코비의 말이 옳다. 세속주의적인 마음가짐은 고통을 불러오는 세력에 맞서는 행동을 자극한다. 반면 카르마라든지 이 세상의 헛된 본질, 또는 내생을 가리켜 보이는 신앙 체계들은 인간을 진정시켜서 세상의 악과 불의에 수동적인 자세를 갖게 한다. 고난을 바라보는 문화적이고 종교적인 다른 입장들에 견주어 볼 때 세속적인 접근이 타당성을 갖는 대목이다.

하지만 어쩌면 이것은 세속주의가 우위를 보이는 유일한 지점일지 모른다. 우선, 재코비는 신앙을 가진 이라면 누구나 악의 문제와 씨름할 수밖에 없다는 식으로 상황을 부풀린다. 이와 관련된 찰스 테일러의 시대 분석은 2장에서 이미 소개했다. "내재적인 틀"(개인의 이성을 높이 평가하는 한편, 자신의 힘으로 도덕질서를 잡을 수 있다고 자신하게 하는 세속적인 사고방식)에 안주하기 전까지, '악의 문제'는 인간 대다수가 고민하는 보편적인 이슈가 아니었다. 앞에서 살펴보았듯, 하나님을 믿는 깊은 신앙이 '악의 문제'를 아예 없애 주진 못하지만 거기에 완전히 빠져 심신이 쇠약해지지 않도록 지켜준다.

이어서 재코비는 악의 문제에서 자유로워진 덕에 무신론자들은 "아프리카계 미국인들에 대한 정당한 대접, 여성인권, 형법개혁, 동물학대 추방 등의 대의를 추구하게 되었다"고 주장하면서 로버트 그린 잉거솔의 사례를 그 본보기로 제시한다. 하지만 이런 평가는 두 가지 쟁점을 의도적으로 외면하는 듯 보인다. 하나는 역사적인 사안이고, 다른 하나는 철학적인 문제다.

역사적인 사안이란 위대한 사회정의 실현 운동들 가운데 대다수는 신앙적인 성격이 강했다는 점을 가리킨다. 그렇다면 그의 주장과 다르게 종교 역시 인간을 자유롭게 해서 정의를 추구하게 한다고 볼 수 있다.[6] 사회정의를 추구하는 운동에 무신론이 종교보다 더 큰 영감을 불어넣었음을 입증하기란 쉽지 않을 것이다. 무신론이 어떤 면에서 어떤 방식으로 고통에 대처하는 데 훨씬 훌륭한 자원을 제공했는지는 분명치 않다.

철학적인 문제는 그보다 더 중요하다. 재코비는 하나님이 없어도 정의와 인간 번영(더 나아가 옳고 그름까지)의 의미는 재론의 여지가 없을 만큼 명백하다고 본다. 하지만 정말 그럴까? 윤리와 도덕은 신앙의 틀 안에서 명쾌한 근거를 확보할 수 있다. 종교가 인정하는 권위의 근원에 토대를 두기 때문이다. 하지만 세속적인 세계관 안에서는 도덕적이고 정의로운 행동을 규정하기란 이만저만 까다로운 일이 아니다. 특정한 윤리 기준에 대한 생각이 엇갈려서가 아니다. 세속적인 사상가들에게 더 중요한 이슈는 도대체 어떤 표준에 기초해야 철저하게 독단에 흐르지 않을까 하는 문제이기 때문이다.

적어도 18세기부터는 데이비드 흄David Hume 같은 철학자들이 나타나 과학과 경험적인 이성은 인류에게 인간이 어떻게 사는지 들려줄 수는 있을지언정 어떻게 '살아야' 하는지에 관해서는 이야기해 줄 수 없으므로 도덕의 토대가 될 수 없다고 지적했다. 이성은 "도덕, 또는 삶의 의미와 얽힌 근원적인 물음에 답하는 데 무능할 따름"[7]이라고 흄은 지적했다.

하버드대학의 마이클 샌델Michael Sandel 교수는 《정의란 무엇인가Justice: What's the Right Thing to Do?》라는 책에서 우리 사회에 정의와 관련해 우위를 다투는 이론이 적어도 셋은 된다고 이야기한다. 이들은 저마다 인간 본성과 인생의 의미를 둘러싼 다른 신념에 기대고 있는데, 그 또한 하나같이 사물의 본질에 얽힌 입증할 길이 없는 믿음에 뿌리를 둔다. 샌델은 낙태와 이민개혁, 동성결혼을 비롯해 수많은 본보기들을 제시하면서, 이 이슈와 관련해 자유를 생각하는 개념, 개인과 공동체의 적절한 관계를 판단하는 입장, 고결한 인생을 규정하는 정의에 대해 서로 다른 목소리를 높이는 이쪽과 저쪽 모두를 만족시킬 중립적인 "이성"의 기반은 세상 어디에도 없음을 드러내 보인다. 이처럼 무신론은 정의란 무엇이며 바람직한 사회를 바라보는 입장은 어떠해야 하는지 같은 커다란 문제들에 해답이 되지 못한다.[8]

　마지막으로, 재코비는 로버트 그린 잉거솔의 장례식 추도사 가운데 "죽은 이는 고통스럽지 않다"는 대목을 들먹이며 철저하게 세속적인 세계관이 위안을 줄 수 있음을 입증하려 애쓴다. 하지만 잉거솔은 "죽고 나면 어차피 어디에도 존재하지 않으므로 죽음을 두려워할 필요가 없다"는 에피쿠로스 학파의 관념을 고스란히 재활용할 뿐이다. 이런 식으로 위안을 주려는 노력은 앞에서 살펴본 뤽 페리의 말처럼 "솔직하다고 말하기에는 너무나 잔인"하다.

　삶에 의미를 주는 온갖 것들을 다 빼앗긴 상태를 가리키며 두려워할 필요가 없다고 이야기한다는 것은 앞뒤가 맞지 않는다. "죽은 이는 고통스럽지 않다"는 세속적인 위로는 부활을 제시하는 크리스천의 위안에 비해 몹시 빈약해 보인다. 재코비 같은 세속주의자들은 "하지만 그런 부활 신앙은 진실이 아니다"라고 말할지 모르지만, 크리스천들 역시 세속적인 신념을 두고 같은 말을 할 수 있다. 어떤 믿음이 진짜인가 하는 문제를 제쳐두고라도, 종교적 믿음이 그 신도들을 무장시키듯 세속주의가 그 추종자들에게 악과 고난에 대해 견고한 채비를 갖춰 주는 세속적인 틀을 지켜내기란 대단히 힘들다.

　어린 자녀를 땅에 묻어야 하는 끔찍한 일을 겪는다면, 이 두 가지 형태의 위로 가운데 어떤 결론을 내리겠는가? 슈웨더 같은 인류학자들이,

그리고 뉴타운 총격 사건의 사례가 생생히 보여 주듯 답은 자명하다. 실제로 그런 사태가 닥치면, 절대 다수는 그 시련을 이겨 내기 위해 비세속적인 문화와 종교에 손을 내민다.

뉴타운 총격 사건으로 아들을 잃은 어느 여성은 대통령의 뉴타운 연설과 관련해 블로그에 올라온 글들 중 하나에 이런 토를 달았다. 이 여성은 스스로 무신론자임을 고백했지만 대다수 대중에게 세속적인 담론이 조금도 먹혀들지 않았음을 인정한 뒤에 이렇게 말했다. "아들아이가 땅에 묻히던 그 순간, 대략 30초쯤, 어른이 되고 나서 처음으로 하나님을 믿었다. 숨진 아이의 영혼이 …… 사라지는 것을 표현할 수 없을 만큼 생생하게 감지했다. 그러고는 퍼뜩 정신을 차렸다." 이 여성은 직관적으로 눈에 보이는 물질세계가 존재의 전부는 아닐 수 있다는 사실을 더없이 강력하게 알아차렸던 것이다. 직감을 애써 밀어내긴 했지만, 적어도 그것이 얼마나 강력한지 정도는 가늠할 수 있었다. 여인은 덧붙였다. "삶의 지극한 위기의 순간에 사람들이 어떤 유혹을 받는지 알 것 같았다."[9]

슈웨더에 따르면, 인간은 물질과 화학성분들의 결합체일 뿐 아니라 영적 존재이기도 하다는 이런 직관은 세대를 가로질러 오늘날까지도 인류가 가장 광범위하게 공유하고 있는 확신이다. 이 여인은 종교적인 신념을 의도적으로 거부하며 살아왔지만, 더없이 큰 슬픔이 덮친 상황에서는 더 이상 믿음을 차단할 수 없었다. 그러므로 고통 앞에서, 신앙적인 신념을 밀어내야 한다거나 리처드 도킨스의 표현처럼 "유치하다"는 낙인을 찍어야 한다고 우기는 것은 지극히 비현실적이며 나아가 잔인한 처사일 수도 있다.

영적인 세계로
눈을 돌리다

끔찍한 고난을 겪는 이들 대다수는 영적인 무언가에 손을 내밀어 그 아픔을 해석하고 견뎌 낼 힘을 얻기를 원한다. 연구 결과에 비춰 보든 경험에 미뤄 보든 이는 어김없는 사실이다. 나치가 세운 죽음의 수용소에서 3년을 버티고 살아나온 유태인 심리학자 빅터 프랭클Victor Frankl은 그 참혹한 상황을 어떻게 어떤 이들은 참고 이겨 낸 반면, 다른 이들은 그러지 못했는지 면밀하게 관찰했다. 빅터 프랭클은 차이를 빚어낸 요인으로 '의미'를 꼽았다.

현대인들은 행복을 찾는 것이 삶의 처음이자 마지막 목표라고 생각한다. 여기에 문제가 있다. 어떤 조건들이 행복을 가져다주는지 판단해서 열심히 일한다. 행복을 얻기 위해 산다는 말은 곧 삶에서 무언가를 얻어 내려고 노력한다는 뜻이다. 그런데 고난이 닥쳐오면 행복의 조건들이 모두 사라진다. 시련은 삶을 지속할 이유를 모조리 짓밟아 버린다. 하지만 "의미를 위해 산다"는 것은 인생에서 무엇을 얻으려는 것이 아니라, 도리어 삶이 우리에게 무언가를 기대한다는 말이다. 달리 말하자면, 개인적인 자유와 행복보다 더 중요한, 그래서 자신의 행복을 기꺼이 희생할 수 있는 무언가가 존재할 때에만 우리는 의미를 갖게 된다.[10]

프랭클은 아예 세속적이거나 또는 말뿐인 종교인들 가운데 죽음의 수용소에 들어선 뒤 신앙으로 돌아서는 이들이 많았다는 사실에 주목했다. 수용소를 짓누르는 끔찍한 공포를 이겨 낼 길은 그뿐이었기 때문이다. 수많은 죄수들이 "너무나도 진지한 자세로 …… 신앙에 대한 관심을 쏟아 냈다. …… 그들은 막사 한 구석이나 캄캄한 가축 수송열차 한 귀퉁이에서 기도하고 예배를 드렸다."[1] 이렇게 신앙이 깊어지는 현상은 삶의 의미와 안전, 목적을 제공하는 세상의 근원들이 모조리 사라진 환경에서 지극히 자연스러운 일이었을 뿐 아니라 삶을 지속하게 하는 유일한 길이었다고 프랭클은 주장했다.

보스턴 마라톤 폭탄테러 사건이 벌어진 뒤, 〈애틀랜틱 *The Atlantic*〉의 전속 기고가 엘리너 바크혼 Eleanor Barkhorn은 "보스턴을 위해 기도합시다"라는 포스트가 소셜미디어에 차고 넘치는 현상을 남다른 눈으로 지켜보았다. "쉴 새 없이 알림이 울려 댔다. …… 그렇게 많은 비종교인 친구들이 …… 기도를 이야기하는 것이 참으로 낯설었다. 기도하자는 글을 올린 내 페이스북 친구들 가운데 열에 아홉은 이렇다 할 신앙이 없는 이들이었다. 꼬박꼬박 교회나 회당에 나가는 이들이 아니었다. 일상적인 상황에서라면 기도에 관한 포스트를 올리는 일 같은 건 절대 없었을 것이다. …… 내가 트위터와 페이스북에서 본 글들은 신실한 신앙인들이 또 다른 신실한 신앙인들에게 기도하자고 북돋는 내용이 아니었다. 종교가 전혀 없는 이들이 서로에게 기도를 요청하고 있었다."

이어서 바크혼은 "참호 foxhole 안에는 무신론자가 없다"라는 말이 사람들의 입에 수없이 오르내렸지만, 동시에 수없이 부정되기도 했다고 지적했다. '참호'에서 무신론자가 된 이들도 한둘이 아니었다. 위기를 맞아 기도하고 싶어 하는 광범위한 충동은 오래가지 않았다고도 했다. 하지만 바크혼은 어떻게 신앙이 없는 맨해튼의 젊은 시민이 9·11 테러 사건을 겪으면서 "저도 모르게 하나님의 이름을 부르고 싶은" 마음을 품게 되었고, 성경을 읽으려는 소망이 더 커졌으며, 마침내 본격적인 기독교 신앙을 가지게 되었는지 1인칭으로 서술했다.[12]

앤드류 솔로몬Andrew Solomon의 유명한 책, 《부모와 다른 아이들Far from the Tree》은 청각장애, 성장장애, 다운증후군, 자폐증, 만성질환과 같은 어려움을 지닌 아기 부모들의 이야기를 따뜻하게 그려 낸다. 각 가정에 태어난 아기들은 집집마다 위기를 떠안기지만 솔로몬이 전하는 기본 메시지는 이것이다. "이 책에 담긴 대다수 가족들이 어떻게 해서라도 피하고 싶었던 사건들을 통해 결국 감사하게 되었다는 사실은 이 책의 가장 큰 수수께끼다."[13] 독자들이 가장 흥미롭게 여기는 대목 가운데 하나는 아픈 아기들을 받아들이는 가족들의 이야기에 신앙이 끼어든다는 점이다.

그 부모들 가운데 하나인 데이비드와 사라는 앞을 보지 못하고 지적장애를 가진 사내아이를 낳았다. 제이미는 점점 커가면서 제힘으로 자리에 앉거나 몸을 가눌 수 없었으며 평생 소변줄을 달고 살아야 했다. 제이미가 남다른 상태임이 분명해질 즈음, 부부는 다시 아이를 가졌다. 건강한 딸이었다. 그리고 이어서 두 번째 아들 샘을 낳았는데, 이번에는 지적장애와 신경장애가 제이미보다 훨씬 더 심각했다.

사라는 아무리 냉정한 독자라도 놀랄 만한 이야기를 솔로몬에게 들려주었다. "똑같은 상황이 되풀이되리라는 것을 미리 알았더라면 아이를 갖지 않았겠죠. …… 그렇다고 해서 누가 '그 일'(장애를 가진 둘째아이를 낳은 일)을 싹 지워 주겠다고 해도 그러마 하진 않을 겁니다. …… 눈이 보이지 않고, 지적장애를 가졌으며, 말을 못하고, 몸을 가누지 못하는 이 아이가 우리 가족과 다른 사람들에게 얼마나 큰 선물이 되었는지 알면 정말 놀라실 거예요. 아들아이에게는 다른 사람의 마음을 열고 어루만지는 자신만의 방법이 있어요. …… 어쩌면 이토록 많은 이들에게 감동을 주는 걸까 늘 감탄하며 살아요."[14]

첫아들이 앞을 보지 못하고 지적장애를 가졌다는 사실을 알게 된 바로 그날, 사라는 데이비드에게 말했다. "어째서 이런 소릴 하는지 나도 모를 일이지만, 제이미가 세례를 받았으면 하는 마음이 주체할 수 없을 만큼 간절히 들어요." 몇 년 동안 교회 문턱을 넘어본 적이 없던 부부에게 이런 충동은 그저 놀라울 따름이었다. 대다수 종교적인 교리들에 거부감을 느끼는 것은 여전했지만, "제이미가 영혼을 가지고 있다는 사실을 알고 있었던 것 같아요"라고 사라는 설명했다.

이것은 이 부모에게 필요한 결정적인 변화였다. 아들을 사랑하고 보살피려면 그 아이가 한 치도 모자람이 없는 진정한 인간임을 알아야 했다. 몸이 전부라고 생각한다면 그러기 힘들 것이다. 아이는 인간을 인간답게 한다고 흔히 생각하는 역량들 대부분을 갖지 못했다. 철학자 마사 누스바움Martha Nussbaum은 세속적인 시각으로 누군가를 인간으로 규정하고 그에 합당한 권리를 부여할 수 있게 하는 일종의 "역량들"로, 상상과 지적 사고, 감정, 실천이성, ("자존의 사회적인 토대가 되는") 관계, 놀이, 환경에 대한 통제 등을 꼽았다.[15]

물론, 제이미는 이들 가운데 단 하나도 갖추지 못했다. 그러나 사라와 데이비드는 인간의 본질, 곧 사람은 누구나 하나님의 형상대로 지어졌으므로 총명하든 모자라든 상관없이 몸과 영으로 이뤄져 있다는 관념으로 되돌아갔다. 그래서 그들은 제이미를 동물이나 물건 쯤으로 여기려는 유혹에서 벗어날 수 있었다. 리처드 슈웨더의 말처럼 고난에 대한 세속주의적 관점은 현재 시련을 겪고 있는 사람들에게 아무런 도움이 되지 못한다.

솔로몬의 책에 등장하는 가족들이 꾸준히 세속주의에 맞선 "대항 담론들"에 의지해 삶을 이어갈 뿐 아니라, 도저히 견딜 수 없어 보이는 상황들마저도 넉넉히 헤쳐 나갔음을 보여 주는 사례는 그 외에도 수없이 많다. 왜소증을 앓는 아들을 둔 아버지는 독실한 크리스천이었는데, "하나님이 계심을 믿습니다. 하나님은 쓸모없는 존재를 만들지 않으십니다"[16]라는 고백에 기대어 아들을 깊이 사랑하기에 이르렀다.

자폐아를 낳은 엄마는 더없이 큰 위안을 준 손길로 교회를 꼽았다. 제이미의 누이동생 리자는 두 주 동안 휴가를 내서 오빠에게 C. S. 루이스가 어린이들을 위해 기독교적인 상징을 가득 담아 쓴 《나니아 나라 이야기The Chronicles of Narnia》 시리즈를 읽어 주었다. 신앙이 전혀 없는 솔로몬마저도, 자신의 자녀들을 일컬어 "내게는 충분하고도 영원히 엄연한 영혼을 가진 인간이며, 이 사실은 어떤 조작으로도 바꿀 수 없다"라고 했다.[17]

세속적인 세계관의
대실패

세속적인 인생관은 시련을 겪는 이들에게 도움을 주지 못한다. 어째서일까? 지금까지 찾아낸 사실들을 정리해 보자.

우선, 인간의 고통은 가늠할 수 없을 만큼 다양한 형태로 찾아오며 어마어마하게 다채로운 요인에서 비롯되기 때문이다. 서구의 접근 방식은 복잡 미묘하기 이를 데 없는 고난의 원인을 지나치게 단순화한다. 걸핏하면 "희생을 주원인으로"[18] 내세우는 식이다. 물론 '희생당했다'는 말로 설명할 수 있는 사건들이 많은 것이 사실이다. 부실한 건물에 살다가 화재로 숨진 아이들은 두말이 필요 없는 희생자들이다. 소방법을 지키지 않은 건설사의 희생자이자 누전 사고의 피해자들이다.

하지만 고난을 겪는 당사자에게서 비롯되는 시련(심지어 질병)들도 그만큼 많다. 서구식 분석의 틀에 가둘 수 없는 고난이 너무도 많다. 다른 문화들은 우연과 사고, 죄와 실패, 운명이나 신의 뜻, 선과 악의 갈등 같은 것들이 고난을 불러온다고 본다. 더러는 '자연적인 악'(사고와 운명)과 '도덕적인 악'(죄와 억압) 사이의 차이를 이야기하기도 한다. 원인이 이토록 다양하니 무수한 고난의 형태를 설명하는 데 아무 무리가 없다. 하지만 세속적인 접근은 그럴 수가 없다.

오늘날 서구 문화의 관점이 가진 또 다른 문제는 인간의 삶을 바라보는 자세가 순진하리만치 낙관적이라는 점이다. 수전 재코비를 포함해 수많은 전문가들이 지적하듯, 세속적인 시각을 가진 이들이 악과 고난에 보이는 반응은 그 안에서 어떤 의미를 찾는다거나, 어려움을 이겨 낼 동력을 찾는 것이 아니라 주로 지금 이 세상을 더 나은 곳으로 만든다든지, 지금 이 세상에서 느리지만 확실하게 고통을 제거하는 쪽이다. 세속주의가 '지금 이 세상'을 그토록 강조하는 이유는 그밖에는 다른 행복을 제시할 능력이 없기 때문이다. 당장 이곳에서 행복을 찾지 못하면 희망을 품을 여지는 전혀 없어진다.

《하찮은 인간, 호모 라피엔스 Straw Dogs: Thoughts on Humans and Other Animals》라는 책에서 철학자 존 그레이 John Gray는 서구 사회에 약물 사용과 중독 문제가 급속히 확산되는 현상을 자세히 검토한 뒤에 이렇게 말했다. "약물 사용은 [서구 사회에서] 쉬쉬해 오던 진실을 암묵적으로 시인하게 되었음을 의미한다." 금단의 진실이란 무얼 말하는가? "인류는 행복을 손에 넣을 수 없다는" 사실이다. 절대다수에게 인생은 어쩔 수 없이 고단하고 불행하며 앞으로도 늘 그럴 것이 분명하다.

세속적인 세계관에 따르자면, 행복과 의미는 모두 현생과 이 세상에 속하므로 지금 여기에 불행을 끼치는 근원들을 찾아내서 반드시 없앨 수 있다는 믿음이 필요하다. 하지만 그건 어림도 없는 이야기다. 고난과 고통의 원인들은 한없고 복잡다단해서 제거하기란 불가능하다. 그레이는 신앙이 없음에도 불구하고 이 깜짝 놀랄 만한 고백을 통해, 종교 문화가 인간의 고통이 얼마나 고질적인가에 관해 훨씬 더 현실적일 수 있다는 점을 정확하게 지적한다.

> 종교 문화들은 모든 눈물이 씻겨 나갈 다른 세상을 약속하기에 이 땅에서 삶이 주는 고달픔을 인정할 수 있었다. 뒤이어 등장한 인본주의 문화들은 그보다 한층 믿기 힘든 일을 장담한다. 미래에, 심지어 가까운 미래에 모두가 행복해지리라고 단언한다. 진보를 믿는 신념을 토대로 세워진 사회들은 인생에 담긴 통상적인 불행을 인정할 수 없다.[19]

작가 어네스트 베커는 《죽음의 부정 The Denial of Death》이란 책에서 인생의 고통과 두려움을 진지하고 심각하게 대하지 않는 이들("과학적인 조작자들"이라고 불렀다)에게 혐오감을 드러낸다. 이들은 "진보하는 기술로 세상을 변화시킬 수 있다든지, 말도 안 되는 일들을 합법화시킬 수 있다든지, 기준이 되는 인간의 조건을 공표할 수 있다"는 인상을 풍긴다는 것이다. 이런 의미에서 베커는 "모든 과학은 부르주아적이며 관료적"이라고 보았다.

자아의 팽창,
외로움의 지옥

고난이 세속적 문화를 가장 곤란하게 만드는 대목은, 그 문화가 추종자들에게 내놓는 세상의 이야기가 얼마나 빈약한지 드러낸다는 점이다. 앞에서 살펴보았듯이, 모든 문화는 그 울타리 안에 있는 이들에게 인생이 어떠해야 하는지에 관해, 다시 말해 경험적인 내러티브를 제공해야 한다.

앤드류 델방코는 The Real American Dream: A Meditation on Hope(진정한 아메리칸 드림)란 책에서 우리 문화 내러티브를 지배하는 두 가지 목표를 반드시 이뤄야 한다고 지적한다. 첫째는 소망을 주어야 한다. "'인간이란 불합리한 세계를 정처 없이 떠도는 존재일 뿐이다'라는 의식 이면에 도사린 희미한 의혹을 차단하고, 저마다 받아 가진 눈곱만한 날수와 시간을 뛰어넘는 삶의 결말을 상상하게 하는" 경우에만, 그리고 "우리가 얻고 소모하는 모든 것이 죽을 날을 기다리며 벌이는 부질없는 짓이라는 숨은 의심을"[20] 이겨 내는 경우에만 내러티브는 우리에게 희망을 줄 수 있다. 하지만 둘째로, 그 내러티브는 사회를 콩가루처럼 잘게 부숴 놓는 것이 아니라 단단히 응집시킬 수 있어야 한다. "세상이 자아와 자아가 맞닿은 경계선에서 끝나지 않는다"[21]는 필수적인 감각을 두루 전달해서 스스로의 이해를 떠나 공동체를 위할 수 있도록 영감을 불어넣어야 한다.

델방코는 문화에 깃든 내러티브마다 중심에 "인생이란 무엇인가?"라는 질문을 둘러싼 거대한 이념이 자리 잡고 있는데, 바로 그 정신이 사회 구성원들로 하여금 정체성을 갖게 한다고 말한다. 그리고 미국 문화의 3대 정신이라고 여기는 '하나님, 국가, 자아'를 추적해 들어간다. 미국 사회 초창기에는 삶의 의미가 하나님께 영광을 돌리는 데 있었다.

그런데 19세기의 미국인들은 하나님과 그분의 나라를 미합중국이라는 국가로(미국의 민주적인 가치와 확장, 번영으로) 대체했다고 델방코는 주장한다. 하나님 나라를 바라보는 소망은 구세주 국가, 다시 말해 "지상에서 가장 위대한 나라"인 미국의 가치와 능력을 통해 세상을 더 나은 곳으로 만드는 사명에게 자리를 내주었다. 이 지점에서 델방코는 비슷한 입장을 가진 여러 학자들과 한목소리를 낸다. 이는 우리 사회가 세속화 단계에 들어섰음을 더없이 명확하게 보여 주는, 다시 말하자면 내재적인 틀로 더 깊이 들어가는 움직임이라는 것이다. 미국인들은 자신의 힘으로 삶을 꾸려 가는 개별적인 인간이 되는 데 온 힘을 쏟으면서 국수주의와 민주주의라는 새로운 신앙을 만들었다.

알렉시 드 토크빌Alexis de Tocqueville은 1830년대부터 벌써 개인주의는 미국의 "새로운 특성"으로 자리 잡았다고 말한다. "미국인들은 오로지 혼자서, 그리고 자신만을 위해 존재한다."²² 따라서 미국 역사 속에서, 하나님은 여전히 대다수 미국인들의 신임을 받았지만 지난날보다 훨씬 더 멀리 떨어져서 세상 돌아가는 일에는 덜 개입하며, 덜 신비롭고, 위엄이 덜하며, 인간이 알아서 세상을 이해하고 개조하도록 내버려 두시는 분이 되었다.

델방코는 이런 구시대 문화의 "이야기들"은 수명을 다했다고 본다. 미국 역사에서 '국가' 단계는 아직도 개인의 자유보다 더 고상한 선을 염두에 둔다. 모든 문화가 늘 그러해 왔듯이 더 큰 가치를 위해, 구체적으로는 나라를 위해 개인의 이익을 희생하라고 요구한다. 하지만 20세기 후반쯤 "눈물과 희생, 어쩌면 죽음까지 감수하며 지켜야 할 공동 운명이라는 개념은 죽었다"라고 델방코는 말한다. 당장의 만족이 모든 사람에게 "행복한 삶의 지표"로 자리 잡았다. "진보적인 시각"을 가진 이들 사이에서는 하나님에 대한 헌신이니 국가를 향한 애국심이니 하는 것들이 모두 웃음거리가 되었고 "집단의 비전" 같은 것이 자리 잡을 여유는 어디에도 없었다.²³ 예를 들어, 현대인들은 "자신을 넘어서는 무언가가 있다고 ······ 더는 생각지 않으므로"²⁴ 크게 죄책감을 느끼는 일도 없어졌다.

이 책에서 설명한 희망의 역사는 곧 축소의 역사이기도 하다. 자아가 팽창해 하나님의 광대하심에 맞먹게 (때로는 압도하게) 되었다. 초기 공화국 시절부터 위대한 사회 the Great Society(린든 존슨 대통령이 내건 정책 비전-옮긴이 주) 시대에 이르기까지, 희망은 하나님보다는 덜하지만 개개인의 시민보다는 훨씬 더 광범위하고 지속적으로 국가의 이상과 결부되었다. 그

러나 오늘날, 그 희망의 폭은 한없이 좁아져서 소실점에 이른다.[25]

델방코가 우리 문화에서 "자아를 향한 방향 전환"이 강력하게 일어나고 있음에 주목했던 바로 그즈음에 로버트 벨라Robert Bellah는 *Habits of the Heart*(마음의 습관)라는 이정표가 될 만한 책을 내고 이를 "표현적인 개인주의"라고 불렀다.[26] 이는 대단히 큰 주제로, 토크빌에서 사회학자 에밀 뒤르켕Émile Durkheim까지, 칼 마르크스Karl Marx부터 에드먼드 버크Edmund Burke에 이르기까지 좌우를 가리지 않고 숱한 작가들이 입을 모아 그 결과를 경고하며 사회 조직의 부패와 "외로움의 지옥"을 예견했다.

하지만 이 책의 관심 범위는 좀 더 좁은 편이다. "내가 스스로 행복을 만들어 내고, 힘을 키우며, 일을 추진하는 동력원이 되어야 한다"[27]라고 말하는 "팽창된 자아"가 사회적 결속에 미치는 영향을 경고하는 책은 한둘이 아니다. 하지만 여기서는 그 자아가 고통에 어떤 의미가 있는지에 관심의 초점이 있다. 빅터 프랭클이 죽음의 수용소에서 파악한 것처럼, 스스로 도덕과 의미를 결정하는 주관자로 군림하는 이들은 무언가를 위해 죽을 까닭이 없으며, 삶이 자유를 앗아 가면 살아갈 이유도 자연히 잃어버리게 된다.

리처드 슈웨더와 앤드류 델방코가 제각기 저만의 방식으로 감지했듯, 현대 문화가 제공하는 "인생의 이야기"는 개인의 안위와 권력을 넘어서는 궁극적인 목표를 설정하도록 이끌지 않는다. 프랭클의 말대로, 제한 몸 챙기는 것 말고는 어디서도 생의 의미를 찾지 못한다면, 고난이 닥쳐올 때 극단적인 선택으로 이어질 수밖에 없다.

전혀 다른 관점의
이야기

지금까지 문화는 예외 없이 그 구성원들에게 삶이란 무엇이고 어떠해야 하는지 들려주게 마련이며, 요즘 문화가 들려주는 이야기(개인의 자유와 행복이 삶의 전부)에는 고난이 들어설 여지가 없다는 이야기를 했다. 하지만 앞으로 살펴보려는 '크리스천의 이야기'는 완전히 다르다. 고난과 고통은 하나님을 외면하고 등을 돌린 결과다. 그러므로 하나님이 그리스도를 통해 인류를 구원하시려고 친히 걸으셨던 길이기도 하다. 그리고 이제는 우리도 그리스도처럼 거룩한 삶을 살 수 있는 통로이자 세상에 구세주의 사랑과 영광을 드러내는 결정적인 수단이다.

목회자이자 신학자인 윌리엄 윌리몬William Willimon은 사역 초기의 경험 담을 들려준다. 교회에 나오는 산모 하나가 막 아기를 낳았다는 얘기를 듣고 병원을 찾아갔다. 병실로 올라가 보니, 여인은 "아기에게 문제가 좀 있다"는 불길한 통보를 받고 주치의를 기다리던 참이었다. 곧이어 나타 난 의사는 부부에게 아기가 다운증후군을 가지고 태어났으며 상대적으로 가볍고 치료가 가능한 호흡기 질환도 있음을 알린 뒤에 말했다. "따로 손을 쓰지 않고 '자연스럽게' 내버려 두는 쪽을 추천 드리고 싶습니다. 그럼 아마 며칠 안으로 문제가 다 해결될 겁니다."

현재 상태 그대로 방치하면 아기는 "자연스럽게" 숨이 끊어질 것이 뻔했다. 부부는 어리둥절해하며 문제가 있으면 바로잡아야 하는 것이 아니냐고 물었다. 의사는 안타깝다는 듯 부부를 바라보며 아이가 다운증후군을 가진 채 성장하게 되면 가정에 엄청난 스트레스를 안기게 마련이라면서 다운증후군 자녀를 둔 부부 가운데 상당수가 별거하거나 이혼한다는 연구 결과까지 들려주었다. 그러고는 쐐기를 박듯 말했다. "다른 두 자녀에게 이런 어려움을 떠안기는 것이 타당하다고 생각하십니까?"[28]

"어려움"이란 말에 산모는 퍼뜩 말귀가 트이는 눈치였다. 지금까지 아이들은 한 점 모자람도 없이 세상의 유익을 누리며 안전하고 편안하게 살았으며 그래서 도리어 세상에 시련과 어려움이 얼마나 많은지 아는 것이 거의 없다고 응수했다. 그러고는 "하나님의 손길"을 거론하며 이렇게 말했다. "이런 아기가 우리 같은 가정에 태어난 이유를 이제 확실히 알겠네요. 우리 아이들은 앞으로도 아무 탈이 없을 겁니다. 선생님도 잘 생각해 보세요. 정말 좋은 기회가 될 겁니다."

의사는 기가 막혀 말이 안 나온다는 투로 윌리몬을 돌아보며 당부했다. "알아듣게 말씀 좀 해 주세요." 앞으로 어떤 상황이 전개될지 제대로 일러줘서 순진한 생각만으로 이 일을 해결하려 들지 않게 해야 한다는 데는 백번 공감할 수 있었다. 하지만 의사의 귀에는 낯설게 들렸을지 몰라도 부부의 말에도 논리가 정연했다. (의사의 논리에 잘 드러나 있는) 우리 문화를 지배하는 내러티브에서 "'고난'이라는 단어는 어떻게 손을 써볼 도리가 없이 '부정적'이다. …… 인간의 욕망을 가장 중요한 잣대로 삼아 삶을 평가하는 탓에 무슨 수를 써서라도 고통을 피하는 것이 중요하기 때문이다." 하지만 이 부부는 세상의 타락과 예수 그리스도를 통한 구원을 말하는 크리스천의 관점으로 삶을 바라보았다. 그런 그들에게 고난은 구원을 받아 남을 섬기는 길이자 하나님을 영화롭게 하는 방편이 된다.[29]

시련을 통해
삶과 영혼의 실상에 눈뜨다

구약성경 열왕기하에는 아람(시리아) 군대의 부유하고 유력한 장군이었던 나아만의 이야기가 나온다.[30] 장군은 한센병에 시달리며 서서히 죽어가고 있었다. 그런데 이스라엘에 전능하신 하나님이 역사하신다는 소문을 듣고는 많은 재물과 아람의 통치자에게서 받은 협박 문서를 들고 길을 나섰다. 이스라엘 왕을 찾아간 나아만은 한센병을 고쳐 내라고 요구했다. 요즘 사람들이 흔히 그러하듯, 장군 역시 돈과 권력, 전문 지식으로 어려움을 해결할 수 있으리라 여겼다. 하지만 이를 들은 이스라엘 왕은 옷을 찢으며 대답했다. "내가 사람을 죽이고 살리는 하나님이냐"(왕하 5:7). 풀이하자면, "하나님만 하실 수 있는 일을 나더러 어쩌라는 거요?"라고 말한 셈이다.

오늘날 우리는 이스라엘 왕의 이 부르짖음에 귀를 기울일 필요가 있다. 역경이 닥치면 다들 문제를 해결하는 열쇠가 공공정책의 개혁이나 심리 치료에 뛰어난 전문가의 도움, 또는 과학 기술의 진보라고 생각한다. 하지만 단순히 그런 수단을 동원해 밀어내기엔 세상의 어둠이 너무나 짙고 깊다. 인간의 지식으로 어둠을 통제하고 물리칠 수 있다는 믿음은 자만에서 나오는 그릇된 판단이다.

평소에는 제대로 감지하지 못하지만, 9·11 테러 사건이나 뉴타운 총기 참사 같은 사건이 일어나면 세상의 어둠이 견딜 수 없을 만큼 무겁게 우리를 찍어 누른다. 이런 재앙과 비극 앞에서 수동적인 마음가짐을 품어선 안 된다. 공공정책을 바꾸는 게 특정한 유형의 어둠을 몰아내고 다시 깃들지 못하게 막을 수만 있다면 모든 수단을 총동원해 추진해야 한다.

하지만 아울러, 그런 수단들만 가지고는 충분치 않음을 깨닫는 것이 대단히 중요하다. 악은 세상의 구석구석에 깊이 스며 있으며 영적인 뿌리를 가지고 있다. 축소하거나 완전히 없애 버릴 수 있는 경험적인 요인들로만 이루어진 것이 아니란 뜻이다. "하늘과 땅에는 그대의 철학으론 상상조차 해보지 못한 일들이 수두룩하다"라는 햄릿의 말 그대로다.

이보다 더 정확하게 핵심을 찌르는 한마디는, J. R. R. 톨킨Tolkien의 소설 《반지의 제왕The Lord of the Rings》에 나오는 "악을 무찌르고 눌러 놓아도 한숨을 돌리고 나면 놈은 어김없이 또 다른 모습으로 나타나 다시 자라난다"[31]라는 구절일지 모른다. 무엇을 어떻게 하든, 인간의 고통과 악은 절대로 송두리째 뽑혀 나가지 않는다. 온 힘을 다 쏟아 멈추려 해 봐도 악은 다른 꼴을 하고 새로운 방식으로 또 고개를 쳐든다. 거기에 맞서려면 세상의 자원을 넘어서는 무언가가 필요하다.

마침내 나아만은 재물이나 기술, 전문적인 능력이 아니라 하나님, 바로 그분을 향해 돌아섰다. 그리고 오만하게 자기 자신이나 다른 전문가들을 신뢰하는 대신, 겸손으로 마음을 건강하게 하라는 명령을 받았다. 결국, 그는 몸의 병을 고쳤을 뿐 아니라 하나님과 새로운 관계를 맺고 은혜와 기쁨이 가득한 심령을 얻었다. 시련은 나아만을 이끌어 구원에 이르게 했다. "어째서 하나님은 이 세상에 그토록 많은 악과 고난이 판을 치게 내버려 두시는가?"라는 질문에는 답할 생각조차 않는다.

물론 이런 사례가 고통을 정당화하는 것은 아니다. 그럼에도 불구하고 고난이 없이는, 삶과 영혼의 온갖 실상을 자각하게 만드는 고통이 없이는 하나님을 찾게 될 가능성이 거의 없다는 것이 성경의 주요한 가르침이다.

그리스도 역시 십자가의 한없는 고난을 겪으시고 나서야 비로소 구원과 은혜를 베푸셨다. 주님이 그런 고통을 피하지 않고 인내와 용기로 직면하실 만큼 우리를 사랑하신 것처럼, 우리도 주님의 뒤를 따르기에 모자람이 없을 만큼 깊이 신뢰하는 법을 배워야 한다. 그리스도의 연약함과 친히 겪으신 시련이 부활의 권능에 이르게 한 것처럼, 우리의 연약함과 시련도 마땅히 그러할 것이다.

진정한
피난처

켄드라 이야기

말이 끊어졌다. 정적이 흘렀다. "유감입니다만, 심장박동이 잡히지 않습니다." 침묵이 더 깊어졌다. 그렇잖아도 어두운 방이 갑자기 더 어둡고 춥게 느껴졌다.

방금 전까지만 해도 남편 존이랑 검사 담당자와 셋이서 신나게 수다를 떨고 있었는데……. 배 속의 아이가 남자아이인지 여자아이인지 알고 싶어서 20주를 기다려 왔다. 그 소식이 임신 후반부를 잘 넘기는 데 큰 힘이 되기를 기대했다.

하지만 일순간에 방 안 분위기는 냉랭해지고 생기가 사라졌다. 초음파검사를 하는 의사가 내 담당 의사를 부르러 간 사이, 방 안의 어둠과 마음에 스며들기 시작한 음울한 기운이 한데 어우러졌다. '말도 안 돼. 의사가 오면 심장박동을 찾아낼 테고, 그럼 모든 것이 다 잘될 거야.' 그렇게 되길 마음으로 빌고 또 빌었다. 2월의 어느 암울한 날, 그 한마디 말로 찾아온 아이의 죽음은 우리의 소망과 꿈을 완전히 부수어 버렸다.

간절히 바라던 (둘째 아이) 임신 소식이 기쁨이 아니라 불안의 전조가 되는 일은 흔치 않지만, 우리 가족에게는 두려움과 희망이 한데 섞인 묵직한 느낌으로 찾아왔다. 여기에 소개하는 사연은 고난과 상실, 수수께끼와 평안, 기쁨과 슬픔이 뒤엉킨 이야기다.

첫아이는 딸이었는데 2년 전에 태어났다. 아기는 예쁘고 건강하게 세상에 나왔지만 녀석을 품고 있던 기간은 정반대였다. 임신하고 몇 주가 지났을 즈음, 임신과다구토hyperemesis gravidarum라는 희귀한 질환을 진단받았다. 임신한 여성 가운데 2퍼센트 정도에게서 나타나는 이 질환은 메스꺼움과 구토가 가라앉지 않는 탓에 급격한 체중 감소와 영양실조, 탈수 같은 증상이 대표적으로 나타난다. 아이를 갖고 세 달 만에 11킬로그램이 빠졌다. 임신 기간 내내 탈수를 막기 위해 정맥주사와 투약을 되풀이했으며 강력한 항구토제에 기대어 살았다. 마침내 아기가 태어나자 온갖 증상들은 한꺼번에 사라졌고 건강도 갈수록 좋아졌다.

우린 갓난아이와 더불어 일생일대의 행복 속으로 빠져 들어갔다. 나중에는 그간의 괴로움은 그저 고대하던 아기가 가져오는 풍성한 기쁨을 맛보기 위해 치른 사소한 대가처럼 보였다. 의사는 다시 임신과다구토를 겪게 될 가능성이 높다고 했지만, 둘째를 갖고 싶은 갈망은 혹독한 기억보다 더 강했다. 어리석게도, 한 번 경험했으니 증상들을 잘 관리할 수 있으리라 믿고 애쓰기 시작했다.

반가운 임신 소식에 함께 축하하고 기뻐한 지 고작 일주일 만에 그 질환이 다시 시작됐다. 불행하게도 이번에는 전보다 한층 심할 조짐마저 있었다. 사실, 임신한 여성들 가운데 고작 0.5퍼센트 정도만이 그처럼 중중 임신과다구토 진단을 받는다. 주치의는 즉시 입원을 포함한 공격적인 치료 계획을 세웠다. 몸 안에서 자라는 생명을 뒷받침하는 데 필요한 약물과 영양을 관리하기 위해 심장 가까이에 말초삽입형 중심정맥 카데터 PICC를 넣었다.

네 달 동안 음식을 먹지 못했다. 기운이 없고 일어날 때마다 속이 울렁거렸으며 하루에도 몇 차례씩 토했다. 이루 꼽을 수 없을 만큼 많은 가족과 친구들이 밤낮없이 병실을 지켜주고, 딸아이를 봐주고, 끼니를 챙겨주고, 나란히 앉아 기도를 해 주었다. 그들은 그리스도의 손과 발이었다. 공동체가 없었더라면 이렇게 힘든 시기를 어떻게 버텨 낼 수 있었을까 싶은 생각이 자주 머리를 스친다. 그들의 사랑은 말 그대로 자양분이 되어 우리를 지탱해 주었다.

돌아보면, 슬프고 가슴 아픈 일이 정말 시작된 시점은 임신 초기의 몇 주간이었다. 아기를 갖는 것은 이번이 마지막이리라는 사실을 모르지 않았다. 아기를 갖는 동시에 내 몸에 화학적 상반성Chemical Incompatibility이 나타나는 까닭에 또다시 의도적으로 가족들에게 (또 내게) 고통을 견뎌 내게 할 수는 없었다. 이런 상태가 아홉 달 내내 계속될 수 있음을 알기에, 최선을 다해 버티며 하루하루를 넘기려 안간힘을 썼다.

2월의 그 음울한 날은 임신 기간이 반환점에 이른 날이기도 했다. 희망에 부푼 마음으로 이 날을 기념하려 했다. 하지만 곧 이 날이 축하할 날이 아니라 배 속의 아기를 잃게 된 날임을 알게 되었다. '죽어선 안 돼!' 몇 번이고 같은 생각을 되풀이했다. 더러는 소리를 지르기도 했다. 몇 달에 걸친 온갖 고생의 결말치고는 너무 잔인해 보였다. 하지만 아직도 우리 둘째, 이생에서는 살아서 만날 수 없는 아들아이를 낳는 유도분만이 기다리고 있었다.

둘째 아이 존 윌슨은 다음 날 아침, 평화롭게 세상에 나왔다. 숨진 아기의 몸을 받아드는 순간, 오만가지 감정이 한꺼번에 북받쳐 올랐다. 새 생명이 들어섰다는 소식은 희망으로 이끄는 신비로운 힘이 있었다. 아이들이 자라가면서 함께 가꿔 갈 미래를 신나게 그려 보곤 했다. 그 꿈이 사라진 것이 서러워 울었다. 하나님의 보호하심에 아기를 맡기는 순간, 주님의 팔이 우리를 감싸 안고 더불어 슬퍼하시는 걸 느낄 수 있었다. 가까운 친구들과 교회 공동체가 나서서 아름다운 추모예배를 준비해 주었다.

말할 수 없이 어둡고 공허한 날들이 이어졌다. 잠이 오지 않았다. 숨조차 쉴 수 없을 것 같았다. 기력이 다 새어 나간 느낌이었다. 난 심리치료사다. 머리로는 '슬픔의 단계'를 누구보다 잘 알고 있었다. 하지만 이제 그것을 여기서 몸으로 겪고 있었다. 말로 다 표현할 수 없는 감정이었다.

하나님만은 내 마음을 다스리실 수 있다고 믿었으므로 서슴없이 그 느낌들을 쏟아 냈다. 그것도 아주 자주. 화가 치미는 순간들도 있지만 괴로움, 절망, 시샘, 쓰라림, 그리고 깊은 슬픔이 밀려왔다. 하지만 날마다 그런 감정의 소용돌이에 허우적거리면서도 얼마쯤 강력하고 강렬한 평화가 스며들어 마음을 다독이는 것을 감지했다.

하나님의 임재를 깊이 경험했으며, 이처럼 비극적인 현실을 허락하시긴 했지만 주님은 우리를 버리지 않으시며 떠나지도 않으신다는 사실을 배워 가는 과정이 천천히 시작됐다. 주님과의 관계가 예전과는 판이한 양상으로 깊어졌고 한층 진실해졌다. 하나님은 고통스러운 질문과 뼈아픈 회의 하나하나를 통해 나를 그분께로 더 가까이 끌어당기셨다. 주님은 진정 이 캄캄한 구덩이 속에서 우리와 함께 계셨다. "여호와는 마음이 상한 자를 가까이하시고 충심으로 통회하는 자를 구원하시는도다"(시 34:18)라는 시편 기자의 고백은 하루하루, 한 달 한 달 치유의 은혜를 공급해 주었다. 하나님은 참으로 우리의 피난처셨다.

"애통하는 자는 복이 있나니"(마 5:4)라는 말씀은 그저 성경책에 나오는 한 구절이 아니었다. 우리는 이를 살아 숨 쉬는 하나님의 음성으로 경험했다. 이 말씀은 살았고 이 말씀을 숨처럼 마시고 내쉬었다. 이 글을 읽는 독자들도 다 마찬가지겠지만, 우리 역시 스스로 선택해서 풀무불처럼 뜨거운 시련을 겪은 것이 절대로, 절대로 아니다. 하지만 그 불길을 지나지 않았더라면 결코 받을 수 없었을 풍요로운 선물들을 누리고 있음을 살면서 절감할 수 있었다. 하나님은 우리가 주님과 풍성한 관계를 누리길 간절히 바라신다.

고통스러워하는 누군가에게 진심으로 다가서려 할 때마다 고통이라는 선물을 주신 주님께 감사한다. 고난은 인간의 연약함과 의존성을 일깨운다. 인간의 본성은 강하고 독립적이길 원한다. 하지만 시련 속에는 그런 자아가 발붙일 여지가 없다. 이런 내 자아를 벗어 버리면 다른 이와 진정한 관계로 통하는 문이 열린다. 고통 속에 있는 누군가에게 한 걸음 더 가까이 다가설 때마다, 나는 지금 여기 계신 하나님을 경험한다.

아기를 잃고 며칠이 지났을 무렵, 어느 친구가 우리에게 시련을 겪고 나서부터 우리가 늘 '절뚝거리며 걷는 것 같다'고 했다. 몸에 난 상처들은 아니었지만 그 고통은 우리 마음에 흉터를 남겼다. 그러나 개인적으로는 이런 흔적들을 아름다움과 깊이를 나타내는 특별한 증표라고 생각한다.

우리의 이야기는 여기서 끝나지 않는다. 하나님은 우리 넷의 삶을 기적적이고 경이로운 방식으로 한데 묶어 재 대신 화관을 씌워 주셨다. 지금 우리는 소중한 두 아이, 아홉 살 된 딸아이와 우리 아들(이제 막 5주차에 들어선 기적의 아이)과 함께 삶의 활력을 만끽하고 있다. 먼저 보낸 아들과 하늘나라에서 다시 만날 날을 고대하지만, 그때까지 하나님을 더없이 생생하고 활기차게 경험하고 있음에 감사하며 주님이 허락하신 선물들을 삶 속에서 마음껏 누리려 한다.

4

신이 없다면
'악'에 분노할 이유도 없다

'악과 고통, 신의 존재'에 대한 철학적 사유들

"세상의 질서를 빚어내는 건 죽음이니까,
눈을 들어 신이 말없이 앉아 있는 하늘을 쳐다볼 게 아니라,
신을 믿기를 거부하고 온 힘을 다해 죽음과 씨름하는 편이
하나님한테 더 낫지 않을까요?"
타루는 고개를 끄덕였다. "그래요. 하지만 선생이 거둔 승리들은
제아무리 안간힘을 써도 오래가지 않을 겁니다."
리유의 낯빛이 어두워졌다. "그래요, 알고 있습니다.
하지만 그게 싸움을 포기할 이유가 될 수는 없죠."
"이유가 될 수 없죠. 동감입니다.
저는 그저 지금 이 역병이 어떤 의미여야 하는지
그려보고 있을 따름입니다."
"그래요, 영원히 끝나지 않는 패배겠지요."
_알베르 카뮈Albert Camus[1]

'악의 문제'는 인류에게 던져진 오래된 숙제 같다. 전능할 뿐 아니라 선하고 정의롭기까지 한 신을 믿는다면, 악과 고난은 걸림돌이 될 수밖에 없다. 여기에 대한 고전적인 설명은 데이비드 흄의 《자연종교에 관한 대화*Dialogues Concerning Natural Religion*》라는 책에 실려 있다. "에피쿠로스의 오래된 의문은 아직 풀리지 않았다. 신은 악을 막으려 하지만 힘이 닿지 않는가? 그렇다면 신은 무능하다. 막을 수는 있지만 그럴 뜻이 없는가? 그렇다면 신은 악하다. 능력도 있고 의지도 있는가? 그렇다면 악은 어디서 비롯된 것인가?"[2] 세상은 이러한 질문들을 '하나님께 맞서는 악의 문제,' 혹은 간단하게 '악의 문제'라고 불러 왔다.

이 문제를 두고 신의 존재, 구체적으로는 기독교 신앙의 타당성을 논하는 더없이 강력한 '한 방'으로 여기는 이들이 적지 않다. 그게 사실이라면, 어째서 이를 1장 첫머리에서 다루지 않았을까? 고난이란 인간과 사회가 오래도록 붙들고 씨름해 온 해묵은 현실이기 때문이다. 고난은 철학적 이슈이기 전에 실제 위기다. '왜'이기에 앞서 '어떻게'의 문제다. "어떻게 해야 여기서 살아남을 것인가?"

그래서 다양한 사회와 그 구성원들이 실제로 어떻게 악과 슬픔에 대처하고 있는지 비교하고 대조하면서 역사적이고 문화적으로 고난을 살펴보았다. 면밀히 조사해 사회마다 고난이 어떻게 정의되며, 어떤 의미가 있고(또는 아무 의미도 없고), 어떻게 대처해야 하는지에 대한 잠정적인 이론들이 존재한다는 사실을 밝혔다.

악의 문제와 하나님의 존재가 서로 모순된다는 오래된 이슈로 이 책을 시작했더라면, 고난의 실재가 전통적인 하나님을 믿는 크리스천들에게만 국한된다는 인상을 피할 수 없었을 것이다. 시련이 고전적인 유일신 신앙과 충돌한다고 보는 이들은 세속적인 사고방식 쪽으로 한층 기울게 마련이다. 하지만 이미 살펴본 바와 마찬가지로 세속주의 역시 일단의 신앙이며, '삶의 두려움'을 이해하고 견디도록 돕는 면에서 보자면 모든 세계관을 통틀어 가장 빈약한 관념에 속한다.

실제로 악을 어떻게 설명하느냐에 관한 문제가 있기는 하지만, 기독교 신앙은 다른 대안들에 비해 참으로 뛰어나다. 이러한 사실은 고난을 다각적으로(사회문화적으로, 현실적으로, 심리적으로) 들여다볼 때 가장 또렷이 드러난다. 다른 쪽을 먼저 짚은 뒤에 4장에 와서야 비로소 철학적인 영역을 다루는 까닭이 여기에 있다. 그럼에도 불구하고 역경은 어김없이 하나님을 향한 믿음의 문제를 수면 위로 끌어올리며, 우리로서는 그 주제로 돌아갈 수밖에 없다.

고난을 다룰 때는, 찰스 테일러가 서구 문화에서 세속화가 어떻게 전개되었는지 정리하면서 했던 이야기를 마음에 담아둘 필요가 있다. 악과 신의 관계에 관한 문제의식은 에피쿠로스까지 거슬러 올라갈 만큼 역사가 아주 깊다. 그리스의 이 철학자는 그리스도보다도 3백 년이나 먼저 이 문제를 들고 나왔다. 그러나 테일러는 철학자들 사이에서는 악의 문제가 뜨거운 갑론을박으로 이어졌을지 모르지만, 계몽주의 이후의 어느 시점까지는 대중적인 관심사가 아니었다고 말한다.

정확한 지적이다. 서구 사상이 하나님을 더 먼 존재로 인식하고 이성의 힘으로 세상을 완전히 이해할 수 있다고 보기에 이르면서부터 변화가 시작됐다. 과학 기술의 변화가 이런 지성적인 흐름을 강력하게 뒷받침했는데, 이는 결국 자기만족적인 팽창된 자아의 발전으로 이어졌다. 인간은 이성과 지각의 힘을 훨씬 더 자신하게 된 것이다.

이러한 내재적인 틀에 갇힌 이들은 악과 하나님을 생각할 때 무신론적인 결론을 내세운다. 고난의 문제를 둘러싼 요즘의 논점들은 추상적인 하나님에서 출발한다. 논의의 편의를 위해, 하나님은 전능하며 선하지만 영광스럽고 위엄이 넘치며 한없이 지혜롭고 그 시작을 알 수 없으며 만물을 짓고 지탱하는 존재는 아니라고 가정하겠다. 이렇게 보면, 현대인들이 이전 세대보다 쉽게, "특정한 역경에서 합당한 이유를 우리 스스로 찾아낼 수 없다면 하나님도 타당한 까닭을 제시할 수 없다"는 결론에 도달하는 것은 놀라운 일이 아니다. 만일 인간의 지성으로 악을 이해할 수 없다면, 악은 그냥 이해할 수 없는 것이다.

철학적인 이슈와 의문들은 그대로지만 문화는 얼마쯤 속임수를 쓴다. 철학적인 논쟁을 지켜볼 때 어째서 이를 마음에 담아 두어야 하는가? 신념은 이성과 논리만이 아니라 사회적인 훈련을 통해서도 형성된다.[3] 존경하는 이들, 간절히 얻고 싶은 인정을 이미 받아 누리고 있는 이들이 가진 신념들은 더없이 타당해 보이기 십상이다. 사회·문화적인 위치에 따라 어떤 주장에 대해서는 마음이 더 열리고 다른 편에 대해서는 덜 열리게 마련이다. 따라서 최대한 사려 깊고, 치우치지 않으며, 편견 없는 자세를 갖는 유일한 방법은 온 힘을 다해 스스로의 문화적인 편향성을 의식하는 길뿐이다.

투자한 회사에 얽힌 사건을 배당받은 판사가 있다면, 얼른 사건에서 손을 뗄 것이다. 객관성을 의심받을 수 있기 때문이다. 요즘 사람들도 똑같은 상황이다. 현대인들이 최고로 여기는 가치는 개별적인 자아의 자유와 자율성이며, 신의 존재는 그 가치를 실현하는 데 걸림돌이 되므로 하나님은 이미 미심쩍은 대상일 수밖에 없다. 자연히 세상의 악과 고난에 대해 금방 불평하게 된다. 그편이 문화적인 편향성에 들어맞기 때문이다. 그렇다고 예로 든 판사처럼 사건 심리를 피할 수는 없다.

그렇다면 문제를 다시 생각해야 한다. 독자들, 아니 그보다 더 나아가 서구 문화의 편향성을 최소한 조금씩이라도 나눠 가진 모든 이들이 이 주제를 살피려면 우선 저마다 편견을 가지고 있음을 의식해야 한다는 뜻이다.

악을 근거로
하나님의 존재를 부정하는 주장들

악의 문제는 현대인들의 사고에 폭넓게 자리 잡고 있으며 하나님께 다가서지 못하게 가로막는 최고의 걸림돌이 된다. 사람들은 전능하고 온전히 선하신 하나님이라면 당연히 끔찍한 악과 고난을 막아 주어야 한다고 생각한다. 그런 사태가 일어나지 않기를 바랄 뿐 아니라 미리 막을 수 있는 능력도 완벽하게 갖췄을 테니 말이다. 하지만 악은 엄연히 존재하고 끊임없이 이어지고 있다. 그러므로 그처럼 전능하고 사랑이 넘치는 하나님은 실재하지 않거나 그럴 수 없다는 논리다.

이 한마디는 대단히 중요한 사실을 시사한다. 악을 근거로 하나님을 논박하는 데는 두 가지 형식이 있다. 이른바 논리적 주장(이러저러한 하나님은 분명히 없음을 입증하려는 노력)과 증거적 주장(이러저러한 하나님은 아마도 없을 것이라는 이유들)이다. 일단, 보다 야심적인 '논리적 주장'부터 살펴보자.

1980년대까지, 철학자들 사이에서는 악을 근거로 신의 존재에 맞서는 논쟁은 이미 결론이 났으며 성경이 말하는 전통적인 하나님은 존재하지 않음이 입증되었다는 것이 통설이었다. 악은 기독교 신앙에 타당성이 없고 논리적인 설명이 불가능하다는 점을 여실히 드러낸다는 것이다. 오스트레일리아의 철학자 존 맥키John Mackie는 "악과 전능"이란 글에 이렇게 적었다. "이성적인 뒷받침이 부족할 뿐 아니라 불합리하기 이를 데 없어서 핵심적인 몇몇 교리들은 다른 교리들과 들어맞지 않을 정도다."[4]

하지만 1974년, 알빈 플란팅가의 책 *God, Freedom, and Evil*(신, 자유, 악)과 한층 전문적이고 논리적인 *The Nature of Necessity*(필연의 본질)가 같은 해에 나란히 출간되면서 흐름이 달라지기 시작했다.[5] 글쓴이는 여기서 "악의 존재는 전지전능하며 한 점 티 없이 선하신 하나님의 존재와 논리적으로 얼마든지 양립할 수 있다"[6]라고 단언한다. 플란팅가와 그 뒤를 따르는 철학자들의 영향은 대단해서 25년 정도 세월이 흘렀을 즈음에는 하나님에 대해 맞서는 주장들이 힘을 잃기 시작했다. 윌리엄 앨스턴William Alston 같은 철학자는 악이 하나님의 존재를 부정하는 사상은 "이제 (거의) 모든 면에서 파산 지경에 이르렀다"고 썼다.[7]

상황이 이쯤 되자 무신론 사상가들은 하나님에 대한 증거적 주장이라는 새로운 틀을 만들어 내기 시작했다. 그런 재구성 과정을 거쳐 한층 부실한 논리가 등장했다. 고난은 하나님의 존재를 완전히 부정할 확실한 증거proof라기보다 개연성을 떨어뜨리는 방증evidence이라는 것이다.[8] 나중에 차근차근 살피겠지만, 하나님을 상대로 제기됐던 더 강력한 형태의 주장을 무너뜨린 바로 그 논리들이 더 빈약한 형태의 주장에도 회의의 그림자를 짙게 드리운다.

이는 "무신론자들이 짊어지기에는 '하나님과 악이 공존할 가능성은 전혀 없음'을 …… 입증해 내야 하는 책임이 너무도 무거운 까닭에"[9] 전문가와 학자들 사이에서는 고난과 악을 보면 하나님의 존재를 인정할 수 없다는 식의 자신만만한 주장이 완전히 폐기되다시피 한 상태임을 보여 준다. 악의 존재를 근거로 하나님에 맞서는 주장은 이제 힘을 다한 게 아닌가 싶다.

어떻게 이런 일이 생겼을까? 신정론과 하나님을 변호하는 이론은 자주 차이를 보이는데, 이 차이를 파악하는 데서부터 최근에 벌어지는 철학 논쟁들까지 알아보기로 하자.

영혼-형성 신정론의
한계

플란팅가는 *God, Freedom, and Evil*(신, 자유, 악)에서 신정론과 변론을 구분한다. "신정론theodicy"이란 철학자 고트프리트 라이프니츠Gottfried Leibniz

가 만들어 낸 용어로 인간에게 역사하는 하나님의 방법을 옹호하는 이론이란 뜻이다.[10] 신정론을 펼치려는 이들은 일단 어마어마하게 높은 목표를 설정한 셈이다. '왜?'라는 커다란 질문에 답하기를 추구하기 때문이다. 신정론의 목표는 의로우신 하나님이 어째서 세상에 악이 들어오고 지속되게 허락하시는지 설명하는 데 있다. 고난을 허용하신 이유와 뜻을 드러내서 악과 시련에 관련된 주님의 역사를 타당하다고 받아들이게 하려는 것이다.

초기 신정론들 가운데 "영혼-형성" 신정론이 있다. 2세기 신학자 이레나이우스Irenaeus가 처음 정립했으며 저술가 존 힉John Hick이 현대적인 틀을 잡아 내놓았다. 세상이 무엇보다도 인간이 하나님을 만나고 영적으로 성장해서 애초에 설계된 모습으로 빚어져 가는 공간으로 창조되었음을 염두에 두면, 삶 속에 존재하는 악은 얼마든지 정당화될 수 있다는 설명이다. 그러려면 "시험을 당하고 결국 이겨 내야 한다. …… 다시 말해, 구체적인 상황들 속에서 마땅히 책임 있는 결정을 내려서" 마침내 "개인적으로 큰 희생이 따르는 노력을 기울이는 데서 오는 긍정적이고 신뢰할 만한 성품에"[11] 이르러야 한다는 것이다. 이런 '영혼-형성'은 한없이 선하며 그저 순결하고 덕스러운 상태로 지음받은 것만으로는 도달할 수 없다고 힉은 주장한다.

영혼-형성 신정론은 여러 가정들을 되짚어 보게 한다는 점에서 아주 유용하다. 편안하고 아무런 탈이 없는 상태가 되거나 영적으로, 또는 도덕적으로 대단한 존재가 되는 게 최고의 선인가? 삶이 뜻대로 돌아가지 않으면 신의 지혜를 의심하는 건 자연스러운 현상이지만, '신이란 우리가 바라는 행복을 베풀어 주기 위해 존재한다'는 검증되지 않은 전제 탓에 분노가 어마어마하게 증폭될 수밖에 없다.

선한 일을 하자마자 곧바로 상을 받고 나쁜 짓을 저지르기가 무섭게 벌을 받는다면 용기니, 겸손이니, 절제니, 성실이니 하는 덕성들은 사라질 것이다. 그런 상황에서 옳다고 생각하는 일을 행하는 이는 아마 없을 것이다. 그저 고통을 피하고 즐거움을 얻기 위해 본능적으로 반응할 뿐이다. 그러므로 세상을 살면서 만나는 부당하고 고통스러운 일들은 인간을 '훈련받은 짐승' 이상의 존재로 성장시키는 주요한 수단이 된다.

하지만 영혼-형성 신정론은 몇 가지 큰 약점에 시달리고 있다. 우선, 고통과 악은 영혼-형성 요건을 채우는 방식으로 나타나지 않는다. 악한 영혼을 가진 이들 가운데 상당수는 역경을 당해야 마땅하지만 현실은 다르다. 위대한 영혼을 가진 이들도 영적 성장에 필요한 수준을 훌쩍 뛰어넘는다 싶을 만큼 많은 시련을 겪는다. 아울러 이 신정론은 고통스럽게 태어나 숨을 거두는 갓난아이, 더 나아가 동물들이 겪는 고통에 대해서 이야기하거나 설명하지 않는다.

자유의지 신정론의
한계

두 번째는 자유의지 신정론으로 이런 부류 가운데 가장 잘 알려진 설명일지 모른다. 이 이론은 성 아우구스티누스까지 거슬러 올라가는 길고도 오랜 역사를 지닌다.[12] 단순하게 간추려 정리하면 이쯤 될 것이다. 하나님은 인간을 로봇이나 본능에 충실한 동물로 짓지 않고 선택할 능력이 있고 따라서 사랑할 줄도 아는 자유롭고 이성적인 주체로 지으셨다. 하지만 선을 자유롭게 선택하게 하려면 하나님은 또한 악도 선택할 수 있게 해야 했다. 따라서 자유의지는 남용될 수 있으며 그게 바로 악의 원인이다. 하지만 (우리는 이성적인 영혼을 소유하고, 하나님은 일종의 '애완동물'이 아니라 사랑스러운 참 아들딸을 갖는) 이 더 큰 선은 월등히 가치가 있어서 반드시 따라오게 되는 악을 감수할 만한 의미가 있다. 장 폴 사르트르는 이를 아주 근사하게 표현했다. "사랑받기를 원하는 이는 사랑의 대상을 노예로 만들고 싶어 하지 않는다. …… 사랑하는 상대가 로봇 같은 사람이 된다면, 사랑을 쏟는 이는 외로워질 것이다."[13]

이런 설명과 더불어, 악은 다른 피조물들처럼 별개의 '무엇'이 아니므로 하나님은 사실상 악을 지으신 적이 없다고 주장한다. 아우구스티누스는 악이란 오히려 하나님이 지으신 선한 무언가가 왜곡된다든지 애초의 설계나 목적이 변질된 결과로 나타나는 상황을 말한다고 가르쳤고, 훗날 토마스 아퀴나스Thomas Aquinas를 비롯한 여러 사상가들도 이런 입장을 그대로 따랐다. 결국, 선은 악이 없어도 존재할 수 있지만, 악은 마치 기생충처럼 먹이가 될 선이 없으면 존재할 수 없다.[14] 그러므로 하나님은 악을 창시한 게 아니라 인간의 자유와 사랑이라는 더 큰 선을 이루기 위해 허용했을 뿐이다.

피터 반 인와겐Peter van Inwagen은 이렇게 정리했다. "모든 것을 아시는 하나님은, 악이란 그분에게서 자발적으로 분리된 결과일 확률이 높지만

…… 자유의지라는 선물은 그것을 무릅쓸 가치가 있다는 사실을 알고 계셨을 것이다. 사랑의 영원성은 자유의지에 기대어 존재하므로, 바로 그 영원성이 하나님과 인간 사이가 소원해지는 기간, 문자적으로는 일시적이지만 대단히 긴 시기에 대한 두려움을 넘어서게 한다."[15]

자유의지 신정론은 널리 퍼져 나갔지만 완전한 설명이라고 보긴 어렵다. 우리 문화가 거기서 매력을 느끼도록 이끄는 면이 있기 때문이다. 자유와 선택을 신성한 것으로 생각하도록 가르쳐 온 서구 문명에 속한 이들에게는 이 이론이 지극히 타당하게 들릴 수 있다. 하지만 조금만 들여다 봐도 두 가지 문제점이 곧바로 드러난다.

우선, 이는 오직 특정한 범주의 악만 규명하는 듯하다. 악은 일반적으로 인간이 저지르는 도덕적인 악과 갖가지 질병과 태풍, 홍수, 지진 같은 재앙들처럼 비인간적인 요인에서 비롯된 자연적인 악으로 구분한다. 자유의지 신정론은 도덕적인 악을 설명하지만 자연적인 악은 어떻게 풀이할 것인가? 피터 반 인와겐은 이 신정론의 확장판을 대안으로 내놓는다. 세인트앤드류대학의 기퍼드 강연Gifford lectures(아담 기퍼드 경이 설립한 시리즈 강연으로 세계적인 석학들이 신학에서 과학까지 광범위한 주제를 다룬다 - 옮긴이 주)에서 인와겐은 기독교에서 가르치는 타락의 이야기를 꺼내든다. 여기서 인류는 낙원의 축복을 누렸지만 하나님께 불순종하고 등을 돌리는 바람에 주님의 임재와 보호를 잃고 말았다.[16] 인와겐의 말처럼 "자연적인 악은 …… 자유의지를 원초적으로 남용한 결과"[17]라는 뜻이다. 그렇게 인간의 자유의지로 자연의 폭력을 설명할 수 있다는 것이다.

하지만 여기서 두 번째 문제가 슬그머니 고개를 드는데, 개인적으로는 이편이 훨씬 강력해 보인다. 하나님은 사랑할 줄 아는 자유로운 주체를 지으시면서 동시에 악을 행할 수는 없게 만드실 수 없다는 말은 사실일까? 그렇다고 보는 관점을 보통 '자유의지에 대한 자유의지론적인 이해libertarian understanding of free will'라고 부른다. 하나님은 자유의지를 침해해서 바른 일을 하도록 이끌지 않으시므로 자주적인 주체들에게 악은 피할 수 없는 요소라는 것이다.

하지만 성경은 하나님을 주권적이며 자유로운 분으로 제시하고(시 115:3), 사랑할 수 있을 뿐 아니라 모든 사랑의 근원이자 원천이라고 설명한다. 그렇지만 주님은 스스로 악이 될 수 없다. 거짓말하거나 약속을 어기실 수 없으며(민 23:19; 딛 1:2), 악에게 시험을 받지 않으시며(약 1:13), 온전히 의롭고 거룩한 성품을 부인하거나 부정하실 수 없다(딤후 2:13; 벧전 1:16). 하나님이 자유의지를 가졌지만 악을 행할 수 없다면, 다른 존재들도 비슷하리라고 여겨선 안 될 이유가 있을까? 또 성경 저자들은 언젠가 하나님이 구원받은 성도들로 가득한 고난과 악이 없는 세상을 만드신다고 가르친다. 고난과 죽음은 영원히 사라질 것이다. 다시 말해, 하나님의 세계 안에 있지만 악을 택할 능력이 없게 되리라는 뜻이다. 하지만 사랑할 능력은 여전히 명백하게 남아 있을 것이다.

마지막으로, 많은 기독교 신학자들은 자유의 본질을 둘러싼 성경의 가르침이 현대적 관점과 명백한 차이가 있다고 지적한다. 성경은 모든 죄를 자유가 아니라 노예 상태로 규정한다. 따라서 온갖 죄에서 완전히 구원받을 때 비로소 온전한 자유를 경험하게 된다(롬 8:21). 그제야 하나님이 우리가 행하기를 기대하시는 그 일, 다시 말해 주님을 섬기는 일을 하는 수준에 이를 만큼 자유로워진다. 따라서 악을 저지를수록 덜 자유롭게 마련이다. 하늘나라에 이르고 악을 저지를 힘을 다 잃어버릴 때까지, 인간은 진정으로, 그리고 완전히 자유로운 것이 아니다. 그렇다면 죄를 짓는 능력이 어떻게 자유의 한 형태가 될 수 있는가?[18]

또 다른 맥락에서 이 이론의 뿌리를 흔드는 성경의 가르침이 있다. 자유의지 신정론은 일단 하나님이 자유의지라는 선물을 인간에게 허락하셨다면, 그것을 사용해서 나온 결과를 통제하실 수 없다고 가정한다. 하지만 성경을 보면, 하나님이 역사 속에서 인간의 자유의지와 그 행동에 대한 책임을 침해하지 않으면서 주권적으로 인간의 선택을 이끄시는 장면을 곳곳에서 확인할 수 있다.

예를 들어, 예수님의 십자가는 사전에 명확하게 정해진 일이었고 어차피 일어나게 되어 있었지만, 하나님의 계획에 따라 사건을 주도한 이들은 자주적으로 결정했으며 제 행동에 스스로 책임을 져야 했다(행 2:23). 이는 자유로운 선택과 길을 인도하시는 하나님의 손길이 동시에 양립할 수 있음을 가리킨다. 이런 사례는 숱하게 많다. 이처럼 하나님은 자유의지를 주시면서도 여전히 선택의 결과들을 이끌어 역사를 움직이는 거룩한 계획에 맞추실 수 있다.[19]

자유의지 신정론의 이면에 깔린 전제들에 관한 마지막 의문점을 짚어 보자. 이 이론은 역사 속의 참혹한 악들에도 불구하고 여전히 선택의 자유를 소유하는 데는 그만한 가치가 있다고 본다. 정말 그럴까? 자동차가 달려오는 도로로 조그만 여자아이가 아장아장 걸어 들어가는 것을 봤다면 어떻게 하겠는가? "저 아이가 가진 선택의 자유를 침해할 수는 없지. 자신의 결정이 불러올 결과에 대해서는 스스로 책임을 져야 하는 거야"라고 하겠는가? 말도 안 되는 소리다. 선택의 자유 따위를 아이의 목숨보다 더 중요하게 여기진 않을 것이다. 꼬맹이의 결정권을 무시해 버리고 최대한 빨리 손을 쓸 것이다. 팔을 낚아채 길 밖으로 끌어내고 다시는 그런 짓을 하지 않도록 단단히 타이를 것이다.

하나님도 이와 같지 않으실까? 성경에 기록된 인류의 타락 과정을 살펴보라. 어째서 하나님은 아담과 하와에게 선악과를 따 먹기 전에 그 둘과 후손들에게 일어날 온갖 일들을 한 편의 영화처럼 강렬하고도 상세하게 보여 주지 않으셨을까? 둘에게 잔뜩 겁을 줘서 무슨 일이 있어도 금지된 열매를 따 먹지 않도록 단속하고도 남을 능력을 가지셨음에도 말이다.

간단히 말해서, 하나님이 악을 허용하신 유일한 또는 중요한 이유가 자유의지라는 선물과 그것을 지키는 일일까? 신정론의 목적은 악과 고난을 허용하신 하나님의 뜻을 충분히 드러내서 듣는 이마다 당연한 조처로 여기게 하는 데 있다. 자유의지 신정론은 그런 역할을 하고 있는가? 정말로 대다수의 의문에 해답을 주는가? 나로서는 그렇다고 볼 수가 없다. 상당수 다른 이들도 그렇게 믿지 않는다.[20] 하나님이 고통스럽고 비참한 일들을 허락하시는 데 합당한 목적이 있다면 적어도 선택의 자유라는 차원을 넘어서는 무언가가 되어야 한다.

신정론, 설득력은 있지만
충분하지 않다

인류 역사에 등장한 다른 신정론들도 있었다. C. S. 루이스가 《고통의 문제*The Problem of Pain*》에서 제기했고 옥스퍼드대학의 철학자 리처드 스윈번Richard Swinburne도 같은 입장을 보였던 이른바 자연법 신정론도 그 가운데 하나다.[21] 하나님이 지으신 세계에는 자연 질서가 있어서 순간순간, 이리저리 제멋대로 작동될 수 없다는 게 이 주장의 핵심이다.

인간이 자연법을 어기면 그 결과가 고스란히 되돌아온다. 가령, 중력의 법칙이 없는 물질계를 상상해 보라. 중력이 작용하면, 낭떠러지에서 뛰어내리자마자 크게 다치거나 목숨을 잃는다. 됨됨이가 착하든 나쁘든 상관없다. 삶이 가능해지려면 자연법이 반드시 필요하지만 불가피하게 고난이 따르게 마련이다. 커다란 상처를 입히는 자연의 악은 그보다 훨씬 큰 유익을 끼치는 무언가의 부산물이다.

하지만 시련은 그릇된 선택에 상응하는 질서정연한 방식으로 찾아오지 않는다. 절벽에서 뛰어내리는 어리석은 짓을 할 때만 상처를 입는다면, 고통스럽기는 해도 마땅한 일이란 생각이 든다. 하지만 자연적인 악은 그렇게 다가오지 않는다. 낭떠러지에서 뛰어내릴 때만 죽는 게 아니다. 암벽이 무너지는 바람에 때마침 근처를 지나던 무고한 사람이 깔려 죽기도 한다. 역경은 불특정 다수에게 다가오고 그러기에 더 무시무시하다. 게다가 인과관계가 전혀 없는 이들을 덮치기도 한다.

신정론의 목록은 여기서 끝나지 않는다. 하나님은 이루 헤아릴 수 없을 만큼 많은 우주를 지으셨으며 악이 닥치는 방식은 경우에 따라 다다를 수 있지만 모두에게 공평하게 돌아간다는 포만 이론plenitude theory처럼 기발한 주장도 있다.[22] 반면에 창세기 첫 대목을 살피고 나서 곧바로 인류가 하나님께 반역했으므로 고난은 백번 타당하며 세상의 고통은 마땅히 받아야 할 죄의 대가라고 결론짓는 징벌 신정론punishment theodicy처럼 지나치게 단순한 것들도 있다.

하지만 욥기가 생생하게 보여 주듯, 이런 이론으로는 고난이 죄에 대한 징벌이라면 성품의 선하고 악한 정도에 따라 벌의 크기가 달라지지 않는 이유를 설명하지 못한다. 어째서 하나님은 그처럼 아무렇게나 불공정하게 징벌이 떨어지도록 내버려 두시는가?

그뿐 아니라, 징벌 신정론은 자유의지 신정론의 문제점 가운데 일부를 고스란히 나눠 가지고 있다. 하나님이 아담과 하와의 자유를 침해하지 않으면서 인류의 두 조상에게 거룩한 가르침에 순종해 징벌을 피하도록 확신을 심어 주실 수 없었던 까닭은 무엇인가? 또한 하나님이 언젠가 악과 고난에 마침표를 찍으신다고 성경에 엄연히 기록되어 있음에도 불구하고, 사랑이 많으시고 전능하신 하나님은 왜 악이 계속되도록 허락하시는가?

종합적으로 생각해 보면, 갖가지 신정론은 (저마다 세상에 존재하는 일부 악에 대해 어느 정도 타당한 해석을 내놓으며) 인간 고통의 상당 부분을 설명할 수 있지만, 끝내 모든 고난을 한꺼번에 해명하기에는 조금씩 모자란다. 신정론들 가운데 이것 또는 저것이 세상에서 목격하는 모든 악을 하나님이 어떻게 허용하셨는지 완전히 규명한다고 말할 수 없다. 피터 반 인와겐은 기독교의

그 어떤 주요 교회나 교단, 또는 전통도 특정한 신정론을 공개적으로 지지한 사례가 없다고 말했다.[23]

알빈 플란팅가 역시 "[흔히 신정론이라고 부르는] 하나님이 악을 허용하시는 이유를 설명하려는 시도들 가운데 대다수는 미적지근하고, 피상적이며, 결국 경박하다는 인상을 풍긴다"[24]라고 했다. 욥기 자체도 이런 경고 대열에 합류한다. 앞으로 살펴보겠지만, 모든 악은 고사하고 고통과 슬픔의 구체적인 사례 하나에 깃든 하나님의 뜻을 인간 정신으로 파악할 수 있다고 보는 발상은 지극히 헛되고 부적절하다는 가르침은 욥기의 가장 중요한 부분이다. 어쩌면 성경은 이런 이론들을 세우려 안달하지 말라고 경고하는지도 모른다.

그래서 지난 수십 년 동안, 기독교 사상가와 철학자들 대다수는 완벽한 신정론을 구축하는 프로젝트에서 뒤돌아섰다. 그들은 신정론을 정립하려들기보다 그저 변론하는 데 주력하라고 권면한다(개인적으로는 이 의견에 찬성한다). 변론은 악을 허락하거나 묵인하는 하나님의 목적을 드러내는 완벽한 이야기를 만들어 내려 하지 않는다.

그저 악을 토대로 하나님께 맞서려는 시도가 허사라는, 다시 말해서 회의론자들의 주장이 실패했다는 사실을 제시하는 데 초점을 맞춘다. 악이 존재한다고 해서 하나님이 존재하지 않거나 그럴 가능성이 거의 없다는 뜻이 아님을 보여 준다. 신정론을 내세우는 상황에서는 입증의 부담이 하나님을 믿는 이들에게 있었다. 확실한 설명을 내놓아서 듣는 이들이 "아, 이제 모든 고난에는 그만한 가치가 있다는 걸 분명히 알겠어요"라고 승복하게 해야 했다. 하지만 변론의 경우에는 입증할 책임이 무신론자들에게 돌아간다. 어째서 그런가?

"지극히 선하시고 전능하신 하나님이 살아 계신다"와 "세상에는 악이 존재한다"라는 두 명제는 얼핏 보기에 서로 충돌하는 것 같지 않다. 이들이 서로 모순된다는 설득력 있는 논거를 만드는 일은 무신론자들의 몫이다. 확실한 설명을 내놓아서 듣는 이들이 "아, 이제는 악이 존재하는 한 하나님이 존재하지 않거나 적어도 그럴 가능성이 희박하다는 것을 알겠어요"라고 고백하게 해야 한다. 하지만 그건 결코 만만한 일이 아니다.

논리적 주장과
'좀모기' 반론

피터 반 인와겐은 악을 근거로 하나님의 존재를 부정하는 이들은 이런 논리를 내세운다고 말한다.

> **무신론자** "그래, 만일 악을 우리가 파악하는 그대로 알고 있는 전능하고도 도덕적으로 완전한 존재가 있다 하자. 그럼 악은 애당초 고개를 들지도 못했을 것이다. 그런 일이 생기는 걸 막아 주었을 테니 말이다. 설령 무언가 이유가 있어서 그가 손을 쓰지 않았다 해도 싹이 트기 시작하자마자 확실히 없애 버릴 것이 분명하다. 하지만 악은 사방에 널렸고 아주 오래도록 이어진 경우도 숱하다. 그러므로 하나님은 없다는 결론을 내릴 수밖에 없다."[25]

간추리자면 이렇다.

- O 참으로 선한 신이라면 악이 존재하는 것을 원치 않을 것이다.
  전능한 하나님이라면 악이 존재하게 내버려 두지 않을 것이다.
- O 악은 존재한다.
- O 그러므로 선하면서 동시에 강력한 권능을 가진 신은 존재하지 않는다.

하지만 신앙을 가진 사람들은 그 이면에 깔린 전제, 쉽게 말해 신에게는 악을 허용할 만한 타당한 이유가 없다는 통념을 지적하며 악을 근거로 신의 존재를 부정하는 주장에 맞설 수 있다.

신의 존재를 믿는 사람 "강렬히 소망하는 무언가를 이룰 수 있지만 그 욕구대로 행동하지 않는 누군가가 존재할 수도 있다. 그가 그렇게 하지 않는 데는 당장 소망을 이루는 것보다 더 중요한 이유들이 있기 때문이다. ······ 하나님께도 악의 존재를 허용하실 만한 이유들이 있다. 그것을 악이 완전히 사라진 상황보다 더 중요하다고 여기신 것이다."[26]

하나님의 판단에 고난과 악을 허용할 합당한 이유들이 있다면 그분의 존재와 악의 존재 사이에는 아무런 모순이 없다. 무신론자들로서는 자신의 의견을 거둬들이지 않으려면 "하나님께는 악을 허용할 만한 어떠한 이유도 있을 수 없다"고 답할 수밖에 없다. 하지만 그것을 입증하기란 대단히 힘든 일이다.

무신론자들에게 그들이 세운 전제가 사실이 아님을 보여 주려면 크리스천들은 더 큰 선을 실현하기 위해 우리 역시 누군가의 삶에 어려움을 끼치는 일이 심심찮게 벌어진다는 점을 지적할 수 있다. 의사들은 건강이라는 선한 목적을 위해 환자들에게 자주 괴로운 처치와 치료를 행한다. 자녀의 그릇된 행동을 고치기 위해 장난감이나 특혜를 빼앗는 벌을 주는 부모도 있다. 그러지 않는다면 그 아이는 자라서 자제력을 갖추지 못한 어른이 될 것이며 더 큰 시련을 맛보게 될 게 뻔하다.

니체는 "짓눌려 죽지 않는 한, 고통은 인간을 더 강하게 한다"라고 했다. 삶 속에서 만난 역경이 몹시 고통스러웠지만 소중한 깨달음을 줘서 훗날 더 큰 고난을 피하는 데 큰 도움이 되었다고 고백하는 이들이 얼마나 많은지 모른다.[27] 그러므로 더 선한 목적을 위해 고통이 허용된다는 원리는 타당하며 얼마든지 이해하고 활용할 수 있는 원칙이다. 이는 또한 하나님, 그리고 악과 고난 사이에 기계적인 모순이 없다는 뜻이기도 하다.

그러면 무신론자들은 힘없는 인간은 끔찍한 폭력을 겪지만 그 가운데는 가르침이라든지 인격의 성숙 같은 목적을 기대할 수 없는 경우도 많다고 반박할지 모른다. 무신론자들은 쾌재를 부르며 "납득할 만한 이유가 분명한 시련도 있지만, 오늘날 이 세상에 존재하는 어떠한 고난들은 거기에 전혀 해당하지 않는다"고 주장한다. 하나님이 이유 없이 고통을 주었을 가능성도 얼마든지 있다는 것이다.

하지만 첫 번째 숨은 전제 속에 담긴 또 다른 가정을 어렵잖게 분별할 수 있다. "하나님이 악을 허락하신 이유를 찾을 수 없다면 …… 어쩌면 그런 이유 같은 건 아예 존재하지 않을지 모른다"[28]는 가정이다. 이는 진실이 아니다. 더 이상의 말이 필요 없을 만큼 분명하다.

악을 근거로 하나님을 부정하는 주장들은 '전능하신 하나님'이란 개념에서 출발한다. "그분이 당신의 말처럼 무한한 능력을 가지셨다면 어째서 악을 멈추지 않는가?"라고 다그친다. 하지만 인간보다 한없이 큰 능력을 지니신 하나님은 또한 우리보다 무한히 큰 지혜와 지식을 가지셨다. 그러므로 무신론자들에게 돌려줄 답은 간단하다. "하나님이 전능하실 뿐만 아니라 전지全知하시다면, 인간으로서는 헤아리기 어렵지만 그분은 알고 계신 악을 허용하기에 충분한 이유가 있지 않을까?" 우리 문화가 가진 내재적인 틀이 제아무리 우리를 몰아간다 해도, 삶과 역사에 대해 전능하신 하나님만큼 잘 안다고 우기는 그들의 고집은 논리적 오류에 지나지 않는다.

철학자 스티븐 와이크스트라Stephen John Wykstra는 "좀모기noseeum"에 빗대어 악을 토대로 한 주장의 오류를 드러낸다.[29] 그는 시련을 허용하는 하나님의 처사를 정당화하는 "상대적으로 더 중요한 선"이란 없다고 단언하는 윌리엄 로우William Rowe의 글을 반박하며 곤충 한 종을 지목해 설명한다. "미국 중서부 지역에 흔한 좀모기로, 눈에 잘 보이지도 않을 만큼 몸집은 작지만 한 번 물릴 때마다 심한 고통을 안기는 날벌레다."[30] 좀모기가 보이지 않는다고 해서 아예 없는 것은 아니다.

알빈 플란팅가도 이 예를 빌려다 설명한다.

2인용 텐트 안을 들여다보며 세인트버나드가 있나 살핀다. 한 마리라도 있다면 조그만 텐트 안에 덩치 큰 개가 숨었는데 못 보고 지나칠 리가 없다. 이번에는 텐트 안을 샅샅이 뒤지며 좀모기를 찾아본다. 눈에 보이지 않는다고 해서 좀모기가 없다고 단정할 수 없다. 좀모기가 있다 하더라도 너무 작아서 보지 못했을지 모르기 때문이다. 이제 문제는 세상에 악을 허용하실 만한 이유가 하나님께 있다면 …… 그건 세인트버나드와 비슷할까, 아니면 좀모기와 닮았을까 하는 것이다. ……악의 허용이 주님께 달려 있다면, 우리가 그 이유를 단박에 알 수 있다고 장담할 수 있을까? …… 하나님은 전능하시나 인간은 결정적인 지적 한계를 가졌다면, 하나님이 고난을 허락하시는 이유들을 …… 우리가 알 수 없는 건 놀랄 일이 아니다.[31]

하나님을 반박하는 '논리적' 주장의 아킬레스건을 바로 여기서 찾는다. 또한 역경이 닥치는 이유도 알 수 있다. 악을 허용하셨다는 데 화가 날 만큼 하나님이 무한한 권능을 가지신 분임을 믿는다면, 악을 허락하고도 남을 만큼 충분한 이유를 알고 계시는 무한하신 하나님도 믿어야 한다.

찰스 테일러는 우리 시대에 이르기 전까지 '악의 문제'가 하나님을 부정하는 이유로 널리 받아들여지지 않았다는 사실을 지적했다. 현대 사회의 내재적인 틀 안에서 움직이는 인간은 고대인들보다 우주의 신비를 풀어내는 능력이 훨씬 뛰어나다고 자신한다. '우리가 풀 수 없는 무언가가 있다면 하나님도 마찬가지다'라는 관념은 오류에 불과하다. 이는 어마어마한 교만이자 자기 확신의 증표다.

증거적 주장과
나비효과

하지만 이보다 덜 대담한 형태의 논리, 이른바 증거적 주장은 어떠한가? 이번에는 한결 겸손한 자세로 악과 고난을 보면 하나님이 존재하지 않는다고 이야기한다. 어떤 무신론자는 말한다. "물론, 하나님이 존재하지 않는다거나 악을 용납할 만한 근거가 전혀 없다는 사실을 입증해 낼 수는 없지. 하지만 아주 어린아이가 암에 걸려 서서히 죽어가는 걸 곁에서 지켜본 적 있어? 악의 문제가 선하고 전능한 하나님의 존재를 부정하진 않을지 몰라도, 그 존재에 강한 의구심을 불러일으키는 건 사실이잖아?"[32]

증거적 주장의 문제점은 본질적으로 논리적 주장과 별 차이가 없다는 데 있다. 전제도 같고 결정적인 약점도 같다. 하나님께 악을 설명할 도덕적으로 충분한 근거가 없음을 입증할 수 없다면, 마찬가지로 그분께 그런 이유가 있을 가능성 또한 얼마나 큰지 가늠할 수 없다. 우리가 그 확률이나 개연성을 평가하기에 유리한 입장에 있다고 장담하는 것은 또다시 인간 지식의 한계를 망각한 처사다. 무한한 하나님이 살아 계시고, 우리 인간은 유한한 게 분명하다면 그렇게 단언할 수는 없다.

산꼭대기에 공처럼 생긴 바위 하나가 있다고 상상해 보라. 여러 갈래 골짜기 가운데 어디로든 굴러 내려가면서 수많은 풍경과 삶을 뒤바꿔 놓을 수 있다. 하지만 처음 놓인 자리와 최초의 추진력, 내려가는 길의 울퉁불퉁한 상태, 심지어 바람과 기압 같은 기상 조건에 따라 바윗돌의 진로는 완전히 달라진다. 막 움직이기 시작하는 순간, 돌이 어디로 굴러가며 어느 골짜기로 진입할 가능성이 몇 퍼센트나 되는지 정확하게 알 수 있을까? 그럴 수 없다. 경우의 수가 너무나 많아서 계산이 불가능하다.

과학자들은 카오스 이론을 통해, (예를 들어 날씨와 같은) 광범위하고 거시적인 시스템들은 지극히 작은 변수들에도 대단히 예민하게 반응할 수 있음을 알게 됐다. 중국에서 나비 한 마리가 날개를 펄럭이면 연쇄작용을 통해 증폭돼 남태평양에서 허리케인이 이동하는 경로를 결정짓는다는 주장이 좋은 본보기다. 나비의 날갯짓이 일으킨 효과를 아무도 정확하게 계산하고 예측할 수는 없다.

자, 이제 온갖 사건, 심지어 더없이 시시한 사안마저도 어마어마하게 크고 무한정 복잡한 파급 효과를 낸다면 어떻게 되겠는가? 레이 브래드버리Ray Bradbury는 SF 단편소설 *A Sound of Thunder*(천둥소리)에서 이를 멋지게 그려 냈다. 소설에서 시간여행을 안내하는 가이드 트래비스는 시간여행자 에켈스에게 과거를 방문하게 되거든 무슨 일이 있어도 허락된 금속이 깔린 길에서 벗어나지 말라고 당부한다. 그러지 않으면 쥐를 밟는다든지 하는 실수를 저지르게 될 터였다.

이는 곧 미래에 태어날 (아마 수백만 마리는 될) 그 쥐의 후손들이 모조리 사라져 버린다는 뜻이자, 나아가 그 생쥐들을 먹이 삼아 살아가는 온갖 종류의 다른 동물들이 주리고 대를 잇지 못한다는 의미다. 그래서 그런 짐승들을 잡아먹어야 할 일부 인간들이 그러지 못해 다른 데로 떠나거나 굶어 죽게 될 것이며, 한 사람이 죽으면 온 가족, 나아가 결국 온 나라가 존재하지 못하게 된다.

쥐 한 마리를 발로 짓밟으면 지구와 수없이 많은 운명들을 뒤흔드는 파장이 일어날 거예요. …… 아마 로마는 일곱 언덕 위에 우뚝 서지 못하겠지. …… 유럽은 영원토록 나무가 우거진 숲이 될 테고 …… 쥐를 밟는 순간, 영원을 가로질러 그랜드캐니언 같은 족적을 남기게 될 거요. …… 그러니 조심해요. 길만 따라가요. 절대로 벗어나지 마시오![33]

나비의 날갯짓이나 산꼭대기에서 굴러 내리는 둥근 바윗돌이 불러오는 파장이 너무 복잡해서 계산할 수가 없다면, 어느 젊은이의 비극적이고 심지어 "무의미해" 보이는 죽음을 지켜보면서 그 사건이 역사에 어떤 영향을 미치게 될지 가늠한다는 건 얼마나 더 어렵겠는가? 전능하고 전지하신 하나님이 서로에게 영향을 미치는 무수한 일들을 선한 결말로 이끌고 계시다면, 특정한 사건을 들여다보면서 그 일이 불러올 백만 번째 결과를 알고 있다고 스스로 생각하는 건 정말 어리석은 짓이다.

나비효과는 "오직 세상만사를 모두 알고 계시는 분만이 미리 제시된 목표들을 향해 …… 자유로운 피조물들을 이끌어 가는 일의 복잡다단한 속성을 꿰뚫어 볼 수 있음을 뜻한다. …… 인간의 눈에는 무의미하고 불필요해 보이는 악이 수없이 많지만 우린 그것을 판단할 위치에 있지 않다."[34]

악을 마주한 이들이 쏟아 내는
본능적 주장

지금까지 살펴본 철학적 주장과 반론들은 전반적으로 감정에 휘말리지 않고 냉정한 톤으로 제기된 것들이다. 하지만 실질적인 악과 마주한 이들 대다수는 철학적인 이유들이 아니라 본능적인 동기에서 하나님의 존재를 거부한다. 피터 반 인와겐은 이 두 가지 형태를 각각 '세계적인' 악의 문제와 '지역적인' 악의 문제로 구분했다. 지역적인 문제에 관해 강의하면서 인와겐은 한 남성의 습격을 받아 성폭행을 당했을 뿐 아니라 팔이 잘린 뒤에 버려져 죽어 가던 여인의 사례를 소개했다. 피해자는 간신히 길가까지 기어 나와 구조됐다. 목숨은 건졌지만 두 팔을 잃고 그날 밤의 두렵고 끔찍한 기억을 간직한 채 평생을 살아야 했다.[35]

사고를 당한 인간의 첫 반응은 마음 깊은 데서 쏟아져 나온다. 비극은 머릿속에서 일련의 명제들을 꿰어 맞추기에 앞서, 일단 감정을 자극해 일깨운다. "길고 긴 삼단논법 타령은 그만두시지! 무슨 얘긴지 다 아니까. 이런 식의 무자비한 현실이 인격적인 하나님의 존재를 부정하지 않는다고? 알지, 알아! 하지만 이처럼 참혹한 일이 어떤 식으로든 정당화된다는 걸 도무지 받아들일 수가 없어. 이건 아니야, 말이 안 된다고! 이런 일이 벌어지게 내버려두는 하나님은 믿고 싶지 않아. 그런 신이라면 있어도 그만이고, 없어도 그만이야!"

악을 근거로 하나님을 부정하는 본능적인 주장이다. 이를 단순한 감정, 그러니까 지나가는 느낌 정도로 치부하는 건 옳지 않다. 그렇다면 고통 속을 걷는 이들에게 어떤 대답을 들려줄 수 있을까?

본능적인 주장은 엄밀한 논리 연산이 아니지만, 나름의 도덕적인 논리가 있다. 몇 해 전, 남편이자 아버지를 막 잃은 식구들과 함께 자리를 지켰던 적이 있었다. 그 댁의 젊은 가장은 집 아래 좁은 공간에서 간단한 수리 작업을 하다가 전기 감전으로 목숨을 잃었다. 구급차가 아직 도착하지 않아서 주검이 곁에 그대로 놓여 있었다. 세 자녀 가운데 아홉 살짜리 큰 아들아이만 누구나 느낄 법한 감정을 제대로 표현할 줄 알았다. "이건 아니에요! 우리에겐 아빠가 필요해요. 이건 옳지 않아요!" 세상을 사노라면 죽음과 고난을 피할 수 없다는 것을 속으로는 다들 인정하지만, 그럼에도 불구하고 우리는 모두 그런 사태가 닥칠 때마다 이 아이처럼 분통을 터트린다.

엘리 위젤의 《나이트Night》는 우리 시대에서 볼 수 있는 본능적 주장의 고전적인 본보기에 속한다.[36] 나치가 세운 죽음의 수용소에서 보낸 첫날 밤이 얼마나 처절하게 자신을 무너뜨렸는지 생생하게 묘사하면서 저자는 이렇게 적었다. "[그 첫날 밤] 내 삶은 일곱 번 저주받고 일곱 번 봉인된, 길고 긴 밤으로 들어섰다." 위젤은 어린아이들을 비롯해 수많은 인간들이 "고리 모양의 연기"로 변하는 모습을 지켜보았다. 소각로에서 나오는 불꽃들은 하나님을 향한 그의 믿음을 속속들이 파괴했다.

믿음을 영원히 집어삼킨 그 불꽃들을 절대로 잊을 수 없을 것이다. …… 하나님과 내 영혼이 살해되고 꿈이 한 줌 재로 변했던 순간들을 다시는 잊지 못할 것이다.[37]

이런 논리 앞에 우리는 무엇이라고 말할 수 있을까? 엘리 위젤의 경험과 탁월한 작가의 면모에는 큰 존경을 보내지만, 똑같은 장면을 보고도 하나님을 향한 신앙을 고스란히 지켜 내고 심지어 더 깊은 믿음을 갖게 된 이들도 있음을 말하지 않을 수 없다.[38] 앞에서 살펴보았듯, 빅터 프랭클은 죽음의 수용소에 갇힌 죄수들이 어떻게 전혀 다른 모습으로 반응했는지 설명한다. 수많은 이들이 희망을 깡그리 잃어버렸지만, 또 다른 이들은 소망을 찾았고 여기에는 신앙적인 소망도 포함된다.

프린스턴신학교 교수를 지낸 크리스티안 베커 J. Christiaan Beker는 베를린에 있는 나치의 강제노동 수용소에 끌려가 노예처럼 혹사당하며 살다가 끝내는 독일인들의 눈을 피해 여러 달 동안 다락방에 숨어 지냈다. 배신이나 발각의 두려움은 그를 잠시도 내버려 두지 않았다. 끔찍한 악이 저질러지는 장면을 수도 없이 목격했고, 결국 평생 조울증에 시달렸다. 그럼에도 불구하고 강제 노역에 시달리던 바로 그 시기에 베커는 기독교 신학자가 되기로 결심했으며 마침내 *Suffering and Hope: The Biblical Vision and the Human Predicament* (고난과 소망)이라는 글을 써냈다.[39] 그 책의 메시지는 더없이 분명하다. 부활과 새로운 세상의 도래를 기대하는 크리스천의 소망은 "눈앞에서 판치는 죽음의 권세가 시한부이며 확실한 패배가 기다리고 있음을 깨닫게 해 준다."[40]

'객관적인 도덕'을 말하려면
'하나님'을 말해야만 한다

극단적인 악을 경험했다고 해서 모두가 신앙을 포기하는 것은 아니다. 그리고 이는 고통에 대한 본능적인 반응 역시 처음에는 의식하지 못할지라도 분명 그 안에 일단의 논리들, 어떤 가정들이 있게 마련이란 뜻이다. 지긋지긋하고 속이 뒤틀리는 악에 무작정 반응하는 게 아니다. 마음 깊은 곳에서 그 일과 관련해 스스로에게 무언가를 이야기하고, 특별한 방식으로 해석한다. 블레이즈 파스칼Blaise Pascal은 이렇게 썼다. "내 지성으로는 다 알 수 없지만, 일단은 한 가지 사건이 기쁨을 주기도 하고 고통을 안기기도 한다. …… 나중에야 비로소 알게 되는 이유로 충격을 받는다. …… 이성은 모르는 이유를 마음은 안다."[41]

고난 때문에 믿음이 약해진 이들의 마음과 생각에는 도덕적인 가정 하나가 자리 잡고 있다. 하나님이 살아 계신다 해도, 그분은 옳은 일을 하지 않았다는 가정이다. 그분이 도덕적인 규범을 어겼다는 말이다. 윤리적인 표준을 지키지 않았다면 그가 누구든 악은 그저 악일 따름이다. "이런 일이 벌어지게 하신 하나님은 못 믿겠어"라는 말에는 그분이 악에 어느 정도 연루되었다는 뜻이 담긴 셈이다.

하지만 이는 하나님을 믿지 않는 무신론자들에게 까다로운 수수께끼 하나를 떠안긴다. 인간에게 도덕적인 감정이 있다는 점은 두말이 필요 없는 사실이다. 도덕적인 감정이란 어떤 행동은 올바르지만 또 어떤 행동은 그릇되고 심지어 역겹다고 느낀다는 의미다. 자, 하나님이 없다고 한다면, 그처럼 강력한 도덕적 본성과 감정들은 어디서 비롯된 걸까?

현대 사회는 도덕 관념조차 진화의 결과라고 말한다. 도덕적으로 처신하는 일이 선조들의 생존에 유리했기 때문에 유전적으로 우리의 내면에 고착화되었다는 이야기다. 도덕적인 감정과는 아귀가 맞지만 도덕적인 의무에는 들어맞지 않는 설명이다. 남들은 이러저러한 일이 옳다고 느끼지만 자신은 옳지 않다고 생각한다면, 무슨 권리로 다른 이들에게 그런 행동을 그만두는 게 옳다고 이야기하겠는가? 자신의 도덕적인 감정들을 다른 이들의 정서보다 앞세워야 한다고 믿는 이유는 무엇인가? 자신의 도덕적인 감정과 관념은 참이고 다른 이들의 경우는 거짓이라고 판단할 기준을 어디서 구하는가? 상대방의 감정이 나와 다르다면, 무엇을 근거로 "당신이 한 일은 악합니다"라고 말할 수 있는가?

정말 하나님이 존재하지 않는다면, 그분을 믿지 않는 바로 그 토대(악의 확실한 존재와 악을 범하지 말아야 할 의무)가 무너질 판이거나 '난제'일 수밖에 없다. 딛고 서서 반론을 제기할 기초가 발 아래로 꺼져 내린다. 그러므로 악의 존재를 내세워 하나님과 맞서는 주장은 뜻을 이루지 못할 뿐 아니라 도리어 그런 논리를 구사하는 이에게 부메랑 효과를 일으킨다. 하나님 없이는 성립될 수 없는 가정을 발판으로 삼고 있음이 여실히 드러나는 까닭이다. C. S. 루이스는 이 부메랑을 제대로 맛본 가장 유명한 희생자다.

루이스는 악을 근거로 하나님께 맞서는 논리적 주장을 타당하다고 보고 오랫동안 그분의 존재를 거부했다. 하지만 결국은 악과 고난이 하나님을 믿는 이보다 무신론자인 자신에게 더 큰 문제가 된다는 사실을 깨닫기에 이르렀다. 세상에 스민 도덕적인 악에 대한 인식은 사실 하나님의 존재와 충돌하는 게 아니라 오히려 하나님의 살아 계심을 논리적으로 뒷받침한다는 결론을 내렸다.

루이스는 《순전한 기독교*Mere Christianity*》에서 이런 관념을 잘 설명하지만[42] "허무에 대하여"라는 에세이에서 더 길게 이야기하고 있다. "우주에 어떤 도덕적인 목적이 작동되고 있음을 철저하게 부정하는 명명백백한 근거가 있다. 이건 분명하다. 바로 사건들이 벌어지는 실질적인 과정들이 삶에 파괴적이리만치 잔혹하고, 한눈에 보기에도 냉담하게, 또는 적대적으로 돌아간다는 것이다."[43] 이처럼 세상에 잔혹성과 악이 존재하기에 루이스로서는 선한 하나님, 다시 말해 우주의 이면에 작동되는 "도덕적인 목적"이 있음을 도무지 믿을 수 없었다.

하지만 세상의 악은 하나님을 거부하는 데 "가져다 쓸 수 있는 정확한 근거"가 되지 못함을 인식하기 시작했다. 어째서 그런가? "이런 파괴와 잔혹성을 진정한 악으로 판단하는 한 …… 그것들을 내놓은 우주를 비난할 수밖에 없다. …… 우리 스스로 세운 선에 대한 기준을 우리의 기준을 넘어서는 무언가로, 즉 실제로 우리가 반응하는 객관적인 원리로 삼지 않는 한, 우리는 그 잣대를 타당하게 여길 수 없다."[44]

무신론자 루이스의 딜레마가 바로 이 지점에 있었다. 세계의 이면에 깔린 그 어떤 도덕적인 기준도 감지할 수 없다는 게 하나님의 존재를 거부하는 논리의 핵심이었다. 세상은 아무 원칙 없이 악하고 잔인할 뿐이었다. 하지만 하나님이 없다면, 무엇이 악인지 규정하는 정의는 개인적인 감상에 토대를 둘 수밖에 없었다. 그래서 루이스는 이렇게 적었다. "궁극적인 실재를 도덕적인 존재로 받아들이지 않으면, 그 실재를 도덕적으로 비난할 수도 없다."[45] 그러고 나서 선명한 결론을 덧붙였다.

> 명백히 무자비하고 멍청해 보이는 우주에 쏟아 내는 선한 무신론자의
> 저항은 사실상 한없이 소중하고 믿을 만하다고 인정하는 무언가에 바
> 치는 무의식적인 존경의 표현이다. 만일 사랑과 정의가 인간 개인을
> 넘어서는 객관적인 근거 없이 오로지 자신의 사사로운 기분에 지나지
> 않는다면, 그리고 그가 그것을 깨닫는다면, 무신론자는 화내고 있을 수
> 없기 때문이다. 하늘이 사랑과 정의를 외면한다고 규탄하는 것 자체
> 가, 더 높은 하늘에 사랑과 정의가 자리 잡고 있음을 어느 정도 염두에
> 두고 있다는 뜻이다.[46]

이는 한 가지 질문을 던진다. 세상의 악과 고난이 실제로 하나님의
존재 가능성을 더 높인다면 어찌할 것인가? 절대적인 악의 존재를 아는
인식이 우리 가운데 하나님이 정말 살아 계신다는 사실을 다만 얼마라도
자각할 수밖에 없도록 몰아가는 실마리라면 어떻게 해야 하는가? 알빈
플란팅가는 세상을 바라보는 세속적 방식에는 "어떠한 형태로든 참다운
도덕적 의무 같은 것이 자리할 여지가 없으므로, 간담을 서늘하게 하는
진정한 악에 대해 말할 길이 없다. 따라서 정말 무시무시한 악이 (망상 같은
게 아니라 실제로) 존재한다고 생각한다면 하나님의 실재를 강력하게 주장하
는 셈이다."[47]

작가이자 비평가인 윌슨A. N. Wilson은 젊어서 기독교 신앙을 버렸다가
얼마 전에 "다시 믿는 이유"라는 글을 썼다. 바그너 가문과 나치 독일에

관한 책을 집필하는 작업이 회심에 결정타가 되었다. "윤리는 철저하게 인간 사고의 산물이라고 생각하는 이들이 결국 일종의 미친 세상을 만들어 낸다"[48]는 사실을 절실히 깨달았기 때문이다. 신앙 여정을 기록한 근간, *Faith and Other Flat Tires* (믿음, 그리고 또 다른 구멍 난 타이어들)란 책을 보면, 부메랑 효과는 루이스나 플란팅가, 또는 윌슨처럼 학구적인 이들의 전유물이 아님을 알 수 있다. 안드레아 팰펀트 딜리Andrea Palpant Dilley는 케냐에서 퀘이커교 의료 선교사로 일하던 부모 아래에서 자랐다. 덕분에 서구 여러 나라의 아이들이 통상적으로 목격하는 것보다 훨씬 더 많은 죽음과 어둠을 지켜보았다. 십 대 시절부터 하나님의 선하심에 의문을 품기 시작했고 스무 살이 넘으면서 기독교 신앙을 완전히 버렸다. 고난과 불의를 방치하는 하나님에 대한 분노가 그를 그렇게 몰아갔다.

하지만 어느 날 밤, 딜리는 하나님의 존재를 두고 어느 젊은이와 철학 논쟁을 벌이게 됐다. 도덕은 상대적이어서 문화와 인간마다 제각각이기 마련이라고 청년은 주장했다. 그러고는 "윤리는 처음부터 끝까지 주관적이므로 신 같은 건 아무 짝에도 쓸모없다"라고 마무리했다. 딜리는 저도 모르게 대꾸했다. "하지만 윤리가 철저하게 주관적이라면 히틀러가 틀렸다고도 말할 수 없죠. 갓난아기가 굶어 죽어도 부당하다고 말할 길도 없고요. 악을 비난할 도리가 없어지지요. 여기에 대해서는 어떻게 답할 거죠? …… 객관적인 윤리 기준이 있음을 인정해야 할 거예요." 그러고는 손을 들어 허공에 가로 금을 그어 보이며 말했다. "아울러 하나님의 윤리 의식이 이 세상에 작동하고 있을 가능성도요." 딜리는 스스로 신앙으로 다시 돌아가는 첫걸음을 내딛은 느낌이었다.[49]

딜리는 나중에 이렇게 결론지었다.

> 무엇을 견디지 못해서 교회 문을 박차고 나왔다가 또 무엇 때문에 다시 들어갔느냐는 질문을 받을 때마다, 두 물음에 한 답을 내놓는다. 교회를 떠난 데는 인간이 겪는 고난과 불의에 관해 하나님께 단단히 화가 났었기 때문이다. 그리고 똑같은 씨름 탓에 교회로 되돌아갈 수밖에 없었다. 유일하신 하나님을 믿는 신앙의 틀 속에 들어가지 않고는 정의를 왈가왈부할 수 없음을 깨달았기 때문이다. 자연주의 세계관으로 보자면, 부모를 잃고 나이로비 빈민가에 혼자 남겨진 고아는 적자생존이란 말 말고는 달리 설명할 길이 없다. 인간은 누구나 하나님 없는 세상을 잘 곳과 먹을거리를 찾아 정처 없이 떠도는 짐승에 지나지 않는다. 정의라는 개념은 사실 무의미하다. 정의를 말하자면 객관적인 윤리를 말해야 하고, 객관적인 윤리를 말하자면 하나님을 이야기해야 한다.[50]

하나님을 향한 믿음을 포기한다면 무의미한 고난의 문제는 사라지지 않는다. 하나님이 없다면 누군가에게 부당한 시련이 닥치는 것을 보고 분노와 두려움을 느낄 이유가 무엇이란 말인가? 폭력, 역경, 죽음 등은 지극히 자연스러운 현상일 텐데 말이다. 무엇을 근거로 폭력을 잘못이라고 말하는가?

이 질문에 대해 유력한 두 사상가가 완전히 다른 답을 내놓았다. 마틴 루터 킹 주니어Martin Luther King Jr. 박사는 "버밍햄 감옥에서 온 편지"라는 글에서, "[무엇이 정의인지 규정한] 더 높은 하나님의 법이 없다면, 특정한 인간 행동이나 경험이 부당한지 여부를 가릴 길이 없다"라고 했다. 반면에, 프리드리히 니체는 1883년, 자연재해가 자바를 초토화시켰다는 소식을 듣고 친구에게 보낸 편지에서 이렇게 적었다. "한 방에 2만 명을 쓸어 갔다네, 대단하지 않은가!" 니체는 자신의 논리에 철저하게 충실했다. 하나님이 없으므로(그는 그렇게 말했다), 모든 가치판단은 독단적일 수밖에 없다. 정의에 대한 모든 의미는 그저 문화와 개인적인 기질이 낳은 결과물일 따름이다.

이렇게 입장이 판이하게 달랐지만, 킹과 니체는 한 가지 사실에는 뜻을 같이했다. 하나님이나 더 높은 그분의 법이 없다면, 폭력은 대단히 자연스러운 일이 되리라는 점이다. 따라서 하나님을 믿는 믿음을 버리는 행위는 고난의 문제를 해결하는 데 전혀 도움이 되지 않으며, 차차 살펴보겠지만, 시련에 맞서는 데 필요한 수많은 자원을 앗아 갈 뿐이다.

그리스도 안에서 품는
깊은 소망

메리 이야기

아버지와 어머니는 모두 술로 인생을 망쳤다. 내가 세 살 때 두 분은 이혼했다. 어머니는 나를 사랑했고 나름대로 최선을 다했지만 차츰 술을 피난처로 삼게 되었고 폭음과 주사가 일상이다시피 했다. 피아노 경연에서 탈락하거나 어머니의 보드카를 하수구에 쏟아 버리는 일이 있을 때마다 나는 번번이 집에서 쫓겨났고, 지하실 유리창을 깨고 집 안으로 들어가곤 했다.

열일곱 살 때, 예수님이 날 찾아오셨다. 한 친구가 교회에 같이 가자고 말해 주었다. 하나님의 변함없는 사랑을 전하는 목사님의 메시지에 매달려 불안을 달랬다. 삶이 달라지리라는 희망이 샘솟았다.

나보다 여섯 살이 많은 남자와 결혼했다. 처음에

는 둘 사이의 관계가 위안이 되었지만, 남편은 점점 폭력적으로 변해 갔다. 폭력을 행사하는 일들이 되풀이됐다. 개 줄로 맞았고, 목이 졸리고, 배를 걷어차이기도 했다. 한번은 부두에서 떠미는 바람에 계단 아래로 굴러 떨어진 적도 있었다. 그러나 어처구니없게도, 나는 여전히 그를 사랑한다고 스스로 굳게 믿었다.

스물세 살 때, 아버지를 다시 찾았다. 아버지가 날 보호하고 지켜주리라 믿고 남편을 떠났다. 하지만 돌아온 건 성폭행이었다. 더없이 깊은 절망에 빠져 자살을 시도했다. 실패했다. 고래고래 소리를 지르며 날 세상에 내던져 놓은 하나님을 원망했다. 그분은 도대체 어디에 계신단 말인가?

아주 똑똑하고 친절한 젊은 남자 집사에게 마음을 털어놓고 상담했다. 그렇게 한 해를 보내는 사이에 서로 사랑하게 됐다. 하지만 상대는 이미 결혼한 상태였다. 고민하고 갈등하며 주님께 도와주시길 간구했지만, 끝내 죄를 짓고 말았다. 그는 아내와 이혼했고, 우리는 결혼했다. 하나님은 어여쁜 아이 셋을 선물로 주셨다. 우리에게는 가당치 않은 축복이었다. 난생처음, 내게 가족이 생겼다.

언젠가부터 두통이 심해졌다. 소리도 잘 들리지 않고 얼굴 한쪽에 마비가 왔다. 첫아이가 아직 여섯 살도 되지 않았을 무렵이었다. 의사는 내 머리에서 커다란 뇌종양을 찾아냈다. 암 덩어리 가운데 일부는 수술할 수 없는 자리에 뿌리를 내렸고 새로운 합병증을 일으키고 있었다. 하지만 이상하리만치 평온했다. 삶은 엉망이 됐지만 가정은 다행히 무탈했다.

아이들은 점점 커 갔다. 교회를 다니기는 했지만 차츰 세상에 휩쓸렸다. 다들 한 번씩 경찰서를 들락거렸다. 막내는 정신분열증 진단을 받왔다. 첫째 아이는 2년 형을 받고 감옥에 들어갔다. 얼마나 큰 충격을 받았는지 모른다. 얼마 지나지 않아, 남편이 두 번이나 뇌졸중으로 쓰러졌다. 발병 이후, 그는 딴사람이 됐다. 살림도 거덜이 났고 집을 팔아야 했다. 처절하리만치 망가져서 치료사를 찾아갈 기운조차 없었다.

삶은 변하지 않았다. 하지만 하나님은 나를 변화시키셨다. 마음의 고통과 삶의 문제들, 어찌해 볼 도리가 없는 고통 속에서 깨달은 사실이 있다면, 어쩌면 하나님이 정확하게 계산해 허락하신 일들일지 모른다는 사실이다. 우리로서는 그 시련과 난관들이나 거기서 비롯된 아픔과 염려들을 처리할 수 없다. 그러나 하나님은 하실 수 있다. 주님은 그분을 의지해 이런 상황을 다스리는 것이 선물임을 우리에게 알려 주기를 원하신다고 믿는다. 이런 난리 속에서도 평안할 수 있게 하는 선물 말이다. 문제들이 여전한 채로 삶은 계속되지만, 하나님은 마음의 고통이 불러오는 쓰라림을 소망으로 바꾸고 계신다. 놀라운 깨달음이었다.

삶이 늘 지금 같지는 않으리라는 믿음이 생겼다. 마음의 고통에 초점을 맞추는 것을 그만두고 언젠가 그 아픔을 완전히, 그리고 영원히 거둬 가실 분께 시선을 둘 수 있다는 데서 더 큰 위안을 얻는다. 평생 절망에서 벗어나 소망으로 들어갈 비결을 찾아 헤맸지만 어디서도 구하지 못했다. 소망은 무슨 일을 하거나 하지 않는 데서 비롯되지 않았다. 문제의 해결에서 오는 게 아니라 변화를 일으킬 수 있는 단 한 분, 그리스도께 초점을 맞추는 데서 시작된다.

Walking with God
through Pain and Suffering

Part 2

바른 '고난 신학'을 배우다

성경,
고통에
답하다

5

생명의 교리들로,
마음의 틀을 세우라

고난 속에서 빛이 되는 기독교의 핵심 교리

다른 신들은 강했지만, 주님은 약했습니다.
그들은 앉아서 갔지만, 주님은 비틀비틀 걸어서
보좌로 나아갔습니다. 하지만 우리의 상처에는 오로지
하나님의 상처만이 말을 걸 수 있습니다.
어떤 신도 상처를 입지 않았지만,
주님 홀로 상처를 입었습니다.

_에드워드 실리토Edward Shillito, "상처를 지닌 이들의 예수"

하나님을 부정하는 본능적 주장은 마음에서 비롯된다고 이야기했다. 파스칼이 했던 "마음은 이유를 안다"라는 통찰력이 넘치는 말은 그저 비이성적인 느낌이나 단순히 논리적인 느낌을 가리키지 않는다. 가장 근사한 표현은, 마음에 빛을 비출 뿐 아니라 실존적으로도 위로, 또는 만족을 주는 설명을 의미하는 '직관들'이다. 추상적인 명제와 달리 "마음의 이유들"은 태도와 행동에 영향을 주어 변화를 이끌어 낸다.

기독교의 가르침에는 고난이 닥쳤을 때 그런 식의 도움을 줄 수 있는 세 가지 설득력 있는 주제가 있음을 분명히 해 두고 싶다. 저마다 고난에 대한 이해를 효과적으로 도울 뿐만 아니라 태도에도 직접 영향을 미쳐서 새로운 마음가짐으로 역경에 맞설 수 있게 한다.

창조와 타락의
교리

이렇게 마음의 틀을 잡아 주는 그 첫 번째 가르침은 창조와 타락의 교리다. 창세기 1장과 2장을 보면, 하나님은 인류를 죽음과 고난이 없는 세상에 지으셨다. 하나님이 처음 그리신 설계도 속에 오늘날 우리가 경험하는 악은 들어 있지 않았다. 악은 인류를 향한 하나님의 의도와 거리가 전혀 멀었다. 오늘날 아흔 살이 넘어서까지 장수하다 평안히 세상을 떠난 이의 죽음이라 할지라도, 본래 하나님이 디자인하신 삶과는 다르다는 뜻이다. 어떤 식으로든 죽음은 하나님의 뜻이 아니었다.

마음에서 일어나는 악에 대한 분노는 본래부터 인간이 유한하게 설계되지 않았고, 사랑을 잃거나 어둠이 승리하도록 설정되어 있지 않았다는 직관이다. 흔히 죽음은 지극히 자연스러운 삶의 일부라고 이야기한다. 하지만 그 말은 곧 인간이 그저 흙으로 돌아가는 존재가 아니라는 대단히 정확하고 심오한 직관을 억누르라고 요구하는 셈이다.

창세기 3장은 이런 직관들을 구체적으로 확인한다. 세상의 어둠이 어디서 비롯되었으며 하나님을 주인이자 왕으로 받아들이길 거부하면서 그 암흑이 어떻게 확장되어 갔는지 설명해 보인다. 인류가 하나님께 등을 돌리자, 다른 관계들도 일제히 무너져 내렸다. 주님의 권위를 부정하고 거부한 탓에 마음과 감정, 육체, 사람들과의 관계, 심지어 자연과의 관계까지 정상적인 작동을 멈춰 버렸다.

인류의 타락은 하나님이 맨 처음 디자인하신 세상이 망가졌음을 의미한다. 에덴동산에서, 남자와 여자는 지구를 보살피고 가꾸라는 명령을 받았다. 아담과 하와가 죄를 짓고 나서 받았던 저주 가운데 하나는 이제 땅에서 꽃과 먹을거리뿐 아니라 "가시와 엉경퀴"도 자라나리라는 것이었다. 이는 하나님이 지으신 삶의 선한 패턴들이 완전히 뿌리 뽑혀 나간 것이 아니라, 본래의 의도에 훨씬 못 미치게 되었음을 가리킨다. 열심히 일하면 번창하는 게 당연했지만, 이제는 열심히 일해도 불의와 재난이 한순간에 모든 것을 쓸어가기도 한다. 타락의 교리는 이처럼 아주 미묘한 차이를 드러내며 고난에 대한 이해를 제공한다.

한편, 이 가르침은 큰 시련을 당하는 이들이 작은 시련을 당하는 이보다 상대적으로 더 큰 죄를 지었다는 관념을 인정하지 않는다. 이는 욥을 에워싸고 앉아 "우리한테는 일어나지 않은 재앙이 그대에게 닥친 까닭은 우리는 올바르게 살고 자네는 그러지 않았던 탓일세"라고 했던 친구들을 생각나게 한다. 욥기 후반에서, 하나님은 욥을 찾았던 "재난을 주는 위로자들"에게 진노하셨다. 세상은 타락하고 속속들이 망가져서 선한 이들은 행복하게 살고 악한 자들은 불행하게 산다는 당연한 순리마저 산산조각 냈다. 온 인류는 깨어진 세상을 물려받고 또 물려주게 되었다. 예수님의 말씀처럼, 해는 악인과 선인 모두에게 볕을 비추고 비는 의로운 이와 불의한 자 모두에게 내린다(마 5:45). 고난을 겪는다고 해서 하나같이 죄의 대가를 치르고 있는 건 아니다.

역경을 겪는 사람들 하나하나가 모두 특정한 죄를 지었기 때문이라는 생각은 완전히 잘못되었다. 반면에 고난과 죽음은 인간의 죄가 불러온 자연스러운 결과이며 하나님의 공정한 심판임이 틀림없다. 하나님이 처음 디자인하셨던 인류는 지금보다 더 나은 삶을 누려야 했지만 죄의 결과로 고난과 죽음이라는 다리를 건너게 된 것이다.

고난을 당하는 이들에게는, 이 모두가 파스칼이 말한 "마음의 이유"를 구성한다. 이를 인정하고 받아들이면 겸허한 위안이 찾아오기 때문이다. 우리가 흔히 갖는 사고방식이 있다. '하나님은 마땅히 우리를 위해, 우리에게 이롭도록 세상을 움직여야 한다.' 앞서 우리는 18세기에 유행했던 이신론이 창세기를 비롯해 성경의 여러 부분과 충돌하면서도 어떻게 노골적으로 이런 관념을 퍼트려 왔는지 살펴보았다. 사회학자 크리스천 스미스가 지적하듯, 이런 사상은 대중의 마음을 사로잡았다. 스미스는 연구 조사 결과를 토대로 미국 청년층 가운데 열에 아홉이 "실질적 이신론자"(물론 그런 말을 들어 본 친구가 몇이나 될까 의심스럽지만)라고 결론지었다. 하나님을 그저 자신의 아쉬운 부분을 채워 주는 분쯤으로 여긴다는 뜻이다.

하나님은 극악무도한 몇몇을 제외하고 모든 이들에게 안락한 삶을 보장해 줄 책임이 있다는 게 젊은이들이 가진 묵시적이지만 더없이 강력한 문화적인 전제다. 하지만 이런 전제는 반드시 쓰라린 환멸로 이어지게 마련이다. 삶은 고약하고 잔인한 데다가 늘 너무 빠르게 지나간다는 느낌이 든다. 사노라면 어쩔 수 없이 힘겨운 문제에 부딪히게 마련인데, 하나님 앞에서 누리는 영적인 자격이 마땅하다는 생각은 오히려 혼란스러운 삶을 떠안겨 줄 뿐이다.

행복한 생활을 보장해 줄 책임이 하나님에게 있다는 전제를 곱씹어 보면 매우 부당한 이야기임을 알 수 있다. 한없이 영광스러운 하나님이 정말 살아 계시다면, 우주가 그분이 아니라 우리를 중심으로 돌아가야 할 이유는 없다. 하나님이 제시하신 황금률이나 십계명, 산상수훈 같은 성경의 규범들을 살펴보고 그 기준 안에서 지나온 인간사를 돌아보면 악을 둘러싼 진정한 수수께끼는 정작 다른 곳에 있음을 알 수 있다.

어쩌면 진짜로 알 수 없는 대목은 "인간의 행실에 비춰 볼 때, 어째서 하나님은 그토록 많은 행복을 허락하시는가?"인지도 모른다. 그러므로 창조와 타락의 가르침은 이신론적 인생관을 가진 이들을 괴롭히는 자기 연민의 문제를 말끔히 없애 준다. 마음을 강하게 해서 삶이 힘겨워지는 상황이 벌어지더라도 놀라지 않도록 준비를 갖추게 해 준다.

최후의 심판과
회복의 교리

새로운 마음가짐으로 역경에 맞서게 하는 두 번째 기독교 교리는 최후의 심판과 세상의 회복이다. 많은 사람이 심판하고 벌주는 하나님을 어떻게 믿고 의지하냐고 말한다. 하지만 마지막 심판 날이 없다면, 지금까지 저지르고 쌓아온 어마어마한 불의와 부정은 다 어떻게 하겠는가? 마지막 심판 날이 없다면 행할 수 있는 일은 단 두 가지뿐이다. 소망을 완전히 잃어버리거나 복수에 나서는 것뿐이다.

이는 이 세상에서 오랜 세월 동안 군림해 온 폭압과 학대를 결코 바로잡을 수 없으며, 정의로운 삶을 살았든 이기적인 삶을 살았든 아무런 차이가 없게 된다는 뜻이다. 또는 마지막 심판은 없으므로 총칼을 들고 행악자들을 직접 처단해야 한다는 의미일 수도 있다. 제 손으로 정의를 실현할 수밖에 없는 것이다. 심판이 없다면 스스로 심판자가 되어야 하지 않겠는가?

그러므로 성경이 가르치는 최후의 심판은 음울한 통념과는 달리 우리로 하여금 소망과 은혜 가운데 살게 해 준다. 우리는 이 진리를 받아들일 때에 정의를 위해 살아갈 소망과 동기를 얻는다. 눈앞의 상황은 말할 수 없이 초라할지라도 언젠가는 하나님의 정의가 온전하고 완벽하게 구현되리라는 사실에 힘을 얻는다. 그날에는 이 땅에 가득한 온갖 죄악들이 바로잡힐 것이다.

또 다른 한편으로는 너그러운 마음을 품게 해서 상대를 용서하고, 앙갚음과 폭력적인 행동을 자제하게 한다. 마지막 심판에 대한 확신이 없다면 부당한 일을 당할 때마다 당장 칼을 빼들고 상대방에게 복수하고 싶은 충동에 휩싸일 것이다. 하지만 아무도 징벌을 피할 수 없으며 모든 죄악이 결국은 바로잡히리라는 사실을 안다면 평안한 마음으로 살아갈 수 있다. 마지막 심판의 날에 대한 교리는 인간에게는 자신이 어떤 처분을 받아야 마땅한지 정확하게 아는 지식이 없으며, 스스로 죄인인 처지에 누구를 벌할 권리도 없다고 엄중하게 경고한다(롬 2:1-16; 12:17-21). 마지막 심판에 대한 믿음은 진리와 정의를 추구하는 일에 지나치게 소극적이 되거나 또는 너무 격렬해져서 공격적이 되지 않도록 지켜 준다.

마지막 심판의 날을 지나 저 건너편에는 더없이 깊은 위로가 고통당하는 이들을 기다리고 있다. 피터 반 인와겐은 이렇게 적었다.

> 어느 시점이 되면, 영원히, 부당한 고난은 사라질 것이다. 흑암, 즉 '악의 시대'는 인류의 역사가 시작되는 시점에 잠깐 깜빡였던 무언가로 기억되리란 뜻이다. 사악한 자들이 무고한 이들에게 저지른 악은 대가를 치르게 되고 모든 눈물은 씻겨 나갈 것이다.[1]

이미 이야기했듯, 하나님이 악을 허용하신 이유를 완전히 납득시켜 주는 신정론은 없다. 그럼에도 불구하고 성경의 모든 약속과 함의들을 따지고 또 파악해 볼 때, 부활과 세상의 회복이라는 기독교 교리야말로 우리가 내놓을 수 있는 진실에 가장 가깝다. 육신의 부활은 단순히 잃어버린 삶에 위로를 주는 수준이 아니라 완전한 회복을 의미한다. 우리가 지녔던 몸과 삶을 얻는 데 그치지 않고, 소망했지만 이전에는 결코 얻을 수 없었던 육신과 생명을 얻게 된다. 우리는 새롭게 회복된 세상에서 영광스럽고, 완전하며, 이루 말할 수 없이 풍성한 삶을 누릴 것이다.

때로 불행한 일들이 '합력해서 선을 이루는'(롬 8:28) 일들을 보기도 한다. 문제는 간혹, 아주 제한적으로만 이런 모습을 목격할 수 있다는 점이다. 하지만 불행한 일을 겪는 경우가 그렇지 않을 때보다 훨씬 큰 영광과 기쁨을 얻게 하기에 하나님이 악을 허용하셨다고 볼 수는 없을까? 우리가 고난을 통과하여 맛보게 될 궁극적인 영광과 기쁨이 한없이 더 크기 때문은 아닐까? 장차 만나게 될 세계가 지금껏 깨지고 망가져 왔던 세상보다 훨씬 좋고 멋지다면 어떻겠는가? 정말 그렇다면, 이는 악의 완전한 패배를 의미한다. 악은 우리의 아름다움과 행복을 가로막는 걸림돌이 아니라 한층 높은 곳으로 인도하는 요인으로 작용할 것이다. 애초에 의도했던 것과는 정반대의 결과를 빚어내는 셈이다.

어떻게 그럴 수 있을까? 아주 단순한 수준에서 생각해 보자. 알다시피 위험이 있어야 비로소 용기도 생겨나는 법이다. 죄와 악을 떠나서는 하나님의 능력, 숨 막히도록 크고 넓은 그분의 사랑, 하늘의 영광을 내려놓고 십자가를 지신 하나님의 은혜를 깨닫지 못했을 것이다. 지금 이 땅에 발붙이고 사는 동안은 '하나님의 영광'이라는 말이 까마득하게 멀고 추상적으로 느껴지기 쉽다.

하지만 반드시 알아야 할 사실이 있다. 눈앞에 있는 가장 아름다운 풍경도, 세상에서 맛볼 수 있는 가장 진귀한 음식도, 사랑하는 사람을 품 안에 꺼안는 기쁨도 하나님 앞에 섰을 때 마주하게 될 기쁨과 감히 비교할 수 없다. 지금까지 살아오면서 경험했던 그 어떤 큰 기쁨도 하나님을 대면해 뵙는 바다처럼 끝 모를 환희에 비하면(요일 3:1-3) 그저 이슬방울 정도에 불과하다. 그것이 언젠가 우리가 마주할 상황이다.

이 사실에는 한 치의 오차도 없다. 성경 말씀에 따르면, 악과 죽음에서 건지신 그리스도의 구원은 그 영화로운 아름다움과 그것을 누리는 기쁨을 헤아릴 수 없을 만큼 증폭시킨다. 천사들마저도 복음을, 다시 말해 예수님이 성육신과 대속 사역을 통해 이루신 경이로운 역사를 한없이 지켜보고 싶어 한다는 것이다(벧전 1:12).

바울은 그리스도와 그 부활의 권능에 참여하는 이들은 또한 "그 고난에 참여"(빌 3:10-11)한다는 알 듯 말 듯 한 이야기를 전한다. 이와 관련해 알빈 플란팅가는 조나단 에드워즈Jonathan Edwards나 아브라함 카이퍼Abraham Kuyper 같은 옛 개혁 신학자들의 가르침을 가리켜 보인다. 그들은 타락과 구원을 통해 다른 길로는 도저히 이를 수 없는 수준으로 하나님과의 친밀감을 갖게 되었다고 믿었다. 그러기에 천사들마저 부러워한다고 보았다.[2] 예수님이 그 영광과 사랑을 고난을 통하는 것 말고는 달리 보여 주실 방도가 없었듯, 우리 역시 세상에서 역경을 거치는 것 외에 다른 방법으로는 그런 초월적인 영광과 기쁨, 사랑을 경험할 수 없다.

장차 올 미래의 영광이 누구도 가늠할 수 없는 특별한 방법으로 과거의 악을 "집어삼켜서" 그 기억조차 마음을 어둡게 하지 못할 뿐 아니라 도

리어 더 행복하게 만들지 말란 법이 있는가? C. S. 루이스는 판타지 소설
《천국과 지옥의 이혼*The Great Divorce*》에서 지옥과 그 안에 있는 모든 사람을
현미경을 대고 봐야 할 만큼 작아진 존재로 그린다. 세상 사람들은 눈앞에
닥친 이 땅의 고통스러운 시련을 "미래의 축복을 끌어다가 메울 수는 없
다"고 말한다. "하늘나라는 일단 거기에 이르기만 하면 거꾸로 거슬러 작
용해서 그 극도의 괴로움마저도 영광으로 바꿔 놓는다는 사실을 모르기"[3]
때문이다. "온갖 슬픈 일들이 다 거짓이 되는"[4] 때를 그려 내면서 톨킨이
전달하려 애썼던 바로 그 관념이기도 하다.

성육신과
대속의 교리

마음을 지켜주는 마지막 기독교 교리는 성육신과 대속이다. 피터 버
거는 신학자가 아니라 사회학자임에도 불구하고 모든 문화는 고통과 고
난을 이해하고 받아들일 방법을 구성원들에게 제공해야 한다고 파악했
다. 그리고 성경은 두 가지 기본적인 방식이 그런 역할을 한다고 본다.

구약성경의 욥기는 고난과 관련해 지극히 까다롭고 엄중한 진리를
제시한다. 한마디로, 인간은 하나님께 이의를 제기할 수 없다는 것이다.
욥은 그처럼 가혹한 슬픔과 괴로움이 자신에게 일어난 이유를 설명해 달
라고 주님께 강력하게 요구했다. 하나님은 "질문하는 이에게 질문할 권
리가 있는지 맹렬하게 추궁하며"[5] 대응하셨다.

하나님은 욥이 가진 유한성, 그분이 질문에 대한 답과 뜻을 드러내 보여 주셔도 이해하지 못하는 무능력, 안락한 삶을 요구할 처지가 못 되는 죄인의 신분을 지적하며 맞서신다. 이러한 세계관에 탄탄한 논리가 깔려 있음을 인정하면서도, 버거는 그런 시각을 가지고 산다는 건 "대다수 평범한 이들로선 어림도 없으며 …… 몇몇 신앙의 '거장들'에게나 해당될 법"[6]하다고 단정한다. 하지만 다행스럽게도 고난과 관련해 성경이 들려주는 이야기는 여기서 끝나지 않는다.

"구약성경이 …… 이 문제와 관련해 제공하는 높은 긴장감은 기독교의 본질적인 해법으로" 해소될 수 있다고 버거는 말한다. 해답의 핵심은 "성육신하신 하나님 곧 고난을 당하신 하나님"이다. "고난이 없었다면, 십자가의 고뇌가 없었더라면, 성육신은 누구나 만족할 만한 문제 해결책이 될 수 없었을 것이다. 여기에는 어마어마한 힘이 있다." 이어서 버거는 알베르 카뮈의 글 한 토막을 인용한다. "죄 없는 하나님의 희생만이 무고한 이들에게 끝도 없이 쏟아지는 고문을 정당화한다. 신이 당하는 비참한 시련만이 인간의 고뇌를 누그러뜨릴 수 있다."[7]

버거는 이 해법이 지닌 탁월한 속성을 꿰뚫어 보았다.

> [욥의 내면에서] 뇌우를 내리시는 하나님의 무시무시한 타자성은 그리스도를 통해 부드럽고 원만해졌다. 더불어 그리스도의 고난을 곱씹을수록 인간이 얼마나 무가치한지 더 깊게 실감하므로, 지난날의 복종[회개]을 …… 한층 정제된 …… 방식으로 되풀이할 수 있게 되었다. 그리스도의 고난은 하나님이 아니라 인간을 의롭게 하기 때문이다.[8]

욥기는 인간의 하찮음과 유한성을 정확하게 지적하고 하나님의 주권에 철저하게 복종하기를 요구한다. 하지만 언뜻 보기에도 시련을 겪는 이들로서는 견디기가 쉽지 않겠다는 생각이 든다. 그런데 신약성경에는 하나님의 주권을 믿고 의지하는 이들에게 부어지는 상상할 수 없는 위안으로 가득 차 있다. 절대자 하나님이 스스로 세상에 내려오셔서 그 흑암을 낱낱이 경험하셨다. 인격적인 존재가 되어 고난의 쓴 잔을 찌꺼기까지 다 들이마셨다. 그분 자신이 아니라 우리를 의롭게 하시기 위함이었다. 인류가 감당해야 할 죄의 고통과 저주를 감당하기 위해 스스로 고난을 견디신 것이다. 모든 악을 끝내시기 위해 친히 징계를 받으셨다.

신약성경은 예수님을 '육신을 입고 오신 하나님'이라고 가르친다. 그분 안에는 신성의 모든 충만이 육체로 거하신다(골 2:9). 그리스도는 하나님이셨지만 고난을 받으셨다. 인간의 절대적 연약함을 경험하셨으며 "심한 통곡과 눈물"(히 5:7)이 가득한 삶을 사셨다. 거절과 배신, 가난과 학대, 낙심과 좌절, 사랑하는 이의 죽음과 극심한 고통, 그리고 죽음을 누구보다 절실하게 경험하셨다. 주님은 모든 점에서 우리와 마찬가지로 시험을 받으셨지만 죄는 없으시기에 "우리의 연약함을 동정하지 못하실"(히 4:15) 분이 아니었다.

예수님은 십자가에서, 인간이 감당할 수 있는 최악의 고통조차 넘어서셨다. 지식과 권세만 비할 데 없이 뛰어나셨던 것이 아니라 몸소 겪으신 고난과 고통 역시 인간으로서는 흉내조차 낼 수 없을 만큼 가혹했다. 사랑하는 사람을 잃는 것보다 더 큰 고통은 없다. 이 땅에서의 인연도 그러하다면 영원 전부터 이어진 아버지 하나님의 사랑을 잃은 예수님의 심정이 어떠했을지는 상상조차 할 수 있겠는가? 예수님은 십자가에서 "나의 하나님, 나의 하나님, 어찌하여 나를 버리셨습니까"라고 부르짖으셨다. 주님은 철저한 단절, 그 자체를 경험하신 것이다.

여기에서 우리는 지극히 강한 분을 만난다. 인류를 너무도 사랑하신 나머지 자신의 힘을 버리고 약함과 어둠 속에 뛰어드신 하나님이 바로 그분이다. 하나님은 우리를 너무나 사랑해서 그분의 더없이 큰 영광, 다시 말해 모든 영광을 기꺼이 벗어 버리셨다.

다른 종교들은 상상도 못할 일이다. 목회자인 존 딕슨John Dickson은 언젠가 오스트레일리아 시드니의 어느 대학에서 '하나님의 상처'에 대한 주제로 강연을 한 적이 있었다. 질의응답 시간이 돌아오자, 무슬림 남성 하나가 일어나더니 자신의 의견을 밝혔다. "우주의 창조주가 자신이 지은 피조물의 세력에 굴복하다니 정말 어처구니없는 이야기로군요. 그러니까 그 양반은 먹고 자고 볼일 보며 살다가 십자가에서 쓸쓸히 죽었다는 소리인가요?" 딕슨은 질문하는 이의 말이 지성적이고, 설득력이 있으며, 정중했다고 했다.

젊은이는 계속해서 설명을 이어갔다. 그는 "만물을 지으시고 모든 일의 주관자인" 신이 자신보다 못한 존재들의 손에 휘둘리며 고통을 받는다는 게 말이 되느냐고 물었다. 딕슨에게는 그 젊은이의 말을 단번에 제압할 논리도, 위트 넘치는 대꾸도 떠오르지 않았다. 그래서 그는 그저 기독교의 주장이 갖는 독특한 면모를 깔끔하게 설명해 줘서 고맙다고 인사했다. "무슬림 청년이 신성모독이라고 비난했던 사실을 크리스천들은 소중하게 간직합니다. 하나님이 상처를 받으셨다는 사실입니다."[9]

피터 버거의 말이 맞다. 욥기가 내놓는 대답("하나님이 뜻을 가지고 하시는 일
이므로 잠자코 주님을 신뢰하라")은 옳지만 충분하지 않다. 너무 차가운 데다가 삶
의 두려움에 맞서기에는 부족하다. 그러나 신약성경에는 고통과 고난에
맞서게 하는 자원들로 가득하다. 인간은 하나님을 외면하고 등을 돌렸지
만, 주님은 우리를 버리지 않으셨다. 세상의 모든 주요 종교 가운데 오로
지 기독교만이 신이 친히 세상에 오시고 스스로 고난과 죽음의 길을 걸으
셨다고 가르친다.

이것은 무슨 뜻인가? 하나님이 어째서 악과 고난을 중단하지 않고
계속되도록 두시는지, 왜 무고한 이들에게 고통이 닥치도록 내버려 두시
는지 우리는 알지 못한다. 하지만 이제 적어도 어떤 것이 그 이유가 될 수
없는지 정도는 알고 있다. 하나님이 우리를 사랑하지 않으셔서가 아니
다. 우리를 보살피지 않으시는 것도 아니다. 주님은 인류에게 궁극적인
행복을 안겨 주시려는 데 너무 헌신적인 나머지 더없이 깊은 고난에 스
스로 몸을 던지셨다. 그분은 우리를 아시고, 가장 깊은 고통의 자리에 계
셨으며, 마침내 모든 눈물을 씻길 계획을 가지고 계신다. 그러나 이것은
'왜?'라는 물음에 대한 반쪽짜리 대답일 뿐이라고 말하는 이들도 있다. 그
렇다. 하지만 우리에게 정말 필요한 반쪽이다.

하나님이 실제로 세상만사가 돌아가는 이유들을 시시콜콜하게 다
알려 주신다 해도 유한한 인간의 지혜와 지식으로는 도저히 이해할 수 없
다. 어린아이와 부모의 관계를 생각해 보라. 세 살짜리 아이로서는 부모
가 왜 이것은 내버려 두고 저것은 못 하게 하는지 납득되지 않는다. 하지
만 그 속내를 다 알지 못한다 하더라도 부모가 자신을 사랑하는 줄 알기

에 믿고 신뢰하며 두려움 없이 살아간다. 아이들에게 정말 필요한 것은 바로 그 안정감이다.

그런데 하나님과 인간의 격차는 부모와 세 살배기의 격차에 비할 수 없을 만큼 크고 넓다. 그러므로 하나님의 뜻을 낱낱이 파악한다는 것은 꿈도 꾸지 못할 일이지만, 우리는 예수 그리스도의 십자가와 복음을 통해 그분의 사랑을 알게 되었다. 그리고 그것이 바로 우리에게 가장 필요한 자원이다.

앤 보스캠프Ann Voskamp는 《나의 감사연습, 하나님의 임재연습One Thousand Gifts》에서 두 살 때 트럭에 치어 숨진 여동생의 무의미한 죽음을 이해해 가는 여정을 소개한다. 그리고 결국 문제의 핵심은 하나님을 믿느냐 안 믿느냐에 달려 있다고 마무리한다. 주님은 정말 사랑이 넘치시는 분인가? 앤 보스캠프의 결론은 이렇다.

하나님은 예수님을 우리에게 내어 주셨다. …… 당신의 친아들마저 선뜻 내어 주셨다면, 우리에게 필요한 다른 무언가를 과연 아끼실까? 만일 하나님이 우리의 신뢰를 얻어야 하셨다면, 머리에서 이마로 짓눌러 씌운 가시관, 갈라진 입술 사이로 흘러나오는 우리의 이름으로 그것을 얻고도 남는다. 그런 주님이시라면 또한 우리에게 더없이 유익하고 합당한 것들을 은혜로 남김없이 베풀어 주시지 않을까? 하나님은 인간의 머리로는 도무지 헤아릴 수 없는 선물을 이미 넘치게 주셨다.[10]

어둠을 뚫고 들어온
한 줄기 참 빛

삶을 비추는 별들이 빛을 잃어 가는 더없이 캄캄하고 어두운 세상이다. 잠시 어둠에서 벗어나는 길은 여러 가지가 있겠지만 그렇다고 영원히 어둠을 피할 수는 없다. 포근한 가족의 사랑, 지금의 건강, 자긍심을 주는 일을 지키고 싶지만 그런 빛들조차 언젠가는 사위어들기 시작한다. 그런 순간과 마주하는 날, 우리에게 있는 지성, 물질이나 능력은 아무런 소용이 없으며 오히려 남루하게 느껴질 것이다. 그런 날에 우리가 절실히 찾게 되는 것은 무엇일까?

성경은 예수님의 탄생을 전하며 "흑암에 앉은 백성이 큰 빛을 보았고 사망의 땅과 그늘에 앉은 자들에게 빛이 비치었도다"(마 4:16; 사 9:2)라고 전한다. 예수님이 세상의 빛이라면 어째서 이 땅에 가득한 고통과 어둠을 단번에 손보지 않았느냐고 따지는 이들도 있다. 태아들이 달수를 채우지도 못한 채 세상에 나오며, 또 세상에 나왔지만 아무런 이유도 없이 끔찍하게 생명을 빼앗기는 아이들도 허다하다. 젊은 아버지들이 여전히 사고로 목숨을 잃으며 남은 아내와 자식들은 가장이 없이 고달픈 삶을 이어가야 한다. 전쟁과 기근의 소문은 그치지 않는다. 주님은 어째서 이런 비극을 단번에 멈춰 버리지 않으셨는가?

그러나 만약 예수님이 이 땅에 오셨을 때 젊은 나이에 죽는 것을 택하기보다 불의를 직접 산산이 부수고 악을 끝내셨다면 어땠을까? 그 결과는 인류에게 어떤 영향을 미쳤을까? 우리는 톨킨의 말을 기억할 필요가 있다. "악을 무찌르고 눌러 놓아도 한숨 돌리고 나면 놈은 어김없이 다른 모습으로 나타나 다시 자라난다."[11]

인류의 건강과 통신 발달에 엄청난 유익을 끼친 과학 기술의 진보를 생각해 보자. 알다시피 통신 혁명은 철의 장막을 걷어 내고 냉전을 끝내는 데 큰 몫을 했다. 하지만 전문가들은 이제 테러리스트들이 그 기술로 전자통신망의 여러 섹터들을 모두 무너뜨리고 세계적인 공황을 불러일으킬까 걱정한다. 핵에너지는 제대로 제어하기만 하면 어마어마한 동력원이 될 수 있지만, 이제는 누구나 핵 확산과 핵 테러리즘을 염려할 처지에 이르렀다. 새로운 진보가 특정한 형태의 악을 밀어내면, 악은 그 발전을 이용해 새로운 모양과 형식으로 우리 곁으로 되돌아올 길을 찾는다.

왜 그럴까? 이 세상의 악과 어둠은 대부분 인간 내면에서 비롯되기 때문이다. 마르틴 루터는 인간 본성에는 "스스로에게 휘어지는incurvatus in se" 성향이 있다고 가르쳤다. 인간은 본능적으로 속속들이 자기중심적이어서 자기 자신조차 그런 상태인 줄 알지 못한다. 이처럼 안으로 굽는 성질은 매스컴의 헤드라인을 장식하는 폭력과 집단 학살에서부터 개인의 결혼생활이 파탄에 이르는 비참한 이유에 이르기까지 인간이 경험하는 광대한 고난과 악의 근원이 된다.

철학자 존 그레이는 무신론자지만 이런 점에서 창세기의 시각에 공감한다.

창세기 신화와 비교해 보면, 인간의 인격과 성품이 더 나은 미래를 향해 꾸준히 전진하고 있다는 현대의 신화는 미신에 지나지 않는다. 창세기가 가르치듯, 지식은 인류를 '자기'에서 건져 내지 못한다. 이전보다 아는 게 더 많아졌다면, 그건 스스로의 판타지를 연기할 능력이 더 커졌다는 뜻일 뿐이다. …… 창세기는 인생을 통틀어 가장 중요한 영역들에서는 더 이상의 진보가 일어날 수 없고 자신의 본성을 붙들고 벌이는 끝없는 씨름만 남았을 뿐이라는 메시지를 전한다.[12]

예수님이 이 땅에 오셨을 때, 고통과 악의 근원을 쳐부술 칼과 권세를 손에 움켜쥐셨다면 어떤 사태가 벌어졌을지 상상할 수 있겠는가? 인간이라고는 단 한 사람도 살아남지 못했을 것이다. 그것을 공평하지 못한 처사라고 여긴다면, 인간에 대해 또는 스스로의 마음에 대해 제대로 모른다고 말할 수밖에 없다.

하지만 세상에 오신 예수님은 정의를 실현하는 대신, 악을 견뎌 내셨다. 두 손에 칼을 쥐시는 대신 못 박히셨다. 오랜 세월 동안 전해 내려온 기독교의 가르침을 정리하자면, 예수님은 우리 대신 십자가에서 죽으셨고 우리가 받아야 할 징계를 받으셨으므로 언젠가는 세상에 다시 오셔서 인간을 완전히 멸하시지 않고도 악을 심판하실 수 있다.

예수님은 로마의 압제를 끝내는(물론 그것도 충분히 선한 일이지만) 정치적인 프로그램을 가지고 이 땅에 오시지 않았다. 주님은 인간이 할 수 있고 해야만 하는 일(즉 지금 이 시대가 처한 악에 맞서는 일)을 대신하는 것을 원하지 않으셨다. 주님께는 더 근본적인 회복 계획이 있었다. 그리고 그 일을 시작하시려고 이 땅에 태어나시고, 십자가에서 죽으셨으며, 죽음에서 다시 살아나셨다.

그리스도의 죽음과 부활은 우리가 속한 사회 속에서 마주치는 무수한 악 앞에서 무기력해지지 않고 과감히 맞서고 견디게 할 뿐 아니라, 우리 마음에 도사린 악을 몰아내는 독특하고도 강력한 능력을 지닌 신인류를 이 세상에 창조했다. 이 모두가 하나님의 아들이 인간의 고난 속에 들어와 악을 근본적으로 뒤엎고 마침내 그 악과 죄, 고난과 죽음 자체를 영원히 끝낸 덕분이다.

성경은 예수님을 세상의 빛이라고 선언한다. 주님의 사랑 가운데 머물면 세상 그 무엇도 우리를 그분의 손에서 낚아채지 못한다. 그분은 하나님의 집으로, 그리고 친히 디자인하신 미래로 자녀들을 데려가신다. 빛이란 빛이 다 꺼져 버린 캄캄한 암흑 속에서도 그분은 친히 우리의 빛이 되신다. 지금 여기서 베풀어 주시는 사랑과 결코 흔들리지 않는 미래의 소망은 고난 속에서 바른 길을 찾을 수 있게 하는 한 줄기 참 빛이다.

용서, 회복을 앞당기는
가장 좋은 선택

조지아나 이야기

       딸아이들과 나는 소설, 그 가운데서도 주인공이 결국 행복해지는 이야기를 좋아한다. 아이들의 아빠이자 남편인 테드와 함께 한 삶은 더없이 즐겁고 행복했다. 그래서 만일 하나님이 "너희 가족에게 고통스러운 시련이 닥치고 고난을 겪을 것이다"라고 말하셨어도, 흔들림 없이 "네, 주님. 주님의 뜻이 이루어지길 원합니다"라고 말씀드렸을 것이다. 가족과 함께라면 어떤 어려움이든 헤쳐 나갈 수 있었다.

       2011년 5월 13일, 막내 제인이 사고를 당했다. 몸을 한껏 뒤로 젖히다가 앉았던 의자와 함께 몸이 뒤로 넘어가면서 단단한 마룻바닥에 머리를 부딪친 것이다. 당장 달려가서 아이를 살폈다. 나는 신생아·소아 전문 임상 간호사였다. 아이를 꼼꼼히 살펴봤지만 부상의 조짐은 보이지 않았다. 동일하게 임상 간호사로 일하는 언니도 찾아와 아이를 살폈지만 역시나 별문제 없어 보인다고 판단했다.

2011년 5월 16일, 미리 잡아 놓은 진료 시간에 맞춰 소아과를 찾았다. 의사에게 며칠 전에 있었던 일을 이야기했다. 의사는 만일을 모르니 머리뼈 엑스레이 사진을 찍어 보자고 했다. 아동전문병원으로 데려가 엑스레이를 찍은 결과, 두개골 골절이 드러났다. 컴퓨터단층촬영CT까지 찍었다. 다행히 다른 합병증은 보이지 않았다. 당연히 겁이 나고 이상하다 싶은 것이 많았지만, 일단 의료진의 말을 믿고 마음을 가라앉혔다. 집으로 돌아오는 내내, 제인이 더 심한 부상을 당하지 않도록 지켜 주신 하나님을 찬양했다.

일주일 뒤, 앤과 페이지, 제인과 함께 집에 있는데 난데없이 형사들과 아동학대예방센터 직원들이 들이닥쳤다. '심각한 아동학대' 신고를 받고 조사하러 왔다고 했다. 질문 하나하나가 충격적이고, 비난하는 느낌이 여실했으며, 혼란스러웠다. 게다가 딸아이들마저 고발 내용을 뒷받침하는 것만 같은 증언들을 술술 내놓는 통에 기겁할 수밖에 없었다.

'심각한 아동학대'라는 신고는 병원에 들어온 지 얼마 안 되는 한 의사의 입에서 나왔다. 아무런 추가 증거 없이 그저 엑스레이 사진만 보고 아동학대예방센터에 연락부터 한 것이다. 제인은 12개월이 채 안 된 아기였으므로 신고와 동시에 범죄 사건으로 자동 분류됐다. 나는 세 딸의 양육권을 모두 박탈당했다.

예전이든 지금이든, 세 아이 가운데 어느 누구에게서도 학대의 증거
는 나오지 않았다. 우리 집 안 어디서도 학대의 위험 요소는 찾아볼 수 없
었다. 어느 아이에게도 이전에 생긴 상처가 없었다. 실제로 제인을 진찰
하고 우리 가족과 이야기를 나눠 본 의료계의 전문가들은 학대 가능성이
전혀 없다고 단언했다.

사실이 이런데도 우리 가족은 헤어져 살아야 했고, 아홉 달이 지나서
야 간신히 다시 합칠 수 있었다. 남편과 나는 딸아이들과 한 지붕 아래 함
께 살아선 안 된다는 처분을 받았다. 짐을 꾸려 집을 비워 줄 수밖에 없었
고 관계자의 감독 아래서만 아이들을 만날 수 있었다.

아이들과 강제로 떨어져 보낸 첫날 밤을 잊을 수가 없다. 도저히 누
를 수 없는 분노로 가득한 채 괴로움에 찌든 비명을 내질러 가며 하나님
께 부르짖었다. 그런데 강렬한 역사가 일어났다. 평안하고 따뜻한 기운
이 온몸을 감쌌다. 주님이 바로 그 자리에 함께하시며, 두 손으로 붙드시
고, 불의에 함께 분노하시고, 자녀들과 함께 우시는 걸 실감할 수 있었다.
보호받고 있다는 느낌이 그토록 절실했던 적이 없었다.

그 아홉 달 동안 한결같이 하나님을 깊이 의지했다거나 평안했다고
는 말 못하겠다. 일분일초, 매 순간마다 악의 압박을 느꼈다. 당연히 우리
아이들도 어려움을 겪고 있었다. 제인에게는 '심각한 아동학대 피해자'라
는 터무니없는 꼬리표가 따라다녔다. 내가 간호사로서 고위험군 환자와
환자 가족들을 돌본 세월이 십수 년을 헤아린다. 물론 아동학대 예방교육
도 마쳤다. 그럼에도 불구하고 인격적으로, 직업적으로 나는 다양한 수준
의 공격들을 감내해야 했다.

우리는 사방에서 쏟아지는 정서적인 공격과 아울러 엄청난 재정 부담에 시달렸다. 법률적인 변호와 거기에 관련된 자문, 의료비, 상담료를 비롯해 들어가는 비용이 만만치 않은 데다, 어린이들을 돌보는 직장에서 일하는 것도 금지됐다.

그럼, 하늘 아버지가 함께하시고 지켜 주신다는 그 깊고 평온한 깨달음은 어찌 되었을까? 여전히 내 안에 살아 하루하루를 견뎌 낼 발판이 되고 힘이 되어 주었다. 날마다 실망과 좌절, 괴로움에 시달렸지만 밤마다 깊은 잠을 잤고, 아침이면 늘 다시 새 힘을 채워 주신 하나님께 감사드릴 수 있었다.

낮에는 주님을 붙들고 씨름했다. 일이 제대로 돌아간다 싶지 않으면 투덜거리기 십상이었다. 진실이 밝혀지길 기다리는 게 지긋지긋했다. 수없이 많은 법원 심리, 탄원, 청문, 아동학대예방센터의 방문조사, 경찰 쪽에 밟아야 할 절차, 전문가의 견해, 비공개 정보, 어마어마한 양의 서류, 우리를 둘러싼 소문들로 정신이 없었다. 대부분은 하루하루 닥쳐오는 문제들을 처리하도록 하나님이 공급해 주시는 용기에 기대어 살았다. 하지만 압력을 견디지 못하고 바스러지는 일도 적지 않았다.

시간이 흐르면서 하나님은 그날그날 내가 얼마나 강하고 약한지 가리지 않으신다는 사실을 알게 됐다. 주님은 늘 한결같았다. 우리 가족에게는 주님이 끝내 타는 풀무불에서 건져 주셨다는 게 아니라 그분의 예비하심으로 하루하루를 살고 견뎌 낼 수 있었다는 것이 진짜 기적이었다.

종종 다른 사람들에게 소망과 격려의 메시지를 전할 때가 있다. 그동안 무슨 일이 있었고 어떤 씨름을 벌였는지 이야기하면서 단 한 번도 진실한 감정을 숨겨 본 적이 없다. 하나님은 나를 더없이 연약하게 하셔서 이웃들의 마음을 어루만지게 하셨지만, 동시에 넉넉히 회복시키셔서 거룩한 섭리를 간증하게 하셨다.

때로 "그런 일을 겪었더라면 난 살 수가 없었을 겁니다. 분노를 주체하지 못하고 후회할 짓을 하고 말았겠죠. 당신은 정말 강하고, 정말 신실하고, 정말 참을성이 많군요!"라는 이야기를 듣는다. 누군가 그렇게 말할 때면, 기쁨의 불꽃이 반짝 피어오르는 느낌이 든다. 하나님의 도구가 되었다는 게 행복하기 때문이다.

나는 자주 무섭고 절망적인 감정을 느꼈지만, 주님은 늘 강력한 내 편이 되어 주셨다. 나는 자주 무너져 내렸지만, 그분은 항상 날 일으켜 세우셨다. 나는 자주 달콤한 복수를 꿈꿨지만, 하나님은 그 쓰라린 감정을 자비로 바꿔 놓으셨다. 참을성이 많은 쪽은 하나님이셨지 내가 아니었다.

마침내 법정에 섰다. 엄밀히 말하면 범죄 사건이기도 해서 경찰은 다각적인 수사 과정을 밟았지만 아무런 증거도 나오지 않으므로 형사기소를 당할 일이 없었다. 재판장은 공정하고 객관적인 판결로 안팎에서 명망이 높은 판사였고, 아동학대예방센터 측 변호사는 정반대의 평가를 받는 인물이었다.

증언대에 선 동안은 상처와 분노, 짜증과 패배감, 배신감과 무력감 같은 감정들이 쉴 새 없이 밀려왔지만, 그러는 사이에도 하나님이 함께하시며 나를 위해 싸우시는 걸 느낄 수 있었다. 세 번째 심리가 열리던 날, 남편과 단둘이 있는 자리에서 하나님께 부르짖었다. "이런 고난을 겪는 특권을 주시고, 그 가운데 우리와 함께하시며, 어려움을 지나는 내내 빛을 비춰 주셔서 감사합니다, 주님!"

네 번의 심리 끝에, 재판장은 모두가 깜짝 놀랄 만한 판결을 내렸다. 증거 부족을 이유로 사건을 완전히 종결시켜 버린 것이다. 심지어 우리쪽 변론은 들어보지도 않은 상태에서 내린 판결이었다. "감사합니다!"란 말을 수없이 되뇌었다. 변호사는 우리 부부에게 말했다. "제가 승소한 게 아닙니다. 두 분이 이긴 것도 아니고요. 이건 하나님의 승리입니다. 저한테 말고 그분께 감사하세요."

싸움은 끝났지만 전투의 상처는 남았다. 우리에게는 회복이 필요했다. 처음에는 어렵게 되찾은 자유에 마음이 풀리고 기쁨에 겨워 차차 마주하게 될 정서적인 부담을 내다보지 못했다. 온 가족이 다시 모여 살게 됐음에도 불구하고, 어린 딸아이들에게는 사건의 파장이 여전해서 무척 힘들어했다.

남편과 나도 외상 후 스트레스 장애에 시달렸다. 하지만 그래도 전반적으로는 안도감이 집안 분위기를 지배했다. 새록새록 평안과 기쁨을 느꼈다. 예전과는 또 다른 차원의 경외와 감사를 품고 하나님이 주신 자녀라는 선물을 바라보았다. 지긋지긋한 상처와 기쁨이 공존하고, 비통한 감정과 치유가 동시에 어우러질 수 있다는 게 마냥 신기하고 놀라웠다.

2013년 2월, 판결을 받고 정확히 한 해가 지났다. 회복을 앞당기는 가장 좋은 방법은 용서였다. 불의를 용서하기는 대단히 어렵다고 생각한다. 개인적으로는 하나님의 간섭 없이는 불가능하다고 믿는다.

무죄 판결이 내려진 뒤, 우리 가족은 이 모든 일을 시작한 어린이병원 관계자와 만나려고 거듭 노력했다. 결국, 병원장은 우리를 신고한 의

사와의 만남을 주선해 주기로 했다. 비슷한 피해를 입는 가족들이 다시는 나오지 않도록 전문가들과 함께 대화를 해 보자는 게 우리의 의도였다.

병원장과 우리를 고발한 장본인에게 우리 가족이 겪은 고통과 충격을 낱낱이 들려주었다. 이야기하는 동안, 화가 나거나 쓰라린 감정이 아니라 평온하고 당당한 느낌이 들었다.

말을 마치자 병원장이 사과했다. "저희가 너무도 큰 실수를 저질렀습니다. 선생님 가정에 큰 어려움을 드려서 정말 죄송합니다." 아동학대라는 오진을 내렸던 의사도 비슷한 말로 사죄했다.

회의를 마치고 사무실을 나서면서, 우리를 고발했던 의사를 가볍게 안아 주었다. 분명히 말하지만, 나로서는 그에게 사랑을 표현하고 싶은 생각이 조금도 없었다. 하지만 하나님은 다르셨다. 그를 안아 주던 순간 지금까지 경험해 본 적이 없는 강력한 치유와 화해가 찾아왔다. 그 한순간을 통해 하나님은 이번 일을 겪는 모든 과정을 통틀어 가장 큰 폭으로 나를 변화시키셨다.

하나님은 기적처럼 내 시각을 바꾸셨다. 마주한 그 의사의 모습에서 내 흠을 돌아보게 하셨다. 지금까지 살면서 나는 얼마나 많은 실수를 저질러 왔을까? 고의로든 무의식중에서든 얼마나 많은 이들에게 상처를 주었을까? 교만한 생각에 사로잡혀 앞뒤를 제대로 판단하지 못했던 일이 얼마나 많았을까? 내가 우리 가족을 고발한 이 의사와 정말 다르다고 말할 수 있을까?

우리 이야기가 해피엔딩이라고 믿지만, 실은 영원히 끝나지 않는 네버엔딩never-ending으로 보는 편이 사실에 더 가까울 것이다. 지금도 내 삶에 새로운 장을 펼치고 계신 하나님을 찬양한다. 아버지 하나님이 함께 견뎌 주신 고난 앞에서 우리 가족은 겸손히 감사드리고 있다. 우리에게 그런 시련이 없었더라면 어땠을까? 나는 확신한다. 우리에게 고난이 없었다면 지금 주어진 새로운 차원의 삶이 아니라 이제까지 누려 왔던 통상적인 삶을 사는 데 안주하고 말았을 것이다.

6

고난은 정당한 동시에
부당하다

하나님의 주권

견디기 힘든 일들은 하나같이
스스로 가진 삶의 논리를 넘어서서 받아들여야 할 무언가가
아직 남아 있음을 가리킨다.

_조지 맥도널드George MacDonald[1]

지금까지 문화적, 역사적, 그리고 철학적 시각에서 고난과 악에 대해 살펴보았다. 성경적인 고난 신학을 공부하기에 앞서 꼭 필요했던 작업들이었다. 지금부터는 이제까지 배운 내용을 토대로 고난과 고통에 대해 성경이 이야기하는 바를 살펴보려고 한다.

그동안 살펴본 다른 세계관들에 비해, 성경이 그려 내는 고난의 그림은 더없이 미묘하며 다차원적이다. 성경 속 자료들을 차근차근 따져 보면, 두 가지 근본적인 사실이 드러난다.

○ 고난은 정당한 동시에 부당하다.
○ 하나님은 주권자인 동시에 고난을 당하셨다.

서로가 짝을 이루는 이 두 가지 진리는 한쪽을 위해 다른 한쪽이 희생되는 법 없이 일관된 논리를 유지하면서도 고난에 대해 놀랍도록 풍성한 이해를 제공한다. 이는 또한 흔히 범하기 쉬운 만병통치식의 처방으로 흘러가지 않으면서도 고난을 당하는 이들에게 폭넓은 통찰과 위로를 준다. 앞으로 두 장에 걸쳐 고난의 이 상호보완적인 두 쌍의 진리를 살펴보고, 하나님의 최종 답안을 논의해 보려 한다.

공의의 심판으로서의
정당한 고난

성경의 첫 대목인 창세기 1-3장은 세상의 고난은 인류가 하나님께 등을 돌린 원죄의 결과라고 말한다. 아담과 하와가 창조주께 불순종한 뒤에, 하나님은 타락한 세상의 면모를 설명하신다. 영적인 소외, 내면에서 일어나는 정신적 고통, 사회적인 갈등과 깨어진 관계, 잔혹성, 자연재해와 질병, 그리고 죽음에 이르기까지 온갖 형태의 고난이 다 포함되었다(창 3:17). 이 모든 자연적인 악과 도덕적인 악은 하나님과 맺은 관계가 깨어진 데서 비롯된다. 그리고 아담과 하와가 에덴동산에서 추방되는 순간, 고난은 시작된다(창 3:23-24). 아담과 하와의 추방은 심판으로서의 고난이 집행된 원초적인 사례인 셈이다.

바울은 이렇게 되짚는다.

> 생각하건대 현재의 고난은 장차 우리에게 나타날 영광과 비교할 수 없도다 …… 피조물이 허무한 데 굴복하는 것은 자기 뜻이 아니요 오직 굴복하게 하시는 이로 말미암음이라 그 바라는 것은 피조물도 썩어짐의 종노릇한 데서 해방되어 하나님의 자녀들의 영광의 자유에 이르는 것이니라(롬 8:18, 20-21).

"허무한"이라는 말은 '헛된'으로도 번역될 수 있다. 허무하게 된다는 말은 온 힘을 다해 일하고 노력하지만 열매가 없다는 뜻이다. 세상은 이제 최초로 설계된 디자인에서 한참 모자라는 저주받은 환경 아래 놓이게 됐다. 다시 말하지만 인간은 본래 죽음과 고통, 슬픔, 절망, 깨어진 관계, 질병, 자연재해를 겪도록 지음받지 않았다.[2] 처음 인류에게 주어진 세상은 지금과는 전혀 달랐다. 지금의 허무한 세상은 고장이 나서 본래 의도대로 작동하지 않는 깨어진 세상이다. 악과 고난이 존재하는 이유가 바로 거기에 있다.

하지만 바울은 이 심판이 곧 하나님이 우리를 버리셨다는 뜻은 아니라고 못 박아 말한다. 오히려 세상에 대한 주님의 심판에는 목적이 있다. 고난을 통해 세상을 심판하는 상황 속에서도 하나님은 만물을 구원할 계획을 품고 계셨다. 하나님은 우리를 악에서 건져 영화롭게 하는 최종적인 구원을 "소망하며" 세상을 심판하셨다. 이 짧은 구절의 이면에는 끝 모를 깊이를 감추고 있다.

본문은 일단 하나님께 등을 돌린 인간에게 남은 대안이란 오로지 두 가지, 눈앞에 닥친 파멸 아니면, 상실과 슬픔과 고통을 지나 구원에 이르는 길이라고 제시한다. 인간에게만 아니라 하나님 그분 자신에게도 그렇다. 여기에는 장래의 영광이 모든 고난보다 더 크리라는 암시도 포함된다. 하지만 그럼에도 불구하고 지금 이 땅에서 인류는 어둠 속을 살아간다.

심판의 성격을 갖는 고난은 원죄, 그리고 아담과 하와가 낙원에서 쫓겨나는 일로 끝나지 않았다. 역사 속에서 하나님은 민족과 개인들에게 때로는 상을, 때로는 벌을 내리시며 스스로 뿌린 씨앗의 열매들을 거두게 하셨다.

잠언에는 인과응보라고 부를 만한 사례들로 가득하다.[3] 인색한 마음은 어떤 형태로든 결핍을 불러온다. 구두쇠에게는 친구가 없다(잠 11:24-26). 게으르고 무절제한 사람은 굶주리고(잠 13:20), 나쁜 친구들과 사귀면 슬픔에 빠진다(잠 19:15). 지혜 문서의 상당 부분들이 부정적인 행동 뒤에는 어김없이 역경이 따른다는 사실을 대단히 명쾌하게 밝히고 있다. 죄악된 행동들은 마치 중력을 거슬러 날아오르려는 것만큼이나 우주의 속성을 거스르고 하나님이 제정하신 도덕적 질서를 망쳐 놓기 때문이다.

뜻 을 알 수 없 는

부당한 고난

성경은 세상의 고통이 인간이 저지른 죄의 결과라고 말하지만, 인간이 겪는 역경들 하나하나가 모두 특정한 죄의 결과는 아님을 동일하게 강조한다. 어느 학자가 정리했듯이 "고난의 실상은 대부분 죄의 결과지만, 시련을 겪는 하나하나를 구체적인 죄에 대한 하나님의 징벌로 직접 짝지을 수 있다는 뜻은 아니다."[4]

이와 관련해 가장 눈에 띄는 본보기는 욥의 이야기다. 욥은 친구들보다 훨씬 큰 고난을 받았다. 친구들은 이런 사실에 근거해 욥의 도덕적인 삶이 자신들만 못함에 틀림없다고 우쭐해하며 결론을 내렸다. 욥기가 생생하게 보여 주듯, 이는 지극히 교만하고 잔인하며 그릇된 믿음이었다. 하나님은 욥기 후반부에서 그런 판단을 엄하게 꾸짖으셨다. 욥의 친구들이 잊은 사실이 있었다. 인류는 깨어진 세상에 살아 마땅하지만, 그럼에도 불구하고 악은 공평한 방식으로 모두에게 골고루 돌아가지 않는다. 악한 사람들이 선한 사람들보다 유복하고 건강하게 살기도 하고, 인격적으로 더없이 훌륭한 이들이 끔찍한 일을 겪는 일도 수두룩하다. 욥도 그랬고 예수님('욥' 과에 속하는 이들의 최고봉으로, 진정으로 완전하게 죄가 없으신 단 한 분)도 그러셨다.

전도서는 불공평하고 부당하며 도무지 설명할 수 없는 고난의 사례들을 들어 말한다. 전도서 기자는 "지혜자는 그의 눈이 그의 머리 속에 있고 우매자는 어둠 속에 다니지만 그들 모두가 당하는 일이 모두 같으리라는 것을 나도 깨달아 알았도다"(전 2:14)라고 토로한다. 열심히 일하는 이들과 슬기로운 이들은 모든 걸 잃어버리기 십상인 반면, 사악한 이들은 날로 번창한다. 그뿐이 아니다. 기자는 "또 내가 해 아래에서 보건대 재판하는 곳 거기에도 악이 있고 정의를 행하는 곳 거기에도 악이 있도다"(전 3:16)라고 말한다. 그는 "해 아래에서 행하는 모든 학대를"(전 4:1) 다시 살펴본 뒤에 이렇게 탄식한다.

> 보라 학대받는 자들의 눈물이로다
> 그들에게 위로자가 없도다
> 그들을 학대하는 자들의 손에는 권세가 있으나
> 그들에게는 위로자가 없도다
> 그러므로 나는 아직 살아 있는 산 자들보다
> 죽은 지 오랜 죽은 자들을 더 복되다 하였으며

이 둘보다도 아직 출생하지 아니하여

해 아래에서 행하는 악한 일을 보지 못한 자가

더 복되다 하였노라(전 4:1-3).

전도서 기자는 그러하기에 "내가 사는 것을 미워하였노니 이는 해 아래에서 하는 일이 내게 괴로움이요 모두 다 헛되어 바람을 잡으려는 것이기 때문이로다"(전 2:17)라고 고백한다. 여기에 사용된 히브리 단어 "헛되어"는 '공허'에 가까운 의미로 인간이 저지른 죄의 결과로 세상에 발붙이게 된 무의미함을 가리킨다.

잠언, 전도서, 욥기는 성경의 '지혜 문서'로서 어깨를 나란히 하고 있지만 고난에 대해 제각기 다르면서도 서로 보완적인 시각을 지니고 있다. 잠언은 고난의 정당성과, 그릇된 행동과 직결되는 시련이 얼마나 많은지를 강조하는 반면, 욥기와 전도서는 이와는 전혀 다른 성격의 역경들에 대해 선명하게 드러낸다.

세상의 기원을 설명하는 고대의 문서들 가운데 창세기는 매우 독특한 위치를 차지한다. 다른 문서들은 신적 존재, 혹은 초자연적 세력들 사이의 충돌이나 갈등을 통해 세계가 만들어졌다고 설명한다. 이런 관점들은 권력들의 다툼으로 인해 긴장이 끊이지 않는다. 근본적으로 세상은 혼돈스럽고 어떤 세력이 우위를 차지하느냐에 따라 무슨 일이든 일어날 수 있기 때문이다. 우주를 폭력적이고 제어되지 않는 힘들의 산물로 보는 요즘 과학 물질주의자들의 글들에서 이러한 시각이 다시 고개를 들고 있다. 이러한 세계에서는 힘과 권력이 가장 중요한 특성이 된다.

하지만 구약학자 게르하르트 폰 라트Gerhard von Rad는 히브리 성경의 독특성을 지적한다.[5] 성경이 말하는 피조세계는 경쟁자가 없는 한 분, 전능하신 하나님이 빚어낸 창조물이다. 전사가 전투에서 승리하는 식이 아니라 예술가가 기이하고 아름다운 작품을 만들어 내듯이 세상을 지으셨다. 예술가로서 창조주는 순전히 기쁨을 얻기 위해 만물을 지으셨다(잠 8:27-31). 따라서 세상에는 어떤 구조가 있다. 기본적으로 설계된 복잡한 질서, 또는 틀이 있다는 뜻이다.

폰 라트에 따르면, 성경의 지혜는 "삶의 현실에 만족하게 되는 것"을 의미한다.[6] 선하고 정의로운 하나님이 세상을 만드셨으므로 그 구조에는 도덕적인 질서가 자리하고 있다. 힘이 아니라 의로움을 바탕으로 삼는 질서다. 단기적으로는 힘과 이기심이 성공을 거두는 것처럼 보이지만 선하신 창조주가 지은 세계에서는 결국 악은 제대로 '작동하지' 못할 것이다. 그러므로 잔인하고 이기적인 힘은 죄일 뿐 아니라 어리석기도 하다. 그것은 외로움과 공허, 파괴를 불러올 뿐이다. 신실함과 진정성, 이타적인 섬김, 사랑은 올바를 뿐 아니라 지혜롭기도 하다. 창조주가 지으신 현실의 구조에 정확히 들어맞기 때문이다.

하지만 예외들이 문제다. 잠언은 열심히 일하면 번영에 이르고, 게으르면 가난해진다는 점을 강조하지만 세상사가 늘 그렇게 흘러가진 않는다. 욥기와 전도서는 잠언의 세계관을 보완한다. 하나님이 세상을 지으셨으므로 그 안에는 기본적인 도덕 질서가 존재한다. 그런데 이제 그 질서에 무언가 이상이 생겼다. 전부는 아닐지라도 부분적으로 망가져 버린 것이다. 성경학자 그레임 골즈워시Graeme Goldsworthy의 말을 빌리자면, 잠언은 "거룩한 질서"의 실상을 보여 주고, 욥기는 그 "비밀함"을 가르치며, 전도서는 "혼란스러움"을 나타낸다. [7]

욥기의 마지막 부분에 가면, 하나님이 나타나셔서 우주의 도덕 질서는 이미 온전하게 갖춰져 있지만 대부분 인간의 눈에는 감춰져 있다고 말씀하신다. 그래서 악인이 자신이 놓은 덫에 스스로 걸려 넘어지는 '시적 정의poetic justice'(시나 소설 속에서 나타나는 인과응보 - 편집자 주)가 여전히 많은 부분을 차지하지만, 인과관계 없이 부당하게 돌아가는 고난도 허다하다.

신약성경도 같은 세계관을 드러낸다. 요한복음 9장에서, 예수님은 앞을 보지 못하는 남자를 고치시고 그가 그처럼 어려운 처지에 빠진 건 자신이나 부모의 죄 때문이 아니라 우리가 가늠할 수 없는 하나님의 뜻을 이루기 위해서라고 가르치셨다. 그러므로 당장의 처지만 보고 반사적으로 시련을 겪는 이들을 탓해선 안 된다.

성경의 이런 관념은 카르마의 가르침과 대조될 뿐 아니라 일반적인 상식과도 충돌한다. 심리학자 멜 러너Mel Lerner는 "대중은 '마땅히 받을 만해서 받고, 받은 만큼 값을 치른다'고 믿기를 원한다"라고 말했다. 그래서 비극의 가해자를 찾아 벌을 주는 게 불가능하면 도리어 희생자를 비난하는 경향이 있다. [8] 이런 성향은 사리를 분별하려는 인간의 통상적인 충동에서 비롯되지만, 한편으로는 스스로 자기 삶을 통제할 수 있다고 확신하는 인간 내면에 도사린 욕구에서 나온다. 다들 "난 더 슬기롭고, 더 착한데다, 지금 무엇을 하고 있는지 잘 알고 있으니 내게는 그런 일이 벌어지지 않을 것"이라고 생각한다. 성경의 판단은 시련을 겪지 않는 이들에게는 더 거슬리는 반면, 상처받은 이들에게는 더 따뜻하다. 세상에는 수수께끼 같고 부당한 시련이 사방에 널렸다.

'하나님의 원수'로서의
고난

악은 하나님의 선한 피조세계를 침공했다. 악과 고난은 누군가가 도덕적으로 비교적 고상한지 또는 황폐한지와 상관없이 닥쳐온다. 앞으로 차차 살피겠지만, 설령 그렇다고 할지라도 고난 역시 주님의 손안에 있다는 게 성경의 가르침이므로, 하나님의 원수라는 차원에서 고난을 이해하는 게 대단히 중요하다. 데이비드 벤틀리 하트David Bentley Hart는 수많은 이들의 목숨을 앗아간 2004년 인도네시아 지진해일이 일어난 뒤 이런 글을 남겼다.

> 디프테리아에 시달리며 죽어 가는 어린아이, 암으로 피폐해진 젊은 엄마, 바다가 한꺼번에 휩쓸어 간 수십만 아시아인들, 죽음의 수용소에서 살해된 수백만의 생명들, 그리고 압제와 굶주림에 시달리는 사람들……. 손수 지으신 피조물을 불합리한 죄와 허무한 죽음에서 건지러 오신 하나님을 믿는 게 우리 신앙의 핵심이다. 우리는 철저한 미움으로 이런 일들을 증오하도록 허락받았다. …… 위안에 관해 말하자면, 나는 어린아이의 죽음과 마주하는 순간 하나님의 얼굴이 아니라 그 원수의 낯을 대하게 된다는 인식보다 더 큰 위로는 상상할 수 없다. 낙관

주의에서 해방시키고 …… 새로운 소망을 가르쳐 주는 것은 바로 신앙이다.[9]

예수님이 세상을 떠난 나사로를 찾아가신 요한복음 11장의 기록에서 이 진리를 부분적으로나마 살펴볼 수 있다. 주님이 무덤에 다가가는 장면을 대다수 성경 역본들은 "속으로 비통히 여기시며"라든지 "비통한 심정에 잠겨"(38절)라고 옮겼다. 하지만 이는 지나치게 약한 해석이다. 요한은 복음서를 기록하면서 '화가 나서 고함을 지르다'에 가까운 의미를 지닌 헬라어를 사용했다. 워필드 B. B. Warfield는 이렇게 말한다. "요한은 사실상 예수님이 슬픔을 주체하지 못하면서가 아니라 분노를 억누르지 못하는 상태로 나사로의 무덤에 다가가셨다고 이야기했다."[10]

나사로의 무덤 앞에 펼쳐진 광경을 보고 예수님이 그토록 분노하신 이유는 무엇일까? 어떻게 보면 주님의 분노와 눈물은 대단히 부적절해 보인다. 그리스도는 모든 슬픔과 통곡이 경이와 환희의 외침으로 바뀌리라는 걸 다 알고 계셨다. 나사로를 죽음에서 다시 살리실 작정이셨다(42-44절). 그렇다면 그처럼 불같이 화를 내실 까닭이 무엇이란 말인가? 워필드는 이 본문에 대한 장 칼뱅Jean Calvin의 주석을 참조해 가며 뛰어난 대답을 내놓는다.

마리아와 그 일행들이 애통해하는 모습을 보신 예수님은 격노했다. 바로 그 장면이 주님의 의식에 죽음이라는 악과 그 부자연스러움, 그리고 칼뱅의 표현대로 그 "폭력적인 압제"를 통렬하게 일깨웠기 때문이다.

마리아의 비탄을 보시며 주님은 "온 인류의 보편적인 참상을 깊이 묵상하시고"(이 역시 칼뱅의 표현 그대로다) 인간을 억압하는 주체를 향한 분노로 이글이글 타오르셨다.

사그라지지 않는 노여움이 예수님을 사로잡았다. 그분의 존재 전체가 평정을 잃고 흔들렸다. …… 진노의 대상은 죽음, 그리고 그 이면에 도사린 사망의 권세를 쥔 자, 다시 말해 주님이 멸망시키러 세상에 오신 상대였다. 연민의 눈물이 두 눈에 가득했을지 모르지만 그건 부수적인 감정에 지나지 않았다. 예수님의 마음은 분노로 가득했다.

이윽고 주님은, 다시 칼뱅의 말을 빌리자면, "한바탕 싸움을 벌일 채비를 갖추는 챔피언처럼" 무덤으로 다가가셨다. …… 요한이 이렇게 서술한 의도는 세상을 구원하시면서 예수님이 품으셨던 마음을 드러내는 데 있었다. 냉정한 무관심이 아니라 맹렬한 진노로 우리를 위해 원수의 숨통을 끊으셨다. 인류를 짓누르는 악에서 건져 내셨을 뿐 아니라 우리가 당하는 압제를 함께 느끼고 견디셨으며 그런 감정들을 동력으로 삼아 구원을 이루셨다.[11]

예수님은 악과 죽음, 고난에 맹렬히 노여워하셨으나, 이 세상을 지으신 자신에게는 분노하지 않으셨다. 이는 악이란 하나님이 지으신 선한 세계의 적인 동시에 하나님 자신의 원수임을 의미한다. 그리스도의 사명은 처음부터 끝까지 악과 싸워서 영원히 전멸시키는 일이었다. 하지만 앞서 살펴보았듯, 악은 인간의 마음에 너무 깊이 뿌리를 내리고 있어서 그리스도가 눈에 보이는 족족 악을 파멸시킬 권세를 가지고 오셨더라면 우리마저 멸망시키실 수밖에 없었을 것이다. 그래서 주님은 대군을 이끄는 사령관으로 임하시는 대신, 인류의 죗값을 치르기 위해 십자가를 지시는 연약한 모습으로 오셨다. 인류가 마땅히 받아야 할 심판을 갈보리에서 대신 받으셨으므로 우리를 용납하실 수 있게 된 것이다.

요한복음 9장과 11장 같은 본문에서, 예수님은 비록 하나님이 인간에게 정당한 징계로 고난과 악을 허락하셨으며 마지막 심판의 자리에서 모든 것을 다 바로잡으신다 할지라도, 그날이 오기까지 고난은 부당하며 하나님이 늘 경멸하는 대상임을 가르치신다. 로널드 리트거스는 이렇게 정리한다. "그리스도는 …… 고난이 죄에서 비롯됨을 인정하셨다. 실로 암 망대가 무너질 때 치어 죽은 열여덟 사람을 두고 추측을 남발하던 이들을 꾸짖으시면서(눅 13:2-5), 앞을 보지 못하는 남자의 현실을 구체적인 죄와 연결 지으려던 제자들을 책망하시면서(요 9:1-3) 예수님이 반대하셨던 것은 고난이 죄에서 비롯된다는 사실이 아니라 …… 죄를 지나치게 단순화하고 아전인수 격으로 적용하는 것이었다."[12]

마음을 지켜 주는
균형 잡힌 사고

지금까지 '고난은 정당한 동시에 부당하다'라는 사실이 어떻게 고난에 맞서는 지혜로 이끄는지 살펴보았다. 폰 라트가 설명하듯, 지혜는 복잡한 현실에 대한 인식을 가리킨다. 고난도 하나님이 정당하게 세상에 부여하신 것이라는 사실 역시 현실의 일부다. 인간은 모든 것을 하나님께 빚지고 있다. 주님이 우리를 지으셨고 순간순간 생명을 이어가도록 지키시기 때문이다. 따라서 인간으로서는 하나님을 그 무엇보다 사랑하며 섬기는 게 지극히 타당하다. 하지만 우리는 자신을 위해 살며 죄를 짓는다. 그러므로 선한 세계, 인간에게 유익하게 만들어진 세계는 우리에게 어울리지 않는다.

하지만 창조 질서(이 세상의 구조)가 해어지거나 깨져 버렸다는 점은 또 다른 지배적 현실이다. 무고한 이들이 더 심한 시련을 당하고 사악한 무리가 오히려 더 잘 살아가는 일이 이 세상에서 숱하게 벌어진다. 고난과 고통은 우리가 이해할 수 있는 방식으로 공평하게 돌아가지 않는다. 이 두 번째 현실을 감안하면, 올바르게 살지 않아서 우리에게나 다른 이들에게 역경이 닥친다는 식의 판단에 최대한 신중해야 할 필요가 있다.

탈선 자녀를 둔 부모나 빈곤과 범죄 비율이 높은 사회나 민족, 또는 에이즈로 죽어 가는 동성애자들을 바라보면서 하나님의 눈으로 볼 때 자신이 도덕적으로 더 우월하다고 생각지 말아야 한다. 욥에게 그랬던 것처럼 이유를 알 수 없는 고난이 밀려온다면, 그건 혼란 속에서 절실하게 울부짖을 수 있다는 뜻이기도 하다. 인간은 어차피 깊은 고난을 겪을 수밖에 없다는 사실과 우리의 고난은 부당하다고 느끼는 감정에 진실이 있다.

이러한 진실들 가운데 어느 하나라도 무시하면 우주의 실상을 제대로 파악할 수 없다. 첫 번째 진리(일반적인 고난은 정당하다)를 외면하면 하나님의 선하심, 더 나아가 그분의 존재까지 격렬하게 거부하는 자만심과 자기 연민에 빠지고 만다. 또한 두 번째 진리(개별적으로 닥쳐오는 고난은 부당하기 십상이다)를 소홀히 대하면 지나친 죄책감이나 하나님께 버림받았다는 자괴감에 발목을 잡힌다. 흔히 말하는 "하나님이 미워요!" 식의 반응(심신을 쇠약하게 만드는 절대자를 향한 분노)과 "내가 싫다!"는 식의 반응(파괴적인 죄책감과 인격적인 좌절감)에 빠지게 된다.

고난 속에서 어느 쪽으로든 이러한 구렁텅이에 빠지는 이들이 수없이 많다. 하나님은 공정하시며 언젠가는 최종적으로 정의를 실현하시겠지만, 그 사이에는 삶이 몹시 불공평하게 이어질 수밖에 없다는 균형 잡힌 사고가 우리의 마음을 절망에서 지켜 준다. 우리에게는 삶의 현실을 제대로 꿰뚫어 볼 힘이 필요하다.

주권자
하나님

지금부터 살펴볼 두 번째 진리도 서로 균형을 이루는 가르침으로 '하나님은 주권자인 동시에 고난을 당하는 분'이라는 교리다. 이러한 성경의 가르침은 '전능하고' 또한 '완전히 선한' 신을 말하는 철학자들의 주장과도 잘 맞아 떨어진다. 성경은 추상적인 관념에 머물지 않고 하나님을 전능하실 뿐 아니라 역사의 모든 일을 주관하는 분으로 제시한다. 하나님은 선하고 사랑이 넘치실 뿐 아니라 우리가 사는 세상에 들어오셔서 그 누가 겪은 고난보다 더 큰 고통을 당하셨다.

리트거스는 이 두 가지 진리를 모두 인식하지 않으면, 고난은 의미를 가질 수 없고 궁극적인 답도 얻을 수 없다고 말한다.

> 성경의 하나님은 …… 인류와 함께 고난을 받으신(십자가에서 극심한 고통을 당하신) 분이지만, 다른 의미로는 고난을 다스리시는 분이기도 하다. 이 두 가지 사실에 대한 믿음은, 고난에는 궁극적으로 의미가 있으며 삼위일체 하나님이 마침내 거기서 구원하신다는 전통적인 기독교 주장에 핵심이 되었다.[13]

그런데 하나님이 역사를 주관하시며 고난도 다스리신다는 말은 무슨 뜻일까? 성경이 말하는 하나님의 주권 교리를 "양립가능론compatibilism"이라고 부르기도 했다.[14] 하나님은 역사 속에서 벌어지는 사건들을 온전히 주도하시지만, 인간에게 선택권을 주어 자유롭게 행하고 그 결과에 책임지게 하는 방식으로 그 주도권을 행사하신다고 성경은 가르친다. 따라서 인간의 자유와 역사를 이끄시는 하나님의 손길은 아무 부대낌 없이 양립할 수 있다. 은행털이를 생각해 보면 아주 현실적이고 실감 나게 이해할 수 있을지 모른다. 모든 일이 하나님의 계획 가운데 있었다 할지라도 도덕적인 죄는 처음부터 끝까지 다 강도의 책임이다.

이를 퍼센트로 따지는 방식은 다소 거칠어 보이지만 무척 효과적이다. 흔히 어떤 사건을 바라볼 때 하나님이 일을 계획하셨든지 아니면 인간이 자유롭게 선택했든지 둘 중 하나일 뿐, 한꺼번에 성립할 수는 없다고 생각한다. 어쩌면 하나님의 역사 50퍼센트와 인간 대리자의 행동 50퍼센트가 어울려 사건이 일어났다는 정도는 받아들일지 모른다.

비율은 80대 20일 수도 있고 20대 80이 될 수도 있다. 하지만 성경은 역사를 설명하면서 백 퍼센트 하나님의 의도적인 인도하심 아래 있지만, 동시에 다른 한편으로는 자신의 행동에 백 퍼센트 책임을 지는 인간들로 채워져 있다고 설명한다.

이런 사고방식은 고대와 현대의 직관에 모두 어긋난다. 그리스의 '숙명론'이나 이슬람교의 '키즈멧kismet'(무슬림에게 주어진 운명)은 기독교에서 가르치는 하나님의 주권 교리와 판이하게 다르다. 그리스 신화에 나오는 주인공 오이디푸스는 아버지를 죽이고 어머니와 결혼하게 되리라는 신탁을 받는다. 오이디푸스와 주변 인물들은 운명을 피하려고 안간힘을 쓰지만 그런 책략들은 도리어 숙명을 앞당기는 결과를 낳았을 뿐이다. 관련된 이들의 선택과 상관없이 정해진 결말은 어김없이 현실이 되었다.

크리스천들이 말하는 하나님의 주권 교리는 이와는 전혀 다르다. 하나님의 계획은 우리의 선택을 통해 이뤄진다. 선택은 결과를 낳는다. 하지만 하나님은 억지로 무엇을 하도록 만들지 않는다. 인간은 스스로 더없이 간절하게 바라는 바를 행동에 옮길 뿐이다. 하나님은 인간의 자발적인 행동들을 통해 거룩한 뜻을 완벽하게 이루신다.

성경은 곳곳에서 하나님의 계획과 인간의 행위 사이에 이런 양립가능성을 제기하며 가르친다.[15] 이사야서 10장에서, 하나님은 앗수르(앗시리아)를 "진노의 막대기"라고 부르신다(5절). 죄를 지은 이스라엘을 벌주기 위해 앗수르를 사용하신다는 뜻이다. 그런데 그럼에도 불구하고 앗수르가 행한 일에 대해서 책임을 물으신다. "내가 그를 보내어 경건하지 아니한 나라[이스라엘]를 치게 …… 하거니와 그의 뜻은 이 같지 아니하며 그의 마음의 생각도 이 같지 아니하고 다만 그의 마음은 허다한 나라를 파괴하며 멸절하려 하는도다"(6-7절).

하나님은 지혜롭고 공의로운 섭리에 따라 앗수르를 막대기로 쓰신 반면, 앗수르의 내면적인 동기는 정의를 향한 열정이 아니라 그저 다른 나라들을 지배하고자 하는 잔인하고도 오만한 욕망이었다. 그래서 하나님은 심판의 도구를 심판하려 하신다. 앗수르의 행동은 하나님이 세우신 계획의 일부였음에도 앗수르 사람들은 그 자유로운 선택에 책임을 져야 했다. 엄청난 균형이다. 다른 한편으로는 악을 심각한 현실로 받아들인다. 여기에는 악은 끝내 승리를 거둘 수 없다는 확신이 자리 잡고 있다.

에베소서 1장 11절은 하나님을 일컬어 "모든 일을 그의 뜻의 결정대로 일하시는 이"라고 한다. '모든 일'은 하나님의 계획에 따라 그분의 그 섭리와 보조를 같이 하며 일어난다. 하나님의 계획은 자디잔 일들조차 다 아우른다는 뜻이다. 잠언 16장 33절은 "제비는 사람이 뽑으나 모든 일을 작정하기는 여호와께 있느니라"라고 한다. 동전을 던졌다가 뒤집는 행동마저도 거룩한 계획의 한 조각인 셈이다. 결국, 우연은 없다. 주님의 계획에는 부정적인 일들도 포함된다. 시편 60편 3절은 "주께서 주의 백성에게 어려움을 보이시고 비틀거리게 하는 포도주를 우리에게 마시게 하셨나이다"라고 노래한다.

고난은 하나님의 계획 밖에 있는 것이 아니라 그 일부다. 사도행전 4장 27-28절에서 그리스도의 제자들은 하나님께 기도한다. "과연 헤롯과 본디오 빌라도는 이방인과 이스라엘 백성과 합세하여 하나님께서 기름 부으신 거룩한 종 예수를 거슬러 하나님의 권능과 뜻대로 이루려고 예정하신 그것을 행하려고 이 성에 모였나이다." 예수님의 고난과 죽음은 이루 말할 수 없이 큰 불의였지만 그 또한 하나님이 세우신 계획 가운데 한 부분이었다.

하나님의 완전한 계획 속
인간의 자유의지

성경에 따르면, 하나님은 인간의 계획을 계획하신다. 잠언 16장 9절은 "사람이 마음으로 자기의 길을 계획할지라도 그의 걸음을 인도하시는 이는 여호와"라고 말한다. 인간이 계획을 세울지라도 하나님이 그리시는 큰 그림에 맞춰 돌아갈 뿐이라는 것이다.

자유의지와 하나님의 주권이 어울려 아귀가 착착 맞아 들어가는 본문은 이 밖에도 많다. 요셉은 창세기 50장 20절에서 자신을 노예로 팔아넘긴 형들의 악한 행동을 하나님이 어떻게 선하고 위대한 일로 사용하셨는지 설명한다. "당신들은 나를 해하려 하였으나 하나님은 그것을 선으로 바꾸사 오늘과 같이 많은 백성의 생명을 구원하게 하시려 하셨나니." 형들이 한 일을 요셉이 악으로 여겼다는 점에 주목할 필요가 있다. 그들은 동생을 '해하려' 하였다. 다분히 고의적이었던 것이다.

하지만 하나님의 섭리는 요셉의 시련과 괴로움을 뒤집어 거룩한 뜻을 이루는 데 사용했다. 요셉의 말을 신약성경 버전으로 바꾸면 로마서 8장 28절쯤 될 것이다. "우리가 알거니와 하나님을 사랑하는 자 곧 그의 뜻대로 부르심을 입은 자들에게는 모든 것이 합력하여 선을 이루느니라."

베드로는 사도행전 2장 23절에서 "하나님께서 정하신 뜻"에 따라 예수님은 십자가에 못 박히셨지만, 주님을 죽음으로 내몬 손들은 불의와 "무법"(새번역)을 행했다고 다시 한 번 언급한다. 달리 말하자면, 그리스도는 하나님의 뜻에 따라 죽임 당할 수밖에 없으셨으며 그런 사태가 일어나지 않게 막는 일은 불가능했다. 하지만 그 누구도 강압에 못 이겨 예수님을 배반하고 죽음에 이르게 한 것이 아니다. 모두가 자유롭게 선택해 그 일을 행했으므로 저마다 자신의 결정에 책임이 있고 대가를 치러야 한다. 예수님은 이러한 진리를 한마디로 정리하셨다. "인자는 이미 작정된 대로 가거니와 그를 파는 그 사람에게는 화가 있으리로다"(눅 22:22).

성경의 이런 시각을 드러내는 아주 매혹적인 사례 가운데 하나는 모세가 바로와 맞대결을 펼치는 대목이다(출 7-14장). 모세는 바로를 향해 이스라엘 백성을 속박에서 풀어 주길 끈질기게 요구하며 이는 하나님의 뜻이라고 선언한다. 몇 장 뒤의 본문에 따르면, 바로는 '마음을 단단히 먹고' 고집스럽게 백성들을 풀어 주지 않았다. 그토록 완강하게 거절하는 바람에 애굽(이집트) 백성들은 말로 다 할 수 없는 참담한 사태와 죽음에 맞닥뜨릴 수밖에 없었다.

하지만 이 본문이 매력적인 까닭은 하나님이 바로의 마음을 완악하게 하셨다고 표현한다는 데 있다(출 7:3; 9:12; 10:1; 11:10; 14:4, 8). 빈도로 보자면, 바로가 자기 마음을 완강하게 했다고 말하는 본문의(출 7:13; 8:15, 32; 9:34; 13:15) 수와 거의 비슷한 수준이다. 그렇다면 어느 편이 사실인가? 하나님이 완악하게 만드셨는가, 바로가 스스로 완고하게 고집을 피웠는가? 성경은 둘 다 옳다고 답한다.

창세기에서 중요하게 다루는 족장 야곱이 살아가며 저지른 죄를 살펴보자. 야곱은 아버지를 속이고 형의 권리를 빼앗았다. 결국 고향에서 도망쳐 외국 땅에서 부당한 대접을 받으며 모진 고생을 했다. 하지만 거기서 평생 사랑할 짝을 만났고 자식들을 낳았으며 그 후손 가운데 예수님이 태어났다. 야곱의 죄가 그를 최선이 아닌 플랜 B의 삶으로 몰아넣지 않았다는 건 분명하다. 모두가 그를 향한, 더 나아가 세상을 구원하기 위한 하나님의 완벽한 계획이었을 따름이다. 그렇다면 야곱은 스스로 저지른 죄에 책임을 지지 않았는가? 천만의 말씀이다. 그는 자신의 어리석은 행동에 대한 대가로 수없이 많은 시련을 겪었다. 하지만 하나님은 그 모든 과정을 어김없이 주관하셨다. 심지어 야곱이 철저하게 대가를 치르는 동안에도 마찬가지였다.

따지고 보면, 기독교가 가르치는 하나님의 주권 개념은 신묘하면서도 현실적인 원리다. 아무도 이 두 가지 진리가 어떻게 맞아 떨어지는지 정확하게 꿰고 있노라고 자부할 수 없다.[16] 하지만 누구나 일상적인 경험을 통해 상대방의 자유의지를 해치지 않으면서도 원하는 길로 이끄는 법을 어느 정도는 알고 있다. 훌륭한 지도자들은 부분적이기는 하지만 이런 일들을 잘 감당해 낸다. 하물며 무한하신 하나님이라면 완벽하게 해내지 않으시겠는가?

하나님의 주권은 수수께끼 같지만 모순은 아니다. 하나님이 붙들어 주신다는 사실과 어리석고 악한 행동의 결과로 고통을 겪게 된다는 점을 안다는 건 지혜와 의지를 가장 효율적으로 쓸 수 있는 특권을 가졌다는 뜻이기도 하다. 다른 한편에는, 무슨 일이 있어도 삶이 엉망진창으로 망가지지 않으리라는 절대적인 약속이 있다. 하나님은 실패와 시련마저도 그분의 영광과 우리의 유익을 위해 사용하신다. 우리에게 이보다 더 큰 위로를 주는 보장이 또 있을까? "내가 지존하신 하나님께 부르짖음이여 곧 나를 위하여 모든 것을 이루시는 하나님께로다"(시 57:2).

이런 가르침은 고난을 대하는 문제와 관련해 고상하면서도 실질적인 의미를 갖는다. 던 카슨Don Carson이 지적하듯, 어느 면에서는 "하나님이 선과 악을 조금 다른 방식으로 뒷받침하시는 것이 틀림없다는 뜻이기도 하다. 주님은 선과 악의 뒤편에 비대칭적으로 자리하신다."[17] 도덕적인 악이 하나님의 뜻이라는 울타리를 벗어나 이뤄질 수 없다면, "그 악은 윤리적으로 주님께 도전이 될 수 없다." 악행을 저지른 이는 반드시 책임을 지게 마련이기 때문이다.[18] 반면에 인간의 마음에 깃드는 선한 의도는 궁극적으로 하나님에게서 비롯된다(약 1:17).[19] 선한 일은 주님과 직접 연결된다는 뜻이다.

가장 현실적인 차원에서도, (애초에 하나님이 그린 설계도에는 들어 있지 않았던) 지독한 불의와 비극마저도 마침내 지혜로운 계획 속에 녹아들게 된다는 확신을 가질 수 있다. 따라서 "합력하여 선을 이룬다"는 로마서 8장의 약속은 믿는 이들에게 무엇과도 견줄 수 없는 큰 위안이다.

'안정과 위로의 갈구'에서
'하나님을 향한 전적인 의지'로

러스와 수 부부 이야기

러스 ―――――

결혼하고 나서 처음 10년 동안은 특권과 위기의 연속이었다. 성공하기 위해 쉴 새 없이 경쟁하다 직장을 잃고, 다시 시동을 걸고 새 출발하려 발버둥치기를 되풀이하면서 좀처럼 안정감을 느끼지 못했다. 하지만 그건 장차 닥칠 지긋지긋한 난관들에 비하면 그냥 몸 풀기에 지나지 않았다는 생각이 든다. 2000년에 아내가 생각지도 못했던 암 선고를 받으면서 우리의 일상은 일대 격변을 맞았다.

수 ━━━━━━

조직검사 결과를 들으러 가기 전날 밤만 해도 너무 괴롭고 낙담이
돼서 잠을 이룰 수가 없었다. 그런데 갑자기 너무도 확실한 하나님의 임
재가 방 안을 가득 채우는 걸 느꼈다. 감당할 수 없을 만큼 커다란 평안
이 밀려들면서 "염려하지 마라, 내가 너와 함께하겠다"라고 말씀하시는
음성을 들었다. 그 짜릿한 순간은 귀한 선물이었다. 덕분에 그날 밤에 마
음을 가라앉히고 깊은 잠을 잤을 뿐 아니라, 이튿날 호지킨림프종Hodgkin's
lymphoma 진단을 받고도 기운을 잃지 않았다. 하나님은 고통을 겪는 내내
나를 붙들어 주셨다.

화학요법을 무사히 마친 것을 자축하기가 무섭게 암은 맹렬한 기세
로 되돌아왔다. 이번에는 줄기세포 이식과 고용량 화학요법을 써야 했
다. 생존 확률은 50대 50이었고 방사선 치료도 받아야 했다. 인간이 할
수 있는 일이 거의 없다는 건 누가 봐도 분명했다.

러스 ━━━━━━

줄기세포 치료를 받는 3주 동안, 아내와 함께 버텼다. 아내의 면역기
능은 완전히 사라졌다. 죽음의 문제와 마주할 수밖에 없었다. 우린 깊은
대화와 조용한 묵상의 시간을 가졌다. 하나님과 아내를 그처럼 가깝게 느
꼈던 적이 또 있었나? 마치 평화로운 두 우주가 나란히 펼쳐진 것 같았다.

가장 힘들었던 점은 앞으로 '어떻게 할까?' 하는 문제였다. 하나님이
아내에게 죽음을 허락하시면 어떻게 해야 하지? 진심으로 "내 원대로 마
시옵고 아버지의 원대로 되기를 원하나이다"라고 고백할 수 있어야 했

다. 아내의 상태는 꾸준히 좋아졌고 하나님은 그 끔찍한 사태를 모면하게 해 주셨다.

수

줄기세포 치료로 암 덩어리를 없애는 데는 성공했지만, 1년쯤 지나자 폐 조직이 점점 굳어지는 불치병인 폐섬유증pulmonary fibrosis이 생겼다. 시간은 속절없이 흘러갔다. 살 수 있는 길은 폐 이식뿐이었다.

정해진 수순을 밟지 않게 해 주시길 간절히 기도했지만, 증상의 진전은 치료의 속도를 앞질렀다. 그 와중에도 교회와 친구들, 이웃과 가족이 보내 준 지지는 하나님의 신실하신 손길을 보여 주는 간증 거리다. 세 번의 시도가 물거품으로 돌아간 끝에 이식받을 수 있는 폐가 수배됐다. 수술을 시작하는 순간, 천사들이 의사들의 몸속에 들어가는 걸 볼 수 있었다. 이틀 뒤, 행복감에 젖은 채로 의식을 되찾았다. 처음 든 생각은 "주님이 하셨습니다!"라는 고백이었다. 다음에는 세상을 떠나면서 내 생명의 은인이 된 장기 기증자가 생각났다.

러스

집으로 돌아온 첫날 밤, 우리 부부는 경외감과 주체할 수 없는 기쁨, 그리고 하나님을 향한 깊은 외경심을 느꼈다. 짧은 하룻밤 사이에 주님께 느끼는 사랑과 친밀감은 예전과는 비할 바가 없을 만큼 깊어져서 마치 하늘나라를 살짝 맛본 기분이었다. 위로와 만족, 행복감을 나누는 잊을 수 없는 경험이었다. 너무도 진한 체험이어서 영원히 끝내고 싶지 않았다.

실제로 산꼭대기에 오른 기분이었다. 그때 일을 생각하면 지금도 힘이 난다.

그 뒤로 한동안은 날아갈 듯 기쁘고 행복했다. 하지만 이식 후 네 달째에 들어서면서 거부 반응의 조짐이 보이더니 만성 폐질환의 징후까지 나타났다. 그리고 얼마 지나지 않아 재이식 이야기가 나오기 시작했다. 불안하고 해법이 보이지 않는 의학적인 문제들은 깊은 좌절과 슬픔을 안겨 주었다. 식구들에게는 견디기 힘든 부담이었다. 하지만 하나님은 더 이상 그 고통과 탈진, 분노를 견디지 못하겠다 싶을 때마다 어떤 식으로든 내 마음을 누그러뜨려 주시고 앞으로 나갈 힘을 주셨다. 다른 사람들의 너그러운 행동 속에서 주님의 얼굴을 보았다. 그래서 힘든 일을 당해도 감사를 잃지 않을 수 있었다. 하나님이 붙들어 세우시고 우리를 위해 일하시는 것을 확신했다. 느끼고, 보고, 거기서 소망을 얻었다.

결국, 우리가 바라던 안정되고 편안한 삶을 누리지 못하리라는 사실을 받아들였다. 안정과 위안을 갈구할 것이 아니라 힘의 원천인 하나님께 온전히 의지해야 한다는 사실을 깨달았다. 그러자면 주님께 모든 것을 드리는 일상적인 노력이 필요하다. "세상에서 겪은 괴로움으로 말미암아 하늘나라에서 누리는 기쁨은 훨씬 더 커질 것"이란 약속이야말로 진정한 위로다. 여전히 절뚝거릴지 모르지만 날마다 새로워지는 신앙에서 힘을 얻는다. 하나님은 도움의 손길을 내미셔서 시련을 참고 견디게 하셨으며, 꿋꿋이 내 갈 길을 걸어갈 수 있도록 소망과 힘을 주셨다.

7

하나님은 '고난을 다스리는' 주권자인 동시에 '몸소' 고난당하셨다

고난당하신 하나님

기독교가 '착하게 살면 행복해진다'라고 주장하는,
비현실적이고 이상적인 종교로 포장되는 사태는 재난에 가깝다. ……
반대로, 행복조차도 하찮아 보이게 만드는
어떤 영원한 성취들이 있다는 주장은
지독하게, 가혹하리만치 현실적이다.

_도로시 세이어스Dorothy L. Sayers, *Creed or Chaos?*(신념인가 혼돈인가)

다른 종교들과 다르게 오직 기독교만이 특이하게도 신이 스스로 연약해져서 고난을 받으셨다고 말한다. 하나님의 주권 이면에는 하나님의 고난이 자리하고 있다. 로널드 리트거스의 말처럼, 언뜻 보면 '주권자 하나님'과 '고난받는 하나님'이라는 이 상반되는 두 가지 진리를 한데 아우르는 건 몹시 역설적으로 보인다. 하지만 고난에 대한 기독교의 독특한 관점을 파악하는 데 결정적인 사실이다.

"크리스천들이 역경의 한복판에서 하나님을 온전히 신뢰할 수 있다고 주장하는 주요한 이유는 …… 하나님이 친히 앞장서 고난을 겪으셨기 때문"이다. 매우 중요한 대목이다. 리트거스와 피터 버거, 두 사람 모두 이 진리를 고난을 이해하는 평형추로, 곧 하나님이 역사의 주관자시며 종종 인간으로서는 파악할 수 없는 뜻의 일부로 고난을 사용하신다는 가르침을 뒷받침하는 보완책으로 받아들인다. 그렇다. 그분은 역사의 주인이지만, 또한 역사 속에 들어와 더없이 어두운 힘에 시달렸던 연약한 존재이기도 했다.

예수님이 "나의 하나님, 나의 하나님, 어찌하여 나를 버리셨나이까?" 라고 부르짖는 순간, 친히 그 부재에서 오는 고통을 철저하게 경험하셨다. 그렇다. 하나님은 왕이시지만, 세상에 오셔서 보좌가 아닌 십자가로 걸어가신 왕이다. 하나님은 영광스러우시다. 하지만 그분이 스스로 영광과 권세를 버리고 연약하고 유한하게 되셨다는 것보다 더 영광스러운 사실은 없다.

그는 근본 하나님의 본체시나 하나님과 동등됨을 취할 것으로 여기지 아니하시고 오히려 자기를 비워 종의 형체를 가지사 사람들과 같이 되셨고 사람의 모양으로 나타나사 자기를 낮추시고 죽기까지 복종하셨으니 곧 십자가에 죽으심이라(빌 2:6-8).

어떻게 주권자 하나님이 또한 고난받는 하나님이 되실 수 있는가? 하나님의 고난은 예수님이 세상에 오시기 아주 오래전부터 히브리 성경에 이미 계시되어 있었다.

구약성경은 우리를 애가 타도록 간절하게 사랑하시는 하나님을 보여 준다. 예레미야서에서 하나님은 이스라엘 백성을 "에브라임"이라고 부르며 말씀하신다. "에브라임은 나의 사랑하는 아들 기뻐하는 자식이 아니냐 내가 그를 책망하여 말할 때마다 깊이 생각하노라 그러므로 그를 위하여 내 창자가 들끓으니 내가 반드시 그를 불쌍히 여기리라 여호와의 말씀이니라"(렘 31:20). 호세아서 11장의 유명한 본문에서도 애끓는 마음으로 부르짖으신다. "에브라임이여 내가 어찌 너를 놓겠느냐 이스라엘이여 내가 어찌 너를 버리겠느냐 …… 내 마음이 내 속에서 돌이키어 나의 긍휼이 온전히 불붙듯 하도다 내가 나의 맹렬한 진노를 나타내지 아니하며 내가 다시는 에브라임을 멸하지 아니하리니"(호 11:8-9).

이 주제와 관련해 눈에 띄는 본문을 하나 더 찾는다면 단연 창세기 6장 5-6절이다. "여호와께서 사람의 죄악이 세상에 가득함과 그의 마음으로 생각하는 모든 계획이 항상 악할 뿐임을 보시고 땅 위에 사람 지으셨음을 한탄하사 마음에 근심하시고." 구약학자 데렉 키드너Derek Kidner는 이를 가리켜 "하나님의 감정이 더없이 노골적으로 드러난다"고 말한다. 그는 하나님의 감정과 슬픔을 표현하는 본문들은 "필요할 때마다 [성경 어디서든] 등장해 하나님의 주권을 약화시키지 않으면서 그분을 알아가는 지식에 균형을 잡아 준다"[2]고 했다.

키드너의 말에는 성경의 이런 본문들은 반드시 하나님의 전능, 주권, 거룩, 무한성, 영원성 등과 나란히 두고 보아야 한다는 뜻이 담겨 있다. 성경 신학자 알렉 모티어Alec Motyer는 이를 "살아 계신 하나님은 외부에서 생명력을 끌어올 필요가 전혀 없는 자존하고 자족하는 실재"[3]라는 말로 정리했다. 달리 말하자면, 하나님은 누구에게 또는 무엇에도 기대지 않으시며, 만물이 그분께 의지할 따름이다.

하나님에게는 인간의 사랑과 경배가 필요 없다. 우리처럼 무언가로 채워야만 비로소 완전해지는 존재가 아니다. 주님의 감정과 슬픔을 이야기하는 이 본문들을 성경의 나머지 부분들과 따로 떼어 놓고 봐선 안 된다. 그랬다가는 하나님을 "앞으로도 계속 성장해 가야 할 불완전한 …… 시시때때로 변하는 변덕쟁이"거나 인간의 사랑이 필요한 분으로 보게 되기 십상이다.[4]

하지만 반대쪽 극단으로도 치우치지 말아야 한다. 신학자들은 더러 "무감각한 하나님"을 이야기하고는 한다. 주님은 즐거움과 기쁨, 또는 고통과 괴로움 가운데 그 어느 것도 느낄 줄 모른다는 것이다.[5] 성경의 언어와 가르침에 모두 어긋나는 주장이다. 호세아 11장이나 창세기 6장 같은 본문에 적나라하게 드러나는 정서를 깎아 내려선 안 된다. 키드너는 창세기 6장 6절에 표현된 "'한탄하사'라는 단어는 창세기 3장 16-17절에 등장하는 [죄로 인해 인류에게 들어온] '슬픔'이나 '고통'에 가까운 단어이며, 하나님은 인간들 때문에 이미 고통을 받고 계신다"라고 말한다. [6]

　　마음을 주면 고통스러울 수밖에 없다. 누군가를 사랑할수록 상대방의 아픔까지 떠안게 되기 마련이다. 창세기 첫 대목에서도 하나님이 인간들의 비참한 현실에 괴로워하시는 모습을 볼 수 있다. 여기에는 추상적인 신성, "거룩한 원리, 우주의 이면에 자리 잡은 합리적인 구조" 같은 것들이 끼어들 여지가 없다. 하나님은 "생명체 하나하나에 깃든 신성한 생명의 불꽃" 수준의 존재가 아니시다. 우리를 너무나 사랑하셔서 그 마음에 우리를 향한 아픔이 가득한, 초월적이지만 인격적인 하나님이시다. 이것만으로도 놀라울 지경인데, 아직 우리에게는 예수님이 남아 있다.

예수님은
고통을 아신다

　　복음서들을 살펴보면, 예수님도 평범한 인간들의 일상적인 압박과 어려움, 고통을 겪으셨음을 알 수 있다. 피곤함과 목마름(요 4:6), 곤경과 깊은 고민, 그리고 '마음의 괴로움'(막 3:5; 요 11:35; 12:27)을 두루 경험하셨다. 세상에 사는 내내 줄곧 "심한 통곡과 눈물로 간구와 소원을"(히 5:7; 눅 22:44) 올려야 할 정도였다. 주님은 가장 가까운 친구들에게 오해를 받고 가족과 고향에서 내쫓기는 일이 어떤 것인지 완벽하게 아셨다(요 7:3-5; 마 13:57; 막 3:21). 그뿐 아니라 사탄의 유혹과 공격도 받으셨다(마 4:1-3). 그런데 성경은 놀랍게도 예수님이 고난에서 순종을 '배우셨다'고 말한다(히 5:8). 던 카슨은 결론짓는다. "우리가 의지하는 하나님은 고난의 의미를 속속들이 알고 계신다. 단순히 모든 것을 아시는 하나님이라는 차원에서만이 아니라 몸소 경험하셨기에 아신다는 말이다."[7]

주님은 생애의 마지막 대목에서 수난과 맞닥뜨리신다. 생명을 쏟아부었던 이들로부터 하나같이 외면과 부인, 배신을 당했다. 심지어 십자가에서는 아버지한테까지 버림을 받았다(마 27:46). 이 마지막 경험은 세상 누구도 따라올 수 없는, 그래서 인간에게는 불가해할 수밖에 없는 무한하고 우주적인 고뇌를 의미한다. 가장 심한 고난은 사랑의 상실인데 이 경우에는 영원히, 그리고 완전히 사랑을 잃어버렸기 때문이다. 가족 관계의 단절과 상실보다 더 가혹한 시련은 없다. 여기서 "하나님은 고난을 당한다는 게 무엇을 의미하는지 아신다. 인간의 지각보다 훨씬 뛰어나서서만이 아니라, 죽음이 가져오는 괴로움과 상실, 사랑하는 이들과 헤어짐 …… 스스로 악을 향해 품은 어마어마한 진노 때문에 가족(삼위일체)과의 단절을 가장 고통스러운 방식으로 경험하셨기 때문이다."[8]

공의를 만족시키기 위해, 다시 말해 죄를 벌해서 사랑으로 인류를 용서하고 용납하시기 위해 하나님은 죄에 합당한 벌을 직접 받으셔야 했다. 성자 하나님은 하늘 아버지와의 단절을 포함해 당연히 인간의 몫으로 돌아와야 할 징벌을 대신 받으셨다. 우리를 그토록 사랑하셔서서 무한한 고뇌와 고통을 스스로, 온 마음으로 끌어 안으셨다.

19세기 초에 활동했던 스코틀랜드 설교가 머리 맥체인Murray M'Cheyne은 십자가에서 그리스도가 보여 주신 "고난의 무한성"을 이렇게 풀어 설명한다.

하나님의 위로 한마디 없이, 하나님이 사랑하신다는 느낌이나 하나님이 불쌍히 여기신다는 느낌 한 점 없이, 하나님이 뒤에서 지켜 주신다는 위로 하나 없이, 그분은 거기 홀로 계셨다. 지금까지 하나님은 빛나는 태양이었다. 이제 그 해는 지고 암흑만이 남았다. ...... 하나님 없이, 마치 처음부터 그랬던 것처럼 주님은 거기에 홀로 계셨다. 지금까지 하나님이 행하신 일들은 흔적도 없이 사라져 버렸다. 오직 하나님의 부재만 남았다. 하나님을 완전히 박탈당했다. '저주를 받은 자들아, 나를 떠나 ...... 주의 얼굴과 그 힘의 영광을 떠나 영원한 멸망의 형벌을 받으리로다'라고 말씀하시는 순간, 사형을 선고받은 듯 온몸의 힘이 풀렸다. 하나님이 자신을 향해 똑같이 말씀하시는 느낌이었다. 마치 산꼭대기에서 깊은 계곡으로 돌 하나를 떨어뜨리고 귀를 기울이지만 돌아오는 것은 적막뿐인 기분이었다.

아, 이것이 바로 그리스도가 겪은 지옥이다. 그리스도가 당한 고난은 가늠할 길이 없다. ...... 그분은 죄인 대신 버림을 받았다. 하지만 모두가 확신하듯이 주님께 붙어 있으면 우리는 절대로 버림을 받지 않는다. ...... "나의 하나님, 나의 하나님, 어찌하여 나를 버리셨나이까?" 그분의 버림당하심은 나를 위해, 나를 위해서다. 그리스도가 당한 고난의 바다는 헤아릴 길이 없다. [9]

성경이 고난에 대해 들려주는 이야기는 아직 끝나지 않았다. 사도행전 9장에서 사도 바울이 예수님과 대화하는 대목에 주목해 보자. 열성적인 바리새인이었던 사울은 크리스천들을 보이는 대로 처형하고 있었다.

다메섹으로 가는 길에 사울에게 나타난 예수님이 물으신다. "사울아 사울아 네가 어찌하여 나를 박해하느냐?" 예수님이 거룩한 백성과 자신을 하나로 여기시고 그 고통에 함께하신다는 사실을 알 수 있다. 하나님의 자녀인 우리가 상처를 입거나 괴로워하면 주님도 똑같이 아파하신다.

신약성경은 이를 두고 '그리스도의 고난에 참여한다'고 표현한다. 베드로는 편지의 수신자들을 격려하면서 풀무불처럼 뜨거운 시련의 불길을 통과할 때 예수님은 그저 영적으로만 함께하시는 것이 아니며, '그리스도가 겪으신 고난의 한가운데에 우리가 참여하는 것'(벤전 4:13; 골 1:24)임을 알아야 한다고 말한다. 주님과 우리가 함께 고통을 겪는다는 뜻이다. 성경에 분명하게 기록되어 있는 대로, 예수님은 고난을 통해 대속을 완전히 이루셨고 인간은 여기에 머리털 하나만큼도 힘을 보탠 바가 없다. 그리스도가 숨을 거두시면서 "다 이루었다"(요 19:30)라고, 쉽게 말해 빚이 남김없이 변제되었다고 말씀하신 이유가 여기에 있다.

루터가 소리 높여 강조하듯, 인간의 고난은 구원을 얻게 하거나 보장해 주지 않는다. 그럼에도 불구하고 우리가 성령님을 통해 주님과 연결되어 있으므로, 주님과 하나이므로, 그리스도의 몸을 이루는 지체이므로 예수님과 더불어 그 고난에 "참여"한다는 사실을 아는 데서(빌 3:10) 놀라운 위안을 얻을 수 있다.

어쩌면 이 사실을 이해하는 데 가장 좋은 방법은 이렇게 설명하는 것인지도 모른다. 댄 매카트니Dan McCartney는 이렇게 적었다. "그리스도는 고난을 통해 인간다움을 배웠다(히 5:8). 따라서 크리스천은 고난을 통해 그리스도다움을 배워야 한다."10 예수님이 고난을 통해 인간다움을 지니셨던 것과 마찬가지로(히 2:18; 4:14-15), 크리스천 역시 믿음과 인내로 고난에 맞선다면 그 시련을 통해 그리스도다운 사람으로 성장할 수 있다. "그러므로 우리가 낙심하지 아니하노니 우리의 겉사람은 낡아지나 우리의 속사람은 날로 새로워지도다 우리가 잠시 받는 환난의 경한 것이 지극히 크고 영원한 영광의 중한 것을 우리에게 이루게 함이니"(고후 4:16-17).

예수님을 믿는 이들이 고난을 당할 때, 주님 역시 그 환란의 풀무불 속에서 타오르는 불꽃을 느끼시며 문자 그대로 우리와 '함께' 머무신다.

몸소 고난당하는
전능한 주권자

성경에는 이 두 진리가 통합되어 있다. 두 가지 모두 진실이고 모순되는 것이 아니라 서로를 보완한다. 던 카슨과 댄 매카트니가 지적하듯, 하나님이 감정이나 고난을 느낄 줄 모른다고 말하는 것은 치명적인 실수다. 이는 성경의 하나님보다 플라톤주의의 이상에 더 가까운 하나님을 가리킨다. 아울러, 예수님은 자신의 영광을 완전히 비우고 인간의 삶을 살아 내신 온전한 하나님이시라는 기독교 신앙을 뿌리째 흔든다. 주님은 경험을 통해 고난을 배우셨다.

반면에 주님의 고난을 강조하는 데 너무 몰두한 나머지 거룩한 주권이란 개념을 놓쳐 버리고 하나님을 무능력한 분으로 설명하는 신학자들도 갈수록 늘고 있다.[11] 로널드 리트거스는 이렇게 썼다. "적잖은 현대 신학자들은 하나님과 고난 사이에 인과관계가 있다는 관념을 거부한다. 함께 시련을 겪는 분이라는 사상은 환영하지만 고난의 대리인이라는 개념은 회피한다."[12]

하지만 리트거스는 곧바로 덧붙인다. "고난과 아무런 관계가 없는 하나님은 …… 성경이 말하는 하나님은 분명히 아니다. 하나님은 고난을 당하신 분이며 또한 주권자이시다. 예나 지금이나 그 두 가지 믿음은 '고난에는 궁극적으로 의미가 있다'는 전통적 기독교 신앙의 핵심을 이룬다."[13] 옳은 말이다. 하나님이 역사를 주관하시는 주권자가 아니라면, 고난은 섭리의 일부가 아니라 우발적이고 무의식적인 사건에 지나지 않는다. 이는 리처드 슈웨더가 그려 내는 세속적인 세계관이 될 것이다. 반대로 하나님이 고난을 받지 않으셨다면, 어떻게 그분을 신뢰할 수 있겠는가?

하나님의 고난이 그토록 놀라울 수 있는 건 그분이 전능한 주권자이시기 때문이다. 다만 하나님이 얼마라도 한계가 있거나 그분의 손이 짧아 닿을 수 없는 영역이 있는 분이라면 주님의 시련은 철저히 자발적이라고 보기 어렵고, 온전히 사랑에서 비롯된 일이라고 말할 수도 없을 것이다. 십자가에서 고초를 겪는 하나님의 고난이 그토록 사무치게 감동적이고 위안이 될 수 있는 이유가 바로 여기에 있다.

알베르 카뮈는 이렇게 말했다. "그리스도가 고난을, 그것도 자원해서 겪었다면, 시련은 더 이상 부당하지 않다. …… 하늘과 땅의 모든 것이 예외 없이 고통과 고난을 당하게 되어 있다면, 기이한 형태의 행복이 가능하다."[14] 또 다른 글에서 그는 이렇게 지적했다. "그리스도, 그 선한 인간도 묵묵히 고난을 감수했다. 그도 시련을 겪고 죽었으므로, 이제 더는 악과 죽음을 두고 그를 탓할 수가 없다. …… 이 신성을 지닌 존재는 전통적인 특권을 버리고, 절망을 포함해 죽음의 고통 속에서 끝까지 살아 냈다."[15]

피터 버거는 기독교를 "통찰력 있게 바라 보는 비평가"라고 카뮈를 평한다. 고난의 문제에 대한 이 답안이 갖는 '엄청난 종교적인 잠재력'을 제대로 파악하고 있다는 것이다.[16] 주님마저도 고난을 겪으셨다면 하나님이 고난에 대한 주권을 잔인하고 무정한 방식으로 행사한다거나, 인간이 짊어져야 할 고난의 무게를 감안하지 않고 역경을 던져 주는 냉담한 왕이라는 식의 이야기를 할 수 없다. 카뮈의 말대로 십자가는 그런 안이한 소리를 할 수 없도록 입을 막는다. 하나님이 스스로 고통을 피하지 않으셨으므로 우리는 마음껏 그분을 신뢰할 수 있다.

이런 진리는 실생활에서 풍성하고 강력한 열매를 맺는다. 고난은 정당하면서도 부당하므로 마음껏 울부짖으며 괴로움을 토로하면서도 독을 내뿜는 쓰라린 상처에 중독되지 않을 수 있다. 하나님은 주권자시면서도 고난을 받으셨으므로, 고난에는 (우리로서는 그 뜻이 무엇인지 분간하지 못할지라도) 늘 의미가 있음을 받아들일 수 있다. 심지어 그 뜻을 전혀 가늠하지 못하는 상태에서도 주님을 신뢰할 수 있다.

내 아들은 여덟 살이 되자 제 뜻을 내세우며 부모의 가르침에 저항하기 시작했다. 한번은 녀석이 꽤 뻐딱하게 반응하며 이렇게 말했다. "아빠, 말씀하시는 대로 할게요. 하지만 먼저 왜 그래야 하는지 설명해 주세요." 그래서 아이에게 말했다. "납득이 가야지만 아빠 말에 따르겠다면, 그건 순종이 아니라 동의란다. 문제는 내가 왜 이 일을 네가 하기 원하는지 알려 주어도 대부분의 이유를 이해하기에는 네가 너무 어리다는 거야. 넌

여덟 살이고 난 서른여덟 살이야. 넌 아이고 난 어른인 데다 네 아빠임을 기억하렴."

아이들이 아빠 엄마의 뜻을 알 수 없을지라도 무조건 신뢰해야 할 이유는 분명하다. 그렇다면 하나님의 뜻을 이해할 수 없을지라도 무조건 신뢰해야 할 까닭은 말해 무엇하겠는가? 이는 하나님과 인간 사이에 존재하는 지혜의 차이가 부모와 아이 사이의 그것보다 비교할 수 없이 크기 때문만은 아니다. 또한 주님이 주권자시고 전능하신 분이어서만도 아니다. 주님이 십자가 위에서 우리의 신뢰를 얻으셨기 때문이다. 그래서 우리는 마음껏 그분을 믿고 의지할 수 있다. 우리에게 속뜻을 알려 주지 않으셔도 얼마든지 신뢰할 수 있다. 하나님은 우리가 그래도 될 만큼 선하시다.

악을 이용해
악을 격파하다

요한계시록은 대 예언서로서 다양한 주제를 언급하고 있다. 개인적으로는 요한계시록의 말씀이 고난과 악을 어떻게 설명하는지 묵상하면서 큰 유익을 얻었다.

요한은 "하나님의 말씀과 그들이 가진 증거로 말미암아 죽임을 당한 영혼들이 제단 아래에"(계 6:9) 있는 환상을 보았다. 모두 신앙을 지키려 하다 부당하게 죽임을 당한 이들이었다. 그들은 정의를 부르짖으며 하나님께 요청한다. "거룩하고 참되신 대주재여 땅에 거하는 자들을 심판하여 우리 피를 갚아 주지 아니하시기를 어느 때까지 하시려 하나이까"(계 6:10). 이는 성경 전체를 관통해 오랜 세월 메아리쳐 온 울부짖음이다. "주여 어느 때까지 관망하시려 하나이까 내 영혼을 저 멸망자에게서 구원하시며"(시 35:17). "정의의 하나님이 어디 계시냐"(말 2:17). "어찌하여 거짓된 자들을 방관하시며 악인이 자기보다 의로운 사람을 삼키는데도 잠잠하시나이까"(합 1:13).

하지만 신학자 루이스 벌코프Louis Berkhof는 이렇게 말한다. "성경은 마지막 심판을 그 모든 질문에 대한 하나님의 최후의 답변으로, 악의 문제에 대한 해법으로, 현재의 모든 명백한 모순들의 해결로 바라보아야 한다고 가르친다." 벌코프는 "흰 보좌"가 있고, 지금까지 살았던 모든 이들이 "큰 자나 작은 자나" 가리지 않고 그 보좌 앞에 섰으며, "펼쳐진 책"에 따라 정의로운 심판을 받는다고 설명하는 성경 본문들(마 25:31-46; 요 5:27-29; 롬 2:5-11; 계 20:11-15)을 열거하며 못 박아 말한다. "이러한 본문들은 과정이 아니라 시간이 끝나는 날 벌어질 결정적인 사건을 가리킨다."[17]

하지만 성경은 그저 악이 벌을 받는다는 수준에(그것도 대단히 중요하기는 하지만) 그치지 않는다. 우리가 사는 이 세상에서도 더러 악을 저지른 이들이 붙들려 정의의 심판을 받지만, 악을 벌할 수는 있을지언정 악이 저질러지기 전의 상태로 되돌리지는 못한다. 예를 들어, 살인을 저지른 범인을 감옥에 가두거나 처형한다고 해도 그 손에 죽임을 당한 이들을 되살리거나 망가진 삶을 회복시키지는 못한다. 하지만 요한계시록은 마지막 심판이라는 개념을 뛰어넘어 훨씬 더 많은 약속들을 내놓는다. 벌코프는 그 심판의 날은 "예수 그리스도의 재림, 죽은 이들의 부활, 그리고 하늘과 땅이 새로워지는 역사와 …… 더불어 찾아온다"[18]고 말한다.

요한계시록 5장에서 요한은 환상 가운데 하나님이 봉인된 두루마리를 손에 들고 보좌에 앉아 계신 모습을 보았다. 대다수 학자들은 이 두루마리가 "역사의 의미와 목적, 시간 전체를 아우르는 하나님의 원대한 계획"을 가리킨다는 데 동의한다. 두루마리는 일곱 개의 봉인으로 여며져 있었다. 아무도 그 두루마리를 풀어 낼, 다시 말해 "하나님의 계획을 해석하고 실행에 옮길"[19] 수 없다는 것을 보고 요한은 울기 시작했다. 하지만 곧 "유다 지파의 사자 다윗의 뿌리가" 이겼고 그 두루마리와 일곱 인을 떼시리니 울지 말라는 위로의 음성을 듣는다(계 5:5). 이어서 그 어린양이 나와서 봉인을 하나하나 열었다.

그분은 어떻게 하나님의 보좌에 함께 앉아서 두루마리를 열 수 있으셨을까? "한 어린양이 서 있는데 일찍이 죽임을 당한 것 같더라"(계 5:6). 인류를 구원하기 위해 고난을 당하셨기 때문이다. 노래는 이렇게 이어진다.

두루마리를 가지시고
그 인봉을 떼기에 합당하시도다
일찍이 죽임을 당하사
각 족속과 방언과 백성과 나라 가운데에서
사람들을 피로 사서 하나님께 드리시고
그들로 우리 하나님 앞에서 나라와 제사장들을 삼으셨으니
그들이 땅에서 왕 노릇 하리로다 하더라(계 5:9-10).

몇 장에 걸쳐 이어지는 본문에서 봉인이 열리고 큰 심판이 선고되며 어마어마한 권능이 드러난다. 인류는 그 심판을 향해 뚜벅뚜벅 걸어가고 있다. 그리고 처음에는 그저 아이러니처럼 느껴지던 실체가 서서히 눈에 들어온다. 신약성경은 지상의 삶 마지막에 예수님께 쏟아졌던 온갖 종류의 악을 여실히 보여 준다. 주님은 친구들에게 버림받으셨고, 배신당하셨으며, 외면받으셨다. 어리석은 대중의 손에 넘겨져서 재판과 고문을 받으셨고, 결국 십자가 위에서 처형되셨다. 비겁함, 거짓말, 기득권, 국수주의와 인종주의, 타락한 종교와 부패한 정치 세력, 그리고 그 뒤에 있는 사탄의 모든 권력(요 13:27)까지 여기에 등장하는 악은 그야말로 총천연색이라고 할 만하다. 크리스토퍼 라이트는 이렇게 압축한다. "십자가는 인간의 [그리고 인간을 넘어서는] 악과 하나님께 거스르는 반역이 이루어 낼 수 있는 극악한 결과다."[20]

하지만 그 악이 어떻게 역풍을 맞는지 보라. 누가 두루마리에서 봉인을 떼어 내고 어둠을 심판하고 있는가? 상처 입은 어린양이다! 힘과 권세와는 좀처럼 연결시키기 어려운 인물이지만, 그게 바로 중요한 지점이다. 십자가에서 돌아가시는 순간, 예수님은 "통치자들과 권세들을 무력화하여 …… 십자가로 그들을 이기셨느니라"(골 2:15)라고 성경은 말한다. 십자가의 죽음을 통해 주님은 인간에게 들어온 불순종의 저주를 모조리 빨아들이시고(갈 3:10-14) 죄와 죽음, 그리고 그 이면에 도사린 악한 세력까지 모조리 물리치셨다. "그러므로 이제 그리스도 예수 안에 있는 자에게는 결코 정죄함이" 없다(롬 8:1). 죽음은 더 이상 우리에게 자신의 권리를 주장하지 못한다. 이제 악을 심판하실 뿐 아니라 악이 피조물에 입힌 손상을 실질적으로 되돌려 놓을 수 있는 분은 오로지 상처 입은 어린양뿐이다.

이건 단순한 아이러니가 아니라, 악을 물리치기 위한 고도의 전략이다. 예수님의 고난이 없으면 악이 승리한다. 그러면 온 인류는 파멸하고 말 것이다. 고난을 끝낼 수 있는, 그러니까 인간을 모조리 멸망시키지 않으면서 세상을 심판하고 새롭게 할 수 있는 길은 예수님의 고난뿐이다. 신학자 앙리 블로셰Henri Blocher는 이것이 "비밀과 감추었던 지혜의 문턱," 다시 말해 예수님의 십자가가 악의 문제에 답하는 그 신비를 깊이 들여다볼 수 있는 대목이라고 지적한다.[21]

블로셰는 *Evil and the Cross*(악과 십자가)라는 책에서 악이 순전히 "국지적"(모든 유한한 존재 속에 자리 잡은 결함)이라면, 그리스도는 사람들에게 다른 길을 가르치러 세상에 오셨을 수도 있었을 것이라고 주장한다. 반면에 악이 어떤 독립체라면(우주에 존재하는 어떤 외적인 세력), "거기에 맞서는 더 우월한 힘을 적절히 배치하는 걸로 충분했을 것이다."[22] 하지만 악은 단순히 흠 많은 인간들이 빚어낸 결과도, 악마처럼 강력한 힘을 가진 단일한 존재의 소산도 아니다. 악은 그 둘은 물론이고 타락한 창조 질서의 영향에서도 비롯된다. 결국 악의 뿌리와 근원을 일일이 다 캐내는 건 불가능하다. 우리에게는 영원히 풀 수 없는 수수께끼일 뿐이다.

하지만 우리는 십자가에서 악이 "제 머리 위로 돌아가는" 걸 볼 수 있다. 장 칼뱅의 표현을 빌자면, 십자가에서 멸망은 파멸되고 "고통은 고통을 당하고, 저주는 저주를 받으며 …… 사망은 죽고, 유한은 무한을 낳았다."[23] 블로셰는 다음과 같이 말한다.

십자가에서 악은 악에 의해 정복되었다. …… 하나님이 악을 악에게 돌려 주셨기 때문이다. 하나님은 유일하게 의로운 분을 살해하는 극악한 범죄를 사용해 악을 없애 버리셨다. 전례가 없는 묘책이었다. 이보다 더 완벽한 승리는 상상조차 할 수 없다. …… 하나님은 속이는 자를 제 꾀에 빠지게 하셨다. 악은 마치 유도 선수처럼 선한 이의 힘을 비틀어 이용하려 했지만, 주님은 최고의 챔피언처럼 상대의 움켜쥐는 기세를 이용해 맞받아치신다.[24]

블로셰가 유도에 빗대어 설명하듯, 악 자체의 힘으로 악을 제압하는 전략에 힘입어 악은 영원히 격퇴되었다. 블로셰는 이어서 말한다. "하나님의 아들을 살해하는 최고의 죄는 도리어 극한의 사랑을 베푸는 기회로 바뀌었다. 친구를 위해 자기 목숨을 내놓는 것보다 더 큰 사랑은 없기 때문이다"(요 15:13). 악은 패했다. 하나님이 악을 이용해 그 방향을 백팔십도 반대편으로(용기와 신실함, 남을 위한 희생, 용서) 돌리셨기 때문이다.

하지만 그것이 전부가 아니다. 십자가는 마음을 감동시키는 사랑의 본보기를 제공하는 데 그치지 않는다. "죽음으로 악을 심판하는 [정의의] 요구는 …… 우리의 형제이자 머리가 되시는 분이 사랑으로 죄인들의 빚을 떠안게 했다. …… 십자가에서 그 한없는 사랑은 공의의 조건을 충족시키는 동시에 악을 정복했다."[25] 블로셰는 악에 대해 기독교 신앙이 내놓는 대안이야말로 그 어떤 대안들보다 더 낙관적인 동시에 더 비관적이라는 주장으로 말을 맺는다.

십자가 발치 말고는 달리 갈 데가 없다. 우리는 거기에 머물며 지혜로 우신 하나님의 답을 얻는다. 낙관적인 신정론이나 비극적인 철학을 옹호하는 이들이 들으면 분을 내고도 남을 답이다. 악이 제 머리로 돌아간다는, 다시 말해 정의의 요건을 충족시킨 한없는 사랑이 악을 정복하는 것이 하나님의 답이다. 이 답은 우리를 위로하고 또 손짓해서 부른다. 십자가에 못 박히신 정복자가 다시 오시길 간절히 기다리게 한다. 머지않아 그분은 모든 얼굴에서 눈물을 씻기실 것이다.[26]

이처럼 기독교 신앙은 악과 고난의 이면에 숨은 하나님의 뜻을 낱낱이 설명할 수 있다고 주장하지 않지만 그에 대한 최종 답안을 가지고 있다. 역사의 마지막 순간에 이르면 그 답을 받게 되며 대답을 듣고 성취를 목격하는 이들은 단 한 점도 모자람이 없을 것이다. 도스토옙스키는 이에 대해 그 누구보다 탁월하게 묘사해 냈다.

고통이란 것도 결국 치유되고 아물겠지. 인간의 모순들이 빚어내는 구차한 부조리들도 모두 초라한 신기루처럼, 무력하고 한없이 미미한 인간의 유클리드적 지성이 만들어 내는 추악한 허상처럼 사라질 거야. 세상이 끝나는 마지막 피날레에 이르러, 그 영원한 조화의 순간에는 지극히 소중한 무언가가 나타나서 모든 마음을 채우고, 온갖 원한을 어루만지고, 인류의 모든 죄악과 그들이 흘렸던 모든 피를 대속하겠지. 지금껏 일어났던 모든 일들을 용서할 뿐만 아니라 정당화할 수조차 있다는 것을 나는 어린아이처럼 확신하고 있어.[27]

더는 눈물이 없는
새 하늘과 새 땅

여기서 앙리 블로셰는 과거와 미래를 주시한다. 십자가는 지난날 갈보리에서 악의 패배를 보증했지만, 다른 한편으로는 만물이 새로워지고 모든 눈물이 씻겨 나갈 미래의 어느 날, 악이 영영 패배하는 마지막 일들을 보장하기도 한다. 사도 요한은 아직 봉인이 열리기 전임에도 불구하고 환상 속에서 메시지를 듣는다.

> 그들이 다시는 주리지도 아니하며
> 목마르지도 아니하고
> 해나 아무 뜨거운 기운에 상하지도 아니하리니
> 이는 보좌 가운데에 계신 어린양이
> 그들의 목자가 되사
> 생명수 샘으로 인도하시고
> 하나님께서 그들의 눈에서
> 모든 눈물을 씻어 주실 것임이라(계 7:16-17).

요한계시록은 책의 절정에서 "새 하늘과 새 땅"(계 21:1)을 설명한다. 거기에는 '다시 저주가 없다'(계 22:3)고 한다. 인간의 타락과 함께 모든 피조물에 임했던 저주는 사라졌다. 그리고 그 결과로 "그들의 눈에서 모든 눈물을 닦아 주실 것이니, 다시는 죽음이 없고, 슬픔도 울부짖음도 고통도 없을 것이다. 이전 것들이 다 사라져 버렸기 때문이다"(계 21:4, 새번역). 물론 시적인 언어들이지만 메시지는 분명하다. 악과 고난, 죄와 고통은 더 이상 찾아볼 수 없을 것이다. 예수님의 고난은 고난을 완전히 끝내 버렸다.

앞에서 살펴본 바와 마찬가지로, 미래는 실체가 없는 '파라다이스'가 아니라 "새 하늘과 새 땅"이라고 성경은 말한다. 마태복음 19장 28절과 사도행전 3장 21절은 '새 세상'과 '만물의 회복'을 이야기한다. 크리스천은 새 하늘과 새 땅을 바라본다고 베드로는 말한다(벧후 3:13). 사도 바울은 "피조물도 썩어짐의 종노릇한 데서 해방되어 하나님의 자녀들의 영광의 자유에 이르는 것이니라"(롬 8:21)라고 가르친다.

이게 바로 사도 요한이 계시록 21장과 22장의 환상에서 보았던 새로운 세상이다. 다른 종교들과 달리, 기독교 신앙은 여기에 소망을 둔다. 세속적인 관점은 어떤 부류가 됐든, 미래의 행복을 전혀 내다보지 못한다. 반면에 종교들은 이생에서 겪은 상실과 고통을 위로하고 큰 기쁨을 안겨 주는 영원한 세계, 또는 천국을 믿는다. 하지만 이미 다룬 바와 마찬가지로, 기독교 신앙은 위로뿐 아니라 회복까지 제시한다. 지금까지 살았던 삶에 관해서만이 아니라 늘 소원하면서도 단 한 번도 누려 볼 수 없었던 영원한 삶까지 아우른다. 그리고 그 기쁨은 모든 악을 능가한다. 따라서 하나님의 창조 의도, 곧 그분의 거룩한 백성들을 영원토록 영광스럽게 하시려는 하나님의 뜻을 망가뜨린 악의 세력들은 영원히 패할 수밖에 없다.

영원히 나에게
헌신하신 하나님

앤디 이야기

침대 모서리에 가서 무릎을 꿇었다. 하루를 마
무리할 시간이었지만 아직 그러지 못했다. 반지를
빼야 했다. 그래야 할 때가 됐다.

그날 오후, 판사가 이혼 확정 판결을 내렸다.
결혼생활의 파국이 불가피해 보이는 상황에서도 반
지를 뺄 수가 없었다. 우리 가정에 제아무리 절망적
으로 보이는 일들이 벌어질지라도 하나님은 곧바로
되돌려 놓으실 수 있다는 믿음의 상징이라고 여기

며 살았기 때문이다. 그런데 결혼한 지 30년이 지난 지금, 홀로 침대 앞에 무릎을 꿇고 있다. 흐느껴 울었다. 하지만 슬퍼서가 아니었다. 지금껏 하나님이 보여 주신 신실하심이 사무치게 다가오면서 그런 이미지들은 하나같이 빛이 바랬고 마음도 녹아 내렸다.

주님이 날 버리셨다고 생각해 본 적이 없었다. 하나님이 회복시키시리라고 믿으면서도 왜 내게 이토록 괴로운 삶을 허락하신 건지 혼란스러웠다. 때로 정신적으로, 신체적으로 붕괴 직전까지 몰리기도 했다. 영적인 방향 감각을 잃어버린 것 같은 순간들도 많았다.

어느 밤에는 수만 가지 상념들이 한꺼번에 소용돌이치면서 진짜 영적인 위기를 맞았다. 그토록 소중히 여겼던 그 하나님은 어디에 계시는가? 정말 계시기는 한 걸까? 그렇다면 참으로 날 돌보시는가? 기도 한마디 제대로 할 기운이 나지 않았다. 흐느끼며 탄식하는 게 전부였다. 간신히 입을 뗄 수 있게 되자 울부짖었다. "누가 이런 고난을 좋아하고, 계속 이렇게 살고 싶어 하겠습니까! 저를 사랑한다고 하시지만, 그 말씀을 눈앞에 펼쳐지는 현실과 함께 이해할 방법이 없군요. 잔인하다는 생각이 듭니다. 지금까지 주님은 말씀을 통해 알려 주신 모습 그대로이리라 믿고 살았지만, 이젠 그 확신을 지킬 수가 없습니다." 하나님의 뜻을 알 필요는 없었다. 지금 내게 필요한 건 그분 자체였다.

이튿날 아침, 마음을 나누던 한 친구가 이런 이야기를 들려주었다. "앤디, 지금은 성경 강제 급식이 필요한 때야. 성령님이 그 말씀들을 통해서 인간의 말이 닿을 수 없는 마음 깊은 곳에 음성을 들려주실 거야."

그런 깊고 깊은 어루만짐이 간절했다. 다음날 아침에 성경책을 펼쳤다. "권세는 하나님의 것이요, 한결같은 사랑도 주님의 것"이라는 시편 구절이 첫눈에 들어왔다. 마치 각성제처럼 가물가물 희미해져 가던 마음을 흔들어 깨우고 고통스러운 두려움과 의심을 잠재우는 말씀이었다. 깊은 확신이 중심에 스며들었다. 하나님이 나를 사랑하시며 아주 가까이에 계신다고 말씀하시는 듯했다. 나는 곧바로 안정을 되찾았다. 말씀을 눈앞에 펼쳐진 삶의 국면과 딱 일치시킬 수는 없었지만 그건 아무 문제가 되지 않았다.

전날 밤, 깨어진 마음으로 침상 곁에 무릎을 꿇었을 때는 하나님이 나를 버리셨다는 느낌이 들 정도로 절망적이어서 그분의 한결같은 사랑에 감사를 품을 수가 없었다. 그런데 이제 그 어느 때보다 주님이 가까이 계시는 것을 알 수 있었다. 손가락에서 반지를 빼냈다. 마음에서 기도가 솟아났다. "세상 남편에게 주었던 마음을 이제 주님께 드리길 원합니다. 주님만이 제 온 마음을 드릴 가치가 있는 분입니다. 세상을 떠나는 날까지, 제 마음은 주님의 것입니다."

그토록 엄청난 상실을 겪은 마음에서 어떻게 그처럼 사랑으로 의지하는 고백이 나올 수 있었는지, 그리고 그분을 유일한 소망으로 삼을 수 있었는지 모르겠다. 다만 내 안에서 수많은 것들이 죽어 가는 속에서도 새로이 살아나는 무언가가 있었다는 게 유일한 설명이 될 것이다.

연약하고, 혼란스럽고, 가난한 마음으로 드릴 것 하나 없이 주님 앞에 나왔을 때 끊임없이 밀려오는 사랑을 경험하면서 나는 완전히 달라졌다. 무슨 일이 일어났는지 정확하게 설명할 수는 없다. 할 수 있는 것이라고는 결국 기도뿐이라는 사실만 분명했다.

자리에서 일어나 이부자리로 들어가면서 생각했다. '오늘 밤에 주님께 드린 약속을 늘 기억할 수 있게 새 반지 하나를 준비해야겠어.'

다음날 아침, 일주일에 한 번 열리는 기도 모임 식구들을 만났다. 무엇을 위해 기도하자는 얘기도 별로 없이 그냥 다 같이 기도했다. 여느 때처럼 침묵으로 기도를 시작했다. 조용히 눈을 감고 있는데 기도 모임 지체 하나가 내 앞에 무릎을 꿇었다. 그러고는 자신이 끼던 반지를 빼서 내게 쥐어 주었다. "하나님이 이것을 전해 주길 원하신다는 느낌이 들었어요. 당신을 지극히 사랑하셔서 세상 끝날까지 약혼자로 함께하신다는 뜻을 알려 주길 원하시는 것 같아요. 주님이 지켜 주실 거예요. 절대로 떠나거나 버리지 않으실 거예요. 당신과 영원히 함께하십니다."

그가 건네준 반지는 평생 끼었던 그 어떤 반지보다 아름답고 소중했다. 새 반지 이야기는 마음속에만 있었을 뿐 입 밖으로 낸 적이 없었다. 그날 이후로 그 반지를 얼마나 자주 들여다 봤는지 모른다. 그때마다 내 속에 있던 두려움이 가라앉고, 외로움이 사라졌으며, 괴로움이 누그러졌다.

주님께 헌신을 다짐하고 되새기는 반지를 사서 끼려고 했다. 하지만 결국 얻은 것은 도리어 그분이 내게 얼마나 헌신적이신지 영원히 기억하게 하는 반지였다.

8

모든 고난이
의미 있는가

고난의 신비

주님의 보살피시는 손길이 우리를 감쌉니다.
설교와 예배, 죄를 몰아내는 회개,
고뇌와 크고 작은 시련들…….
이 모든 것은 우리를 붙드시는
그분의 탄탄한 그물과 전략입니다.
_조지 허버트George Herbert, "죄"

어떤 민족과 문화든 "고난과 시련에 의미를 부여하고 싶어 한다"라고 피터 버거는 말한다. 개인적으로는, 기독교 신앙만큼 그 작업을 철저하게 이루어 낸 문화나 세계관은 없다고 생각한다. 기독교 신학은 고난에는 의미가 있다고 가르친다. 하나님은 거룩한 뜻을 품고 십자가에서 악을 완전히 짓밟고 승리하셨다. 악이 남긴 상처들이 남았지만 주님은 마지막 날에 그 깊은 상흔들로부터 우리를 완전히 회복시키실 것이다.

주님은 고난에도 '불구하고'가 아니라 고난을 '통해' 그분의 뜻을 이루고 계신다. 인류의 고난은 하나님이 감당하신 고난을 통해 마침내 극복되고 회복될 것이다. 하나님이 이 모든 역사를 다른 방식으로, 곧 고통과 슬픔을 허락하지 않고 행하실 수 있었느냐에 대해선 재론의 여지가 없다. 역사 이면에 숨은 뜻을 우리는 다 알 수 없으며, 어떤 목적이 숨어 있든지 우리를 향한 주님의 사랑, 그리고 기쁨과 영광을 안겨 주시려는 그분의 헌신에서 비롯되었음에 틀림없다.

고난은 기독교 신앙의 핵심이다. 고난은 그리스도가 친히 인간의 몸을 입으시고 우리같이 되심으로써 인류를 구속하신 방법이며, 우리가 주님같이 되어 주님의 대속을 경험할 수 있는 유일한 통로이기도 하다. 고난은 고통스럽지만, 그럼에도 불구하고 목적이 있고 분명 쓸모가 있다.

시련이 지나간 자리에
남는 것들

오늘날은 고난의 '유익'이라는 관념이 저항받는 시대다. 심리학자 조 너선 하이트Jonathan Haidt는 죽음의 문턱까지 갔다가 살아 돌아온 이들이 많은 경우 오랫동안 몸과 마음을 허약하게 만드는 '외상 후 스트레스 장애'에 시달린다고 말한다. 불안과 과민 반응이 남아서 또다시 역경을 만나면 더 쉽게 공황 상태에 빠지거나 무너져 내릴 가능성이 크다는 것이다.

이런 스트레스는 건강에 악영향을 끼친다. 배우자나 자녀, 형제자매의 죽음, 별거와 이혼, 부상이나 질병, 실직, 재정 악화를 비롯해 다양한 요인들이 스트레스를 불러온다. 전문가들은 이런 스트레스가 우울증, 불안장애, 신체적 질병, 특히 심장 질환으로 이어지는 경우가 잦다고 지적한다.[1]

그럼에도 불구하고 하이트는 "지극히 높은 수준의 용기와 성취, 개인적인 성장에 도달하기 위해서는 역경과 시련, 더 나아가서 트라우마까지도 필요하다"[2]는 관점을 실증적 근거를 들어 주장하면서 한 일화를 들려준다.

그렉이라는 젊은이는 어느 대학의 조교수였는데, 아내가 다른 남자와 사랑에 빠져 어린 두 자녀를 데리고 집을 나갔다. 그 뒤로 몇 년 동안 막대한 소송 비용을 써 가며 아이들의 양육권을 얻기 위해 싸웠다. 마침내 아이들을 찾아오기는 했지만, 그렉을 기다리는 건 적은 급여를 받으면서도 종일 근무를 해야 하는 직장생활과 홀로 아이를 키워야 하는 현실뿐이었다. 학문적인 성과를 보이려면 논문을 써야 했지만 연구에 대한 의욕마저 시들해졌다. 이런 과정을 거치는 동안 아이들의 정신적인 상태도 매우 염려스러웠다.[3]

하지만 몇 달 뒤, 그렉을 찾아간 하이트는 수많은 이들이 그렉의 가정을 돕고 있음을 목격하게 됐다. 교회 식구들은 그렉의 가정에 음식을 나누고, 아이들을 돌봐 주고, 정서적이고 영적인 지지를 보내 주었다. 미국 서부에 살던 그렉의 양친은 가까운 곳으로 이사해서 손주들을 키워 주었다. 하이트는 이런 상황들을 자세히 설명한 뒤, "무언가가 속에서 뭉클치밀어 올라 목이 메는 듯했습니다"라는 그렉의 말을 전한다. 오페라의 결정적인 대목에서 주인공이 슬픔을 아름다움으로 승화시키는 애처롭고도 감동적인 솔로가 등장하는 점을 가리키며 그렉은 이렇게 말했다.

> 제게는 지금이 바로 아리아를 부르는 순간입니다. 이런 상황이 생기기를 결코 바라지 않았어요. 하지만 그것은 현실이 됐습니다. 제가 할 수 있는 것은 무엇일까요? 제가 이 자리에서 일어나 노래를 부를 수 있을까요?[4]

하이트는 그렉의 이야기에 귀를 기울이면서 "그런 방식으로 상황을 해석한다는 것 자체가 이미 일어서고 있다는 증거"임을 직감했다. 그는 그렉의 상태를 "심리적 외상 후 성장post-traumatic growth"으로 규정하고 설명을 덧붙인다. "가족과 친구들, 그리고 깊은 신앙의 도움으로 그렉은 삶을 다시 일으켜 세우고, 논문을 끝냈으며, 2년 뒤에는 더 나은 조건의 직장을 구했다. …… 지금은 위기가 닥치기 전보다 더 행복하게 아이들과 살아간다."

그렉은 자신이 만난 시련이 "삶에서 정말 중요한 게 무엇인지 판단하는 시각을 백팔십도 바꿔 놓았다"고 고백했다. 예전에 비하면 일은 그다지 중요하지 않은 요소가 되었고, 그만큼 자유로워져서 한층 좋은 아버지가 될 수 있었다. 이제 그는 "한결 따뜻한 공감과 사랑, 용서로 다른 이들에게 반응하며 사소한 일에 분을 내지 않는다."[5]

하이트는 그렉의 이야기를 통해 수많은 사람에게 나타나는 고난의 세 가지 유익에 대해 이야기한다. 첫째로, 고난을 견디고 이겨 내면 회복하는 힘이 부쩍 커진다. 시련을 극복하는 법을 한 번 배우고 난 뒤에는 다음에도 또 해낼 수 있다는 자신감이 생겨서 훨씬 덜 안달복달하며 살게 된다. 로마서 5장 3-4절은 이를 명쾌하게 정리한다. "다만 이뿐 아니라 우리가 환난 중에도 즐거워하나니 이는 환난은 인내를, 인내는 연단을, 연단은 소망을 이루는 줄 앎이로다." 둘째로, 고난은 관계를 탄탄히 다져 준다. 역경은 그 주인공을 오래도록 힘이 되고 삶의 자양분이 되는 깊은 우정과 가족 연대 속으로 끌어들인다.

하지만 가장 중요한 유익은 아마 세 번째일 것이다. 고난은 "삶의 우선순위와 철학을 바꿔 놓는다."[6] 철학자 로버트 에먼스Robert Emmons는 인생의 목표를 개인적인 성취와 행복, 관계와 친밀감, 신앙과 영성, (사회를 지속하는 데 이바지할) 생산성이라는 네 가지 기본적인 범주로 분류했다. 이들 가운데 삶의 상당 부분을 개인적인 성취와 행복이라는 목표에 투자하는 이들이 부정적인 삶의 환경에 가장 취약했다.[7]

고난은 하나님과의 더 깊은 관계, 그리고 사회에 끼치는 선한 영향력을 단단히 하는 데 영향을 미치지만, 자유와 안락함은 그런 역할을 제대로 해내지 못한다. 아울러 역경과 시험은 우리를 이런저런 삶의 과제들에서 끄집어내 다른 차원의 삶의 주제들에 주목하게 해 준다.

하이트는 이를 다른 식으로 풀이한다. 모든 사람은 삶의 온갖 사건들을 "논리적으로 일관되며 활기찬" 내러티브로 묶어 주는 하나의 이야기를 작동시킨다. 고난을 겪어본 적이 없는 이들은 삶의 의미를 두고 순진한 생각을 품기 쉽다. 하이트는, 자신은 총명하지만 부모가 억지로 따분한 일을 시키는 바람에 재능을 펼치지 못하는 예술가라고 스스로 생각하는 한 여성을 예로 든다. 그녀가 작동시킨 이런 이런 인생 이야기는 이 여성을 자기 능력에 관한 비현실적인 시각과 엄청난 자기 연민, 삶을 향한 원망으로 이끌었다. 그뿐만 아니라 눈에 드는(한없이 창의적이고 자신과 완벽하게 들어맞는) 배우자를 만나지 못하는 데도 단단히 한몫했다.

결국 시련이 그 여성에게 바른 눈을 심어 주었다고 하이트는 결론지었다. "그녀는 어울리지 않게 짝지은 동기와 인생 이야기들로 엉망이 되었으며, 역경만이 조화를 이루는 데 필요한 획기적인 변화를 이끌어 낼 수 있다."[8] 또한 하이트는 말을 잇는다. "트라우마는 …… 확신 체계를 흐트러뜨리고 의미를 판단하는 감각을 앗아 간다. 그리고 나서는 산산이 부서진 조각들을 도로 맞추게 몰아간다. 이때 하나님이나 그밖에 더 높은 차원의 원리들이 부서진 조각들을 꿰어 맞추는 통합의 도구가 된다."[9]

하이트는 중요한 몇 가지 사실들에 부정적인 입장을 분명히 나타낸다. "고난을 찬양하거나, 만병통치약으로 치부하거나, 우리가 할 수 있는 한 시련을 줄이려고 노력하는 도덕적인 의무를 폄하하려는 것이 아니다. 암 진단의 파장이 불러오는 아픔을 무시하려는 것이 아니다."[10]

백번 타당한 주장이다. 이미 살펴보았듯, 성경은 하이트의 시각에 동의한다. 하나님은 인류의 슬픔을 지켜보며 슬퍼하신다. 성경에는 탄식하는 부르짖음과 "왜?"라는 외침으로 가득하다. 주님은 이를 비난하지 않으신다. 오히려 지금 당장 악을 이용해 선을 도모하도록 도울 만반의 준비를 갖추고 계신다. 하이트와 제임스 데이비스 외에도 많은 학자들이 고난에서 인내와 절제와 소망이 나오며, 이를 뒷받침할 실증적이면서도 상식적인 근거들이 충분하다고 주장한다.

성경 역시 고난의 갖가지 의미와 유익, 삶에서 이루어 내는 다양한 결과들을 풍부하게 들려주고 있다. 고난에는 어떤 목적과 유익이 있는가?

고난,
하나님을 영화롭게 하다

기독교 신학은 그 갈래와 상관없이, 삶의 궁극적인 목적은 하나님을 영화롭게 하는 데 있다고 입을 모은다. 이는 곧 고난의 으뜸가는(한편으로는 으뜸가게 파악하기 어려운) 목적이 하나님을 영화롭게 하는 데 있다는 뜻이기도 하다. '고난'이라는 단어와 '영광'이란 말을 연결하는 성경 본문은 헤아릴 수 없이 많다.

바울은 고난이 우리를 준비시켜 영원한 영광에 이르게 한다고 되풀이해 말한다(롬 8:17-18; 고후 4:17). 베드로는 여기에 덧붙여 고난은 장차 누릴 영광 앞에서 우리의 기쁨을 더욱더 크게 만든다고 말한다(벧전 4:13). 에베소서 3장 13절에서 바울은 자신이 옥에 갇히고 여러 어려움을 겪는 것이 편지를 받는 독자들의 영광을 위함이라고 했다. 베드로는 제자들에게 "여러 가지 시험으로 말미암아 잠깐 근심하게" 된 까닭을 설명하면서 이렇게 말했다. "너희 믿음의 확실함은 불로 연단하여도 없어질 금보다 더 귀하여 예수 그리스도께서 나타나실 때에 칭찬과 영광과 존귀를 얻게 할 것이니라"(벧전 1:6-7). 제대로 다루기만 한다면, 고난은 주님을 영화롭게 하는 통로가 된다.

요즘 인기를 모으는 교회들 가운데는 하나님이 행복하고, 건강하며, 번창하게 해 주신다고 가르치는 경우가 많다. 하나님을 우리 편에 서서 개인적인 유익을 보장해 주기 위해 역사하시는 분으로 본다. 그런 세계관을 별다른 거부감 없이 받아들인 크리스천이라면 비극적인 일들이 하나님을 높이고 영화롭게 할 수 있다는 말이 아주 불쾌하게 들릴지 모른다. 사실, 어머니나 자식이 암으로 죽어 가는 모습을 지켜보는 이에게 대놓고 고난의 유익에 대해 이야기하는 건 상대를 혼란스럽게 하는 잔인한 짓이 분명하다.

C. S. 루이스는 《시편사색 Reflections of the Psalms》이라는 책에서, 크리스천이 되고 나서 한동안 하나님을 영화롭게 하고 찬양하라는, 다시 말해 그분의 위대함을 선포하고 탁월함을 기뻐하라는 명령 때문에 몹시 혼란스럽고 당황스러웠다고 고백한다. 인간들 사이에서는 그런 식으로 찬양받고 싶어 하는 욕구가 경멸의 대상이라고 지적한다. "자신의 덕성이나

지성, 또는 사랑스러움을 쉴 새 없이 확인받고 싶어 하는 이에게는 누구나 경멸을 보내게 마련이다."[11]

하지만 루이스는 하나님께 찬양하고 영광을 돌린다는 게 어떤 의미인지 깨닫기 시작했다. 우리가 예술작품을 보며 칭송할 만하다고 할 때, 열심히 공부한 학생에게는 좋은 점수를 주는 게 타당하다는 차원에서 '칭찬받을 자격이 있음'을 가리키는 게 아니다. 그 작품이 감탄을 요구한다는 뜻이다. 칭송만이 '가장 적절하고 적합한 반응'이므로 거기에 따르지 않으면 "어리석고, 무감각하며, 뒤처진 인간이 될 수밖에 없고 중요한 무언가를 놓치게 된다"는 것이다. 루이스는 두말할 것 없이 "하나님은 본질적으로 '지극히 아름답고 한 점 부족함이 없는 찬양의 대상'"[12]이시라고 결론짓는다.

그리고 거기서부터 하나님이 그분을 영화롭게 하라고 명령하신 이유를 논증해 들어간다. 인간이 지음받은 목적 그대로 창조주 안에서 안식과 만족, 기쁨을 누리는 길은 오직 그뿐이기 때문이다. 하나님이 찬양을 명하신 이유는 그것이 마땅하기도 하거니와 우리에게 반드시 필요하기 때문이다.

시편 기자는 "찬송은 정직한 자들이 마땅히 할 바"(시 33:1; 147:1)라고 말한다. 하나님을 영화롭게 하는 것이 당연하다. 주님은 무한하시며 지극히 찬양받을 만한 분이시므로 그편이 현실에 부합할 뿐 아니라 다른 선택의 여지도 없다. 작품이든, 외모든, 장소든 인간이 추구하는 아름다움과 다른 이들의 품에서 갈구하는 사랑은 하나같이 하나님을 온전히 드러낸다. 기도든, 찬양이든, 신뢰든, 순종이든, 소망이든 이렇게 하나님을 있는 그대로 영광스럽게 드러내는 행동을 통해 그분에게 마땅히 돌아가야 할 영광을 돌리며 인간을 지으신 뜻을 채워 드리게 된다.

하나님의 영광에
사로잡혀

기독교 신앙과 전통은 '하나님의 영광'이라는 개념에 크게 의지한다. 그렇다면 하나님의 영광이란 무엇을 의미하는가?

신학 서적들은 의미를 규정하는 문제부터 붙들고 한바탕 씨름을 벌인다. 하나님의 영광이 그분의 방대한 속성과 성품을 한데 아우르는 개념이기 때문이다. 하나님의 영광이란 '주님의 무한한 초월성'을 가리키는 표현이다. 하나님은 '갇혀 있는 존재' 그래서 쉽게 파악할 수 있는 존재가 아니다. 언제든 가늠하거나 예상할 수 있는 분도 아니다. 하나님은 인간의 이해를 넘어서는 분이다. 현대인들이 가장 불편하게 여기는 성경 하나님의 일면이 바로 이 지점이다. 그래서 "이렇게 내가 이해할 수 없는 일을 하시는 하나님이라면 난 믿을 수 없어"라든지 "인류를 심판하시는 하나님을 어떻게 믿겠어?"라고 말한다. 이를 뒤집어 보면, 인간의 이해를 뛰어넘는 영광스러운 하나님을 원하지 않는다는 뜻일 것이다.

하나님의 영광이란 '제일가는 중요성'을 가리키는 말이기도 하다. "영광"에 해당하는 히브리어 '카보드kabod'는 '무게, 곧 하나님의 무거움'을 의미한다. 같은 의미와 기능을 가진 영어 단어로는 '매터matter'가 있다.

일반적으로 "비물질적인 존재와 상반된, 견고하고 탄탄한 무엇"을 뜻하지만 "중요한 무엇"을 가리키기도 한다. 따라서 성경이 하나님을 일컬어 영광스럽다고 한다면, 그것은 주님을 그 무엇보다 중요한 분으로 여겨야 하며, 실제로 중요하다는 얘기다. 하나님보다 더 중요한 것이 있다면, 아직 주님의 영광을 제대로 인식하지 못하고 있다는 뜻이다. 다른 무언가에 영광을 바치고 있는 것이다.

J. R. R. 톨킨의 《반지의 제왕》 3부작이 1950년대에 출간되었을 무렵, 로나 비아레Rhona Beare라는 여성이 톨킨에게 편지를 보내, 절대반지가 마운트 둠Mount Doom의 불 속에서 파괴되는 대목에 관해 물었다. 반지가 녹아 버리자 어둠의 군주가 지닌 힘도 완전히 무너져 함께 스러지고 말았다. 여인은 반지처럼 사소한 물건이 사라졌다고 해서 난공불락의 압도적인 힘이 철저하게 파괴된다는 설명을 납득하기 어려워했다.

그러자 톨킨은, 어둠의 군주가 그처럼 막강한 힘을 반지에 장착해 자기 세력을 확장하고 극대화시키려는 안간힘이 이 책의 핵심을 이룬다고 답했다. "사우론의 반지는 생명 또는 힘을 외부의 어떤 대상에게 부여해 그것에 갇히거나 파멸을 맞는 참혹한 결과를 보여 주는 다양한 신화적인 장치들 가운데 하나일 뿐이다."[13]

톨킨의 이야기를 정리해 보면 이렇다. 너무나 사랑해서 큰 기쁨을 주는 관계가 있다고 하자. 하지만 그 관계가 깨졌을 때 죽고 싶은 마음이 든다면, 상대에게 지나치게 많은 영광과 삶의 비중을 두었다는 뜻이다. "그가 날 사랑해 주면, 나는 사는 의미와 보람이 있을 거야." 그러다 상대방이 떠나 버리면 어떻게 될까? 온 삶이 녹아 내려 붕괴되고 말 것이다.

하나님보다 상대에게 더 큰 영광과 존중을 돌리고 있기 때문이다.

하나님이 아닌 다른 무언가가 더 중요하다면, 자신과 그 마음을 외부의 어떤 대상에 두고 있다는 이야기다. 그러나 하나님을 제일 중요하게 여기지 않으면, 다시 말해 그분을 영화롭게 하고 영광을 돌리지 않으면 안전한 삶을 누릴 수가 없다.

하나님의 영광에 대해 한 가지 더 짚고 갈 만한 사실이 있다. 영광은 곧 주님의 절대적인 광채와 아름다움을 가리킨다. 구약성경에서 "영광"을 가리키는 히브리어 단어는 '중요성'과 통한다. 반면에 신약성경에서 "영광"이란 뜻으로 쓰인 단어(헬라어로 '독사, doxa')는 '찬양과 경탄, 광휘, 탁월함과 아름다움'을 의미한다.

조나단 에드워즈는 "우리가 그 영광을 우러러보는 데서만이 아니라 뛸 듯이 기뻐하는 데서 하나님은 찬양을 받으신다"[14]라고 했다. "그분이 하나님이시니 당연히 그 권위를 받아들여야지"라고 말하는 것으로는 충분하지 않다. 주님의 아름다움을 봐야 한다. 하나님을 영화롭게 한다는 말은 마땅히 그래야 하므로 순종하는 수준에서 머물지 않는다. 우리가 원해서, 그분의 영광에 완전히 매료되어서 기꺼이 즉시 순종하는 것을 가리킨다.

C. S. 루이스는 '찬양'이라는 주제를 다루면서 이 점을 잘 포착해 설명했다. 인간에게는 아름다움이 필요하다. 어떻게 해서든 아름다운 곳에 가거나, 아름다운 음악에 둘러싸이거나, 아름다운 사람들과 어울리고 싶어 한다. 하지만 이들은 하나같이 지류일 따름이고 하나님이 원천, 곧 모든 물줄기의 발원지라는 사실을 알지 못하면 늘 공허해질 수밖에 없다. 그러므로 하나님을 영화롭게 한다는 말은 주님의 불가해성과 초월성을

인정하고 으뜸가는 분으로 여길 뿐 아니라, 더없이 즐거워할 만한 아름다운 분임을 마음으로 깨닫는다는 의미다.

하나님을
하나님으로 모실 때

그렇다면 우리는 고난을 겪으면서 어떻게 하나님을 영화롭게 할 수 있을까? 고난은 하나님께 영광을 돌리는 데 어떤 도움을 줄까?

남아메리카 아마존 열대우림 지역에서 아우카(와오라니) 부족에게 복음을 전하던 엘리자베스 엘리엇Elisabeth Elliot 선교사는 1966년, *No Graven Image*(인간이 만든 형상이 아닌)라는 소설을 냈다.[15] 아직 문자도 없이 살아가는 아마존의 외딴 부족을 위해 결혼도 마다하고 자신의 삶을 바친 여성 마가렛 스파호크Margaret Sparhawk의 이야기였다.

주인공 마가렛은 에콰도르의 케추아족 속에 들어가 성경 번역 작업을 시작한다. 페드로라는 남자를 만난 것이 이 사역의 실마리가 되었다. 그는 마가렛이 성경을 번역하기 위해 반드시 알아야 하는 부족의 언어를 알고 있었다. 페드로는 마가렛에게 말을 가르쳐 주었고, 체계적으로 기록하는 마가렛의 정교한 작업은 차츰 진전되기 시작했다.

어느 날, 마가렛은 페드로를 찾아갔다. 마음에는 페드로를 향한 고마움이 가득했다. "너는 주님을 기다려라. 강하고 담대하게 주님을 기다려라"라는 성경 말씀이 떠올랐다. 마가렛은 기도했다. "주님, 그동안 줄곧 기다렸습니다. 기다리고 또 기다렸습니다. 산속 인디오들에게 복음을 전하는 선교사가 되려고 정말 오래 기다렸다는 것을 주님도 아십니다. 주님은 번역 사역과 의료 사역을 말씀하셨고, 페드로를 보내 주셨습니다. 제가 오늘 이 자리에 오게 된 것이 그 기도의 응답이라고 믿습니다."[16]

친구들의 지원, 미국에서 수많은 이들이 보내 주는 재정 후원, 오랜 훈련 기간, 관계를 맺고 진전시키느라 보낸 시간, 스페인어와 부족 언어를 모두 아는 이를 예비해 주신 일까지 모두가 하나님의 완벽한 섭리로 느껴졌다. 이제는 정말로 성경책을 들고 외진 산간 마을에 사는 부족민들을 찾아갈 수 있겠구나 싶었다.

마침내 페드로의 집에 도착했다. 안으로 들어가 보니 페드로는 다리에 난 상처에 심각한 감염이 생겨 앓고 있었다. 마가렛은 간단한 치료를 시행하는 의료 사역도 하고 있었으므로 주사기와 페니실린을 늘 지니고 다녔다. 페드로는 주사를 놓아 달라고 간청했고, 망설일 이유가 없었다. 그런데 주사를 놓은 지 채 몇 분이 지나지 않아 과민반응이 나타났다. 심각한 페니실린 부작용이 나타난 것이다. 가족이 달려와 요란하게 몸을 떠는 환자를 둘러싸고 울부짖었다. "죽어가는 걸 보고만 있을 거예요?" 페드로의 아내, 로자가 외쳤다. "당신이 내 남편을 죽였어!"

마가렛은 눈앞에서 벌어지는 일에 그저 기가 막힐 따름이었다. 속으로 기도했다. "주 하나님, 우리 모두의 아버지, 지금까지 드린 기도는 다 들어주시지 않는다 해도, 이것만큼은 꼭 들어주세요. 페드로를 살려 주세요, 주님. 그를 구해 주세요!"[17] 하지만 환자의 상태는 더 나빠졌다. 헛구역질을 시작하고 잔뜩 웅크린 채 고통에 몸을 떨었다. 로자는 벌써 두 손을 이마에 대고 그 지역 전통에 따라 곡을 하고 있었다.

마가렛은 계속해서 소리 없이 간구했다. "오, 주님, 로자는 어떻게 될까요? 주님의 일은 어찌하고요? 이제 막 첫발을 내딛었잖아요, 주님! 여기까지 온 것은 제 뜻이 아니었습니다. 주님이 데려오셨죠. 기도에 응답하셔서 페드로도 보내 주셨고요. 제게는 이 사람뿐입니다. 주님, 그것을 기억해 주세요. 제게는 다른 대안이 없습니다!"[18]

페드로가 숨진다는 건 마가렛의 사역이 끝난다는 뜻이기도 했다. 오랜 수고가 한꺼번에 물거품이 되는 셈이었다. "성경 번역만 해도 그랬다. 자료를 공급해 주는 안내자가 없으면 단 한 발자국도 더 나갈 수가 없었다. 페드로가 죽으면 어떤 일이 벌어질지 하나님은 정확히 하셨다. 사역에 관해 더 할 말이 없으니 후원자들에게 기도 편지조차 쓸 수가 없었다. 페드로가 세상을 떠나던 그 밤, 지금까지 애써 오던 모든 일에 마침표를 찍는 기분이었다."[19]

젊은 선교사가 이루 말할 수 없는 혼란을 겪는 것으로 책은 마무리된다. 마지막 반전이나 '구름 사이로 언뜻 비치는 희망의 빛줄기' 같은 것은 없었다. 마가렛은 페드로의 무덤가에 서서 자신에게 물었다. "그럼 하나님은? 하나님은 어떻게 된 거지? 그분은 '내가 너와 함께하겠다'고 말씀하셨어. 이런 상황에도 함께하신다고? 주님은 페드로를 죽게 하셨어. 아니, 내가 그를 죽음에 몰아넣게 만드셨는지도 모르지. 그 생각을 지울 수가 없어. 그런데 주님이 지금 나더러 그분을 경배하라고 하시는 거야?"[20]

답은 "그렇다"였다. 이 책이 나오고 몇 년 뒤, 우리 부부가 함께 다니던 신학교에서 아내 캐시와 함께 엘리자베스 엘리엇의 강의를 들으면서 알게 됐다. 엘리자베스 엘리엇은 마지막 페이지에 이 책의 전체를 관통하는 핵심 구절이 있다고 했다.

> 하나님이 그저 내 공범 수준이라면, 그분은 날 배신하신 것이 분명하다.
> 하지만 그분이 정말 하나님이시라면, 그분은 날 자유롭게 해 주셨다.[21]

엘리자베스 엘리엇은 자신의 책 제목에 나오는 "인간이 만든 형상"이란 늘 인간이 마땅히 그래야 한다고 여기는 방식대로 움직이는 하나님을 가리킨다고 설명했다. 그것은 인간이 만들어 낸 하나님, 모조품 하나님이다. 인간의 지혜, 저마다의 자아를 투사한 신에 지나지 않는다. 그런 식으로 움직이는 하나님은 우리의 '공범'이다. 우리가 바라는 일을 해내는 존재일 뿐이다. 그래서 우리의 기대와 달리 행동하면, 고분고분하지 않거나 무능한 부하를 대하듯 단칼에 '해고'하거나 '친구 차단'을 시키고 싶은 마음이 든다.

하지만 마지막 대목에서, 결국 마가렛은 스스로 세운 계획들이 물거품이 되면서 거짓 신들이 산산조각 났으며 이제 난생처음 자유로워져서 참 하나님을 경배할 수 있게 되었음을 깨닫는다. 인간이 세운 계획을 뒷받침하는 신을 믿던 시절에는 걱정할 일이 넘쳐 났다. 하나님이 약속대로 오셔서 만사를 '바로잡으시리라는' 사실을 도무지 확신하지 못했다. 스스로 계획한 일을 하나님이 어떻게 이루실지 알아내려고 노심초사할 뿐이었다. 그분을 한없이 지혜로우시며, 지극히 선하시고, 전능하신 하나님으로 대접한 적은 단 한 번도 없었다.

하지만 이제는 완전히 자유로워져서 자신의 뜻대로 설정한 과제와 계획이 아니라 주님 그 자체에 소망을 두게 되었다. 그러자 예전에는 결코 누리지 못했던 안식과 평안이 찾아왔다. 한마디로, 마가렛의 고난은 영광스러운 하나님께 초점을 맞추게 하고 주님을 주님답게 바라보고 대하는 법을 그녀에게 가르쳐 주었다. 그리고 그 가르침에 자신을 맡기자 비로소 자기 힘으로 바꿔 보려고 애썼던 절박하고, 부질없으며, 소모적인 안간힘에서 벗어날 수 있었다.

엘리엇의 소설은 대단히 과감해서, 세속적인 감성만이 아니라 전통적인 신앙까지도 거슬렀다. 다들 어린 자녀들이, 어른들이 이해가 다 안 되더라도 신뢰하고 순종하길 기대한다. 하지만 아이러니하게도 현대인들은 행여 자신이 납득하지 못하는 하나님을 신뢰하라는 소리를 듣게 될까 봐 몸서리를 친다.

복음주의적인 크리스천들 가운데도 세상 사람들과 마찬가지로 이 책의 내용에 부정적인 감정을 표하는 이들이 적지 않았다. 많은 크리스천 독자들이 엘리엇에게 편지를 보내 강력하게 반론을 제기했다. 간절하게 기도하면서 온 삶을 바쳐 거룩한 뜻을 이루기 위해 애썼던 여인에게 하나님이 그런 일을 허락하실 리가 없다는 것이다. 어느 유명한 복음주의 목회자는 개인적으로 '올해의 기독교 책' 리스트에서 그 책을 빼 버렸노라고 엘리엇에게 대놓고 이야기하기도 했다.

하지만 엘리엇은 자신의 실제 삶이 소설과 비슷하게, 아니 실은 더 험하게 흘러갔노라고 했다. 그녀는 *These Strange Ashes*(이 낯선 잿더미)라는 책에서 성경 번역 선교사로 남아메리카를 누볐던 초기 사역을 설명하면서, 마사리오Macario라는 인물을 소개한다. 그는 "하나님의 기도 응답으로 만나게 된 …… 번역 사역 전체의 성패를 결정할 열쇠이자 …… 스페인어와 콜로라도 부족 언어를 모두 거침없이 구사할 수 있는 단 한 사람"이었다. 하지만 그는 속절없이 살해되고 말았다. 총을 맞고 현장에서 숨을 거둔 것이다. 그 땅의 성경 번역 사역은 "그 순간, 완전히 멈춰 버렸다."[22]

뒤이어 홍수가 일어났고, 강도까지 들어 몇 년 동안 온 힘을 다해 번역해 놓은 파일을 가져갔다.[23] 그것이 끝이 아니었다. 엘리자베스는 짐 엘리엇Jim Elliot과 결혼했다. 짐 엘리엇은 아마존 열대우림 깊은 곳에 문명을 등지고 사는 호전적인 원주민, 아우카 부족에게 복음을 전하러 나섰던 다섯 선교사들 가운데 하나였다. 어느 날 저녁, 부부는 나란히 앉아 찬송을 불렀다. "주님 품에 쉽니다. 내 방패. 나를 지키시는 주님." 이튿날, 선교사들은 밀림으로 들어갔고, 아우카 부족 한 무리를 만났으며, 아내와 아이들을 남긴 채 모두 창에 찔려 죽었다.[24]

신실하게 믿는 이들에게 하나님은 결코 그런 일을 허락지 않으신다고 엘리자베스 앞에서 분연히 장담했던 크리스천들은 자기가 무슨 소리를 하고 있는지 모른다고밖에 볼 수 없다.

1966년, 《영광의 문Through Gates of Splendor》이라는 책에서 엘리자베스는 선교사들의 죽음을 설명하면서 하나님에 대한 세속적 시각과 전통적 신앙의 관점을 비판했다. 그는 '구름 사이로 언뜻 비치는 희망의 빛줄기' 같은 것으로 눈앞의 현실을 정당화하려는 시도에 경고를 보냈다.

알다시피, 교회사에서 순교자들의 피가 밀알이 되는 경우는 허다하다.

혼히 이 대목에서 많은 사람들은 간단한 방정식을 떠올리고 싶어 한다. 다섯 명이 죽었으니 몇 배의 아우카 크리스천들이 생기리라는 식이다. 그럴 수도 있다. 하지만 아닐 수도 있다. …… 하나님은 하나님이시다. 주님이 우리의 사고방식에 따라 움직여 주시길 요구한다면 그분을 마음의 보좌에서 끌어내리는 것과 같다. 이는 예수님을 시험하던 사탄이 "네가 만일 하나님의 아들이어든 자기를 구원하고 십자가에서 내려오라"라고 조롱하는 것과 다르지 않다. "우리가 바라는 대로 역사하시지 않을 거면, 하나님은 이 다섯 선교사를 그렇게 데려가실 권리가 없어"라는 생각에는 불신, 더 나아가 반역이 도사리고 있다.[25]

엘리엇의 모든 작품을 관통하는 한 가지 주제는 이해할 수 없는 상황에서도 하나님을 신뢰하는 것이야말로 주님을 또 다른 인간이 아니라 하나님으로 대접하는 자세라는 것이다. 하나님을 영화롭게 하는, 다시 말해 그분의 선하심과 지혜로우심을 인정하는 태도다.

예수님이 말씀하셨듯이, 하나님의 영광이 가장 빛나게 드러난 시점은 예수님이 십자가에 달리셨을 때였다(요 12:23, 32). 타협의 여지가 없을 만큼 한없이 공의로우신 하나님은 아들의 죽음으로 죄를 심판하셨지만, 다른 한편으로는 그 사랑이 너무도 전폭적이어서 선뜻, 기꺼이 우리를 위해 생명을 내놓으셨다. 이렇게 완벽하고 정밀한 지혜가 또 있을까? 절대로 들어맞을 수 없어 보이는 사랑과 정의가 단번에 모두 충족되었다. 따라서 납득할 수 없는 상황 가운데서라도 하나님의 지혜를 믿고 의지하는 자세는 곧 십자가의 영광과 의미를 기억하는 태도이기도 하다.

엘리엇은 이를 이렇게 표현했다. "수없이 많은 세계가 흔적도 없이 사라지지 않게 붙들어 주시는 두 손이, 꼼짝 않고 십자가에 못 박히셨다. 바로 우리를 위해……. 그분을 믿을 수 있겠는가?"[26]

그러므로 고난의 목적 가운데 하나는 하나님을 있는 그대로, 다시 말해 무한하며 주권자이시고 한없이 지혜로우시지만 스스로 인간이 되어 고난을 받으신 분으로 대접함으로써 하나님께 영광을 돌리게 하는 데 있다. 이는 하나님을 향해 하나님을 영화롭게 하는 행위로 더없이 합당한 일이다. 우리가 하나님을 하나님으로 높여 드린다면 엘리엇이 주장하듯, 어떠한 상황 속에서도 평안을 누리게 된다.

세상을 향한
가장 강력한 증언

고난 가운데 하나님께 드리는 깊은 신뢰는 세상 사람들에게 주님의 영광을 나타낸다. 크리스천들이 고난을 올바로 감내하는 모습은 하나님을 향해 그분을 영화롭게 하는 데 그치지 않는다. 그것은 세상 앞에 하나님의 위대하심을 드러내는 일이기도 하다. 어쩌면 이것만큼 하나님을 세상에 밝히 드러낼 수 있는 길은 없을지 모른다.

베드로는 "부당하게 고난을 받아도 하나님을 생각함으로 슬픔을 참으면 이는 아름다우나"(벧전 2:19)라고 편지에 적었다. 하나님을 믿는 자가 시련을 겪을 때 주님이 주시는 힘으로 포기하지 않고 끈질기게 견뎌 내는 모습은 하나님의 권능을 뚜렷이 펼쳐 보인다. 바울은 이러한 사실을 더욱 실감나게 표현한다. "우리가 항상 예수의 죽음을 몸에 짊어짐은 예수의 생명이 또한 우리 몸에 나타나게 하려 함이라"(고후 4:10).

초대 교회의 첫 번째 순교자는 대중에게 복음을 선포했다는 이유로 돌에 맞아 숨진 스데반이었다. 사도행전 6장 8절부터 8장 1절까지는 그의 죽음을 상세하게 설명한다. 삶과 죽음이 갈리는 심문의 자리에서 겁에 질린 기색을 보이기는커녕 그의 얼굴에선 광채가 났다. "주목하여 보니 그 얼굴이 천사의 얼굴과 같더라"(행 6:15). 스데반은 빗발치는 돌덩이에 깔려 죽어 가면서도 큰소리로 기도했다. "주여 이 죄를 그들에게 돌리지 마옵소서"(행 7:60).

다소 출신의 젊은 학자 사울은 처음부터 끝까지 현장을 지켜보았다 (행 7:58; 8:1). 그리고 얼마 뒤, 다메섹에 있는 크리스천들을 잡아 가두고 교회를 탄압하러 가는 길에 부활하신 그리스도를 만났다. 예수님은 말씀하셨다. "사울아 사울아 네가 어찌하여 나를 박해하느냐 가시채를 뒷발질하기가 네게 고생이니라"(행 26:14). 가시채란 가축들을 올바른 길로 몰 때 쓰는 끝이 뾰족하고 가느다란 작대기를 말한다. 예수님은 비록 사울이 잔뜩 분에 차서 초대 교회를 핍박하고 있기는 했지만 그 내면 깊은 곳에는 진리를 향한 갈구가 자리하고 있음을 지적하신 것이다.

스데반이 죽어 가면서 보여 준 도무지 설명이 되지 않는 기쁨과 평안, 절망이라고는 조금도 깃들지 않는 모습도 사울에게 영향을 미친 여러 가시채 가운데 하나라고 보는 이들이 많다. 스데반은 어떻게 그토록 평온할 수 있었을까? 어떻게 하나님 앞에서 올바른 길을 가고 있다고 확신할 수 있었을까? 어떻게 자신을 죽이려 드는 이들까지 용서할 수 있었을까? 아무리 생각해도 이해할 수 없는 일이었다. 스데반이 고난을 견디는 모습은 인간의 '이해'를 초월하는 것이었다. 바로 그 점이 사울의 중심을 흔들었다.

스데반은 훗날 암브로시우스, 키프리아누스, 이그나티우스, 폴리캅 같은 작가들이 수없이 되풀이해 기록하고 있는 사연들의 첫 번째 본보기일지 모른다. 하나님을 향한 깊은 믿음을 지닌 크리스천들은 매우 당당한 모습으로 죽음을 맞았다. 그들을 지켜보던 이들은 그들이 도대체 어디서 그런 힘을 얻는지 몹시도 궁금했다. "크리스천들은 고난을 이용해 자신들이 믿고 따르는 신념의 탁월함을 주장했다. …… 그들은 이방인들보다 시련을 훨씬 더 잘 견뎠다."[27]

바울이 에베소 교회에 보낸 편지에서 자신이 감옥에 갇힌 일을 두고 낙심하지 말라고 썼던 이유가 바로 여기에 있다. 시련이 뭇사람들에게 구세주의 성품을 드러내는 방법임을, 바울은 회심한 그날부터 단 한 번도 잊지 않았다. 바울은 빌립보 교인들에게도 이렇게 썼다. "형제들아 내가 당한 일이 도리어 복음 전파에 진전이 된 줄을 너희가 알기를 원하노라 이러므로 나의 매임이 그리스도 안에서 모든 시위대 안과 그 밖의 모든 사람에게 나타났으니"(빌 1:12-13).

2006년 10월 어느 날, 총기를 소지한 남자가 펜실베이니아주 랭커스타 카운티의 아미쉬 공동체 안에 있는 학교에 난입했다. 그는 일곱 살부터 열세 살 어린아이 열 명에게 총을 쏴 다섯 명을 숨지게 한 뒤에 스스로 목숨을 끊었다. 범인이 절명한 지 몇 시간이 지나지 않아서, 아미쉬 공동체 식구들은 살인범의 부모를 찾아가 아픔을 위로하고 그 가족이 앞으로 마주할 힘겨운 날들을 잘 견디도록 돕겠다고 약속했다.

며칠 뒤, 장례를 치르던 총격 살인범의 젊은 아내와 세 자녀들은 깜짝 놀랐다. 장례식 참석자들 가운데 절반은 아미쉬 공동체 사람들이었다. 한마디 원망도 없이 다들 살인범의 가족을 위로하고 염려했다. 기독교 공동체 하나가 마음을 다해 사도행전 7장에 나오는 스데반의 본보기 그대로 평안을 잃지 않고 역경과 마주했던 것이다. 아미쉬 공동체가 총격 살인범과 그 가족에게 보여 준 용서와 사랑은 온 나라에 화제가 되었다. 아미쉬 식구들이 고난을 감당하는 모습은 그들이 가진 신앙의 진리와 그들이 믿는 하나님의 은혜, 그리고 영광을 생생하게 전하는 강력한 증언이 되었다.

그리스도를 드러내는 아미쉬의 메시지가 얼마나 강력했던지 이를 가라앉혀야겠다고 마음먹은 이들까지 나올 정도였다. 이 사건을 소재로 만든 텔레비전용 영화는 범인의 총격에 자식을 잃고 하나님에 대한 회의와 분노에 사로잡혀 신앙을 버린 아이다 그래버라는 가공인물을 내세운다. 실제로 총격의 피해를 입은 아미쉬 공동체 사람들은, 깊은 슬픔과 고통에도 불구하고 믿음이 흔들리거나 범인을 용서하지 못한 사람은 단 한 명도 없다며 이를 반박했다.[28]

결국 이 영화는 내재적인 틀, 곧 세속적인 현대 문화 속에 사는 제작자가, '하나님의 신비로운 섭리를 받아들이고, 하나님을 향해서든 살인범에 대해서든 쓰라린 감정을 품지 않고 용서를 베풀 수 있게 하는 마음가짐'의 실체를 전혀 이해하지 못했음을 노출하는 데 그치고 말았다.

사건이 일어난 지 4년 뒤, 한 무리의 사회학자들이 이와 관련해 책을 냈다.[29] 그들이 내린 주요한 결론 하나는 세속적인 현대 문화에서는 아미쉬가 했던 대로 고난을 감당할 수 있는 인물을 키워 낼 가능성이 높지 않다는 것이다. 아미쉬가 보여 준 모습의 밑바닥에는 기독교 신앙이 깊고도 명확하게 뿌리 내리고 있음을 무시한 채, 그 기막힌 사랑과 용서를 "인간 안에 내재된 최선" 쯤으로 평가하려 애쓰는 이들이 많다. 하지만 아미쉬의 용서를 연구한 학자들은 이를 어리숙한 판단이라고 지적한다. 이들은 아미쉬가 보여 준 용서의 능력이 두 가지 사실에 근거한다고 주장한다. 첫째로, 자신을 죽음으로 내몬 자들을 용서하신 그리스도에 대한 깊은 묵상에 토대를 둔다.[30] 그들이 품은 신앙의 핵심에는 원수를 위해 목숨을 버리신 예수님이 자리하고 있으며, 그 사실을 끊임없이 묵상하고 찬양하는 공동체의 구성원이라면 설령 자식을 죽인 살인범이라 해도 용서를 실천하는 일이 아주 불가능해 보이지는 않다는 것이다.

둘째로, 이 학자들은 책의 본론에 해당하는 부분에서 아미쉬의 용서는 (복수할 권리를 포기한다는 의미에서) "자기희생"의 한 형태라고 단정한다. 크리스천의 세계관에 따르면, 삶의 의미는 하나님과 이웃을 위해 자신의 자유를 내려놓고 하나님의 뜻과 이웃의 유익을 추구하며 사는 데 있다. 이 책의 저자들은 모두 사회학자로 이러한 사실을 누구보다 잘 알고 있었다. 하지만 이는 서구인들이 교육받은 삶의 방식과 정면으로 충돌한다.

우리는 개인주의적이고 소비지상주의의 사회, 자기희생이 아니라 자기주장을 강조하는 사회, 자신의 자유와 이익과 필요를 그 무엇보다 앞세우는 세상에 산다.[31] 자기주장을 강조하는 문화는 고난에 대한 반응으로 복수라는 카드를 꺼내 드는 반면, 아미쉬 공동체처럼 자기희생을 장려하는 대안 문화는 용서로 반응할 가능성이 훨씬 크다. 저자들은 "우리 사회의 대다수가 복수를 부채질하고 은혜를 조롱하는 문화 속에서 성장한다"라고 결론짓는다.[32] 옳은 말이다.

랭커스타의 아미쉬 공동체, 예루살렘의 스데반, 십자가 위의 그리스도를 통해 본 것처럼, 평화와 사랑으로 악과 고난에 맞서는 노력이 하나님이 실재하시는 세상과 하나님의 영광, 그리고 그분의 은혜를 드러내는 가장 위대한 증언이 될 수 있는 이유가 바로 여기에 있다.

아무도 알아주지 않는 고난도 하나님을 영화롭게 하는가

짐 엘리엇의 순교는 같은 시대를 사는 젊은 크리스천들에게 굉장한 영향을 미쳤다. 하지만 사실상 알아주는 이 하나 없는 고난은 어떠할까? 그런 고난 역시 하나님을 영화롭게 할 수 있을까? 물론이다.

조니 에릭슨 타다Joni Eareckson Tada는 삶의 대부분을 휠체어에 앉아서 보냈다. 열여덟 살이 되던 해에 다이빙을 하다 사고를 당해 심각한 부상을 입었고 결국 어깨 아래로는 몸을 쓸 수 없는 처지가 되었다. 사고 이후 두 해 동안은 줄곧 우울과 쓰라린 절망감, 자살 충동과 신앙에 대한 회의에 시달렸다. 볼티모어의 재활병원에서 지내는 동안 조니는 여러 장애를 가진 젊은 여성들과 같은 병실을 사용하게 되었다. 드니스 월터스Denise

Walters도 그 여성들 가운데 한 사람이었다. [33]

드니스는 메릴랜드주 볼티모어에 사는 행복하고 인기 많은 열일곱 살, 고등학교 졸업반 학생이었다. 어느 날, 학교 계단을 뛰어 올라가던 드니스는 갑자기 고꾸라지고 말았다. 무릎에서 기운이 빠져나가는 느낌이었다. 하교 시간이 다가올 즈음에는 한 걸음도 떼기가 힘들 지경이었다. 간신히 집으로 돌아와 침대에 누웠다. 그런데 저녁을 먹으러 내려가려고 자리에서 일어나려는데 몸이 말을 듣지 않았다. 가슴 아래가 완전히 마비된 것이다. 얼마 지나지 않아 목 밑으로는 조금도 움직일 수 없는 신세가 됐다. 거기다가 시력까지 잃어 버렸다. 아무런 예고도 없이 갑자기 들이닥친 일이었다. 급성 다발경화증multiple sclerosis 가운데서도 아주 희귀한 경우였다.

드니스는 재활병원 병상에 누워 죽은 듯이 지냈다. 움직이지도, 앞을 보지도, 말을 하지도 못했다. 어떤 식의 대화도 나누기 힘들었다. 같은 병실을 사용하는 환자들과 한두 마디 말을 주고받았지만 그게 전부였다. 방문객의 발길이 끊기는 데는 오랜 시간이 걸리지 않았다. 어머니 말고는 아무도 보러 오지 않았다. 하지만 모녀는 크리스천이었다. 어머니는 밤마다 찾아와서 죽어 가는 딸 곁에 앉아 성경을 읽어 주고 함께 기도를 드렸다. 자신의 생명이 스러지고 있다는 사실을 드니스도 알고 있었다. 그녀는 병상에 외로이 누워 8년을 보냈다. 그리고 결국, 숨을 거뒀다.

조니는 드니스의 삶을 보며 힘들었던 마음을 자신의 책에 털어놓았다. 조니는 처음에는 자신이 겪은 상실과 시련을 붙들고 씨름하느라 정신이 없었다. 머리에 어지러이 떠오르는 의문들을 날마다 곱씹었다. "어째서 나한테 이런 일이 생겼을까? 나는 예수님께 헌신한 크리스천인데 왜 죽는 날까지 이렇게 휠체어에서 살아야 하는 거지? 하나님은 어떻게 이런 일을 통해 선한 열매를 거두실 수 있지? 이런 일이 내게 일어나도록 허락하신 하나님을 신뢰할 이유가 있을까?"

그럼에도 불구하고 조니는 서서히, 그러나 확실하게 앞으로 나아가기 시작했다. 고난을 의미 있다고 말할 수 있는 이유들을 조금씩 찾아냈다. 하나님의 영광을 더 깊이 이해할수록 고난에 대한 시야가 확장되었다. 다른 이들에게 하나님의 영광을 증언하는 방법으로써 고난을 바라보는 안목도 생겼다. 사람들이 고난을 겪으며 인내하는 모습을 지켜본다면 살아 계신 참 하나님을 떠올리게 될지도 모를 일이었다.

하지만 같은 병실에서 생활하던 드니스가 세상을 떠나면서 마음이 다시 들끓었다. 그리스도를 사랑했고 한마디 불평도 없었지만 아무 의미 없이 고난을 겪는 사람들이 있다는 생각이 들었다. 아무도 드니스를 보지 못했다. 드니스를 보며 "나도 너처럼 살고 싶어. 어떻게 하면 그럴 수 있지?"라고 묻는 사람은 단 한 명도 없었다. 드니스가 겪은 고난은 조금도 가치가 없어 보였다."[34]

드니스가 마침내 영원히 눈을 감았다는 소식을 들은 조니는 마음의 번민을 가까운 사람들에게 털어놓았다. 그러자 친구 하나가 성경을 펼쳐 누가복음 15장 10절을 보여 주었다. 회개하는 죄인 하나를 두고 하늘나라에서 천사들이 기뻐한다는 내용이었다. 이어서 에베소서 3장 10절을 펼쳤다. 천사들이 교회 안에 무슨 일이 벌어지는지 두루 살핀다는 말씀이었다. 또 욥기에는 악마들만이 아니라 천사들도 다 같이 욥의 고난을 지켜본다고 쓰여 있었다. 문득 짚이는 게 있었다.

세속적인 세계관은 이 세상이 전부라고 말한다. 지금 서 있는 이곳, 이 물질적인 우주가 유일한 현실이다. 자연이 실상이고 초자연은 허상이다. 내재적인 요소들이 실재고 초월적인 요소들은 존재하지 않는다. 천사도 없고 악마도 없다. 영도 없고 혼도 없다. 하나님도 없고 마귀도 없다. 세상의 내재적인 틀 안에 사는 한, 찰스 테일러의 말대로 소망은 완전히 끊어지고 만다. 조니도 예외일 수 없었다. "맞아! 머릿속에 불이 반짝 켜지는 것 같았다. …… 드니스의 삶은 헛되지 않았다. …… 누군가가 외로운 병실에 누워 있던 그 친구를 지켜보고 있었다. 수없이 많은 누군가가!"[35]

조니가 얻은 깨달음을 제대로 이해하기 위해 이렇게 한번 가정해 보자. 만약 내일 내가 말하고 행동하고 생각하는 것을 모두 찍어서 텔레비전에 내보낼 특별 카메라가 도착한다는 연락을 받는다면 어떻게 될까? 촬영한 영상은 전 세계로 송출되고 아마 수십억 시청자가 지켜볼 것이다. 나의 삶을 누군가가 지켜본다면 내가 사는 모습이 좀 달라지지 않을까? 지극히 가벼운 생각과 사소한 행동 하나에도 엄청난 의미와 비중을 둘 것이다.

더없이 점잖고 착하게 행동해야겠다는 마음이 앞서서 소심해질지도 모른다. 하지만 다른 한편으로는 짜릿한 일이다. 속으로 이렇게 중얼거릴지도 모른다. "늘 세상을 향해 말하고 싶었던 것들이 있었는데, 이제 정말 그럴 수 있게 됐어!" 그렇다. 엄청난 차이가 생길 것이 틀림없다. 이루 말할 수 없을 만큼 의미심장한 날이 될 것이다.

기독교의 가르침이 사실이라면(물론 이미 사실로 밝혀졌다), 어떻게 될까? 눈앞에 카메라들이 늘어선 게 보이는가? 도무지 가늠할 수 없는, 그러나 엄연한 영적 세계가 거기에 있다. 카메라는 벌써부터 돌아가고 있다. 내 모든 소소한 사생활들이 수십억 존재들 앞에 드러난다. 하나님도 보고 계신다. 조니는 먼저 하늘나라로 간 친구를 두고 이렇게 적었다. "불평 한마디 없이 인내하는 드니스의 영혼이 달콤한 향기처럼 하나님을 향해 피어오르는 것을 줄지어 늘어선 천사와 악마들이 놀란 눈으로 지켜보고 있었다."[36]

그렇다. 아무 의미 없는 고난이란 없다.

예수가 모든 영광을
잃으심으로

바울은 에베소 성도들에게 편지하면서 자신이 옥에 갇힌 일을 두고 낙심하지 말라고 권면한다. 오히려 이 일이 그들에게 영광이 될 것이라고 말한다. 바울은 무슨 이유로 그렇게 말했을까? 고난과 영광은 긴밀하게 연결되어 있기 때문이다. 고난은 온 우주 앞에서 하나님을 영화롭게 하며, 결국 우리의 영광을 이룬다. 고난과 영광이 그토록 단단하게 서로 묶여 있는 이유는 무엇일까? 예수님 때문이다.

빌립보서 2장은 그리스도께서 그 영광을 비우셨다고 말한다. 주님이 자신의 영광을 내려놓으신 이유는 무엇일까? 찰스 웨슬리Charles Wesley가 쓴 유명한 크리스마스 캐럴이 그 답을 들려준다.

온화하신 그분이 영광을 받으시네

우리에게 영원한 삶을 주려고 태어나신 주

세상의 자녀들을 일으키기 위해 오신 주

우리를 거듭나게 하려고 이 땅에 나신 주.

예수님이 모든 영광을 잃으셨기에 우리는 그 영광을 입을 수 있게 되었다. 그분이 가로막히셨기에 우리는 주님의 보좌 앞에 담대히 나아갈 수 있게 되었다. 그분이 갇히고 못 박히셨기에 우리는 자유롭게 되었다. 그분이 쫓겨나셨기에 우리는 가까이 나아갈 수 있게 되었다.

예수님은 사람에게 가장 큰 시련인 '하나님으로부터 버림받는' 고난을 스스로 당하셨다. 주님이 당하신 고난 덕분에 이제 우리 삶에 찾아오는 온갖 시련은 연약한 우리를 위대하게 만든다. 한 무더기의 석탄에 강한 압력을 주면 다이아몬드로 변하는 것처럼, 그리스도 안에서 겪는 시련은 우리를 근사하게 빚어낸다.

예수 그리스도는 고난을 받으심으로 우리에게서 고난을 치우신 것이 아니라, 오히려 우리가 그분의 고난에 참여하게 하셨다. 주님의 고난은 우리의 영광으로 이어졌다. 바울에게서도 이런 모습을 찾아볼 수 있다. 그는 자신이 당하는 환난이 다른 이들에게는 영광이 된다고 고백하며 감옥에 들어가는 것을 기꺼워했다. 바울도 이제 예수님처럼 되었다. 바로 그게 주님이 행하신 일이기 때문이다. 우리에게도 그러한 영광이 주어졌음을 알고 있는가? 그렇다면 고난과 당당히 맞서기를 바란다.

고난,
구원이 그려질 캔버스

지지 이야기

    나는 캘리포니아주 오클랜드 도심에 흑인이 주류를 이루는 공동체 속에서 자랐다. 브라질 출신의 아미쉬임에도 스스로 황인종이라고 여기며 살았다. 점점 나이가 들면서 복음을 빈곤이나 인종, 사회·경제적인 이슈들에 적용하는 데 깊은 관심을 갖게 되었으며, 그 뜻을 따라 저소득계층이 모여 사는 지역에서 봉사하는 일에 삶을 바쳤다. 시종일관 유색 인종의 렌즈를 통해 그런 문제들을 바라보았다.

    그러다 2009년, 남아프리카공화국에 가서 살게 됐다. 하룻밤 사이에 난 백인이 되었다. 진즉부터 알고 있었던 사실이지만, 이 나라는 여전히 인종적인 양극화가 극심한 국가였다. 2010년, 난 멋진 남아프리카공화국 흑인 남성과 결혼했다. 이곳에서는 대단히 드문 인종 간의 결합이었다. 우리는 즉시 인종 차별과 분리, 더 나아가 신新 아파르트헤이트(남아프리카 공화국의 극단적인 인종 차별 정책과 제도 - 편집자 주)에 토대를 두고 세워진 사회 구조를 흔드는 위협 요인이 되었다. 어디를 가든 대중의 따가운 시선을 느꼈다.

남편은 나와 만나기 전에 도시를 통틀어 가장 큰 흑인 집단 거주 지역인 소웨토에 교회를 세웠다. 사전적인 의미로 소웨토는 남아프리카공화국에서 억압적인 아파르트헤이트 정책이 시행되던 시기에 시작된 흑인들만의 공동체를 가리킨다. 오늘날은 가난과 범죄, 시련뿐 아니라 삶과 문화와 아름다운 사람들이 한데 어우러지는 활기찬 공동체가 되었다.

요약하자면 하룻밤 사이에 나는 오랫동안 곪아 온 인종적인 불신과 분노가 팽배한 이 나라에서 가장 큰 흑인 거주 지역에 사는 '백인' 여성이 되었다. 그때는 이 아름다운 나라에서, 아름다운 만큼 깊은 상처를 간직한 이들 틈에 섞여 살면서 겪게 될 일을 전혀 가늠하지 못했다. 황폐해진 심령들 틈에서 치유의 일꾼이 되고 싶은 마음이 간절했다. 이곳을 섬기는 일에서 더욱더 예수님을 닮아 가게 해 달라고 꾸준히 기도했다. 주님이 그 기도에 어떻게 응답하실지 짐작조차 하지 못했다.

주님은 고난을 통해서만 열매를 얻을 수 있음을 보여 주기로 작정하신 듯했다. 결혼식을 한 달 앞뒀을 즈음, 남편의 가장 가까운 친구이자 교회에서 신망이 두터웠던 지도자가 우리 교회의 연약한 젊은 여성과 여러 차례 도덕적인 잘못을 저질렀음이 드러났다. 오랜 기간 이중생활을 해 오면서 우리에게는 자신을 감쪽같이 감추었음이 밝혀진 것이다. 장로 자리에서 물러나 자숙하며 회복하는 과정을 밟게 했다. 말로는 회개하는 시능을 했지만 얼마 지나지 않아 그가 복수를 꿈꾸고 있음이 명백해졌다.

결혼 첫날밤, 곤히 자고 있는 사이에 우리 방에 불이 났다. 삽시간에 연기가 방 안을 가득 채웠다. 목이 졸리는 것만 같은 느낌에 잠에서 깨어났다. 우리 부부는 곧바로 병원으로 실려 갔고, 의사는 살아난 게 기적이라고 했다. 흉부 엑스레이를 찍었다. 연기를 들이마신 탓에 폐에 심각한 염증이 생긴 게 보였다. 허니문의 첫 두 주가 정신없이 지나갔다. 지금도 당시를 거의 기억하지 못한다.

2주 만에 집에 돌아와 보니, 교회는 분열되고 지독한 소문이 돌고 있었다. 이중생활을 했던 장로는 교회 지도자들을 일일이 만나고 다니면서 우리 부부가 자신을 심하게 학대했다고 하소연했다. 우리가 신뢰하던 리더들과 교인들에게는 '특히 내가' 그를 용서하길 심하게 거부했다고 했다.

그렇지 않아도 공동체에 끼어든 백인에게 불신의 눈길을 보내던(지난날 내가 백인들을 바라보았듯이 말이다) 이들은 그의 거짓말을 사실로 덥석 받아들였다. 터무니없는 거짓말로 인해 6개월 만에 교인의 75퍼센트가 교회를 떠났다. 가까운 사람들이 이 기만의 덫에 걸려 등을 돌렸다. 노골적으로 증오를 쏟아 내면서 우리와 함께 어울리기를 중단한 이들도 적지 않았다. 건강은 계속 나빠졌고, 결국 의학적으로 치료가 불가능한 열대병에 걸렸다는 진단을 받았다. 오랫동안 탈진과 심신 쇠약 상태가 이어진 탓이라고 했다.

건실하고 활력이 넘치며 꾸준히 성장하던 교회였는데, 2011년에 들어설 무렵에는 교인 수가 30명까지 줄어들었다. 그나마도 우릴 믿어도 되는지 여전히 의심하는 이들이 대다수였다. 끊이지 않는 소문에 우리를 더 이상 신뢰하지 않는 이들도 있었다. 목회자 사례비도 절반으로 줄어, 집세를 내고 먹을거리와 연료를 사기도 버거웠다. 그야말로 근근이 살았다. 모든 것을 다 버리고 사랑하며 섬겼던 사람들 사이에게 버림받고, 외톨이가 되며, 미움받고, 소외를 당하게 되었다. 하나님께도 외면당하는 기분이었다.

2011년 10월에 접어들자 하루하루를 넘기기가 힘겨울 만큼 건강이 나빠졌다. 남아프리카공화국의 가난한 공동체에 산다는 건 곧 극심한 오염을 감수하며 지낸다는 뜻이기도 했다. 의사는 계속 소웨토에 살면 수년 안에 목숨을 잃을 가능성이 높다고 경고했다. 그 말이 우리 마음을 뿌리째 흔들어 놓았다.

하지만 기도하고 또 기도한 끝에, 주님의 뜻은 다르다는 결론을 내렸다. 그곳을 떠나서는 안 되며, 내 건강도 곧 회복되리라고 말씀하시는 것 같았다. 2011년이 거의 저물어 갈 즈음, 마침내 교회를 다시 일으킬 계기가 생겼다. 우리는 헤아리기 어려울 만큼 많은 시험으로 피폐해졌다. 그러나 회복하려 애쓰는 중이며, 재건 과정은 이미 시작되고 있었다. 이제 바닥을 쳤구나 싶었지만 아직 갈 길이 남아 있었다.

거절과 미움, 폭력과 비방이 판치는 2년을 보내는 사이에 단 한 사람만이 줄곧 우리 편이 되어 주었다. 소문에 귀 기울이지 않으며 거짓말을 일삼는 이들에게 겁 없이 진실을 말했던 단 한 사람, 우리와 어울리는 것이 쉽지 않은 시절에 공개적으로 친구가 되어 준 단 한 사람이었다. 말 그대로 친자매나 다름없었다.

2011년 12월 30일(내 서른다섯 번째 생일이었다), 남아프리카공화국에서 가장 가깝던 그 친구가 물에 빠져 숨졌다. 우리 부부와 각별했던 또 다른 친구도 그녀를 구하려다 함께 세상을 떠났다. 우리는 말로 다 할 수 없는 충격을 받았다. 그녀는 우리에게 진실한 공동체 그 자체를 의미했다. 사흘 내내 차를 타고 온 시내를 돌아다니며 그녀의 가족과 친지들에게 그 참담한 소식을 전해야 했다.

심지어 그로부터 일주일 뒤, 경찰관 일곱 명이 특별한 이유도 없이 남편과 내게 총부리를 겨누는 사태가 벌어졌다. 20분 동안 두려움에 떨었다. 궁금했다. 지금 서 있는 여기, 내 삶을 위협하는 이들이 바로 내가 신뢰해야 할 대상이 되는 이곳은 도대체 어떤 종류의 광야인가?

이 일들은 우리가 겪었던 수많은 사건 가운데 일부일 뿐이다. 우리가 겪은 내면의 혼란과 고통은 셀 수도, 잴 수도, 설명할 수도 없다. 칠흑같이 어두웠던 어느 순간, 주님이 다가오셨다. 눈물로 부르짖기를 몇 달, 한없이 캄캄한 시기마다 주님이 그토록 멀리 계신 것처럼 보이는 이유가 무엇인지 고민하고 또 회의할 때, 주님은 내가 감지하고 느낄 수 있는 방식으로 찾아오셨다. 이사야서 53장을 읽고 있던 참이었다. "그는 멸시를 받아 사람들에게 버림받았으며 간고를 많이 겪었으며 질고를 아는 자라 마치 사람들이 그에게서 얼굴을 가리는 것같이 멸시를 당하였고 …… 이는 그가 자기 영혼을 버려 사망에 이르게 하며 범죄자 중 하나로 헤아림을 받았음이니라"(3, 12절).

어떤 면에서 보자면, 하나님은 하늘나라의 안온함과 영광을 '버리고' 연약한 인간의 몸을 입은 채 세상에 오셨다. 그것만으로도 믿기 어려운 대단한 사건이지만 거기에 그치지 않는다. 죄에 빠진 인류를 구원하기 위해 하나님의 특권을 다 '내려놓으셨다'(빌 2장). 주님은 "멸시를 받아 사람들에게 버림받았으며 간고를 많이 겪었으며 질고를 아는 자"가 되셨고, 범죄자의 하나로 헤아림을 받았다. 인류 역사에 이토록 이타적인 행위를 찾을 수 있을까?

거룩하고 의로우시며 전능하신 하나님, 말씀으로 온갖 창조물들을 만들어 내신 하나님이 범죄자 취급을 받으셨다. 홀로 완전하시고 한 점 죄가 없으신 분이 죄인 취급을 당하며 핍박받으셨다. 이 말씀을 묵상하면서, 3년 만에 처음으로 하나님이 정말 가깝게 느껴졌다.

그분처럼 나도 모든 걸 버리고 사랑과 섬김을 실천하려는 소녀로 남아프리카공화국에 들어왔다. 그러나 이곳에서 수없이 불의를 저지르는 백인 억압자 취급을 받으며 미움의 대상이 됐다. 너무나 흠이 많고 실수도 많아 영광스러운 구세주와 비교할 수는 없지만, 나는 내 삶의 이야기 속에서 주님의 이야기를 보았다. 극심한 고난을 겪으면서 난생처음, 아주 어렴풋하게나마 인류를 구원하신 하나님의 뜻을 깨달을 수 있었다.

복음의 메시지가 내 삶 속에 있음을 깨달았다. 때로 주님이 훈련하시는 시간들이 있기는 했지만, 고난은 복음의 섬유로 촘촘하게 자아낸 바탕색 천이었다. 구원이 그려질 캔버스인 셈이다. 요즘 시대의 많은 크리스천들은 시련에서 건져 주시는 것을 하나님의 신실하심으로 바라본다. 물론 때로는 큰 자비를 베푸셔서 역경에서 끌어내 주시는 경우도 있다. 하지만 그것이 그분의 신실하심을 보여 주는 전부는 아니다. 성경을 보면, 하나님이 지극히 사랑하는 사람들 가운데 여럿은 또한 큰 고통을 겪는 사람들이었다.

하늘 아버지를 가깝게 느끼는 순간이 내게서 고통이나 슬픔을 완전히 없애 주지는 않았으나, 그 대신 하나님의 뜻과 구속을 이루게 해 주었다. 2012년 연말이 되었다. 건강은 차츰 나아지고 있고 주님과의 관계도 서서히 회복되고 있다. 그분께 더 가까이 다가가는 데는 몇 달이 걸렸지만 이제 다시 두 다리로 서게 된 것만큼은 분명하다. 여전히 치유 중이지만 확실하게 서 있다. 고난의 열매를 보고 있는 것이다. 아울러 나의 이야기 속에서 그분의 이야기를 본다.

9

'평소에' 예수와 걷는 법을
배우라

단순하지만 결정적인 준비들

지혜는 받는 게 아니다.
아무도 대신해 줄 수 없고, 아무도 거들어 줄 수 없는
광야를 지나는 여정을 끝낸 뒤 스스로 찾아내야 한다.
_마르셀 프루스트Marcel Proust[1]

불행을 허투루 흘려보내서는 안 된다. 성경은 고난의 목적이 하나님의 영광에 있다고 말한다. 고난은 하나님의 영광을 세상에 드러내고 두루 전한다. 하나님의 영광은 완전하므로 우리가 보탤 수는 없다. 하지만 시편 기자들이 고백하듯 그분의 영광이 '높임을 받을' 수는 있다. 시련 속에서 하나님을 하나님으로 높여 드린다면, 역경은 비길 데 없는 그분의 위대하심을 세상에 온전히 전하는 통로가 된다.

바울은 고난이 우리의 영광도 된다고 말한다. "우리가 잠시 받는 환난의 경한 것이 지극히 크고 영원한 영광의 중한 것을 우리에게 이루게 함이니"(고후 4:17). 고난이 어떻게 우리에게 유익이 되는 것일까? 이 질문에 답하기 전에, 현대 사회에 만연하는 '자기 계발'에 대해 성경이 어떻게 말씀하는지 살펴보려고 한다.

의에 주리고 목마른 자는 복이 있나니 그들이 배부를 것임이요(마 5:6).

자기 목숨을 얻는 자는 잃을 것이요 나를 위하여 자기 목숨을 잃는 자는 얻으리라(마 10:39).

첫 번째 말씀에서, 예수님은 '행복 그 자체가 아니라 의로움을 찾는 이는 행복하다'고 말씀하신다. 행복은 행복을 넘어서는 무언가(하나님, 이웃과의 바른 관계)를 추구할 때 따라오는 부산물이다. 하나님을 삶 속에서 결코 타협할 수 없는 최우선순위로 삼으면 덤으로 행복을 얻는다. 하지만 개인적인 행복을 최우선으로 추구한다면 어느 쪽도 얻을 수 없다.

두 번째 구절도 같은 원리를 담고 있다. 주님을 위해 기꺼이 생명을 내놓는다면, 다시 말해 나의 안전과 만족을 내려놓고 기꺼이 예수님께 순종한다면 결국 참된 자신을 찾을 것이다. 그리스도 안에서 자신의 참 모습을 발견하고 마침내 평안을 누린다. 그러나 주님을 삶의 중심에 모시지 않고 오로지 개인의 만족과 성공만을 거머쥐려고 안간힘을 쓴다면, 자신이 어떤 존재인지 알지 못하는 치명적인 내적 결핍과 공허감에 시달릴 수밖에 없다.

개인주의를 앞세우는 서구 문화 안에서는 이 말씀들이 모순으로 비춰질 수밖에 없다. 하지만 이 말씀들은 고난을 겪는 크리스천들에게 매우 중요하다. 하나님은 인간의 삶이 형통하도록 돕는 조력자나 코치 정도가 아니라 그야말로 존귀한 하나님이시기에 마땅히 믿고 신뢰해야 한다. 내게 필요한 것을 얻어 내기 위해서가 아니라, 하나님이 높임 받으셔야 마땅한 한 분이시기에 믿고 의지해야 한다. 내 이익을 위해서가 아니라 하나님을 위해 그분을 사랑하고 순종할 때 우리는 강하고 지혜로워지기 시작한다. 나 자신이 아닌 하나님을 구할 때 결국, 하나님의 영광과 나의 영광 두 가지 모두를 만나게 된다. "하늘나라를 추구하면 세상을 '덤으로' 얻지만, 오로지 세상만을 좇으면 아무것도 얻지 못한다."[2]

살아 계신 하나님을 있는 그대로 받아들이는 마음가짐은 우리를 슬기롭게 한다. 그것이 진실과 마주하게 해 주기 때문이다. 마치 캄캄한 방에 전등을 켜면 이런저런 세간에 부딪히지 않고 걸을 수 있는 것과 마찬가지다. 하나님의 공의와 위대하심, 주권과 지혜, 그분의 사랑을 제대로 볼 수만 있다면 쓰라린 상처나 오만, 염려와 낙심에 빠져 비틀거리지 않고 세상을 살아갈 수 있다. 내 유익이 아니라 하나님의 영광을 좇으면 역설적이게도 그제야 나의 영광이, 다시 말해 나의 성품과 겸손, 소망과 사랑, 기쁨과 평안이 높아지고 깊어진다.

앞으로 살펴보겠지만 고난이 개인적인 성장과 훈련에 변화를 불러오지만 그렇다고 시련을 자신을 계발하는 방법쯤으로 인식해선 안 된다. 그런 시각은 고통을 즐기는 일종의 마조히즘masochism과 다르지 않다. 심신이 괴로워야 비로소 고결하다는 느낌이 들기 때문이다. 굳이 그런 관점을 갖지 않아도 고난에는 스스로에게 몰두하게 만드는 성향이 있다. 자신과 자신의 성장에 집착하면 역경은 정말로 우리 목을 조르는 올무가 된다. 고난은 하나님을 이전보다 더 알아 가는 길, 주님을 더 섬기고 닮아가는 길로 받아들여야 한다.

우리는 시련 가운데서 하나님의 영광을 으뜸으로 삼을 때에만 자신의 영광도 이룰 수 있다. 시련이 오히려 그 발판이 된다는 뜻이다. 주님은 시련을 낭비하는 것이 아니라 시련을 딛고 성장하여 은혜와 영광에 이르기를 기대하신다.

더 나아질 것인가,
더 나빠질 것인가

세속적인 세계관으로 볼 때, 고난이란 '행복을 추구하는 삶'을 가로막는 장애물일 뿐이다. 현대 사회는 시련을 불러올 만한 환경들을 완전히 제거하거나 적어도 최소화시키거나, 잘 관리해야 한다고 믿는다. 하지만 이런 시각과 다르게 심리학자 제임스 데이비스는 "생산적 고난"이라는 개념을 내세운다. 리처드 슈웨더처럼 인류학 연구 결과들을 수없이 지적하면서 비서구권 문화들이 어떻게 "고난이 새로운 현실의 일면을 이해하는 데 도움을 준다"[3]고 믿는지 설명한다.

The Importance of Suffering(고난의 중요성)이란 책에서 데이비스는 대다수 서구 의료인들이 지닌 입장을 반대한다. 곧 시련이 불러오는 부정적인 감정을 없애 버리거나 관리하는 방식으로 환자를 도와 고난을 처리해야 한다는 생각을 비판했다. "'낮은 자존감'이나 '무력감' 또는 '무가치한 느낌'에 시달리는 환자를 단순히 '왜곡된 사고 유형'이나 '사고의 오류'로 해석하는 것은 의학적인 실수"[4]라는 것이다.

그렇다면 어떤 식으로 고난에 접근해야 하는 걸까? 데이비스는 강력하게 주장한다. 스스로에 대한 부정적인 생각들이 정말 사실이라면 어찌할 것인가? "'비겁하다'는 느낌은 '잘못된 생각'의 한 증상이라기보다 자신의 단면을 직시하는 정확한 판단에 가까울지도 모른다. 자기 평가에는 쓰라린 괴로움이 따른다. 이런 아픔은 자신의 비겁함과 맞닥뜨린 데서 오는 지극히 자연스러운 반응일 뿐 아니라 그것을 변화시키는 데 필요한 전제

조건이기도 하다."⁵ 그러므로 고난은 자신의 성품 속에 용기가 부족하다는 사실을 정확하게 들여다보도록 이끈다.

고난은 인간의 이기심도 드러낸다. 데이비스는 여러 연구 결과들을 제시하면서 '낮은 자존감'은 결코 보편적인 문제가 아니라고 주장한다. 이는 곧 낮은 자존감에 시달리는 사람보다 "자기애에 심하게 감염돼 다른 사람을 사랑할 줄 모르는 이들이" 훨씬 더 많음을 지적하는 것이다. "그들은 자신의 필요와 관심사 너머에 있는 것을 전혀 보지 못하기에 타인의 어려움과 아픔에 공감하는 능력이 없다. 자신이 최우선이므로 모두가 자신에게 맞춰야 한다고 믿는다."⁶

데이비스는 슬럼프를 겪은 이들은 그렇지 않은 이들보다 더 슬기롭게 현실을 대할 수 있다고 단언한다. 이런 그의 주장은 서구 사회가 지향하는 문화와 매우 다른 지향점에 있다. 그는 한 번도 우울해 본 적이 없는 이들은 제 삶을 좌우할 수 있는 통제력의 크기를 과대평가하는 경향이 있다고 지적한다. 물론 슬럼프가 과하면 몸과 마음이 허약해지지만, 사실 침체의 경험은 자신의 한계가 어디까지이며 그 영향력이 얼마나 큰지 판단할 수 있게 돕는다.

데이비스가 언급한 연구자들 가운데 폴 키드웰Paul Keedwell 박사의 이야기를 들어보자.

우울증을 가진 이들에게는 부정적인 방향으로 현실을 왜곡하는 성향이 있다는 것이 …… 지배적인 시각이다. …… [하지만 최근의 연구 결과들은] 이렇게 머리로만 받아들인 지식을 뒤집는 증거들을 제시한다. 현실을 뒤트는 쪽은 우울증을 가진 이들이 아니라 이른바 건강하다는 사람들이다. …… 정말로 우울증이 현실을 부정적인 방향으로 왜곡한다고 할지라도 …… 우울을 모르는 이들에게서 볼 수 있는 자기중심적 편향을 없애 준다는 건 엄연한 사실이다. …… [우울에서] 회복되고 감정이 살아나면 새로운 부류의 진리가 나타날 수도 있다.[7]

데이비스와 조너선 하이트를 비롯해 시련의 유익을 내세우는 학자들은 역경이 저절로 삶을 향상시키는 것은 아니라고 못 박는다. 하이트는 시련에 대처하는 두 가지 상반된 방법으로 "능동형 대처와 재평가" 그리고 "회피형 대처와 부정"을 꼽는다.[8]

그가 제시한 두 번째 전략은 심각한 재앙을 불러올 수 있다. 그것은 "현실을 부정하거나 회피한다든지, 술이나 약물을 비롯해 위안이 될 만한 무언가로 정서적인 반응을 둔화시키려는 노력"이기 때문이다. 반면에 첫 번째 전략은 고통스러운 환경들을 변화시키려는 노력과 내면의 성장이 결합되어 성숙한 삶으로 이어진다. 달리 말하자면, 하이트와 데이비스는 '고난 가운데 흔들림 없이 걷기'와 고통을 부정하는 방식인 '꼼짝 않기, 드러눕기, 도망치기'를 구분한다.

위험 요인은 사방에 도사리고 있다. 고난은 인간을 이전보다 더 낫게 하거나 더 못하게 만든다. 하이트는 고난에 맞서는 것이 아니라 단순히 고통을 줄이고 관리하는 데 공을 들이는 이들이 쓰라린 상처에 취약하며 무력감에 쉬이 사로잡힐 수 있다고 설명한다. 그는 세상이 철저하게 불의하며, 삶은 완전히 통제 불능이고, 모든 일은 통상적으로 최악의 결과를 향해 굴러간다고 장담한다. 그러나 "역경은 인생의 이야기, 곧 시련이 내러티브를 망가트려 놓은 바로 그 자리에 보석 같은 교훈을 아로새겨 넣는다."[9] 따라서 고난에 대한 올바른 접근은 놀라운 성장을 가져오는 반면, 그릇된 전략은 시련 앞에서 무너지게 만든다. 삶에 닥친 시험과 어려움은 인간을 빚어내든지, 망가뜨리든지 둘 중 하나다. 어느 쪽이든, 아무런 변화 없이 그대로 남아 있을 수는 없다.

우리의 고난을
어떻게 사용하시는가

성경 역시 하나님이 고난을 사용해 우리의 연약함을 걷어 내고 단단하게 만든다고 가르친다. 신약성경만 하더라도 베드로전서 거의 대부분을 비롯해 이를 뒷받침하는 본문이 헤아릴 수 없이 많다(히 12:1-17; 롬 8:18-30; 고후 1:3-12; 4:7-5:5; 11:24-12:10).

우선, 고난은 스스로를 바라보는 시선을 바꿔 놓는다. 우리를 겸손하게 하고 비현실적인 자존심과 오만을 없애 준다. 인간이 얼마나 연약한 존재인지 여실히 드러내는 것이다. 앞에서 데이비스가 지적했듯, 서구인들은 삶의 흐름을 제힘으로 얼마든지 좌우할 수 있다는 비현실적인 생각을 품고 있다. 그러나 시련은 그런 무지를 걷어 낸다. 역경은 흔히 생각하는 것처럼, 인간의 연약함을 자각하게 하고 항상 하나님께 기대어 살 수밖에 없는 존재임을 보여 주기 위해 우리를 무기력한 통제 불능 상태로 몰아가지 않는다. 단지 그 사실을 깨닫고 거기에 따라 살도록 우리를 도울 뿐이다.

또 고난 앞에서 인간은 자신의 연약함과 마주한다. 시련은 우리의 바닥을 드러낸다. 우리는 시련 앞에서 나약한 믿음, 분노와 게으름, 타인에 대한 냉담함, 염려와 증오 같은 온갖 허점을 적나라하게 노출한다. 시련 앞에서 우리는 비판적이고 너그럽지 못하다. 충동적이고 참을성이 없다. 화를 내고, 고집불통이며, 다른 사람의 말도 귀담아 듣지 않는다. 혼란스러운 일이 벌어질 때마다 속수무책으로 무너지고 너무 쉽게 자기 연민에 빠지기도 한다. 고난은 그런 내면의 결함을 한결 누그러뜨려 준다. 괴로운 시기를 거치면서 자신의 흠을 부정하는 자세에서 벗어나 적극적으로 변화하는 과정을 시작하게 되는 것이다.

둘째로, 고난은 우리 삶의 여러 좋은 것들을 대하는 우리의 태도를 완전히 바꾼다. 역경은 우리가 지나치게 중요하다고 여겼던 일들이 무엇인지 깨닫게 한다. 일터에서 맞닥뜨린 실패와 좌절로 치명적인 타격을 받았다고 하자. 상실감과 큰 슬픔을 맛볼 만한 일임에는 틀림이 없다. 하지만 그제야 비로소 직장에서의 지위나 위상, 명예를 지키는 데 너무 큰 비중을 둔 나머지 적잖은 고통을 겪어 왔음을 실감하게 될 것이다. 좌절은 인생에서 정말로 중요한 것, 곧 하나님과 다른 사람들에게 더 큰 소망과 의미를 둘 수 있는 특별한 기회가 될 수 있다. 역경은 우리를 한층 단단하게 만들어 다시금 좌절을 겪더라도 지나치게 낙담하지 않게 한다. 또 예전에는 알지 못했던 새로운 기쁨의 샘의 물꼬를 열어 준다.

셋째로, 고난은 무엇보다 하나님과의 관계를 탄탄하게 만든다. C. S.

루이스는 "모든 일이 형통할 때 하나님은 속삭이시지만, 고난 속에 있을 때는 큰 소리로 외치신다"라고 말한다. 참으로 고난은 우리와 하나님의 관계를 시험한다. 고난은 때로 하나님과 삶에 대해 너무 분노한 나머지 기도할 소망마저 놓아 버리게 한다. 하지만 그분과 나누는 거룩한 우정을 깊어지게 만드는 자원이 되는 것도 엄연한 사실이다. 모든 일이 평탄하게 돌아갈 때는 내가 사랑하는 분이 하나님인지, 아니면 하나님이 베풀어 주시는 일들인지 알 수가 없다. 몸이 건강하고 모든 일이 잘 풀리는 시절에는 하나님과의 관계에 아무런 문제가 없다고 생각하기가 쉽다. 하나님을 이보다 더 깊이 사랑할 수 없다고 착각할 수도 있다. 열심히 기도하고 신앙적인 여러 의무들을 잘 따른다. 그럴 때 마음이 편하고 무언가 보답하는 느낌이 들기 때문이다.

하지만 하나님이 "큰 소리로" 우리를 부르시는 소리를 들을 수 있는 시기는 고난을 겪는 동안뿐이다. "내가 시시콜콜 네 시중을 들어주는 덕에 우리 사이가 이토록 원만한 건 아닐까? 넌 무엇 때문에 나와 관계를 맺었니? 나를 부려서 널 섬기게 하려는 의도였니, 아니면 네가 날 섬기려는 마음에서였니? 무엇보다, 날 사랑하고 있니? 그저 네게 주는 것들만 사랑하는 건 아니고?" 이처럼 시련은 하나님을 향한 우리의 믿음 가운데 섞인 불순물을 걸러 낸다. 어떤 면에서, 하나님을 향한 믿음이 정말 있는지 드러나는 순간은 오로지 고난을 지날 때뿐이다. 따라서 하나님과 맺은 사랑의 관계가 점점 순수해질 수 있는 것도 역경을 통과할 때뿐이다.

고난은 출구를 찾을 수 없는 막다른 길로 우리를 몰아 하나님께 기도할 수밖에 없게 만든다. 이런 경험은 메마르고 고통스럽다. 하지만 하나님께 단단히 붙어 있으면 상상을 뛰어넘는 거룩한 주님의 사랑과 기쁨을 맛보게 된다. 목회자 존 뉴턴John Newton은 몹시 슬픈 일을 당한 여인에게 이런 편지를 썼다. "무엇보다, 은혜의 보좌로 꾸준히 나아가십시오. 끊임없이 주님께 가까이 가려고 애써도 아무 유익을 얻지 못하는 느낌이 들 정도라면, 그분께 멀어진 상태에선 그야말로 아무것도 얻을 수 없을 것입니다."[10]

마지막으로, 고난을 통과하지 않고는 고통스러운 누군가를 위로할 수 없다. 역경은 고통당하는 다른 사람들에게 깊은 연민을 품게 한다. 어려움을 겪어 보지 않으면 고난당한 자의 슬픔을 절실히 이해할 수 없다. 애통하는 사람이 왜 저렇게까지 우는지, 담담히 받아들이고 평소처럼 살 수는 없는 노릇인지 의아하게 생각할지도 모른다. 하지만 그런 어려움을 직접 경험하고 난 뒤라면 그 심정을 충분히 헤아릴 수 있다. 역경을 제대로 통과해 마음이 딱딱해지지 않았다면, 그 역경은 지혜를 빚어낸다. 고난은 치유자가 되게 하고 슬픈 사람들을 위로할 폭넓은 통찰을 갖게 한다. 고린도후서 1장에서 바울은 이렇게 말했다.

찬송하리로다 그는 우리 주 예수 그리스도의 하나님이시요 자비의 아버지시요 모든 위로의 하나님이시며 우리의 모든 환난 중에서 우리를 위로하사 우리로 하여금 하나님께 받는 위로로써 모든 환난 중에 있는 자들을 능히 위로하게 하시는 이시로다 그리스도의 고난이 우리에게 넘친 것같이 우리가 받는 위로도 그리스도로 말미암아 넘치는도다 우리가 환난당하는 것도 너희가 위로와 구원을 받게 하려는 것이요 우리가 위로를 받는 것도 너희가 위로를 받게 하려는 것이니 이 위로가 너희 속에 역사하여 우리가 받는 것 같은 고난을 너희도 견디게 하느니라 너희를 위한 우리의 소망이 견고함은 너희가 고난에 참여하는 자가 된 것같이 위로에도 그러할 줄을 앎이라(고후 1:3-7).

고난은 하나님이 주시는, 말로 설명할 수 없는 위안으로 바울을 이끌었다. 본문은 하나님의 영광에 대한 깊은 시각, 주님이 주시는 사랑과 기쁨을 맛보는 새로운 경험, 참된 자기 이해와 성장, 삶과 인간 본성에 대한 통찰들에 관해 이야기한다. 바울은 고난이 주는 깨달음을 가지고 다른 사람들을 위로했다. 고통 속에 있는 자들을 격려하고 그들과 고난이 주는 깊은 위안에 대해 나누었다. 시련을 겪은 이들의 위로는 또 다른 고통 속에 있는 사람들에게로 끝없이 이어진다. 교회는 풍성한 위로의 공동체이자 역경을 지나는 동안 끊임없는 지원을 얻는 곳이다.

조지 맥도널드는 이렇게 말한다. "인간의 고난을 면해 주기 위해서가 아니라, 그들의 고난이 주님의 고난과 같은 것이 되게 하시려고 죽기까지 하나님의 아들은 고난을 받으셨다."[11]

하나님의
훈련장에서

고난을 대장간 풀무불에 빗대는 성경의 은유는 앞에서 이미 이야기한 적이 있으며, 나중에 다시 살펴보려고 한다. 그보다 덜 알려졌지만 비슷한 의미를 담은 성경의 이미지로는 '훈련장'이 있다.[12]

베드로전서처럼 히브리서도 시험과 고통에 직면한 성도들을 대상으로 쓴 글이다. "무릇 징계가 당시에는 즐거워 보이지 않고 슬퍼 보이나 후에 그로 말미암아 연단받은 자들은 의와 평강의 열매를 맺느니라"(히 12:11). 여기서 "연단받은"에 해당하는 헬라어 단어는 '김나조gymnazdo'다. '훈련장'을 뜻하는 영어 단어 'gymnasium'(짐네이지엄)이 여기에서 나왔다. 문자적으로는 '벌거벗다' 곧 '벌거벗고 운동하다, 훈련하다' 정도의 의미를 가진다. 몸을 강하게 단련하기 위해 꾸준하고 엄한 훈련을 한다는 뜻이다.

훈련장에서 벌어지는 일들을 상상해 보자. 우선, 평상복을 벗어 버려야 한다. 일상복은 몸을 격렬하게 움직이는 데 방해가 되기 때문이다. 하지만 또 다른 이유도 있다. 평상시 같으면 다양한 복장으로 신체의 결점을 숨기거나 최대한 감출 수 있다. 하지만 훈련장에서는 그럴 수가 없다. 훈련장 안에 들어와 일상복을 벗어 버리면 자기 자신과 코치에게는 물론이고 애석하게도 주위의 모든 이들에게 자신의 결점이 고스란히 드러날 수밖에 없다. 이는 훈련을 강하게 자극하는 동기가 된다.

훈련장의 비유는 삶이 아무 탈 없이 잘 굴러갈 때는 인격과 성품의 결함들이 덮이고 가려져서 눈에 잘 띄지 않는다는 사실을 보여 준다. 하지만 삶의 까다로운 문제들을 만나면 '하나님의 훈련장'에 서게 된다. 그때는 본연의 모습이 적나라하게 드러날 수밖에 없다. 내면의 두려움, 충동적인 기질, 진실을 속이거나 감추려는 성향, 부족한 자제심 등이 거침없이 드러난다. 어쩌면 삶의 곤란한 문제들은 이런 자질들이 빚어낸 결과물인지도 모른다. 또는 새로운 상황이 전개되는 과정에서 반드시 있어야 할 긍정적인 자질이 결핍되어 있음이 드러날 수도 있다. 어느 쪽이든 훈련장은 인간의 됨됨이를 적나라하게 보여 준다.

이럴 때 우리는 무엇을 할 수 있을까? 훌륭한 코치라면 운동을 시킬 것이다. 운동은 몸 곳곳에 스트레스를 주거나 압력을 가한다. 아령을 들고 팔을 굽혔다 펴는 운동은 이두박근을 압박한다. 팔뚝을 굽히는 운동도 같은 효과를 낸다. 달리기는 호흡기와 순환계를 자극시킨다. 뛰어난 코치는 신체에 과도한 압력을 주지 않는다. 지나치게 무거운 것을 들어 올리거나 무리하게 달리면 오히려 몸이 망가진다.

반면에 운동량이 너무 적어도 몸에 별다른 압박을 주지 못한다. 일상을 유지하는 데 필요한 최소한의 움직임만으로 살아간다면 몸이 쉬이 망가지고 노화도 빨리 진행된다. 신체에 알맞은 압력의 양, 그리고 불편감과 통증을 정확하게 찾아내는 게 관건이다.

히브리서 기자는 '당시에는' 고난이 즐거워 보이지 않지만 '나중에는' 열매를 맺는다고 말했다. 운동의 작동 원리를 정확히 보여 주는 말씀이다. 팔을 굽혔다 펴는 웨이트 트레이닝을 할 당시는 팔 힘이 점점 약해지는 기분이 든다. 그러나 나중에는 그 운동 덕에 훨씬 강해졌음을 알 수 있다. 훈련장에 있는 동안은 갈수록 힘이 빠지는 느낌이 들고 한 걸음을 떼기가 어려울 정도로 고단하게 느껴질지 모른다. 하지만 노련한 코치를 두었다면, 그처럼 연약해지는 경험은 얼마 지나지 않아 강인한 에너지로 바뀔 것이다.

미숙한 코치라면 해를 끼칠 수도 있겠지만 우리는 완벽한 트레이너,

더없이 위대한 코치를 모시고 있다. "사람이 감당할 시험 밖에는 너희가 당한 것이 없나니 오직 하나님은 미쁘사 너희가 감당하지 못할 시험 당함을 허락하지 아니하시고 시험 당할 즈음에 또한 피할 길을 내사 너희로 능히 감당하게 하시느니라"(고전 10:13).

삶에서 일어나는 일들은 하나같이 한계와 목적이 있다. 무슨 일을 만나든지 "주님이 날 아예 끝내시려는 모양이군!"이라고 원망해서는 안 된다. 훈련장에서 운동할 때마다 얼마나 힘들고, 탈진하고, 소모되는 느낌이 드는지 잊지 말아야 한다. 아울러 거기에는 분명한 목적이 있다. "우리가 알거니와 하나님을 사랑하는 자 곧 그의 뜻대로 부르심을 입은 자들에게는 모든 것이 합력하여 선을 이루느니라"(롬 8:28). 그러니 "인생이 이보다 훨씬 더 잘 풀릴 수 있었는데!"라고 탄식하지 말라.

그렇다고 해서 고난을 게임으로 보라는 뜻은 아니다. 하나님이 하늘나라에서 인간을 이리저리 움직이며 꼭두각시 인형놀이를 한다고 생각해서는 안 된다. 악을 하나님이 미워하시는 하나님의 원수로 보았던 진리들에 토대를 두고 이 가르침을 살펴야 한다. 우리가 울 때 함께 슬퍼하시는 하나님, 그분이 바로 우리 주님이시다.

주님께서는 그들이 고난을 받을 때에
주님께서도 친히 고난을 받으셨습니다.
천사를 보내서서 그들을 구하게 하시지 않고
주님께서 친히 그들을 구해 주셨습니다.
사랑과 긍휼로 그들을 구하여 주시고,

옛적 오랜 세월 동안 그들을 치켜 들고 안아 주셨습니다(사 63:9, 새번역).

하늘에 계신 거룩한 코치가 이토록 놀라운 균형 감각을 가지고 우리의 삶을 인도하신다면, 우리 역시 좌로도 우로도 치우치지 말고 앞으로 나아가야 한다. 히브리서 기자는 징계를 가볍게 여기지도 말고 낙심하지도 말라고 가르쳤다. 이를 악물고 참으며 고난을 하나님의 훈련으로 보기를 거부하는 금욕주의에 빠지지도, 낙심하여 지레 포기하고 체념하며 하나님으로부터 멀어지지도 말아야 한다는 뜻이다. 드러눕지도 도망가지도 말고 도리어 훈련을 통과해 앞으로 나아가야 한다.

하나님이 친히 받으셨던 고난을 기억할 필요가 있다. 사실 히브리서 12장은 "예수를 바라보자"라는 권면으로 시작한다. "그는 …… 십자가를 참으사 부끄러움을 개의치 아니하시더니 하나님 보좌 우편에 앉으셨느니라 너희가 피곤하여 낙심하지 않기 위하여 죄인들이 이같이 자기에게 거역한 일을 참으신 이를 생각하라"(2-3절).

하나님의 훈련장에서 훈련을 견딜 힘의 원천은 예수님을 바라보는 것이다. 주님이 견디신 고난을 곱씹으면 자기 연민이 사라진다. 주님이 우리를 위해 한없는 고난과 상실을 견디셨다면, 우리 역시 가증스러운 악의 이면에서 하나님이 자녀들의 삶에 선한 일을 이루기 위해 역사하고 계신다는 사실을 마음에 새기며 유한한 슬픔과 상실을 이겨 낼 수 있다. 예수님께 한결같이 시선을 '고정하면' 고통을 지나 그 열매로 찾아오는 더 깊은 평안을 맛보게 될 것이다.

풀무불과 훈련장의 비유를 한데 묶는 공통 주제는 아주 인상적이다.

두 가지 모두 위험을 뜻한다. 잘못 대처하면 재난이 될 수밖에 없다. 하지만 올바로 대응하기만 하면 인생의 새로운 국면을 맞는다. 피해선 안 되고 그럴 수도 없지만, 그 안에 갇혔다고 해서 두려움에 사로잡혀 허둥대서도 안 된다. 우리는 더없이 지독한 풀무불과 훈련장을 거쳐 십자가로 가신, 그리고 지금은 고난당하는 자녀들의 곁에 서서 함께 걸으시는 분께 시선을 고정해야 한다.

말씀 연구와
신학적 성찰이 절실하다

고난은 저절로 성장과 성숙이라는 선한 결과를 맺지 않는다. 고난은 끈질기고 성실한 태도로 상대해야 하는 매우 까다로운 존재다. 하지만 도대체 어떻게 하라는 말인가? 이제 고통과 고난을 헤쳐 나갈 정확한 방안들을 살펴보자.

먼저 우리는 고난이 닥쳐와도 흔들리지 않도록 미리 머리와 마음을 준비해야 한다. 성경 신학의 핵심 진리와 주제들은 시련을 겪는 이들에게 강력한 위로와 힘을 공급하는 자원이 된다. 역경이 닥치기 전에 성경의 가르침들을 더 깊이 알고 속속들이 파악할수록 거기서 얻는 위안도 더 커지게 마련이다. 일단 위기 속에 놓이면 가만히 앉아서 성경 말씀을 공부하고 관심을 쏟을 시간과 여유가 없다. 40년 가까이 목회하는 동안, '고난의 물살에 휩쓸리기 전에 내 믿음을 더 꼼꼼히 짚어 보는 시간을 가졌더라면 얼마나 좋았을까' 하고 안타까워하는 이들을 자주 만났다.

고난을 견디게 하는 '내적 근거들'은 창조와 타락, 대속, 부활과 같이 심오하고 풍성한 신앙의 기본 진리에 속하는 것들이다. 이 가르침들을 시련을 만나기 전에 반드시 파악해 두어야 하며, 그렇지 않으면 역경에 제대로 대비할 수 없다. 게다가 고난의 한복판에서 '현장 학습'으로 배우기에는 대단히 힘든 진리들이기도 하다.

고난을 맞을 준비는 단순하지만 결정적이다. 깊이 있는 성경 지식을 넉넉하게 갖추고, 강력하고 활력이 넘치는 기도 생활을 확보하는 것이 핵심이다. 이 두 가지는 고난이라는 비극 앞에서 우리를 보호하는 쿠션이 되어 준다. 신학자 마이클 호튼Michael Horton은 이렇게 말했다.

> 하나님이 어떤 분이시며 인간은 어떤 존재인지, 그리고 그분은 어떤 방식으로 창조하고 섭리하며 구속하시는지 이해하는 일은 삶의 시련에 대해 로스쿨 입학시험을 준비하는 이가 법률을 지키는 것과 같은 의미를 갖는다. 신학은 지극히 중대한 작업이다. 이 시험에 대비하는 일은 두뇌 게임이 아니다. …… 그것은 생사가 달린 문제이며, …… 사는 것과 죽는 것에 관한 문제다.[13]

호튼은 "신학"이라는 말로 단순한 데이터를 넘어서는 방대한 의미를 담아낸다. 하나님의 말씀은 살아 있는 능력이며(롬 1:16; 히 4:12), 내면 안에 느리지만 꾸준한 변화를 이끌어 내는 초자연적인 씨앗이고(벧전 1:23), 믿고 이해하고 실천하고 마음에 간직하면 열 때마다 빛을 비추어 깨닫게 하는 보물이자(시 119:11, 130), 우리 안에 '풍성히 거하게' 해야 할(골 3:16) 최고의 자원이라는 것이다.

너무도 단순해서 자주 잊게 되는 신학적 진리가 있다. 사도 베드로는 이렇게 편지했다. "사랑하는 자들아 너희를 연단하려고 오는 불 시험을 이상한 일 당하는 것같이 이상히 여기지 말고 오히려 너희가 그리스도의 고난에 참여하는 것으로 즐거워하라 이는 그의 영광을 나타내실 때에 너희로 즐거워하고 기뻐하게 하려 함이라"(벧전 4:12-13).

많은 사람들이 자신은 꽤 괜찮은 크리스천이라서, 자기 훈련이 잘되어 있어서, 도덕적으로 흠 잡을 데가 없어서 삶에서 시련을 만나지 않을 거라고 생각한다. 하지만 그것은 터무니없는 신학이다. 시련을 겪는 사람들 가운데는 시련 자체보다 자신에게 비극적인 일이 닥쳤다는 데서 오는 충격에서 헤어 나오지 못하는 사람도 많다.

신학적으로 찬찬히 되짚어 보면 시련을 만난 데서 오는 충격은 얼마든지 다스릴 수 있다. 그런 충격의 밑바탕에는 '하나님은 착한 사람들에게 비극적인 일들을 허락지 않으신다'는 검증되지 않은 생각이 깔려 있을지 모른다. 하지만 예수 그리스도는 그것이 사실이 아님을 몸소 입증해 보이셨다. 하나님이 완전한 인간이셨던 예수님에게 끔찍한(하지만 궁극적으로는 선한) 고난을 허락하셨다면, 도대체 무슨 근거로 그와 같은 일이 우리에게는 일어나지 않을 것이라 장담할 수 있는가?

물론 그 어떤 인간도 예수님처럼 가혹한 시련과 마주하지는 않을 것이다. 우리 가운데 인류의 구원을 이루도록 부름받은 이는 아무도 없기 때문이다. 하지만 비슷한 일이 훨씬 작은 규모로 닥치는 일은 얼마든지 가능하다. 앞에서 살펴본 것처럼, 인간이 범한 죄 탓에 세상에는 질병과 죽음, 자연재해가 넘쳐나게 되었다(롬 8:19-23; 창 3:16-19). 인류에게 내려진 저주들이다. 우리 역시 그 저주 아래에 있다.

하나님의 한없는 위엄과 지혜를 생각할 때 인간인 우리가 그분의 방법을 다 이해할 수 있을까? 주님이 행하시는 역사를 다 이해할 수 있다는 말 자체가 어불성설에 지나지 않는다. 우리는 우리 자신뿐만 아니라 다른 사람도 다 이해하지 못한다. 하물며 무한하시고 그 시작과 끝을 알 수 없는 하나님이 하시는 일들을 어떻게 낱낱이 파악할 수 있을까? 인간의 죄와 하나님의 거룩하심을 생각하면 지금 겪는 그 어떤 고통도 우리에게 마땅히 돌아왔어야 할 인생보다는 훨씬 낫다. 하나님께 한 점 에누리 없이 공평하고 공정하게 대해 주시길 요청하고 주님이 허락하신다면, 그 즉시 인류는 멸망하고 말 것이다.

말씀에 대한 연구와 신학적인 성찰은 시련의 계절을 앞두고 반드시 준비해야 할 항목들이다.

풍성한 기도 생활로
마음을 준비하라

고난은 '삶에 그토록 허다한 악과 고난이 존재하는 이유는 무엇인가?'와 같이 지성적인 이슈로만 존재하지 않는다. 고난은 '어떻게 이 상황을 돌파해 나갈 수 있을까?'와 같이 개인적인 문제이기도 하다. 첫 번째 질문과 두 번째 질문은 서로 다른 세계를 나타낸다. 따라서 고난에 대한 지성적 준비만이 아니라 마음의 채비도 갖춰야 한다. 이는 신학적 깊이를 가지면서도 실존적으로도 풍성하게 기도 생활을 꾸준히 해 간다는 뜻이다.

철학자 시몬 베유는 고난을 겪는 심령은 그 무엇도 사랑하기가 힘들다고 했다. 하나님과 다른 사람을 사랑하려면, 또는 "눈곱만큼이나마 사랑할 엄두라도 내려면," 젖 먹던 힘까지 다 짜내며 안간힘을 써야 한다. 만일 시련을 당하는 동안 "그 심령이 사랑하기를 멈춘다면, 이생에서 지옥을 경험할 수밖에 없다."[14]

고난이 닥쳐오면 하나님, 혹은 사랑과 소망 같은 의미들이 비현실적으로 보인다. 역경은 거대한 물줄기처럼 우리를 휩쓸어 절망에 몰아넣기 때문이다. 하지만 하나님의 사랑을 아는 지식과 경험이 이미 확고한 상태라면, 견고한 닻이 되어 소용돌이에 휘말리지 않게 붙들어 줄 것이다.

지성적인 준비가 탄탄하다면 역경이 닥친다 해도 나가떨어질 만큼 큰 타격을 입지 않는다. 하지만 막상 고난이 닥치면 머리로 아는 사실과 마음의 창고에서 꺼내 쓸 수 있는 자원 사이에 간격이 크다는 것을 절감하게 된다. 고난을 헤쳐 가는 데 필요한 지혜를 얻으려면 하나님의 도움이 반드시 필요하다. 머리로는 이미 알고 있던 사실들이라도 주님은 그 지식을 현실화시키고 새로운 방식으로 의미를 갖게 하신다. 지금까지 몰랐던 내용들이라면 새로이 배울 수밖에 없다. 생존 방법은 그뿐이다. 역경을 거뜬히 지나가자면 늘 함께하시는 주님의 도움이 절실하다. 주님은 힘과 위로가 되어 줄 진리들을 가르치시고 기억나게 하셔서 바른길을 선택하도록 우리를 도우신다.

알빈 플란팅가는 머리와 마음 사이의 간격에 대해 언젠가 이런 글을 썼다.

> 스스로, 또는 [신앙을 가진] 가까운 누군가가 시련을 겪고 있는 상황에서는 변함없이 하나님을 향해 올바른 자세를 갖기가 어려울 수도 있다. 개인적으로 큰 어려움이나 불행한 일을 만나면 하나님을 거역하고, 그분께 삿대질을 해대며, 주님을 향한 믿음을 송두리째 포기하고 싶은 마음이 들지도 모른다. 하지만 이는 전혀 다른 차원의 문제다. 이런 시기에는 철학적인 깨달음이 아니라 목회적인 보살핌이 필요하다.[15]

플란팅가의 글을 처음 대할 당시, 페인버그John S. Feinberg는 신학생이었다. 이 글을 읽기는 했지만 제대로 이해하지는 못했다. "하나님이 세상에 악을 허용하신 이유를 설명해 주는 지적인 답을 가지고 있다면 고난을 당해도 불만스러워하지 않으리라 여겼다."[16] 때로 그는 비극적인 일을 겪으며 하나님과의 관계를 두고 씨름하는 이들을 보면 인내가 부족하다고 여겼다.

그런데 대학원에서 신학을 가르치는 강사가 된 지 얼마 지나지 않아 그는 아내가 헌팅턴 무도병Huntington's chorea을 앓고 있음을 알게 됐다. 마음먹은 대로 몸을 움직이는 기능만이 아니라 기억 상실에 우울, 심지어 환각과 피해 망상을 비롯한 각종 치매 증상으로 발전하는 진행성 중추신경 질환이었다. 의사는 유전적인 질환이므로 아이들이 같은 질병을 앓게 될 확률도 50퍼센트에 이르는데, 30대가 되기 전까지는 증상이 나타나지 않

는다고 했다.[17]

처음에는 부정했지만 결국 받아들일 수밖에 없었다. "아내 한 사람이 쓰러지자 시련의 구름이 온 가족을 덮었다."[18] 머리로는 이런 상황에 신학적으로 어떻게 대처해야 마땅한지 알고 있었다.

> 어찌 됐든 피조물 주제에 창조주께 이의를 제기하겠는가? 바울이 로마서 9장 19-21절에서 이야기하듯, 창조주가 마치 무슨 잘못을 저지르기나 한 것처럼, 인간의 윤리적 판단이 지배하는 법정으로 끌고 들어갈 권리가 피조물에게는 없다. 하나님은 나에 대해 전적인 주권과 권위를 가지고 계신다. 하나님이 내게 속임수를 쓰시거나 일부러 못된 장난을 치시는 건 아닌가 하는 느낌마저 들었다.[19]

앞의 문장이 끝나자마자 '그럼에도 불구하고'라든지 '하지만' 같은 이음말도 없이 곧바로 마지막 문장이 따라 나오는 게 놀랍다. 페인버그는 성경적으로, 또 신학적으로 자신의 상황에 어떻게 반응해야 하는지 잘 알았다. 하나님은 스스로 원하시는 대로 행하실 권리를 가지고 계심을 받아들여야 했다. 그가 외우다시피 하는 내용이었다. 하지만 하나님이 잘못을 저지를 리 없음을 머리로는 잘 알고 있으면서도 마음에는 그분이 자신을 지독히 괴롭힌다고 느꼈음을 인정했다.

아이러니하게도, 페인버그는 욥기를 주제로 석사 논문을 썼으며, 시카고대학 박사학위 논문에서 악의 문제를 중점적으로 다뤘다. 그는 말한다. "지적인 답안들을 빠짐없이 알고 있었지만, 그 가운데 어느 것도 내가 느끼는 감정에는 영향을 주지 못했다."[20]

그는 지성을 바탕으로 고난의 문제에 대해 성경적이고 이성적인 답안을 대단히 학구적이고 높은 수준으로 제시한 인물이었다. 하지만 실제로 자기 삶에 역경이 닥치자 절망감이 너무 큰 나머지 제대로 처신할 수가 없었다. 악과 고난에 관해서라면 모르는 것이 없을 만큼 성경의 진리를 꿰고 있었지만, 실제로 풀무불 속에 들어가는 순간 아무것도 도움이 되지 않았다. 실존적으로 어떻게 접근해야 할지 몰랐고 분노에 사로잡혔다. 하나님께 버림받은 느낌이었다. 하나님이 살아 계시지 않은 것 같았다.

그렇다면 이런 성경의 주제와 논리들이 그릇되었다거나 아무 쓸모가 없다는 뜻인가? 그렇지 않다. 페인버그는 머리로 알고는 있었지만 실질적인 역경 속에서 마음의 기능과 연결할 줄 몰랐던 수많은 진리들을 다시 확인함으로써 결국 평형 상태를 되찾은 과정을 들려준다. 다시 말해, 고난을 겪는 이들에게 성경적이고 신학적인 논리들은 대단히 중요하고 또 실제로 그러해야 한다는 사실을 알고는 있었지만, 엄청난 마음의 수고를 겪고 난 뒤에야 그것을 깨달았던 것이다. 페인버그는 결론짓는다. "그런 [성경적] 답안들 가운데 상당수는 특정 문제에 도움이 되지 않는다. 그리고 …… 도움이 되는 다른 답안들 역시, 시련을 겪는 이가 지나는 모든 단계에서 도움이 되는 것도 아니다."[21]

신학자 던 카슨은 이 중요한 통찰을 잘 풀어 설명한다.

[고난이라는] 문제가 있다는 사실조차 감지하지 못하는 …… 평범한 크리스천들이 수없이 많다. 그들은 마음에 쏙 드는 신학적인 답변들을 가

지고 있다. 고난은 죄의 결과이며, 자유의지는 인간이 실수를 저지르더라도 하나님이 그냥 내버려 두신다는 의미고, 결국 천국과 지옥이 그 기록을 바로잡게 될 것이라는 식이다. …… 그러다 뼛속까지 뒤흔들어 정신이 번쩍 들게 만드는 일이 삶 속에 벌어진다. …… 하지만 이런저런 믿음들이 다 무의미하다는 소리가 아니다. 그 안에 위안을 찾으려면 …… 그런 믿음들을 활용하는 방법을 배워야 한다는 말이다.[22]

성경은 수없이 고난에 대해 이야기한다. 하지만 그 내용들을 "지성의 창고"[23]에 보관하는 일과 그것을 어떻게 지혜와 인내, 기쁨과 자기 인식, 용기와 겸손으로 이어지도록 삶에 적용하는지는 완전히 다른 문제다. 하나님을 믿는 것과 그분을 신뢰하는 것 역시 전혀 다른 문제다. 하나님이 고난을 허락하신 이유에 대해 지적으로 설명하는 일과 실제로 역경을 통과하는 길을 찾아 지혜롭고, 굳세고, 겸손하고, 강인하며, 심지어 스스로 만족하게 되는 것은 완전히 다른 일이다.

그러므로 머리와 마음, 어느 한쪽도 소홀히 해선 안 된다. 지성적인 논리 하나만 가지고는 세상을 살아가는 데 꼭 필요한 조건들을 다 채우지 못하며, 당장 고통 속에서 허덕이는 사람에게 고난의 이유에 대해 구구절절 설명하는 것은 잔인한 노릇이다. "마음이 상한 자에게 노래하는 것은 추운 날에 옷을 벗음 같고 소다 위에 식초를 부음 같으니라"(잠 25:20).

그렇기는 하지만 신학적인 요소와 실천적인 요소는 서로 얽혀 있다. 고난을 당하는 경험은 자동으로 머리에 철학적인 질문을 불러일으킨다. '어떤 하나님이, 무슨 이유로 이런 일이 일어나게 하셨는가?' 이처럼 지성을 동원해 고난을 부분적으로나마 이해하는 작업은 대단히 중요하지만, 하나님에 대해 알 뿐만 아니라 하나님을 신뢰하는 과정이 반드시 뒤따라야 한다.

깊은 슬픔과 질은 감미로움이
한데 어우러지는 삶

마크와 마사 부부 이야기

마사 ─────────

남편 마크는 휠체어에 앉아서 지낸다. 눈 말고는 온몸
을 움직이지 못하기 때문이다. 이렇게 지낸 지 벌써 10년 가
까이 되는데, 갈수록 상황이 어려워지고 있다.

시작은 아주 사소한 근육 경련이었다. 남편이 마흔여
덟 살 되던 때였다. 그러고 나서 한 달도 지나지 않아 불치
병으로 알려진 루게릭병 진단을 받았다. 결혼 25년차였고
우리 부부에겐 네 아이가 있었다. 온 식구가 늘 활동적이었
던 터라 남편이 눈 깜짝할 사이에 몸을 못 쓰게 됐다는 사실
은 엄청난 충격이었다.

남편이 앓기 시작하면서 나는 절망의 블랙홀에 빠져들었다. 앞으로 그 고통스러운 세월을 어떻게 견디며 살아가야 할지 막막했다. 모든 친구들에게 내일에 대한 두려움 때문에 오늘의 즐거움을 빼앗기지 않게 해 달라고 기도를 부탁했다. 의문스러웠다. '마크의 아내가 아니라면, 도대체 난 누구지?'

이제는 그 말에 어떤 우상이 숨어 있고 내 절망이 왜 그토록 깊었는지 안다. 나는 마크를 남편이자 공급자로 더없이 깊이 의지하고 있었다. 내 눈에는 하나님보다 그가 먼저 보였던 것이다. 어떻게 그 좌절에서 빠져나왔는지 수수께끼 같기만 하다. 빠져나왔다기보다 부활에 가까운 경험이었다. 발병 초기에 마크와 함께 하나님의 보살핌과 관련된 성경 구절들을 모두 찾아 나눴다. 하나님의 사랑과 신실하심을 마음에 새겨 넣을 길을 찾아내려 안간힘을 썼다. 인생만사가 전혀 다른 방향으로 흘러가는 것처럼 보여도 한사코 우리가 아는 진리 위에 서려고 노력했다.

마크 (※ 눈의 움직임을 포착해 글로 옮겨 주는 컴퓨터를 이용해서 썼다) ————————

젊어서는 직접 뛰는 운동 경기를 즐겼고 벤치에 앉아 있는 것을 정말 싫어했다. 진단을 받고 나서 얼마 뒤에, 하나님께 부르짖었다. 아직 뛸 수 있는데 경기장에서 억지로 끌려나온 기분이라고 말이다. 그런데 주님은 이렇게 답하셨다. "넌 지금까지 사이드라인에 서서 이 순간을 기다려 왔단다. 그러다 이제 막 경기를 뛰게 된 거야."

하나님이 나로서는 볼 수 없는 더 큰 일을 계획하고 계시고 주님의 셈법으로는 이 시련에 충분한 가치가 있다는 진리를 단단히 붙들었지만,

하루하루가 혹독한 훈련이나 다름없었다.

'그리스도의 몸'이 아주 구체적이고 실질적인 방식으로 우리 삶에 들어왔다. 친구들은 음식을 만들어 오고, 상품권을 선물하고, 정원 일을 대신해 주며, 우리 아이들의 생일파티를 열어 주고, 때로는 그저 와서 함께 있어 주기도 했다. 10년이 지난 지금까지도 여전히 수없이 많은 사람들이 우리 가정에 후원의 손길을 보내고 힘과 사랑을 베풀어 주고 있다.

마사 ────────

초기에는 감정적으로 견딜 수 없는 일들이 여럿 있었다. 남편을 묻을 장지를 고르는 일도 그랬다. 어느 날 딸이랑 묘지를 보러 갔다. 다정하게 이야기를 나누고 웃기까지 했다. 하나님이 "내가 여기 있다. 도저히 감당하지 못하겠다 싶은 곳마다 너와 함께하겠다"라고 말씀하시는 것을 느꼈다. 그날은 아주 의미 있는 날이었다. 그날만이 아니라 앞으로 다가올 날들과 모든 일에 주님이 동행하신다는 사실을 깨달았다.

마크 ────────

머릿속으로 찬송가와 흑인영가를 부르는 것이 큰 도움이 되었다. 지난 8년 동안 한마디 말조차 할 수 없었다. 수많은 찬송가들이 고난을 노래하면서 고통의 한복판에서 하나님의 임재를 갈망하는 제 마음을 대신 전해 주었다. 이런 찬송들은 요즘 시대의 기독교 음악에서는 느낄 수 없는 보물들이다. 그 가운데는 이 수고로운 세상이 진정한 내 집이 아니라는 사실을 더없이 선명하게 일깨워 주는 찬송들도 있다.

얼마 전에 간 질환 진단을 받았다. 가끔 내가 겪는 시련들이 부당하다고 하소연할 때가 있다. 하지만 정말로 부당한 고난을 겪으신 단 한 분을 꼽으라면 예수님이다. 십자가에서 하나님 아버지께 버림받으신 예수님에 비하면 내 경험은 아무것도 아니다. 주님이 날 위해 우주적인 고통을 견디셨는데 어떻게 내가 불평을 늘어놓을 수 있을까? 팀 켈러 목사님에게 들었던 불치병에 걸린 분의 이야기가 생각난다. 병에 걸린 덕에 하나님과 누리게 된 교제의 기쁨을, 몇 년 더 수명을 연장하는 것과 결코 바꾸고 싶지 않다고 했다고 한다. 나도 그분과 똑같은 심정이다.

마사

지금 당하는 곤경 속에서 우리는 의미와 목적, 기쁨과 성장, 온전함을 찾았다. 이런 시기를 기피했더라면 얼마나 많은 것을 놓치고 살았을까? 고난의 소용돌이 속에서 하나님은 엄청난 선물들을 주셨다. 우리 가정은 깊은 슬픔과 짙은 감미로움이 어떻게 한데 어우러지는지 알게 되었다. 삶의 깊이와 풍성함이 고난 속에 한꺼번에 들어왔다. 지금껏 참으로 많은 걸 배웠다. 예수님이 나를 얼마나 더 다정하게 맞아 주시는지 모른다.

10

누군가의 고난을
함부로 판단하지 말라

저마다 다른 고통의 경주

인생은 고통입니다, 전하.
딴소릴 하는 자는 누가 됐든
뭘 팔아먹으려는 작자들입니다.
_영화 〈프린세스 브라이드〉

고난은 성장으로 이어지는 주요한 통로다. 시련을 많이 겪어 보지 않은 이들은 피상적이고, 스스로의 약점과 강점에 대해 무지하며, 인간 본성과 삶에 대해 순진한 생각을 품기 쉽고, 유리처럼 깨어지기 쉬운 데다, 역경에 대한 회복력도 떨어지기 십상이다. 그러나 알다시피, 역경이 인간을 저절로 깊고 풍성하게 만들어 주는 건 아니다. 앞장에서 살펴본 풀무불과 훈련장이라는 이미지는 이를 잘 보여 준다. 풀무불은 생명을 앗아갈 수도 있고 훈련장에선 심각한 부상을 입기도 한다.

"같은 태양이 왁스를 녹이기도 하고 진흙을 굳히기도 한다"는 옛말이 있다. 똑같이 충격적인 경험을 해도 완전히 피폐해지는 사람이 있는가 하면, 더 강해지고 행복하게 사는 사람도 있다는 뜻이다. 그렇다면 우리는 어떤 채비를 갖추어야 고난을 통해 성장할 수 있을까?

가지각색의
원인과 모양들

앞에서 여러 방법들을 이야기했지만, 그 가운데서도 고통과 역경에 대한 성경의 가르침이 놀라우리만치 다양하다는 점을 인식하는 게 대단히 중요하다. 어떤 이는 약물에 취한 채 홧김에 누군가를 공격하고 교도

소에 갇혀 힘겨운 나날을 보낸다. 갑자기 차도로 뛰어든 일곱 살짜리 꼬맹이를 치어 삶이 완전히 뒤바뀐 이도 있다. 세 딸을 둔 젊은 엄마는 뇌종양으로 집에 누워 서서히 죽어 간다. 십 대 자녀들을 둔 어느 가정은 아버지의 자살로 쑥대밭이 됐다. 심각한 장애를 가진 아기를 낳은 젊은 아빠 엄마도 있다. 이들은 하나같이 시련을 겪고 있지만 고통과 괴로움의 원인과 모양은 천차만별이다.

따라서 성경은 여러 부류의 고난을 보여 주고 대처 방식도 그만큼 광범위하게 제시한다. 시련은 다양한 형태로 찾아오는데, 게다가 역경을 겪는 이들의 기질과 영적인 상태 역시 모두 다른 까닭에 만병통치식 처방으로 고난을 다루려다가는 실패할 수밖에 없다. 성경은 한 가지 틀만을 써서 고통과 슬픔을 다루지 않는다. 한층 환원주의적인 면모를 보이는 쪽은 도리어 요즘 사람들이다. 현대인들은 기술 사회에 살고 있는 탓에 그저 '~하는 법' 같은 공식만 찾는다. 하지만 고난에 처한 이들에게는, 상황을 '바로잡는' 데 사용할 실질적인 카드가 딱 한 묶음뿐이라는 이야기만큼 비현실적인 소리도 없다.

목회 초년병 시절, 이혼 문제로 힘겨워하는 여성을 심방했다. 그리고 힘이 될 만한 어느 목회자의 설교집을 골라 빌려 주었다. 나중에 이 여성에게 이런 이야기를 듣게 되었다. "그 책 덕분에 살았어요!" 목회하는 데 썩 유용한 도구 하나를 건졌다는 자신감이 생겼다. 그리고 한 해 뒤, 같은 책을 이번에는 다른 여성에게 건넸다. 이 여성 역시 이혼 절차를 밟고 있는 중이어서 지난번의 상황과 별 차이가 없어 보였다. 하지만 반응은 완전히 달랐다. 이 여성은 책을 읽으며 어떤 부분에서는 헷갈렸고 어떤 지점에선 화가 나더라고 했다. 이 일로, 어려움을 겪는 이들에게 모두 똑같은 처방을 해선 안 되겠다는 깨달음을 얻었다.

얼마 지나지 않아 나는 갑상선암 수술과 항암치료를 받았는데, 그때 유방암 수술을 받은 한 여성을 알게 됐다. "저도 암을 앓았어요"라고 운을 떼더니 자신이 어떻게 암을 이기고 살아남았는지 이야기했다. 대화를 나누는 내내 마음이 불편했다. 이 여성은 나를 동료 암환자로 여기는 듯했다. 우리 둘 다 "암입니다"라는 의사의 선고를 듣고 엄청난 충격을 받았던 건 부정할 수 없는 사실이다. 하지만 이 여성과 다르게 나는 큰 수술을 받고 몸에 영구적인 변형이 오지도 않았고, 재발 가능성이 비슷한 것도 아니었다.

여인의 이야기를 들으면서 각자 경험한 시련이 전혀 다르다는 사실만이 아니라, 저마다 위안과 힘을 얻는 곳과 생각의 종류도 판이하다는 데 놀랐다. 암을 이겨 내도록 나를 뒷받침해 주었던 것들 가운데 상당 부분은 여인에게 뾰족한 의미가 없었으며, 그 여성에게 힘을 주었던 아이디어와 도움들 대다수는 나에게 별 효험이 없었다.

이처럼 고난의 다양성을 인식하지 않는 한, 역경에 제대로 대처하거나 다른 이들이 올바르게 맞서도록 도울 수 없다. 이제, 성경이 이야기하는 네 종류의 고난에서 그 원인과 고유한 문제점들을 하나하나 살펴보기로 하자.

요나와 다윗,
자기 죄에서 비롯된 고난

　먼저 살펴볼 고난은 자신의 잘못에서 일차적인 원인을 찾을 수 있는 고난이다. 직장생활에서 승승장구할 욕심에 인정사정없이 모질게 일을 처리했던 여성이 있다. 시간이 갈수록 친구도 줄고 동료들과도 멀어졌다. 그녀가 내린 결정이 회사에 얼마쯤 손해를 입히게 되자 같은 팀에서 일하던 동료 가운데 어느 누구도 역성을 들어주지 않았다. 결국 그녀는 즉시 해고되고 말았으며 적대적인 감정을 품고 있던 이들이 이 여성의 실수를 신나게 부풀려 소문을 퍼트리는 바람에 평판에도 큰 타격을 입었다. 그동안 쌓아 온 실적은 물거품이 돼 버렸다. 자신이 철권을 휘두르고 어리석은 짓을 했던 탓에 이런 사달이 났다는 걸 그녀도 서서히 깨달았다.

　또 다른 사례도 있다. 결혼해서 가정이 있는 어느 비즈니스맨은 출장길에 다른 여성과 하룻밤을 보냈다가 들통이 났다. 결혼생활은 삽시간에 무너져 내렸다. 결국 이혼해서 자식들과도 영원히 떨어져 살게 되었다. 수치감과 죄책감이 따르는 이러한 부류의 고난은 독특한 내면의 고통을 불러오게 마련이다.

　성경에 등장하는 요나와 다윗의 삶에서도 이런 고난을 찾아볼 수 있다. 요나서에서 이 선지자는 대단히 충격적인 두 가지 사건을 경험한다. 첫째로, 하나님은 바다에서 요나의 목숨을 위협할 만큼 엄청난 폭풍을 만나게 하셨다. 다음으로는, 커다란 덩굴나무 밑에 앉아 그 아름다운 모습과 그늘을 즐기고 있는데, 하나님이 "벌레"와 "동풍"을 보내 삽시간에 말려 죽이시는 사건이었다. 어째서 이런 일이 벌어졌을까?

요나는 니느웨에 사는 앗수르 사람들에게 하나님의 말씀을 전하라는 애초의 부르심에 따르지 않았다. 요나는 하나님의 말씀에 얼마나 화가 났던지 자신의 생명을 거둬 가 달라고 심통을 부릴 정도였다. 그의 마음에는 니느웨 백성을 향한 인종적인 혐오감이 가득했다. 하나님은 두 가지 사건을 통해 요나의 마음에 담긴 '악'을 보게 하셨다. 요나가 하는 일마다 엇나가고 어그러진 이유가 여기에 있다.

선지자는 폭풍으로 물에 빠져 죽기 직전까지 갔었다. 철천지원수들은 심판의 올가미를 용케도 피했다. 뜨거운 동풍까지 불어와 편안하고 시원한 쉼터마저 빼앗겨 버렸다. 하나님은 계속해서 요나에게 무언가를 보여 주려 애쓰고 계셨다. 그를 흔들어 깨우시기 위한 노력이었다.

다윗 왕도 마찬가지다. 그의 삶이 무너져 내렸을 때는 그런 사태를 불러온 구체적인 죄가 있었다. 하나님은 고난을 통해 특별한 메시지를 보내셨다. 다윗은 하나님의 법을 어겼다. 다른 이의 아내인 밧세바와 부정을 저지르고 그 남편을 죽음으로 몰아넣은 것이다. 이윽고 둘 사이에 아이가 생겼지만 병들어 죽고 말았다. 다윗은 그제야 비로소 당장 가던 길을 멈추지 않으면 왕의 자리와 목숨을 잃게 되리라는 하나님의 경고를 깨달았다.

하나님은 다윗과 요나의 죄 때문에 그들을 '벌주고' 계시는가? 꼭 그렇지는 않다. 로마서 8장 1절은 이제 믿는 자들에게는 "결코 정죄함이 없나니"라고 말한다. 간단히 말해서, 인류의 몫으로 돌아올 징벌을 예수님이 대신 지고 죗값을 치르셨다면, 하나님은 다시 대가를 요구하실 수 없다는 뜻이다. 성부는 성자 때문에 믿는 이들이 죄를 지을 때마다 일대일로 '응징하지' 않으신다. 정말로 그렇게 우리 죄를 벌하신다면, 인류 전체가 진즉에 멸망해 사라졌을 것이다.[1] 하지만 자녀들이 정신을 차리고 주님께 돌아오도록 하나님은 자주 망가진 세상(창 3장; 롬 8:18)의 몇 가지 측면들을 우리 삶 속에 허락하신다. 쓰라림의 정도는 우리에게 달렸다.

'다윗'의 고난과 '욥'의 특별한 경험(쉽게 말해, 곧바로 연결 지을 만한 죄를 짓지 않았는데도 닥쳐오는 시련)을 구별하는 건 대단히 중요하다. 림프종 진단을 받은 크리스천은 특정한 죄 때문에 벌을 받는다고 생각해선 안 된다. 그 대신 이 기회를 놓치지 말고 하나님께 깊이 뿌리를 내리고, 병에 걸리지 않았더라면 결코 이를 수 없었을 새로운 차원의 영적 성장을 이루며 지혜를 찾아야 한다.

한 가지 예를 들어보자. 다섯 번이나 줄줄이 약혼했지만 번번이 혼약을 깨버리는 남자가 있다고 상상해 보자. 인격적으로 저마다 이런저런 흠이 있었기 때문이라면서 그는 매번 약혼녀 탓을 한다. 하지만 실제로 자신의 완벽주의적인 성향과 윤리적 우월 의식에 젖은 마음가짐이 관계 실패의 주요한 원인이다. 이것이 이 남자의 커다란 맹점이다. 어쩌면 한 차례 가혹한 타격이 그를 속속들이 흔들어 놓아야 비로소 이처럼 참담한 일이 되풀이되는 데 자신이 어떤 역할을 했는지 여실히 깨닫게 될지도 모른다.

이 남자의 시련과 고통은 삶의 변화를 촉구하는 경고등이다. 고난은 인간을 겸손하게 하고 자신의 결점을 자각하게 만드는 유일한 방법이다. 시편에서 다윗은 "나를 숨은 허물에서 벗어나게 하소서"(19:12)라고 부르짖는다. 일반적으로, "숨은 허물"을 드러내 깨닫게 하는 건 오로지 곤경과 어려움뿐이다.

바울과 예레미야, 배신에서 오는 고난

자신의 죄에서 오는 고난이 있는가 하면, 반대로 선하고 용감한 행동에서 비롯되는 시련도 있다. 선량하고 담대한 행동이 다른 이들로부터 배신과 공격을 당하는 원인이 될 수도 있는 것이다. 성경에서 사도 바울이 겪은 고난 가운데 대부분은 이런 경우에 해당했으며, 선지자 예레미야의 경우도 마찬가지였다. 바울은 이방인에게만이 아니라 동족들에게도 끊임없이 두들겨 맞고, 갇히고, 공격을 받았다. 사도 바울은 하나님의 사자로서 당해 왔던 수많은 일들을 지치지도 않고 늘어놓는다.

> 내가 수고를 넘치도록 하고 옥에 갇히기도 더 많이 하고 매도 수없이 맞고 여러 번 죽을 뻔하였으니 유대인들에게 사십에서 하나 감한 매를 다섯 번 맞았으며 세 번 태장으로 맞고 한 번 돌로 맞고 세 번 파선하고 일주야를 깊은 바다에서 지냈으며 여러 번 여행하면서 강의 위험과 강도의 위험과 동족의 위험과 이방인의 위험과 시내의 위험과 광야의 위험과 바다의 위험과 거짓 형제 중의 위험을 당하고 또 수고하며 애쓰고 여러 번 자지 못하고 주리며 목마르고 여러 번 굶고 춥고 헐벗었노라

이 외의 일은 고사하고 아직도 날마다 내 속에 눌리는 일이 있으니 곧 모든 교회를 위하여 염려하는 것이라 누가 약하면 내가 약하지 아니하며 누가 실족하게 되면 내가 애타지 아니하더냐(고후 11:23-29).

예레미야도 단지 권력자들에게 진실을 말한다는 이유만으로 얻어맞고 갇혔다(렘 20:1-6). 오늘날도 세계 곳곳에서 정부나 종교, 또는 문화적인 제도를 공개적으로 비판했다가 폭행을 당하고, 구금되고, 심지어 살해되는 일들이 심심찮게 벌어진다. 서구 문화권에서도 대중적이지 않은 대의에 공개적으로 헌신하면 일터나 지역에서 정치적인 공격의 대상이 될 수 있다.

하지만 이런 부류의 배신은 개인적인 관계가 틀어지면서 일어날 가능성이 더 크다. 부당한 대우를 받았다고 생각하는 쪽에서 상대편에게 상처를 주거나 평판에 타격을 입힐 작전을 가동시킬 수 있다. 믿었던 사람이 자신의 지위나 이익을 지키려고 등을 돌리거나 비수를 들이대기도 한다. 인격적인 배신은 어지간히 쓰라려서 그런 시련이 닥치면 분노와 억울한 감정에 휩쓸리고 싶은 유혹에 쉽게 빠진다.

앞선 첫 번째 유형의 고난은 회개를 요구하는 반면, 두 번째 유형의 역경은 용서라는 이슈를 붙들고 씨름하게 만든다. 억울하고 쓰린 감정에 자신을 맡기고 고상한 희생자라는 자아상으로 하루하루 냉담해지고 잔인해져 가는 마음을 감추고 싶은 유혹에 시달린다. 상황을 직면하고 정의를 추구하는 자세가 정말로 필요하지만, 그것을 복수하고 싶은 욕구에서 추진한다면 우리는 시련을 통해 더 나은 인간이 아니라 더 못한 존재가 되고 말 것이다.

마리아와 마르다,
상실에서 오는 고난

　분노와 원한이 덮치듯 밀려오는 고난이 있는가 하면, 슬픔에 짓눌려 으스러지게 만드는 시련도 있다. 선한 일을 하든 나쁜 일을 하든, 행동과 상관없이 언제든지 누구에게나 닥칠 수 있는 고통이라는 뜻에서 이를 '보편적인' 고난이라고 부른다. 인간의 유한함과 노화, 그리고 죽음 앞에 선 인생은 큰 슬픔과 상실을 느낄 수밖에 없다. 예수님이 오라비를 잃고 몹시 슬퍼하는 마리아와 마르다를 위로하는 성경 본문에서 이 보편적인 고난을 엿볼 수 있다.

　인간이라면 누구나 이런 시련과 마주하게 되지만, 이 범주에는 이루 헤아릴 수 없이 다양한 갈래가 있다. 결혼한 지 얼마 지나지 않아 배우자의 죽음과 마주할 수도 있고, 어린 자녀를 홀로 남겨 두고 세상을 떠날 수도 있다. 여든 살에 병으로 죽음을 코앞에 둘 수도 있고, 나이 서른에 똑같은 입장이 될 수도 있다. 아주 가까이 지내던 친지를 잃고 비통해할 수도 있지만, 그와 풀리지 않은 매듭이 남아 있어서 슬픔에 죄책감과 원망이 더해질 수도 있다. 노화와 죽음에도 다양한 모습이 있다. 나이가 들면서 자연스럽게 노화가 진행되다 결국 세상을 떠나는 경우도 있지만, 교통사고라든지 홍수나 산사태와 같은 자연재해를 만나 갑자기 세상을 떠나는 일도 얼마든지 벌어질 수 있다.

　노화와 (가족과 사랑하는 이들을 잃어버리는) 죽음은 누구에게나 벌어지는 일이므로 보편적인 고난의 일종이다. 이런 상실들을 둘러싸고 자기 반성과 회개, 또는 직면과 용서를 요구하는 여러 쟁점들이 있을지 모른다. 하지만 슬픔과 마주하는 크리스천들은 마음과 영혼을 다해 신앙이 주는 다양한 위로와 소망에 집중하는 법을 배워야 한다. 사도 바울은 크리스천 유가족들에게 "소망 없는 다른 이와 같이 슬퍼하지"(살전 4:13) 말라면서 이렇게 전한다. "우리가 낙심하지 아니하노니 …… 우리가 잠시 받는 환난의 경한 것이 지극히 크고 영원한 영광의 중한 것을 우리에게 이루게 함이니 우리가 주목하는 것은 보이는 것이 아니요 보이지 않는 것이니 보이는 것은 잠깐이요 보이지 않는 것은 영원함이라"(고후 4:16-18).

욥,

이 유 를 알 수 없 는 고 난

마지막으로 하나 또는 여러 요인들에 걸치는 부분은 있을지언정 전반적으로는 '어디에도 해당되지 않는' 고난이 있다. 불가사의하고, 예상의 한계를 넘어서며, 대단히 충격적인 시련으로 흔히 '무의미한' 고난이라고 불린다. 다른 한편으로는 성경이 특별한 관심을 기울이는 고난이기도 하다. 시편 44편에서 '고라 자손들'은 황폐해진 나라를 돌아보며 하나님께 묻는다.

이 모든 일이 우리에게 임하였으나 우리가 주를 잊지 아니하며 주의 언약을 어기지 아니하였나이다 우리의 마음은 위축되지 아니하고 우리

걸음도 주의 길을 떠나지 아니하였으나 주께서 우리를 승냥이의 처소에 밀어 넣으시고 우리를 사망의 그늘로 덮으셨나이다 …… 어찌하여 주의 얼굴을 가리시고 우리의 고난과 압제를 잊으시나이까(시 44:17-19, 24).

하박국이나 예레미야 같은 선지서들은 물론이고 시편에도 이런 부르짖음이 갈피갈피 들어 있다. 그리고 욥기가 있다. 성경은 다윗과 바울, 마리아와 마르다의 이야기를 들려준다. 하나같이 지독하게 힘든 시련을 겪었던 이들이다. 하지만 그 누가 겪은 시련보다도 욥의 고난에 더 크고 집중적인 관심이 쏟아진다.

다른 역경들은 도덕적인 실패, 핍박, 배신, 그리고 피할 수 없는 죽음과 동일시되기도 한다. 그리고 어느 경우든 죄책감과 분노, 감당하기 어렵지만 지극히 솔직한 슬픔이 따라온다. 하지만 '욥이 겪은 유형'의 고난은 어떠한가? 욥이 당한 시련은 둘째가라면 서러울 지경이다. 자식들은 몰살당했고, 전 재산이 순식간에 날아갔으며, 건강마저 잃었다. 세상을 살면서 보편적으로 경험하는 수준의 어려움을 훨씬 웃돈다. 욥의 도덕적인 실수나 박해, 또는 배신이 불러온 사태도 아니다. 이토록 참혹하고 특이하리만치 심한 고난을 당하면, 주인공은 죄책감에 사로잡히거나 남을 원망하거나 넋 놓고 슬퍼하기보다, 인생과 하나님을 향해 분노를 쏟아 내기 쉽다.

삶이 완전히 주저앉자, 욥은 자신에게 책망받을 만한 죄가 있는지 스스로 살폈다. 다른 한편으로는 이 일을 통해 배워야 할 교훈이 있으면 가르쳐 주시길 하나님께 구했다. 한마디로, 이 모든 사달을 일으킬 만한 요소가 자신의 삶에 있는지 알고 싶어 했다. 친구들 역시 욥에게 무슨 죄가 있는지, 이런 비극이 닥칠 만한 단초가 있는지 샅샅이 훑어 보았다. 하지만 욥의 삶에는 하나님의 추궁을 받을 거리가 하나도 없었다. 사실, 이게 욥이 당한 고난의 핵심이다. 욥은 하나님께 무얼 받기 위해서나 무언가를 해 주시길 기대해서가 아니라, 오직 하나님만을 바라고 기꺼이 순종하는 자리로 이끌려 나왔던 것이다.

욥의 시련은 응징이라든지, 삶에 도사린 어떤 흠을 책망하고 바꾸려는 훈계가 아니었다. 하지만 그 고난이 결과적으로 욥의 개인적인 성장과 하나님의 영광을 둘 다 한꺼번에 이룬 강력한 도구라는 사실을 부정하는 건 아니다. 욥은 헛되이 특별한 '교훈'을 찾으려 애썼다. 하지만 그에게 주어진 교훈이 있다면 삶의 모든 목표와 근거를 철저하게, 온 마음으로 하나님께 두어야 한다는 계시가 전부였다. 욥은 길고 긴 여정을 거친 끝에 그 사실을 깨닫기 시작했다.

이처럼 수수께끼 같고 도무지 설명이 되지 않는 고난이 닥치면, 우리의 여정 또한 길고 길 수밖에 없다. 역경에는 회개와 용서, 소망에 시선을 고정시키는 노력이 뒤따라야 할 수도 있다. 하지만 욥이 겪은 유형의 역경에는 정직한 기도와 부르짖음, 절실하게 하나님을 신뢰하는 고된 수고, 그리고 성 아우구스티누스가 이야기한 "사랑하는 것들의 재정렬re-ordering" 이 필요하다.

고난을 겪는 사람의
기질에 따라

외적인 조건들만이 아니라 역경을 겪는 사람의 성격과 기질 같은 내면의 요소들도 고난의 성격을 다양하게 만든다.

시몬 베유의 고전적인 에세이, "하나님의 사랑과 환난"[2]은 고난의 경험을 다각적으로 분석하려는 노력의 결정판으로 볼 만하다. 프랑스의 철학자이자 활동가인 베유는 고난에서 비롯된 내면의 고통을 "말뢰흐malheur"라고 불렀다. 영어에는 이 프랑스어와 정확히 맞아 떨어지는 단어가 없다. 여기에는 '비운'과 '절망'이란 뜻이 한데 담겨 있다. 그나마 가까운 영어 단어는 '환난'을 뜻하는 '어플릭션affliction' 정도가 아닐까 싶다. 베유는 이를 두고 "삶의 뿌리를 송두리째 뽑는, 농도의 차이는 있을지언정 죽음과 맞먹으며 …… 온 심령을 꼼짝달싹도 못하게 사로잡는 두려움"[3]이라고 설명했다. 베유는 세상의 외적인 조건을 가리키는 "고난suffering"과 아프고 비통한 내면의 경험을 아우르는 "환난affliction"을 구분했다. 그러고는 그 경험의 다양한 측면들을 깊이 성찰하고 뼈대를 간추렸다.

베유는 환난의 특징 가운데 하나로 '고립'을 꼽았다.[4] 환난을 당하면 가장 가까운 친구 관계에도 담이 생긴다. 환난 속에 있는 사람들은 자신과 다른 상황에 놓인 이들에게 문득 거리감을 느낀다. 한때는 동일한 경험을 하며 비슷한 감정을 느꼈지만 이제 더는 그럴 수 없다고 느끼기 때문이다. 앤드류 솔로몬은 청각 장애, 자폐, 조현증을 비롯해 갖가지 장애를 가진 자녀를 키우는 아빠 엄마들을 연구한 글에서, 그런 부모들은 정

체성의 변화를 경험한다고 주장한다.[5]

이는 심한 역경을 겪는 이들도 마찬가지다. 극심한 고난은 인간을 완전히 다른 사람으로 만들어 놓는다. 전에는 아주 친하다고 여겼던 사람들이 삶의 풍파 속에서 전혀 다른 사람이 되어 버린다. 하지만 가까이 다가오려 하지 않는 친구들 탓에 고립이 생기기도 한다. 환난을 겪는 이들을 한사코 피하는 까닭은 무엇인가?[6] 그들에게 무슨 말을 해야 할지, 어떻게 대해야 할지 모르는 무력감 때문일 수도 있다. 또는 불행에 한데 끌려 들어가 휩쓸리지는 않을까 겁이 나서일지도 모른다. 욥의 친구들에게서 보듯, 사람들은 고난을 겪는 이들에게 어느 정도 역경을 자초한 면이 있거나 슬기롭지 못해서 막아 내지 못했다고 보고 거리를 둔다. 그렇게 해서 자신에게는 그런 일이 벌어지지 않으리라는 확신을 품는 것이다. 하지만 환난을 당하는 이들은 그처럼 혹독한 어려움이 누구에게나, 언제든지 닥쳐올 수 있음을 부정하지 말라고 우리에게 도전한다.

환난의 두 번째 얼굴은 '내면의 파열'이라고 이름 붙일 수 있다. 신체적으로 극심한 고통을 겪다 보면 어쩔 수 없이 자신에게 몰입하게 된다. 자신의 고통 말고는 모든 일에 무감각해진다. 한시바삐 끝내야 할 상처와, 상처에 대한 필요만 있을 뿐이다. 내면의 고통도 사실상 똑같아서, 제 안으로 깊이 빨려 들어가게 만든다. 내면의 고통이 심하면 주위의 누군가에게 무슨 일이 벌어지고 있는지 알아차리지 못한다.

《반지의 제왕》에서, 절대반지는 주인에게 영향을 미쳐 자아를 극대화시킨다. 샘와이즈 갬지가 반지를 끼자, "그를 둘러싼 모든 것들이 흐릿해졌다. 회색으로 흐릿한 안개 세상에서 홀로 작고 단단한 바위가 된 기분이었다."⁷ 고난도 절대반지처럼 작용할 수 있다. 고난은 자신에게 벌어진 일만 확실하고 현실적으로 느끼게 하고, 그밖에 다른 관심사들은 흐릿하고 모호하며 하찮게 만들어 버린다. 이런 자기 몰입은 사랑을 주고받는 일도 불가능하게 만든다. 무감각한 상태에서 오로지 자신에게 일어나는 일에만 온 신경을 쏟기 때문이다. 이런 상태로는 "자신에게서 빠져나와" 누군가를 섬기거나 사랑할 힘이 없으며 더 나아가 타인의 사랑을 감지할 능력도 없다.

시몬 베유는 하나님을 감지하는 감각의 상실이 이 모든 현상들의 밑바닥에 깔려 있다고 말한다. "환난은 이 세상에 하나님이 없는 것처럼 느끼게 만든다. 죽은 사람의 부재를 느끼는 것보다 더, 칠흑같이 어두운 감방 안에서 빛의 부재를 느끼는 것보다 더 심하게 하나님의 부재를 느낀다.…… 이런 부재가 지배하는 동안, 우리는 그 무엇도 사랑할 수 없다."⁸ 누군가 우리를 사랑한다고, 하나님이 우리를 사랑하신다고 머리로는 알지 모르지만, 마음에는 와 닿지 않는 것이다.

환난의 세 번째 면모는 파멸, 절망, '정죄'에 대한 감각이다. 이는 딱 집어 정의하기 어려운, 수치 의식에 가까운 감정에서 비롯된다. "환난은 인간을 경직되고 낙담하게 한다. 빨갛게 달궈진 강철 낙인처럼 영혼 깊은 자리에 모멸감, 역겨움, 심지어 자기혐오, 그리고 논리적으로는 범죄가 낳은 결과지만 실질적으로는 그렇지 않은 죄책감과 더럽혀졌다는 생각을 각인시키기 때문이다."⁹ 쉽게 말해, 잘못을 저지를 때 곧바로 죄책감을 느끼는 게 당연하지만, 일반적으로는 그렇지 않다.

커다란 고난이 닥치고 나서야 비로소 혹시 벌을 받는 게 아닌가 싶어서 주위를 돌아보고 제 삶의 그릇된 행동들을 인정하기 시작한다. 환난은 저마다 저지른 나쁜 행위들과 일대일로 연결되지는 않지만, 스스로 예민하게 흠과 약점을 의식하게 만든다. 시련을 겪는 주인공을 희생자로 보고 어떤 식으로도 책임을 묻지 않으려 애쓰는 서구 문화에서조차 이런 정죄감은 집요하게 이어지고 있다.

환난의 네 번째 측면으로는 대개 '분노'를 꼽는다. 원인과 상황에 따라 더하거나 덜하기는 하지만, 분노는 다양한 대상을 겨냥한다. 자신을 향한 분노도 있고, 해코지하거나 기대를 저버린 이들에 대한 억하심정도 있으며, 하나님에 대한 구체적인 분노도 있고, 불공평하고 공허한 삶을 향한 분노도 있다.

베유는 여기에다 환난이 불러오는 마지막 악영향 하나를 덧붙인다. 바로 '유혹,' 곧 공모의 유혹이다. 고난은 어려움을 겪는 이의 "심령에 타성이란 독물을 주입해서 야금야금 공범을 삼는다." 환난과 짝짜꿍이 되어 시련이 주는 불편을 익숙하게 여기고 지난한 형편에 안주하게 하는 것이다. "이런 공모는 운명을 개척하려는 노력을 모조리 지연시키며 더 나아가 구원의 길을 추구하지 못하게 …… 심지어 구원을 소망하지도 못하게 만든다."[10] 그쯤 되면, 스스로 고상하다고 생각할 수도 있다. 달콤한 자기 연민에 중독된다. 환난이 없었더라면 결코 정당화되지 못할 온갖 행동과 생활 양식을 유지하는 핑곗거리로 삼을 수도 있다. 더러는 무의식적으로, 스스로 죗값을 치러야 하는데 시련이 그 방법이라고 여길지도 모른다.

목회자로서 또 시련을 겪는 한 사람으로서, 나는 시몬 베유가 대단히 예리하게 환난을 분석하고 있다고 본다. 그는 환난의 조건이 얼마나 복잡하며 무한정 다양한 변이를 일으킬 수 있는지 설명해 준다. 고립, 내면의 파열, 무감각, 분노, 정죄감과 수치심, 타성에 젖게 하는 유혹은 고난이라는 복잡한 화합물의 구성 요소나 매한가지다. 어떤 환난이든, 인과관계를 이루는 조건들뿐만 아니라 개개인의 기질에 따라 이런 성분들이 어느 정도씩은 다 나타난다. 성격, 성, 문화가 다르면 처리하는 감정도 다르게 마련이다. 내면의 가치와 헌신의 대상과 정도도 다 제각각이다.

예를 들어, 아버지는 자식들을 깊이 사랑하지만 개인적으로 일이나 직장에 더 치우칠 수 있다. 반면에 그의 아내는 직장에 무척 헌신적이면서도 자신의 가치를 자녀들의 양육에 더 깊이 두고 있다. 따라서 일터의 상황이 나빠졌을 때, 남편은 더 요란하게 '무너지고' 낙담한다. 반면에 어머니는 아이들에게 문제가 생기면 아버지보다 훨씬 더 암담해한다. 마음에 품은 정체성 구조가 다른 까닭에 같은 어려움에도 다른 반응을 보이는 것이다.

베유가 꼽은 이런 요소들은 고난의 각 사례마다 매우 다른 비율로 존재하며, 서로 뚜렷이 다르면서도 대단히 복잡한 연관성을 갖는다.

올바른 순서로
진리를 붙들어야 한다

이처럼 시련은 사실상 모두 독특하다. 이는 곧 고통 가운데 있는 이들은 저마다 다른 경로를 찾아 역경을 통과해야 한다는 뜻이기도 하다.

앞 장에서 이야기한 존 페인버그는 아내의 심각한 건강 상태를 알았을 때, 한 치 앞을 볼 수 없는 암흑의 구렁텅이에 굴러 떨어졌다. 친구들이 찾아와서 힘겨운 시기를 지나가는 데 도움이 될 만한 의견들을 들려주려고 애를 썼다. 열에 아홉은 신학적인 진리들을 곱씹는 이야기들이었다. 페인버그는 자신의 경험을 설명하면서 두 가지 목록을 제시한다.

첫 번째 목록은 기본적으로는 다 옳은 줄은 알지만 시련을 겪고 있을 당시에는 짜증스럽고 시종일관 무릎이 꺾이게 만드는 내용들이었다. 욥의 친구들은 하나님에 대해 장황하게 설명했다. "결국, 모든 악은 심판을 받는다, 하나님은 의인을 기뻐하신다, 하나님은 불의하고 불공평한 분이 아니다, 인간의 하찮은 지식으로는 하나님의 방법을 이해할 수 없다"는 식이었다. 옳다. 모두 참말이다. 그런데도 욥은 그들에 대해 "재난을 주는 위로자들"(욥 16:2)이라고 불렀으며, 하나님도 그들이 욥을 대하는 태도에 관해 꾸짖으셨다. 어째서일까? 욥의 친구들은 바른말을 했지만 그런 진리들을 부적절하게 적용했다.

성경학자 던 카슨은 욥의 친구들에 관해 이렇게 적었다. "신학과 신학적인 논리를 치유가 아닌 상처가 되는 방식으로 사용하는 경우가 있다. 잘못은 신학과 신학적인 주장에 있는 게 아니라 잘 들어맞지 않는 진리의 파편들에 매달리거나, 타이밍을 못 맞추거나, 거들먹거리는 태도를 보이거나, 무신경하게 적용하거나, 문화적인 관념을 바닥에 깐 진부한 장광설로 위로가 아닌 "재난을 주는 위로자들"에게 있다."[11]

존 페인버그는 자신이 받았던 "재난을 주는 위로" 몇 토막을 들려준다. 어떤 친구들은 간혹 하나님은 한 가지 문제를 사용하셔서 인간으로

서는 알 수 없는 또 다른 어려움들에서 지켜 주신다고 했다. 얼추 맞는 말
이란 생각이 들긴 했지만 기분은 더 나빠졌다. 아내가 한 해 한 해 조금씩
죽어 가는 걸 지켜보는 것보다 더 심각한 문제라는 게 도대체 무어란 말
인가! 또 다른 이는 말했다. "누구나 어떤 식으로든 죽게 되어 있어. 넌 아
내를 통해서 그 실체를 조금 앞당겨 알게 됐을 뿐이야." 페인버그는 백번
옳은 말이긴 하지만, 그런 정보를 알고 싶어 하는 이가 세상에 몇이나 되
겠느냐고 되물었다. 더러는 스스로 겪은 몹시 끔찍한 일들을 소개하면서
"네 기분이 어떨지 나도 알아"란 메시지를 전하려 했다. 페인버그는 대꾸
했다. "도움이 되는 건 내 느낌을 너희가 아는 게 아니라, 너희가 진심으
로 염려하고 있는 사실을 내가 아는 거야!"[12]

　더없이 전형적이고 도움이 되지 않았던 '도움말'은 아마 "최선이 무
언지는 굳이 말하지 않아도 알 테니, 남은 일은 하나님을 신뢰하는 것뿐"
이라는 '지당하신 말씀'일 것이다. 존 페인버그는 대학원에서 조직신학을
가르치는 교수였다. 그쯤은 이미 알고 믿었으며, 온통 그 주제를 다룬 논
문들을 써내기도 했다. 하지만 이런 이야기를 들을수록 더 큰 죄책감이
들었다. 시편의 다윗이나 욥처럼 탄식하거나, 통곡하거나, 울부짖는 일이
페인버그에게는 용납되지 않았다. 하나님의 지혜와 선하심을 알고 있는
데도 마음의 평안을 경험하지 못하고 있다면 영적으로 미숙한 크리스천
이라는 소리를 들어온 탓이었다.[13]

　진리를 형편없이 적용한 까닭에 도움이 되지 않았던 목록을 파악하
는 게 중요하다. 미숙하게 표현했거나 엉뚱한 시점에('시기적으로 볼 때' 어울리지
않는 방식으로) 꺼내 놓았거나 둘 중 하나다. 도움이 되었던 목록으로 돌아가

치유를 시작한다면, 올바른 순서에 따라 올바르게 적용된 진리들을 보게 될 것이다.

어느 날, 친구 하나가 찾아와 페인버그에게 그토록 죄책감을 안겨 주었던 이슈를 되짚어 주었다. 바로 "환난 중에도 즐거워하는" 문제였다. 그건 고난을 즐거워하라는 뜻이 아니라며 괴로움을 즐기는 건 마조히즘이라고 지적했다. "역경과 더불어 사는 법을 배워야 하지만 그것을 좋아할 필요는 없어." 하나님과 거룩한 사랑 가운데 더 즐거워할 길은 반드시 찾아야겠지만 악은 그저 악일 따름이고 늘 고통스럽기 마련이라는 게 핵심이었다.[14] 페인버그는 대화를 나누다 갑자기 눈이 번쩍 뜨이는 느낌이었다.

또 다른 도움은 아버지로부터 받았다. 아버지는 아들에게, 앞으로 닥쳐올 모든 시련에 대해 하나님의 은혜와 능력을 미리 느끼려고 기대하지 말라고 지적했다. 가족 중 한 사람, 또는 그 이상의 죽음과 대면할 수밖에 없고 그건 차마 견디기 힘든 일일 거라고 겁을 주었다. 하지만 당장은 아니라고, 그러니 아직 일어나지도 않은 일을 염두에 두고 충분히 견딜 만큼 강해진 느낌을 가지려 하지 말라고 했다. "그러므로 내일 일을 위하여 염려하지 말라 내일 일은 내일이 염려할 것이요 한 날의 괴로움은 그 날로 족하니라"(마 6:34). 다시 한 번 눈이 번쩍 뜨였다.

가늘지만 소중한 이 빛줄기가 어둠을 뚫고 들어온 뒤부터, 페인버그는 하나님의 사랑과 임재를 다시 감지하기 시작했고 그 폭은 점점 더 커져 갔다. 그리고 악과 고난의 출처, 하나님의 지혜와 주권, 십자가에서 자신을 위해 감내하신 예수님의 희생적인 고난을 비롯해 이미 알고 있던 진리들로 돌아가기 시작했다. 그 진리들을 새로운 관점에서 깊이 생각하고 새로이 알게 된 사실에 비추어 자신의 마음과 세상에 적용하면서 하나하나 다시 제 것으로 만들었다. 그러한 진리들은 신선한 방식으로 모든 것을 밝혀 주기 시작했다.

페인버그의 이야기는 누구에게나 유익하다. 하지만 목회자인 내게는 그 두 목록이 정말 충격적이었다. '낙심하게 만드는' 목록에는 평소 고난을 겪는 이들에게 큰 도움이 된다고 생각했던 항목들이 들어 있고, '힘을 주는' 목록의 어떤 항목들은 그들을 초조하고 분노하게 만든다고 보았던 것들이었다.

고난을 당하는 이들에 대한, 그리고 그들을 위한 책들을 보면서 세월이 갈수록 또렷하게 깨닫는 사실이 있다. ("역경을 만나거든 이렇게 생각하라!"는 식으로) 대부분 고난에 대해 보편적으로 설명하는 듯 보이지만 실제로 특정한 부류의 시련에 대한 설명일 뿐이라는 점이다. 곤경에 빠진 이들 가운데 더러는 자기 연민과 오만, 한마디로 자신이 숭고한 순교자라도 된 것처럼 생각하고 싶은 유혹에 빠진다. 그들에게는 정중한 반박이 필요하다. 또 다른 이들은 수치심과 자기혐오에 시달린다. 그들에겐 확신을 심어 주어야 한다.

어떤 책들은 고난에 대해 직접적인 접근 방식을 쓴다. 슬픔을 '이용해' 교훈을 얻으라는 것이다. 실제로, 가혹한 시기를 통과하며 삶의 변화를 확실하게 이뤄 내야 하는 이들이 있다. 예를 들어, 많은 돈을 벌고 소비하는것을 최고의 삶이라고 여기는 이에게 중요한 비즈니스가 실패로 돌아가는 충격적인 사태가 벌어진다면, 물질과 자기 가치를 동일시하는 내면의 태도와 탐욕에 직면하게 할 필요가 있다. 인생에 대한 하나님의 주권적인 계획, 어떻게 고통과 곤경을 이용해 그분께 주목하게 하시는지, 또 어떻게 나쁜 조건과 환경에서 선한 열매를 이끌어 내시는지 들려주는 것도 좋다.

하지만 막 다섯 살 난 딸을 교통사고로 잃은 부모는 어찌하겠는가? 그들에게 "하나님은 두 분이 주님을 바라보길 원하십니다. 이번 일에서 배울 게 있을 겁니다. 두 분은 어떻게 달라져야 할까요?"라는 소리부터 해야 하는가? 그랬다간 맹렬한, 하지만 충분히 납득할 만한 대답이 돌아올 것이다. "도대체 어떤 하나님이시기에 부모한테 '영적인 교훈'을 주시려고 죄 없는 어린아이를 희생시키신단 말입니까!"[15]

올바른 순서로 진리를 붙들어야 함을 간과해선 안 된다. 물론 하나님의 지혜로운 뜻과 간섭을 벗어나서는 더없이 참혹한 사태를 포함해 그 어떤 일도 벌어지지 않으며, 주님은 지극히 열악한 환경도 뒤엎고 다시 엮어서 궁극적인 선을 이루신다는 사실을 우리는 명심해야 한다. 탐욕 때문에 사업 실패를 경험한 이의 시선을 곧바로 주께 돌리는 데는 이 중요한 가르침이 필수적이다. 그러나 그게 어린 자녀를 영원히 떠나보낸 부모에게 처음 꺼내는 이야기가 되어서는 안 된다. 궁극적으로 상처를 치유하기 위해서라 할지라도, 에둘러 접근하고 부모의 비통한 마음부터 어루만져야 한다.

지금까지 고난의 형태와 성격, 그것을 통과하는 경로가 더없이 다양하다는 사실을 살펴보았다. 성경에는 고난에 대해 가르치는 수많은 진리들이 담겨 있으며, 그처럼 다채로운 진리들은 처한 상황과 단계, 시기와 기질에 따라 질서 있게 적용해야 한다. 그뿐 아니라 그런 진리와 생각들을 표현하는 데도 다양한 방법이 있다.

　우리 부부가 일생일대의 암흑기를 지나던 시절, 성경과 함께 내 아내의 마음에 큰 울림을 준 것은 18세기 노예 무역상이자 찬송가 작사가인 존 뉴턴의 목회 서신이었다. 그의 산문은 우아하고 얼마쯤은 구식이어서 고통의 한가운데 있는 모든 사람이 아내처럼 수백 페이지나 되는 편지들을 그토록 기꺼워하며 읽지는 못한다. 예를 들어, 그의 글에서 "하나님이 다스리신다"는 원칙은 차갑게, 더 나아가 위협적으로 들릴 수 있다. 하지만 우리 부부는 "하나님이 보내 주신 것은 무엇이든 다 긴요하며, 그분이 거둬 가신 것이라면 그 무엇도 요긴하지 않다"는 존 뉴턴의 아포리즘aphorism을 보며 둘 다 큰 도전과 위로를 받았다.

　암울한 시기를 지날 때, 우리 부부에게는 몇몇 시라든지, 소설이라든지, 인용구라든지, 성경 구절이라든지, 노래라든지, 논증이라든지, 찬송가 같은 것들이 도움이 되었다. 한두 줄의 글귀는 치료의 '방사선'이 되었고 그것을 깊이 묵상하면서 계시와 위안, 확신과 치유를 얻었으며 분노와 절망이라는 종양이 줄어드는 경험을 했다.

　"내가 사망의 음침한 골짜기로 다닐지라도 해를 두려워하지 않을 것은 주께서 나와 함께하심이라 주의 지팡이와 막대기가 나를 안위하시나이다"(시 23:4). 알고 보면, 사망의 음침한 골짜기를 지나는 길은 외길이 아니다. 더할 나위 없이 완벽한 인도자이신 주님은 그 가운데 가장 맞춤한 길을 골라 내도록 우리를 도우실 것이다.

하나님 자신을
선물로 주시다

글로리아 이야기

삶의 대부분을 요란한 사건 없이 살아왔다. 크리스천 가정에서 자랐고, 엄마나 다름없는 할머니에게 처음으로 기도를 배웠다. 하나님의 은혜로 열여섯 살 때 주님을 영접했고 그해에 세례를 받았다. 훌륭한 교육을 받고, 안정된 일자리를 잡았으며, 세계 곳곳을 여행할 기회를 얻었고, 무엇보다 건강했다.

스물일곱 살이 되던 2013년 8월, 퇴직 계획을 세웠다. 일하면서는 엄두를 낼 수 없었던 갖가지 영적인 일들을 해보고 싶었다. 하지만 은퇴 후 계획에 없던 일이 터졌다. CT를 찍었다가 폐암이 발견된 것이다. 추가검사 결과 양쪽 폐에서 암이 확인됐고 뇌와 림프절까지 전이된 상태였다. 비흡연자들에게 일어나는 유전자 돌연변이가 폐암이라는 최종 진단이 내려졌다. 화학요법 일정이 잡혔지만 치료나 박멸을 기대하긴 어려운 상태였다.

이렇게 암울한 사건이 진행되는 동안 하나님은 어디에 계셨는가? 언제나 나와 함께 계셨다. 우선, 내 몸에서 암을 찾아내는 과정에 동행하셨다. 이렇다 할 증상이 전혀 없었기 때문이다. 또 나를 향한 그분의 계획을 믿는 마음을 굳세게 하셨다. 그러기에 두렵지 않았다. 암은 소리 없는 침입자다. 신체적인 손상으로 경고를 보내는 과정도 없이, 뜻하지 않게 살아갈 날이 훌쩍 줄어든다는 두려움을 퍼트리며 공격해 온다. 하지만 치유하시는 목자, 예수님은 은혜로운 사랑을 베푸셔서 평안을 허락하셨다.

치료가 진행되는 내내 할머니가 가르쳐 준 기도에 매달렸다. "하나님 아버지, 먹고 마실 것을 주셔서 감사합니다. 평안과 기쁨을 주시니 감사합니다. 주님의 뜻이 이루어지기를 소원합니다." "왜 제게?"라든지 "어째서 지금?"이라고 물을 필요가 없었다. 병이 깨끗이 낫는 이적을 위해서가 아니라, 예수님을 주권자로 믿는 믿음을 지키게 해 달라고 간구했다. 질병에서 기적적으로 회복시키시는 주님의 권능뿐만 아니라 생명을, 영원한 생명을 주시는 하나님의 아들께도 복종했다. 이제 막 들어서려는 골짜기를 다 지나도록, 예수님이 인도해 주시리라는 확신이 들었다.

첫 번째 화학요법이 뇌에 생긴 종양들을 완전히 졸아붙게 만들었으므로, 폐에도 같은 결과를 주시도록 간청했다. 하지만 아홉 달이 넘게 치료했는데도 암 덩이들은 줄어들 기색을 보이지 않았다. 이제 남은 건 억제 전략뿐이었다. 세 달마다 한 번씩 CT 스캔 결과를 기다리는 게 새로운 일상이 되었다. 하지만 난 종양이 커지지 않고 안정되었다는 좋은 소식을 듣고도 기뻐하는 대신 패배감에 사로잡혔다. 의료진에게 더 공격적인 치료를 요구하지 않은 걸 자책했다. 좌절에 빠졌다. 경건의 시간을 가져도 예수님이 주시는 평안을 실감할 수 없었다. 내가 경험한 건 육신의 통증이 아니라 처음부터 끝까지 스스로 불러들인 영혼의 고통이었다.

하지만 하나님은 잠언 3장 5절 말씀을 통해 다시 한 번 손을 내밀어 날 불러 주셨다. "너는 마음을 다하여 여호와를 신뢰하고 네 명철을 의지하지 말라." 예수님을 그렇게 신뢰하자면 주님의 뜻 앞에서 더 온전하고 절대적인 복종을 꾸준히 이어가야 했다. 하나님이 넉넉한 사랑을 베풀어 주신 덕에, 나는 그리스도가 십자가에서 당하신 고난과 지극히 높으신 분을 향한 절대 순종에 더 깊이 참여한다는 차원에서 내 순종을 바라보게 되었다. 하나님이 은혜로 내 순종을 받으시고 인도해 주시길 계속 기도했다.

이제는 밤낮 주님의 영을 단단히 붙잡고 자유를 누리는 법을 배웠다. 내일을 생각하며 초조해하지 않고 한 번에 하루씩 살아가는 마음가짐은 날 자유롭게 하고 고통을 가라앉혔다. 예수님을 향한 새로운 신뢰는 새로운 사랑과 소망, 믿음을 불러왔다. 내 고통이 아니라 그분의 사랑으로 시선이 옮겨 갔다. 나는 새로운 보화를 찾았다. 고통이라는 선물은 곧 '하나님 자신'이라는 선물 보따리기도 했다. 결국 주님만이 참다운 기쁨과 위안이 되었다. "고난당한 것이 내게 유익이라 이로 말미암아 내가 주의 율례들을 배우게 되었나이다"(시 119:71)라는 말씀의 참뜻을 깨달았다.

이제 시편 27편 4절 말씀이, 마지막 순간까지 내 여정을 인도할 것이다. "내가 여호와께 바라는 한 가지 일 그것을 구하리니 곧 내가 내 평생에 여호와의 집에 살면서 여호와의 아름다움을 바라보며 그의 성전에서 사모하는 그것이라." 아멘.

Walking with God
through Pain and Suffering

Part 3

'왜'냐고 묻고 싶은 고통의 순간들,
예수와 함께 통과하기

고통이
내 것이
되었을 때

11

반드시, 내가 걸어서
지나가야만 한다

예수와 함께 시작하는 작은 한 걸음

불같은 시험 지날 때 네 길을 내리니
내 은혜 넉넉히 네 소원 채우리
불꽃이 너희를 사르지 못하니
내 뜻은 한 가지, 찌꺼기 태워서 정금을 내리라.
_존 리펀John Rippon, 〈굳도다 그 기초〉

지금까지 고난을 어떻게 준비해야 할지 살펴보았다. 이제 닥쳐오는 고난을 실제로 어떻게 통과할 것인지 물을 차례다. 시련을 겪는 이들을 대상으로 하는 책과 자료들은 더 이상 고난을 견디라고 이야기하지 않는다. 그 대신 비즈니스와 심리학에서 끌어온 용어들을 구사해 가며, 중압감과 트라우마, 스트레스에 대처하고 그것을 줄이며 관리하라고 주문한다. 부정적인 생각들을 버리고, 휴가와 운동, 그리고 위로와 격려가 되는 관계를 통해 충격과 괴로움을 완화시키며, 문제를 해결하고, "바꿀 수 없는 일들을 받아들이는 법을 배우라"라고 조언한다. 하지만 오랜 세월에 걸쳐 기독교 신앙은 크리스천들에게 고난에 대처하는 데 필요한 더 높고 깊은 차원의 자원들을 공급해 왔다.

우리와 함께
걸어 주시는 분

우리가 겪는 것과 똑같은 슬픔과 고난을 '걸어서 지나가시는' 예수님을 노래한 유명한 찬송가가 있다.

면류관을 씌워 드리세, 하나님의 아들께,

세상의 뭇사람들 앞에서.

그분이 지나신 그 자리를 지나는 이들아,

면류관 드리세, 사람의 아들께.

인간의 가슴을 비트는 온갖 슬픔을 아시는 분,

누구나 그 안에서 쉼을 누리도록

그 아픔을 제 몫으로 담당하시고 견디신 분께.[1]

　9장에서 이미 살펴보았듯, 고난과 마주하는 문제와 관련해 성경이 제시하는 은유 가운데 하나는 '걷기'다. 어렵고, 위태롭고, 치명적일 수 있는 무언가를 걸어 지나가는 것이다. 더러 어둠 속을 걸어간다는 표현도 사용된다. "내가 사망의 음침한 골짜기로 다닐지라도 해를 두려워하지 않을 것은 주께서 나와 함께하심이라"(시 23:4 - 사 50:10; 59:9; 애 3:2 참조). 깊은 물을 지나가는 이미지가 쓰이기도 한다. "나는 설 곳이 없는 깊은 수렁에 빠지며 깊은 물에 들어가니 큰물이 내게 넘치나이다"(시 69:2 - 시 69:15; 88:17; 124:4; 욥 22:11; 출 15:19 참조). 미끄럽고 험한 산길을 조심조심 걸어가는 모습에 비유하기도 한다(시 73:2). 이런 비유들을 한데 아우르면, 고난이란 걸어서 지나가야 하는 무엇이라는 것이다.

　'걷기'라는 메타포에는 진행이란 개념이 들어 있다. 대다수 고대인들은 시련이란 그 앞에서 움츠러들지 않는 건 물론이고 다 사라질 때까지 그저 참고 견뎌 내야 하는 일로 보았다. 반면에 현대 서구인들은 고난을 다 지나갈 때까지 피하거나 자신을 지켜야 할 악천후와 같은 것으로 여긴다. 어둠과 소용돌이치는 물, 사나운 불길을 걸어서 지난다는 비유는 기독교 신앙이 가진 비범한 균형 감각을 여실히 보여 준다. 크리스천은 고난에 발을 헛디디지도, 속절없이 휘둘리지도 않는다. 고난을 어느 정도 피할 수 있다거나, 끌려 들어갈 수밖에 없다고도 생각지 않는다. 고난 앞에서 충격을 받거나 놀라지 않으며, 자신의 괴로움과 연약함을 부정하지도 않으며, 원망하거나 두려움에 얼어붙지도 않고, 익숙해지거나 포기하지도 않고, 항복하거나 좌절하지도 않으면서 담담히 맞아들여 꿋꿋이 지나갈 따름이다.

우선, 불을 지나간다는 표현을 자세히 파헤쳐 보기로 하자. 불은 파멸과 고통스러운 죽음을 불러온다. 유대와 그리스-로마 문학에서 불은 역경과 심판을 설명하는 데 아주 흔히 쓰이는 이미지였다.[2] 수많은 성경 본문들도 환난을 불에 빗댄다(시 66:10; 잠 17:3; 27:21; 슥 13:9; 말 3:2). 시련과 슬픔을 말하면서 불구덩이에 던져졌다고 표현하는 건 새삼스러운 일이 아니다(욥 18:14-16; 시 66:12). 불의 상징이 쓰인 가장 유명한 본문은 이사야서 43장이다. 여기서 하나님은 백성들에게 말씀하신다.

> 네가 물 가운데로 지날 때에 내가 너와 함께할 것이라 강을 건널 때에 물이 너를 침몰하지 못할 것이며 네가 불 가운데로 지날 때에 타지도 아니할 것이요 불꽃이 너를 사르지도 못하리니 대저 나는 여호와 네 하나님이요 이스라엘의 거룩한 이요 네 구원자임이라 …… 두려워하지 말라 내가 너와 함께하여(사 43:2-3, 5).

큰물과 불은 "극심한 고난의 상징"[3]이다. 시편 23편에서와 마찬가지로, 여기서도 크리스천들에게 시련을 면하게 해 주겠다는 약속이 없다. 하나님은 큰물과 어두운 골짜기, 그리고 "불을 지나게 되면"이 아니라 "지날 때에"라고 말씀하신다. 시련을 겪지 않게 해 주시겠다는 게 아니다. 하나님의 약속은 우리와 나란히 걸으며 동행하시겠다는 것이다. 이사야는 비유 속으로 한 걸음 더 들어가서 하나님의 백성들은 뜨거운 기운에 시달리겠지만 "불꽃이 너를 사르지도 못하리니"라고 말한다. 맹렬한 열기 속에 있어도 그 화기가 속으로 침투하지는 못한다는 뜻이다. 곧, 영혼을 파고들어 해를 입히거나, 마음을 냉랭하게 만들거나, 좌절에 빠트리지 못한다는 말이다.

베드로전서는 성경의 그 어떤 책들보다도 균형 잡힌 시선으로 고난을 이야기한다.[4] 베드로는 이사야서 43장을 염두에 두고 편지의 수신자들에게 고난은 대장장이의 불, 또는 도가니나 풀무불과 같다고 설명한다. 사도는 "여러 가지 시험"(벧전 1:6)을 받는 시기를 지나고 있다고 지적하는데, 헬라어에서 "시험"이라는 말은 '대상의 본질이나 특성을 알아내려는 노력이나 검사'를 가리킨다.[5] "그들의 …… 신앙은 억울한 비난과 중상모략을 당했다. 사회적인 지위와 가족 관계, 심지어 생계마저도 위협을 받았다."[6] 이것이 사도 베드로가 말하는 불의 실상이지만 그는 그 비유를 확장해서 불의 차원을 넘어, 불 속에 집어넣는 재료와 가공 방법에 따라 태워 없애거나 성질을 개선할 수 있는 풀무와 풀무불로 묘사했다. 베드로는 이렇게 덧붙인다.

너희 믿음의 확실함은 불로 연단하여도 없어질 금보다 더 귀하여 예수

그리스도께서 나타나실 때에 칭찬과 영광과 존귀를 얻게 할 것이니라

(벧전 1:7).

풀무불의 이미지는 이 책의 프롤로그에서 간단히 살폈었다. 풀무가 광석을 제련하듯, 역경은 인간을 파괴하는 게 아니라 정제하고, 굳세게 하며, 아름답게 만든다. 어떻게 그리되는가? 어떻게 그럴 수 있는가?

금은 순수한 금속 물질이다. 불에 넣으면 물렁해지거나 녹아내리지만 타서 재가 되지는 않는다.[7] 하지만 금광석에는 없애 버려야 할 불순물이 가득 섞여 있다. 불 속에 집어넣으면 잡티들은 타 없어지거나 표면으로 떠올라 제련공이 쉽게 걷어 낼 수 있다. 언뜻, 불은 금을 파괴하는 "시험"처럼 보이지만 결국은 더 순수하고 아름답게 제련할 뿐이다.

베드로는 '예수 그리스도를 믿어 구원에 이르는 신앙'을 받아들인 크리스천들을 불순물이 가득 섞인 금에 빗댄다. 하나님을 믿는 마음에 안락한 생활, 권력, 교만, 쾌락, 자아를 갈구하는 욕구가 뒤엉켜 우위를 다툰다. 전반적으로 추상적이고 지적이어서 진심이 짙게 묻어나지 않는 신앙이다.

머리로는 자신이 하나님의 은혜에 힘입어 구원받은 죄인이라고 생각할지 모르지만, 속으로는 자신이 남들보다 썩 괜찮은 사람이기 때문에, 열심히 일하거나 사랑이 많기 때문에, 혹은 다른 사람보다 교양이 있기 때문에 은혜를 입는다는 전제가 작동한다. 그러나 실제로 인격은 흠집투성이다. 비판에는 너무 취약하고 판단하는 일에는 넘치도록 가혹하다. 대단치 않다 싶은 이들에게 지나치게 깐깐하게 굴고, 충동적이거나 우유

부단하며, 비겁하거나 지배하려 들고, 지나치게 의존적이다. 이런 속성들이 삶에 그늘을 드리우고 다른 이들에게 해를 끼치는데도 정작 스스로는 새카맣게 모르고 있다.

그러다 문득 어느 날 고난이 덮친다. 시험과 고난은 마치 풀무불이 광석을 제련해 불순물들을 녹여 내듯, 우유부단함과 비겁함, 이기심과 자기 연민, 쓴뿌리와 부정직함과 같은 영혼의 온갖 '불순물들'을 드러내고 걸러 낸다. 그리고 마침내 자신의 실체를 보게 된다. 불이 금을 단련하듯, 고난은 인간의 내면에 숨은 허물을 깨트리고 깨끗이 하며, 우리의 인격을 아름답게 한다.

하지만 늘 그런 건 아니다. 결과는 우리가 어떻게 반응하느냐에 달렸다. 베드로는 편지를 읽는 독자들에게 고난에 충격을 받지도, 소망을 포기하지도 말라고 권면한다(벧전 4:12). "모든 은혜의 하나님 …… 잠깐 고난을 당한 너희를 친히 온전하게 하시며 굳건하게 하시며 강하게 하시며 터를 견고하게 하시리라"(벧전 5:10)라고 약속하면서, 시련을 겪는 동안 "선을 행하는 가운데에 그 영혼을 미쁘신 창조주께 의탁"하라고(벧전 4:19) 당부한다.

베드로는 맹렬하게 타오르는 풀무불이 자동적으로 인간을 더 낫게 만들어 주지 않는다고 말한다. 불 속에서 하나님을 알아봐야 하고, 의지해야 하고, 더불어 이야기해야 하며, 믿어야 한다. 이사야서 43장에서, 하나님은 불 속을 지나는 내내 우리와 친히 함께하시며 나란히 걷겠다고 말씀하신다. 환난 속에서 하나님을 인격적으로 경험하는 것이야말로 어려움 속에서 나약해지지 않고 더욱더 단단해지는 비결이다.

하나님을 '온전히' 신뢰한
세 청년

이사야서 43장 2-3절의 약속은 포로가 되어 바벨론으로 끌려간 세 유다 청년의 이야기에서 문자 그대로 정확하게 실현됐다.[8] 다니엘서 3장에 기록된 이 이야기는 왕이 거대한 금 신상을 만들어 공공장소에 세운 이야기를 먼저 언급한다. 신상의 정체를 구체적으로 밝힌 적은 단 한 번도 없는데, 이는 다분히 의도적인 조처였을지 모른다. 금 신상은 왕이나 왕이 섬기는 신, 혹은 제국, 또는 그 셋을 다 아우르는 표상이었다.

고대 근동 지역이 대부분 비슷한 상황이었지만, 바벨론 역시 종교 다원주의 사회였다. 도시마다, 지역마다 제각기 섬기는 신이 있고, 그 밖에 다른 신들에게도 얼마든지 경의를 표할 수 있었다. 느부갓네살 왕은 궁정 악사들이 악기를 연주할 때마다 금 신상에 절을 하게 했으며 "누구든지 엎드려 절하지 아니하는 자는 즉시 맹렬히 타는 풀무불에 던져 넣으리라"(단 3:6)라는 엄명을 내렸다. 왕의 의도는 분명했다. 다양한 신들을 섬길지 말지는 완전히 개인의 자유에 맡겼다. 하지만 단 하나, 국가 권력에 대해서만큼은 누구나 머리를 조아려야 했다.

다들 순순히 명령에 따랐지만 공무원으로 일하던 유다 젊은이 셋만큼은 예외였다. 그들의 바벨론식 이름은 사드락과 메삭, 아벳느고였다. 왕의 명대로 하면 이스라엘의 하나님, 곧 뭇 신들 가운데 하나가 아니라 단 한 분이신 온 세상의 하나님을 믿는 신앙을 거스를 수밖에 없었다. 그들은 정해진 시간에 절하기를 거부했고, 그 소식은 곧바로 왕의 귀에 들어갔다. 세 젊은이는 왕 앞에 끌려 나갔고 명령에 따르지 않으면 당장 끔찍한 죽음을 당할 것이라는 협박을 받았다.

> 느부갓네살이 그들에게 물어 이르되 사드락, 메삭, 아벳느고야 너희가 내 신을 섬기지 아니하며 내가 세운 금 신상에게 절하지 아니한다 하니 사실이냐 …… 너희가 만일 절하지 아니하면 즉시 너희를 맹렬히 타는 풀무불 가운데에 던져 넣을 것이니 능히 너희를 내 손에서 건져 낼 신이 누구이겠느냐(단 3:14-15).

세 젊은이의 위기는 역사 속에서 스스로 믿음과 신앙적인 규례를 포기하고 전제 정권의 요구에 순응하기를 강요받았던 수많은 사람들을 떠올리게 만든다. 여러 면에서 그들은 아무런 허물이 없음에도 고통스러운 환난을 난데없이 겪어야 했던 이들의 전형이기도 하다. 왕의 명령 앞에서 세 젊은이는 그 유명한 "그렇게 하지 아니하실지라도"라는 대답을 내놓는다. 세 사람은 왕에게 말했다.

> 왕이여 우리가 섬기는 하나님이 계시다면 우리를 맹렬히 타는 풀무불 가운데에서 능히 건져 내시겠고 왕의 손에서도 건져 내시리이다 그렇게 하지 아니하실지라도 왕이여 우리가 왕의 신들을 섬기지도 아니하고 왕이 세우신 금 신상에게 절하지도 아니할 줄을 아옵소서(단 3:17-18).

세 젊은이의 답변에는 자신감과 겸손이라는 나란히 가기가 어려운 요소들이 균형을 이룬다. 그들의 말 한 마디 한 마디에는 서로 상반되는 성분들이 절묘하게 결합되어 있다. 그들은 구원의 능력을 가지셨을 뿐만 아니라 실제로 그리하실 하나님을 향해 강력한 믿음을 고백한다(17절). 그렇다면 "그렇게 하지 아니하실지라도"로 시작하는 문장이 아리송하다. 하나님을 그토록 신뢰한다면, 어째서 구원받지 못할 가능성까지 인정하고 있을까?

세 젊은이가 신뢰한 건 하나님일 뿐, 그분이 행하실 일들에 대한 그들 자신의 제한된 이해가 아니었다. 세 사람에게는 하나님이 이 모든 상황에서 건져 주시리라는 내면의 확신이 있었다. 하지만 그들은 "하나님의 뜻을 제대로 알고 있다"고 자부할 만큼 오만하지 않았다. 인간이 눈곱만한 지혜로 내린 판단에 따라 행하실 의무가 하나님께 전혀 없음을 꿰뚫고 있었다. 다시 말해, 그들이 신뢰한 대상은 하나님 그분 자체이며 주님이 행해 주시길 기대하는 어떤 일들이 아니었다.

그들은 하나님을 온전히 신뢰했다. 여기에는 앞으로 무슨 일이 벌어질지 주님이 더 잘 알고 계신다는 믿음도 포함되어 있었다. 그러하기에 젊은이들은 이렇게 장담한 것이다. "하나님이 구해 주지 않으신다 해도 (그 또한 타당하므로) 우리는 왕이 아니라 그분을 섬기겠습니다. 하나님의 뜻이 우리 생각과 들어맞든 어긋나든, 한결같이 그분을 따를 겁니다. 죽지 않으리라고 생각해서 왕의 명을 거역하는 게 아니라, 우리 하나님이 참 하나님이시기에 왕의 뜻을 거스르는 겁니다."

때로 이렇게 부르짖는 이들을 보게 된다. "복을 받으려면, 하나님이 복을 주시는 분임을 한 점 의심 없이 굳게 믿어야 합니다. 복을 받으리라는 전폭적인 믿음을 가지고 주님께 복을 구해야 합니다!" 하지만 여기 세 젊은이의 고백에선 그런 낌새가 전혀 없다. 아니 성경 어디에도 찾을 수 없다. 아브라함부터 요셉, 다윗, 그리고 예수님에 이르기까지 기도하고도 응답을 받지 못하기 일쑤였던 위대한 하나님의 일꾼들을 생각해 보라. 만일 우리가 "하나님, 이 간구에 응답하실 줄 믿습니다. 응답하지 않으실 도리가 없습니다"라고 기도한다면, 우리는 하나님의 지혜가 아니라 자신의 계획을 신뢰하는 것이다.

목회자로 일하다 보니, "주님을 굳게 믿고 열심히 기도했지만 끝내 허락해 주지 않으시더군요. 제 간절한 소원을 저버리셨어요!"라고 하소연하는 이들을 종종 만난다. 하지만 이러한 탄식을 꼼꼼히 뜯어 보면, 실제로 그들의 중심에 있는 깊은 믿음과 소망은 자신의 삶을 이롭게 하기 위한 계획들에 토대를 두고 있으며, 하나님은 자신의 뜻을 이루기 위해 효과적으로 활용하는 수단에 지나지 않는다. 그들이 신뢰하는 대상은 '하나님+내 삶을 위해 스스로 세운 계획'이다. 하지만 다니엘의 세 친구들에게는 처음부터 끝까지, 하나님이 전부였다.

"주님이 구해 주실 것을 아니까요"라는 식의 접근은 거죽은 신뢰처럼 보이나 속내는 염려와 불안이 가득하다. 구원을 간청하는 기도에 하나님이 응답하지 않으실 수도 있다는 생각에 두려워한다. 하지만 사드락과 메삭, 아벳느고는 참으로 '시종일관' 하나님을 믿었다. 그러하기에 조금도 불안하거나 초조해하지 않았다. 영적으로 이미 불 속에서 견딜 준비가 되어 있었다. 구원이든 죽음이든, 기꺼이 받아들일 마음가짐을 갖추고 있었다. 둘 중 어느 쪽이든 하나님을 영화롭게 하고 주님과 동행하게 되리라는 사실을 믿었다. 그들은 하나님이 죽음에서 구원해 주실 수도 있고, 죽음을 통해 구원해 주실 수도 있다는 점을 의식하고 있었다.

다니엘의 세 친구에게 가장 큰 기쁨은 하나님을 이용해 삶에서 무언가를 얻거나 이루는 게 아니라 그분을 영화롭게 하는 데 있었다. 그런 그들에게 두려움이 싹틀 자리는 없었다. 아무것도 그들을 넘어뜨리지 못했다.

홀로 징계의 불을
지나신 그리스도

이렇게 도전적인 답변을 들은 느부갓네살은 더더욱 화가 치솟았다. 처형실로 쓸 풀무불을 일곱 배나 더 뜨겁게 했다. 그러곤 셋을 묶어서 그 속으로 집어 던졌다. 불길이 얼마나 사나웠던지 젊은이들을 붙들고 있던 병사들이 열기에 목숨을 잃을 정도였다(단 3:22). 하지만 불 속을 들여다보던 왕은 눈앞에 펼쳐지는 장면에 넋이 나갈 만큼 큰 충격을 받았다.

그때에 느부갓네살 왕이 놀라 급히 일어나서 모사들에게 물어 이르되 우리가 결박하여 불 가운데에 던진 자는 세 사람이 아니었느냐 하니 그들이 왕에게 대답하여 이르되 왕이여 옳소이다 하더라 왕이 또 말하여 이르되 내가 보니 결박되지 아니한 네 사람이 불 가운데로 다니는데 상하지도 아니하였고 그 넷째의 모양은 신들의 아들과 같도다(24-25절).

괴로워 울부짖는 비명을 듣고 고통에 몸부림치는 꼴을 구경하려던 왕은 놀랍게도 평온하다시피 불 속을 거니는 네 사람을 보았다. 다들 묶이지도 않았고 다친 기색도 없었다. 하지만 그중에서도 네 번째 인물이 왕의 온 관심을 사로잡았다. "넷째의 모양은 신들의 아들과 같도다." 심한 화염 속에 비친 모습이긴 해도, 어마어마한 능력을 가진 존재임에 틀림없어 보였다. 초인 같기도 하고 신의 형상 같기도 했다. 세 젊은이들이 단숨에 타 버리지 않고 불 속을 거닐 수 있는 건 곁에서 함께 걷는 네 번째 인물 덕분임이 확실했다. 유심히 본 독자라면 다 알고 있겠지만 그는 나중에 풀무불 밖으로 나오지도 않았다.

그의 정체는 무엇인가? 구약성경은 이 신비로운 인물을 '하나님의 천사'라고 부른다. 느부갓네살 역시 "그가 그의 천사the angel of the Lord, NIV를 보내사 …… 종들을 구원하셨도다"(28절)라고 했다. '그 천사the angel'가 성경의 다른 부분에 등장하는 천사들과 다른 존재라는 사실만큼은 분명하다. 타오르는 떨기나무 속에 나타나 모세와 대화하는 대목에서는 그 천사의 말을 하나님의 말씀으로, 그가 말하는 것을 하나님이 이야기하시는 것으로 설명한다(출 3:2-6). 그 천사는 나타날 때마다 경배를 받았지만(수 5:15), 다른 천사들은 그렇게 예배하는 것을 마다했다(계 19:10). 그 천사를 보는 건 곧 하나님을 보는 것과 같았다(삿 13:16-22). 그 천사는 더없이 신비롭고 알 수 없는 존재로 마치 가시적인 형태의 하나님처럼 보인다.

사실, 크리스천들은 오래 전부터 그분이 누구인지 알고 있었다. 구약학자 알렉 모티어는 이를 간추려 말한다.

'그 천사'는 죄 많은 인간들 사이에 주님이 임하실 수 있게 만들어 주는 하나님의 자비로운 '돌봄' 또는 하나님의 '겸손'을 드러낸다. 그런 형식이 아니면, 하나님이 스스로 죄인들 사이에 들어오시는 순간, 온 인간들을 다 태워 버리고 말았을 것이다. …… '그 천사'는 거룩하신 하나님이 죄인들과 가까이할 수 있게 하는 특별한 유형의 신성이다. 성경에서 주님과 같으면서도 구별되는 존재는 딱 한 분뿐이다. 하나님의 온전한 본질과 특권을 그대로 지닌 채 …… 죄인들과 어울리실 수 있는 분, 바로 예수 그리스도다. [9]

이렇게 다니엘서의 이 본문은 대단히 설득력 있는 방식으로 시간을 가로질러 앞과 뒤를 오간다. 맹렬하게 타오르는 풀무불 속을 함께 거닐던 신성한 친구는 "네가 불 가운데로 지날 때에 타지도 아니할 것이요 불꽃이 너를 사르지도 못하리니 …… 두려워하지 말라 내가 너와 함께하여"라고 한 이사야서 43장 2절과 5절을 생생하게 풀이하는 일종의 주석이다. "내가 불 속에서 너와 함께하겠다"고 말씀하실 때, 하나님이 품으셨던 깊은 뜻을 누가 감히 정확하게 헤아릴 수 있었겠는가? 주님이 우리와 함께 걸으신 무한정한 거리를 가늠할 수 있겠는가? 인간으로서는 상상조차 할 수 없을 만큼 커다란 영광과 영원한 축복 가운데 예수님이 살고 계셨음을 기억한다면, 우리는 주님의 이 땅에서의 온 삶이 풀무불 속을 걷는 것과 같았음을 깨닫는다.

세상에 태어날 때 예수 그리스도는 유한하고 연약한 인간의 몸을 입고 오셨다. 그리고 평생을 사방에서 쏟아지는 압력 속에 사셨다. 예수님의 목숨을 노리고 덤벼드는 이들의 공격이 끝없이 이어졌다(눅 4:29). 쉴 새 없이 오해를 받았고 거절을 당했다. 하지만 압권은 삶의 마지막 순간, 십자가를 통해 인간의 풀무불 속으로 들어가시는 그 순간이었다. 사드락과 메삭, 아벳느고처럼 그분도 전제 정권의 손에 부당한 판결을 받고 고통스러운 죽음을 맞아야 했다.

하지만 정작 예수님은 환난의 풀무불 속에 계시는 내내 아무도 함께 걸어 주지 않았다. 십자가에 달려 "나의 하나님, 나의 하나님 어찌하여 나를 버리셨나이까?"라고 부르짖는 순간에 그 어떤 신성한 존재도 곁을 지켜주지 않았다. "거룩한 진노의 불길이 속속들이 태우고 마음껏 사르는 동안, 주님은 완전히 혼자셨다."[10] 어째서일까? 어째서 하나님은 세 유다 젊은이와는 함께해 주시고 그분의 독생자는 버려 두셨는가?

답은 간단하다. 예수님은 십자가에서 우리와 '함께'뿐 아니라 우리를 '위해서' 고난을 받으셨기 때문이다. 사드락과 메삭, 아벳느고는 선한 젊은이들이었지만 그럼에도 불구하고 흠 많은 인간이라는 사실에는 변함이 없다. 다윗은 시편에서 누군가 손과 마음으로 지은 죄를 낱낱이 기록한다면, 아무도 하나님 앞에 설 수 없으리라고 말한다(시 130:3).

세 젊은이가 한 점 흠 없이 정직하게 생활한 덕에 주님이 베푸시는 구원의 자격을 얻은 게 아니다. 하나님이 예수 그리스도를 통해 친히 세상에 오셔서 그 셋과 우리가 마땅히 받아야 할 징계의 불을 대신 지나셨기에, 그들과 더불어 불 속을 걸으실 수 있었다. 그래서 하나님은 주님의 자비를 믿고 의지하는 이들을 용서하고 받아 주신다. 그분이 흠 많고 아무 공로가 없는 우리와 더불어 불 가운데 머무실 수 있는 까닭도 바로 여기에 있다.

복음을 잊은 심령,
분노와 좌절감을 오가다

불 가운데로 지나갈 때 하나님이 함께하신다는 이야기에서 우리가 배워야 할 가르침이 있다. 예수님을 믿고 그분 안에 머물면, 불이 금을 제련하듯 고난은 우리의 인격을 가다듬어 준다. 많은 사람이 품고 있는 네 가지 기대에 대해 생각해 보자. 스스로 어떤 사람인지, 자신의 강점은 무엇이고 약점은 무엇인지 알고 싶은가? 상처 입은 사람들을 능숙하게 돕는 마음 따뜻한 사람이 되고 싶은가? 삶이 주는 깊은 좌절을 버텨 내고도 남을 만큼 하나님을 깊이 신뢰하고 싶은가? 인생이 어떻게 흘러가는지 꿰뚫어 보는 지혜를 가지고 싶은가? 네 가지 모두 대단히 중요한 요소들이지만, 고난 없이는 어느 하나도 쉽게 손안에 들어오지 않는다.

검증을 받기 전까지는 자신의 실상을 제대로 알 길이 없다. 직접 시련을 겪어 보지 않는 한, 고난을 당하는 이들에게 진실하게 공감하고 안타까이 여기지 못한다. 깊은 물에 빠져 허우적거려 보지 않고는 참으로 하나님을 의지하는 법을 배울 수 없다.

풀무불은 이 세상의 참담한 현실을 뚫고 살아간다는 게 무얼 의미하는지 주님이 알고 계심을 가리키는 비유다. 주님은 우리의 모든 것을 이해하신다. 우리의 숨은 사정을 헤아리실 만큼, 우리가 어려움을 당할 때 가장 먼저 기댈 수 있을 만큼 가까이에 계신다는 뜻이다. 하나님은 늘 우리와 동행하시지만 정작 중요한 건 과연 우리가 그분과 함께 걷는가 하는 문제다. 우리의 요구대로 움직이는 가짜 하나님을 모시고 있다면, 삶이 망가지는 순간마다 주님께 버림받았다고 여길 것이다.

이는 두고두고 곱씹어 봐야 할 중요한 문제다. 알다시피, 고난은 인간을 다듬어 줄 수도 있지만 딱딱하게 굳어지게 만들거나 아예 태워 버릴 수도 있다. 시련을 겪으며 망가진, 그것도 아주 처참하게 망가진 이들은 셀 수 없이 많다. 역경을 지날 때 그처럼 산산이 부서지지 않고 도리어 성장하려면 무엇을 해야 하는가? 하나님과 함께 걸어야 한다는 게 정답이다. 그렇다면 하나님과 함께 걷는다는 게 무엇일까?

하나님을 하나님의 자리에 모시는 것을 의미한다. 또한 그분께 진실하게 이야기한다는 뜻이기도 하다. 기도하면서 마음을 쏟아 붓는 것이다. 한편으로는 주님을 신뢰하고 의지한다는 뜻이다. 하지만 무엇보다 십자가에 달리신 예수님이 어떻게 우리를 위해 불구덩이로 뛰어드셨는지 마음의 눈으로 바라본다는 말이다. 펄펄 끓는 열기 속에서도 그분을 신뢰하고, 단단히 붙들며, 더 순수한 금으로 제련되기 위해서 반드시 붙들어야 할 사실이다. 주님이 우리를 위해 더없이 뜨거운 풀무불 속에 스스로 뛰어드셨다는 사실을 놀랍고 감사하는 심정으로 기억한다면, 우리의 작은 풀무불 가운데 함께하시는 주님이 비로소 느껴지기 시작할 것이다.

이는 복음을 잊지 않고 기억하는 것이다. 주님은 극도로 뜨거운 불구덩이에 던져졌다. 마땅히 우리가 들어가야 할 풀무불이었다. 주님이 풀무불 속으로 걸어 들어가신 덕분에 인류는 구원을 받았다. 하지만 하나님이 더없이 선하게 사는 이들만 구원하셨다고 믿으면 어찌 되겠는가? 시련의 물결이 밀려들 때마다 하나님을 미워하든, 자기를 혐오하든 둘 중 하나가 될 것이다. "착하게 살았으니 이보다 더 나은 삶을 사는 게 당연한

데, 왜 하나님이 날 이렇게 대하시지?"라고 중얼거리든지, "제대로 살았
어야 하는데 그러지 못한 게 분명해. 난 형편없는 인간이야"라고 웅얼거
리든지 둘 중 하나다. 어느 쪽이든 깊은 좌절에 빠지고 만다. 복음을 잊은
심령은 분노와 죄책감 사이를 오갈 수밖에 없다.

복음 없이 풀무불에 들어가는 경우, 그곳에서 하나님을 만나기란 불
가능하다. 주님, 또는 자신 탓에 끔찍한 일이 닥쳤다고 철석같이 믿으며
외로워질 수밖에 없다. 복음 없이 불길에 휩싸이는 것만큼 위태로운 일이
있을까? 하나님께 펄펄 뛰며 화를 내든지, 자신에게 분통을 터트리든지,
혹은 양쪽 모두에게 분노하게 될 것이다.

하지만 풀무불에 팽개쳐지는 순간, 우리는 스스로에게 이렇게 말할
수 있다. "이건 내 몫의 풀무불이야. 지금껏 저지른 죄 때문에 벌을 받는
것이 아니야. 나는 이 작은 풀무불 속을 뚜벅뚜벅 걸어 지나서 그분께로
갈 수 있어. 예수님이 날 위해 영원한 불 속에 던져지셨기 때문이야. 주님
을 믿고 의지하면 이 풀무불은 날 더 나은 사람으로 빚어낼 뿐이야."

수많은 찬송가를 지은 작가 존 리펀은 이를 아주 고전적으로 읊었다.

> 깊은 물 만날 때 내 너를 가게 하리니
> 고통의 강물이 덮치지 못하네
> 내가 너와 함께하므로 시련도 축복이라
> 그 깊은 고난이 널 정하게 하리라
>
> 불같은 시험 지날 때 네 길을 내리니

내 은혜 넉넉히 네 소원 채우리

불꽃이 너희를 사르지 못하니

내 뜻은 한 가지, 찌꺼기 태워서 정금을 내리라

예수께 기대니 내 영혼 평안해

원수에 무릎 꿇고 굴복치 않겠네

지옥은 힘 다해 내 영혼 흔들려 애쓰나

절대로, 절대로 포기하지 않으리.

일상생활에서,
반복적으로, 꾸준하게

하나님과 함께 고난을 걸어 통과한다는 말은 곧 하나님을 하나님답게, 거기에도 계시고 또 여기에도 계신 하나님으로 대접한다는 말이다. 걷기는 드라마틱하지 않고 리드미컬한 작업이다. 오래도록 한결같은 방식을 유지할 수 있는 꾸준하고 반복적인 동작으로 구성된다. 창세기 17장 1절에서, 하나님은 아브라함에게 "공중제비를 돌거라" 또는 "내 앞에서 달려라"라고 명령하지 않으신다. 아무도 그런 행동을 밤낮없이 오래도록 계속할 수 없기 때문이다. 영적인 성장을 마치 하이다이빙처럼 여기는 이들이 흔하디 흔하다. 그들은 부르짖는다. "주님께 제 삶을 바치겠습니다! 이 끔찍한 습관들을 송두리째 바꾸고 정말 달라지겠습니다!

딱 여섯 달만 더 주시면 새사람이 되겠습니다!"

걷기는 그런 것이 아니다. 걷기란 날마다 기도하는 일이다. 날마다 성경 말씀과 시편을 읽는 일이다. 날마다 순종하고, 믿음의 친구들과 대화하며, 공동예배에 참석하고, 교회 생활에 헌신하고 온전히 참여하는 일이다. 이는 아주 리드미컬해서 오늘도, 내일도, 모레도, 그 이후에도 계속된다. 하나님과 걷는다는 말은 느리지만 꾸준한 진보를 상징하는 비유적인 표현이다.

따라서 하나님과 더불어 고난을 걸어 지나간다는 것은 보통, 눈앞의 문제와 괴로움, 두려움에서 즉시 구원을 받는 경험을 의미하지 않는다. 차차 살펴보겠지만, 말로 설명할 수 없는 "모든 지각에 뛰어난 하나님의 평강"을 받아 누릴 때가 있다. 새로운 깨달음이 어둠 속으로 문득 한 줄기 빛이 스며들 듯 다가오는 날이 있다. 분명히 진보가 있지만(걷기 비유를 잘 생각해 보라), 날마다 규칙적으로 걷는 활동을 꾸준히 되풀이할 때만 찾아오는 느리고 점진적인 발전이다. 잠언은 이렇게 가르친다. "의인의 길은 돋는 햇살 같아서 크게 빛나 한낮의 광명에 이르거니와"(잠 4:18).

그럼, 규칙적이고 일상적인 활동이란 도대체 무엇일까? 시련을 겪는 동안 하나님과 지속적으로 교제하며 약해지지 않고 도리어 강해지기 위해 어떤 수단들을 동원할 수 있을까? 성경은 처음부터 끝까지, 고난을 당하는 이들이 역경과 마주하는 갖가지 활동과 방법을 보여 주며 걷고, 비통한 마음으로 울부짖고, 신뢰하며, 기도하고, 생각하고, 감사하며, 사랑하고, 소망하라고 가르친다. 앞으로 이런 일들을 한 장에 하나씩 짚어 보기로 하자.

여기에 소개하는 전략들은 상호 보완적이다. 무엇 하나도 빼놓아선 안 되지만, 개인의 기질을 포함한 저마다의 상황과 환난의 성격에 따라 몇몇 방법들이 상대적으로 더 중요할 수 있다. 따라서 지금부터 나눌 고난을 다루는 몇 가지 전략이나 방법들을 차곡차곡 밟아야 할 단계들로 보거나 누구에게나 똑같은 비중을 갖는다고 생각해선 안 된다. 이미 이야기한 것처럼, 고난을 지나는 경로는 저마다 독특해서 겹치는 법이 없다. 하지만 성경이 시련을 겪는 이들에게 주문하는 일들 가운데 어느 하나도 무시하지 말아야 한다.

희생양은 내가 아니었다,
그분이 날 위해 제물이 되셨다

메리 제인 이야기

나는 올해 예순두 살이고, 네 살배기 크리
스천이다. 두 주 전, AA(알코올 의존증 환자 자가 치료협
회) 모임에 갔다가 무시무시한 시련을 겪은 여
성의 고백을 들었다. 감정이 북받쳐서 견딜 수
가 없었다. 갑자기 열 살 때 당했던 성폭행의 기
억이 고스란히 되살아났다. 공포감, 소름 끼치
는 위기, 그리고 마비. 그런데, 여인이 툭 던진

한마디가 내 가슴을 쳤다. 황급히 그 말을 받아 적었다. 내가 찾던 진리, 해답이 거기 있었다.

그녀는 말했다. "우리의 고통은 우리의 금덩이예요." 그 말을 들으니, 예수님이 내 고난을 가지고 이루고 계신 역사를 이해할 수 있을 것 같았다. 오랜 두려움을 놓아 버리는 순간, 강하고 완전한 무언가가 밖에서 밀려 들어와 나를 단단히 붙들었다. 방황하지 말고 바로 그 자리에 머물기를 주님이 원하시는 것만 같았다. 그 뜻을 알 듯했다. 난 결코 희생양이 아니었다. 늘 그랬던 것처럼, 그분이 나를 위해 제물이 되셨다. 귀 기울여 듣던 여인의 고백이 쓰라린 상처를 헤집어 놓았지만 주님은 나를 안전하게, 더 나아가 힘차게 붙드신다. 그분의 고난이 하나님의 그 크신 사랑과 뒤섞여 다가왔다.

나는 성폭행의 아픔을 마음 깊이 묻어 버렸다. 이 일에 대해 어떻게 처신해야 하는지 배웠다. "도움을 청하지 말아야 한다. 도움 같은 건 어디서도 오지 않는다. 입을 다물고 침묵을 지켜야 한다. 넌 구원받을 자격이 없어! 경계를 늦추지 마! 인생은 안전하지 않아!"

대학에 다니는 동안은 폭력적인 관계에 시달렸다. 사귀던 남자는 순결을 지키지 못한 엄청난 '배신'의 '죄'를 저질렀으니 벌을 받아야 한다고 했다. 견디다 못해 자살을 기도했다. 하나님의 은혜로 2주 만에 병원에서 깨어났다. 퇴원하던 날 두 남자에게 성폭행을 당했다. 하나는 폭력을 휘두르던 전 남자친구였고 나머지 하나는 정신병동에서 일하는 인턴이었다. 다시 한 번 교훈을 곱씹었다. "도움을 기대하지 마. 도움은 결코 오지 않아. 넌 구원받을 자격이 없어."

삶의 중반부, 그러니까 스물다섯 살에서 쉰아홉 살까지는 '행복,' '문제를 껴안은 행복,' '오로지 문제들'이란 세 장의 카드로 내 인생을 정리할 수 있을 것이다.

'행복'에는 결혼해서, 유럽의 네 나라 수도를 돌아다니며 살고, 귀여운 아기들을 낳고, 흥미진진한 모험을 즐기고, 직장에서 경력을 쌓고, 마음을 털어놓을 수 있는 친구를 사귀고, 여러 언어를 배웠던 일들이 들어간다.

'문제를 껴안은 행복'은 일터를 떠나 자신을 입증하는, 다시 말해 정체성을 탐색하는 여정이었다. 완벽한 자신, 완벽한 삶을 추구했지만 돌아온 것은 성가신 우울, 외로움, 결핍뿐이었다. 사람들은 하나같이 실망스러웠다. 친구들은 변덕스러웠고, 새아버지는 아버지 역할을 제대로 하지 못했으며, 새어머니는 툭하면 성을 냈고, '까탈스러운' 학교 관리자들은 이해력이 떨어졌다.

'오로지 문제들'은 미국으로 돌아와 지낸 12년의 이야기다. 십 대 청소년에서 성인으로 넘어가는 나이가 된 우리 아이들은 학교 폭력, 중독, 섭식 장애, 범법 행위로 고생하더니 급기야 죽을 고비까지 넘겼다. 나 역시 이런저런 치료 요법, 요가, 선, AA를 섭렵했지만 소용이 없었다. 내 아이한테서 내가 도움은커녕 가장 큰 문젯거리 중의 하나라는 소리를 듣는 순간, 난 완전히 무너져 내렸다. AA 모임에서 중요한 원리를 배웠지만 비참한 기분이 드는 건 어쩔 수가 없었다. "난 아이들을 도울 수 없어. 하나님만 그러실 수 있지. 나는 아이들을 놓아 주어야 해."

그런데, 정말 하나님이 도우셨다. 무신론자이던 아들아이는 돌연 크리스천이 되었다. 우리에게는 정말 기적과 같은 일이었다. 너무도 사랑했던 그 녀석이 완전히 새사람이 되었다. 특수구조부대원으로 아프가니스탄에 파병되면서 우리에게 어떻게 기도해 주면 좋겠느냐고 물어볼 정도였다. 하지만 우리에겐 아들의 파병 자체가 시련이었다. 아이의 목숨이 가느다란 줄에 매달려 흔들리는 걸 보는 심정이었다. 미숙한 마음은 여전해서 말씀을 전폭적으로 받아들이지 못했다.

하나님의 구원 사역은 그 무엇보다 크고 강력하다. 주님은 내 소유권을 가져가셨다. 맹렬한 시련이 하나님의 맹렬한 사랑을 닮은 무언가로 변해 가는 모습을 지켜보았다. 주님이 말씀하시는 것 같았다. "너는 이제 내 것이다. 지금부터는 여태껏 품어 왔던 두려움만큼이나 깊이 나를 마음껏 사랑할 수 있단다. 너는 이제 내가 준 능력으로 무엇을 해야 할지 알게 되었어. 나를 사랑하고 구원의 소명을 다해 나를 섬기렴."

어디를 가든 예수님의 능력이 정말 함께한다는 사실을 온 마음으로 느낀다. 내가 해야 할 일은 그분께로 돌아서서 시련을 겪는 내내 주님을 신뢰하는 것뿐이다. 나머지는 주님이 알아서 하신다. 우리의 고통이 그분의 금덩이가 된다. "너희를 해칠 자가 결코 없으리라"(눅 10:19). 주님은 늘 우리와 동행하신다.

하나님은 강력하게 역사하셔서 나의 자기중심적인 속성을 걷어 내셨다. 그게 바로 이사야가 말하는 '연단하는 자의 불'이다. 좀 사나운 불이 아니다. 날마다 주께 돌아서서 온 삶을 맡기는 걸 잊지만 않는다면, 그 밖에 모든 일들은 주님이 해결하실 것이다.

12

지금, 예수 앞에서
울 수 있다

깊이 슬퍼하면서 깊이 즐거워하다

나는 그분의 권능을 드러내려고 산다.
지난날 내 기쁨을 눈물로 이끌었던 분,
이제 내 슬픔을 노래로 이끄는 분.
_조지 허버트, "요셉의 겉옷"

고난의 보편적인 원리들을 이해했다면, 이제 고난의 길을 걸어 지나는 이들을 위해 성경이 제시하는 개별적인 방법과 전략들을 하나하나 마음 놓고 다뤄 볼 준비가 된 셈이다. 이들 가운데 어느 하나만으로는 충분치 않으며 무슨 조리법처럼 덮어 놓고 따라가기만 하면 되는 일련의 '단계들'로 해석하지도 말아야 한다. 이들은 서로 겹치고 얽혀 있다. 동기와 기질을 비롯한 갖가지 요소들에 따라 다른 길을 따르게 마련이다.

탄식의 실종

로널드 리트거스가 쓴 권위 있는 저서 *The Reformation of Suffering*(고난의 개혁)은 루터를 비롯한 독일 종교 개혁자들이 고난에 더 성경적으로 접근하는 길을 찾아 내려 어떤 노력을 기울였는지 추적한다. 중세 교회는 시련을 꾹 참고 견디면 구원을 받는 데 큰 보탬이 된다고 여겼는데, 종교 개혁자들은 이런 풍조야말로 스토아 철학이라는 이교적인 신사상에 빠진 결과라고 지적했다. 예수님이 죄의 형벌을 다 짊어지셨다고 루터교도들은 강력하게 주장했다. 그리스도의 도움과 관심을 받으려 안달복달할 이유가 없으며, 주님은 환난을 겪는 우리와 사랑으로 틀림없이 함께해 주신다는 것이다.

하지만 리트거스는 그럼에도 불구하고 루터교도들이 중세 교회의 입장을 그대로 따르는 일면이 있는 듯하다고 꼬집는다. "탄식"은 고통스럽고 비참한 현실 앞에서 보일 수 있는 정당한 반응임에도 불구하고 그 성경적인 중요 증거들을 무시하고 있다는 것이다. 이른바 "탄원시"로 꼽히는 시편은 이루 헤아릴 수 없을 만큼 많다. 괴롭고 비통한 심정을 절절이 부르짖는 노래들이다. 시편 기자들은 다른 이들의 행동, 심지어 자신의 생각이나 행실에서 비롯된 괴로움을 호소하기 일쑤다. 게다가 하나님에 대한 좌절감을 쏟아 내는 기자들도 수두룩하다.[1] 시편 44편 23절은 "주여 깨소서 어찌하여 주무시나이까"라고 다그치고, 89편 49절은 "주여 주의 성실하심으로 다윗에게 맹세하신 그 전의 인자하심이 어디 있나이까"라고 추궁한다.

탄식하며 부르짖는 소리로 가득한 욥기는 두말할 것 없다. 예언적인 표현들이 등장하는 예레미야서의 몇몇 본문들도 마찬가지다. 이 선지자는 하나님을 '영원할 듯 보이지만 바짝 말라붙은 물길'에 빗대기까지 한다. 그는 하나님께 "나의 고통이 계속하며 상처가 중하여 낫지 아니함은 어찌 됨이니이까 주께서는 내게 대하여 물이 말라서 속이는 시내 같으시리이까"라며 울부짖는다(렘 15:18).

리트거스는 혹시라도 크리스천들이 그리스도의 사랑을 의심하지 않을까 염려하는 마음에 루터교도들이 합법적인 탄식을 최소화했다고 주장한다. 초기 종교 개혁자들은 의심과 불만을 표출하는 태도를 못마땅해하는 문화를 빚어냈다는 것이다. 하나님을 믿는 성도라면 시련 앞에서 눈물을 흘리거나 위축되지 말고 거룩한 뜻을 기꺼이 받아들이는 모습을 통해 신앙을 드러내라고 가르쳤다. 리트거스는 초기 루터교파 저술가들의 글을 인용하면서, 그들은 하나님께 의문을 제기하는 욥의 행동이 심각한 중죄임에도 성경에 욥기가 들어 있다는 사실에 적잖이 당황스러워했다고 말한다. 하나님이 욥처럼 연약한 신앙을 가진 이들도 여전히 용서하시고 자비를 베푸신다는 점을 보여 주려고 이 책을 성경에 포함시켰다고 설명하는 신학자도 있었다.[2]

부분적으로는 맞는 말이다. 욥은 믿음을 몸으로 살아 내야 했지만 그러지 못했고, 마지막 장에서 그 사실을 하나님께 인정했다. "내가 주께 대하여 귀로 듣기만 하였사오나 이제는 눈으로 주를 뵈옵나이다 그러므로 내가 스스로 거두어 들이고 티끌과 재 가운데에서 회개하나이다"(욥 42:5-6). 그럼에도 불구하고 욥의 폭발적인 감정 표출과 울부짖음, 탄식이 모조리 불법적이라는 주장은 성경 본문에 들어맞지 않는다.

예를 들어 욥기 1장만 하더라도, 자식들이 모두 죽고 전 재산이 날아갔다는 비보를 처음 들은 욥은 일어나 겉옷을 찢고 땅에 엎드렸지만(1:20), 저자는 "이 모든 일에 욥이 범죄하지 아니하고"(1:22)라고 말했다. 경건한 크리스천들이 흔히 부적절하다고 여길 만한, 심하면 믿음이 없다고까지 판단할 만한 행동이었다. 욥은 옷을 찢고, 땅에 엎드리고, 소리쳐 울었다. 그에게서 스토아 철학이 가르치는 인내라곤 단 한 점도 보이지 않는다. 하지만 성경 본문은 '이 모든 일에 욥이 범죄하지 않았다'라고 말한다.

욥기 중반부에서 욥은 태어난 날을 저주하며 노기 어린 질문을 던지고 하나님을 부당하다고 고발하다시피 한다. 하지만 욥에 대한 하나님의 최종 판결은 놀랍게도 긍정적이기만 하다. 욥기 끝부분에서 하나님은 욥의 친구들 가운데 우선 엘리바스를 향해 말씀하신다.

내가 너와 네 두 친구에게 노하나니 이는 너희가 나를 가리켜 말한 것이 내 종 욥의 말같이 옳지 못함이니라 그런즉 너희는 수소 일곱과 숫양 일곱을 가지고 내 종 욥에게 가서 너희를 위하여 번제를 드리라 내 종 욥이 너희를 위하여 기도할 것인즉 내가 그를 기쁘게 받으리니 너희가 우매한 만큼 너희에게 갚지 아니하리라 이는 너희가 나를 가리켜 말한 것이 내 종 욥의 말같이 옳지 못함이라 이에 데만 사람 엘리바스와 수아 사람 빌닷과 나아마 사람 소발이 가서 여호와께서 자기들에게 명령하신 대로 행하니라 여호와께서 욥을 기쁘게 받으셨더라(욥 42:7-9).

욥은 강렬한 감정과 극단적인 수사로 비통한 마음을 표출했다. 그는 결코 하나님께 다정하고 살가운 태도로 공손하게 기도하지 않았다. 자신의 속내를 사나우리만치 정직하게 드러냈다. 하나님은 궁극적으로 욥의 결백을 드러내 보이셨지만, 그럼에도 불구하고 인간으로서는 가늠할 수 없는 그분의 지혜와 위엄을 깨달아 알라고 명령하셨다.

상한 갈대에
더 크게 베푸시는 자비

그러므로 괴롭고 슬픈 일을 겪는 사람에게 무작정 감정을 자제하라고 요구하는 건 타당치 않다. 더 섬세하고 참을성 있게 그들을 대해야 한다. 이는 자기 자신에 대해서도 마찬가지다. '하나님을 신뢰하는 이들은 절대로 울거나, 노하거나, 절망감을 느끼지 말아야 한다'고 생각하는 것은 옳지 않다.

이사야서 42장은 '고난받는 종'이라는 수수께끼 같은 존재를 설명한다. 이사야서 53장은 그분이 인간의 허물을 담당하고 고난을 받으셔서 우리에게 쏟아지는 저주를 거둬 가신다고 말하고 있다. 이사야서 42장 3절은 그 종에 대해 "상한 갈대를 꺾지 아니하며 꺼져 가는 등불을 끄지 아니하고 진실로 정의를 시행할 것"이라고 이야기한다.

"상한"에 해당하는 히브리어 단어는 가벼운 부상 정도를 뜻하지 않는다. 생명을 좌우하는 내부 기관이 파열될 정도의 중상, 한마디로 치명상을 가리킨다. "상한 갈대"라면 아직 동강이 나지는 않았지만 한쪽으로 비스듬하게 꺾인 곡식 줄기를 이른다. 이미 꺾어진 터라 낟알을 맺을 도리가 없다. 그런데 이 고난받는 종은 아무도 그런 일을 당할 수 없게 만든다고 한다. 그는 상한 갈대를 고쳐서 다시 낟알을 맺게 하시는 분이다.

이 종은 누구인가? 교회는 애초부터 이는 곧 예수 그리스도라는 사실을 알고 있었으며(행 8:32-33), 마태복음 12장 20절은 아예 주님을 가리켜 상한 갈대를 꺾지 아니하며 꺼져 가는 심지를 끄지 아니하는 분이라고 명시한다. 고난받는 종, 예수 그리스도는 가망이 없는 부상자에게 더 깊은 관심을 가지신다. 주님은 금방이라도 허물어질 것 같은 이들을 더 살뜰히 보살피신다. 얻어맞고, 공격을 받고, 상한 이들을 사랑하신다. 겉으로는 멀쩡해 보여도 속으로는 죽어 가는 이들이다. 주님은 그들의 마음속까지 들여다보시며 그들의 필요가 무엇인지 누구보다도 잘 아신다. 그분은 깨진 심령을 싸매시고 깊은 상처를 치료하신다(시 147:3; 사 61:1).

예를 들어보자. 열왕기상 18-19장은 엘리야의 사역을 기록하고 있다. 엘리야는 막강한 선지자였고 위대한 하나님의 사람이었지만, 사역이 가져오는 압박감에 짓눌려 무너져 가고 있었다. 백성은 이 선지자와 그의 메시지에 등을 돌렸다. 주님의 이름으로 아무리 소리 높여 외쳐도 귀를 기울이지 않았다. 엘리야는 대단한 선지자였지만 인간적으로 엄청난 실망과 반발, 온갖 어려움에 시달렸다. 깊은 실의에 빠져 죽고 싶은 심정이었다. 광야를 헤매고 다니며 하나님께 탄원했다. "지금 내 생명을 거두시옵소서 나는 내 조상들보다 낫지 못하니이다"(왕상 19:4). 그러고는 나무 덤불 아래 고단한 몸을 누이고 깊은 잠에 빠져들었다.

자, 여기 절망에 빠진 한 사람, 상한 갈대가 있다. 아무라도 가볍게 훅 불어 주기만 하면, 그의 등불은 당장이라도 꺼져 버릴 것이다. 그는 시련과 스트레스를 제대로 처리해 내지 못해 허우적거리고 있다. "주님 안에서 기뻐하겠습니다!"라고 의연히 선언하지 못한다. 그러하기는커녕 더 이상 살고 싶지 않다고 말한다. 그래서 하나님은 천사를 보내신다. 주님의 사자가 그를 찾아와 처음 한 일이 무엇이었는지 기억하는가? 밥을 지어 먹였다.

천사가 그를 어루만지며 그에게 이르되 일어나서 먹으라 하는지라 본즉 머리맡에 숯불에 구운 떡과 한 병 물이 있더라 이에 먹고 마시고 다시 누웠더니 여호와의 천사가 또다시 와서 어루만지며 이르되 일어나 먹으라 네가 갈 길을 다 가지 못할까 하노라 하는지라 이에 일어나 먹고 마시고 그 음식물의 힘을 의지하여 사십 주 사십 야를 가서 하나님의 산 호렙에 이르니라(왕상 19:5-8).

하나님은 실의에 빠진 이 남자에게 천사를 보내 어떻게 하셨는가? "회개하라! 어떻게 내게 소망을 두지 않을 수가 있단 말이냐!"라고 다그치셨는가? 아니다. 그럼, "기뻐하라! 내가 좋은 소식을 가져왔노라!"라고 강요하셨는가? 아니다. 무언가를 캐물으셨는가? 그것도 아니다. 천사는 단지 어루만졌다. 그를 잡아 흔들지 않았다. 반가운 이에게 인사하듯, 다정하게 다독였다. 그러고는 밥을 짓고 기운을 북돋아 주었다. "힘을 내렴. 그래야 가던 길을 계속 가지." 엘리야를 조금 더 재우고 나서 다시 밥을 먹였다.

이야기를 찬찬히 읽어 보면, 엘리야에게 필요한 건 위로가 전부가 아니었다. 결국 하나님이 친히 임하셔서 절망에서 빠져나오라고 도전하신다. 질문을 던지고, 이야기를 끌어내고, 생각만큼 절망적인 상황이 아님을 보여 주면서 현실을 해석하는 시각의 문제점을 짚어 주셨다. 그리고 여전히 이스라엘을 향한 계획을 가지고 계심을 알려 주셨다(왕상 19:9-17).

그러나 하나님이 엘리야에게 처음 하신 일은 논증과 설명이 아니었다. 선지자도 육신을 가진 인간이어서 지치고 탈진한 상태임을 주님은 잘 아셨다. 그에게는 휴식과 음식이 먼저였다. 따뜻한 어루만짐과 위로가 필요했다. 그것을 채우고 나서야 비로소 주님은 엘리야에게 말씀하셨다. 참으로 놀라운 균형감이다.

오늘날 어떤 이들은 우울감을 오로지 신체적인 문제로 치부한다. 그저 두뇌의 화학 작용에 탈이 났을 뿐이니 약을 먹이고 쉬게 하면 그만이라고 생각한다. 반면에, 한창 가라앉아 있는 이들에게 당장 자리에서 일어나라고, 회개하고 하나님 앞에 바로 서라고, 기운을 내서 옳은 일을 하라고 권하는 이들도(십중팔구 크리스천들) 있다.

하지만 하나님은 인간이 몸과 영으로 이뤄진 복잡한 피조물이란 사실을 보여 주신다. 지나치게 단순화한 치료법을 썼다가는 상한 갈대를 완전히 부러트리고 심지에 남은 불을 꺼 버리고 만다. 하나님은 그리하지 않으셨다. 낙담한 이에게 직면이 필요하다 싶으면 맞춤한 시점에 도전을 주셨다. 하지만 바닷가를 거닐거나 근사한 밥상이 필요한 이들도 얼마든지 있는 법이다.

이사야서 42장은 예수님이 상한 마음을 가진 이들을 따듯하게 대하시며 그들을 결코 홀대하지 않으신다고 말한다. 17세기에 활동한 영국의 청교도 목회자 리처드 시브스Richard Sibbes는 이제는 고전이 된 *The Bruised Reed and a Smoking Flax*(상한 갈대와 연기 나는 심지)라는 책에서 이렇게 말한다.

> 그리스도가 상한 갈대에 베푸시는 자비를 보려면, 그분을 빗대어 설명하는 양이나 암탉(눅 13:34)을 곰곰이 생각해 보아야 한다. 예수님이 마음이 상한 이들을 고치실 것이라는 말씀을(사 61:1) 곱씹어 보라. 예수님이 세례를 받으시는 순간, 성령님이 비둘기 모양으로 그 위에 임하셔서 주님이 비둘기처럼 온유한 중보자가 되실 것을 보여 주셨다. "수고하고 무거운 짐 진 자들아 다 내게로 오라 내가 너희를 쉬게 하리라"(마 11:28)라는 예수님의 초대를 가만히 들어 보라. 주님은 모든 질병을 고치시는 의사다. 주님은 친히 우리를 위해 죽으심으로 그 거룩한 피를 약으

로 삼아 우리 영혼을 치유하신다. 이제 친구이실 뿐만 아니라 형제이자 신랑이신 그리스도를 중보자로 두었으므로, 우리는 하나님 앞에 한 점 두려움 없이 나아갈 수 있다. 시련을 겪고 있다면 이를 되새기고, 잊지 말라. …… "그리스도가 자비를 베풀어 나를 깨트리지 않으신다면, 나 역시 절망으로 자신을 깨트려선 안 된다."[3]

시련을 겪는 이들은 하나님 앞에서 자신의 마음을 쏟아 낼 수 있어야 한다. 고난 앞에서 이렇게 저렇게 해야 한다는 요구들로 마음의 문이 닫히지 않게 해야 한다. 이것이 핵심이다. 비통한 일을 당했다면, 자신에게도 마찬가지다.

세 아들을 시차를 두고 차례로 잃은 어느 남성은 "영구차에서 바라본 세상"이란 글에 이렇게 적었다.

슬픔으로 갈기갈기 찢긴 마음으로 앉아 있었다. 누군가 다가오더니 하나님의 역사, 이런 일이 벌어진 이유, 죽음 이후의 소망 같은 이야기를 끝도 없이 늘어놓았다. 이미 알고 있는 진리들이었다. 하지만 감동이 없었다. 내 앞에서 어서 사라져 주길 바랄 따름이었다. 마침내 그가 돌아갔다.

또 다른 이가 다가와 곁에 앉았다. 이번엔 말이 없었다. 질문으로 말문을 열려 하지도 않았다. 한 시간 남짓, 가만히 곁에 앉아서 내가 하는 이야기를 듣고, 간단히 대답하고, 담백한 기도를 드리고는 자리에서 일어났다. 감동을 받았다. 도전을 받았다. 그를 보내기가 너무 아쉬웠다.[4]

내 동생 빌리는 에이즈AIDS를 앓는 동성애자였다. 반면에 부모님은 동성애를 죄로 규정하는 전통적인 교회의 가르침을 굳게 믿는 크리스천이었다. 동생의 병세가 최악으로 치닫고 병원에 입원할 수밖에 없는 상태가 되자, 부모님은 수천 킬로미터를 가로질러 날아왔다. 70대 노인의 몸으로 친척집 소파 겸 간이 침대에서 쪽잠을 자 가며 일곱 달 동안 하루 14시간씩 병상을 지켰다. 빌리와 맞서기는커녕 서로 다른 점에 관해서는 입도 뻥긋하지 않았다. 주스를 한 모금씩 마시게 하고 요구르트를 한 숟가락씩 떠 먹였다. 단지 가장 기초적인 필요들을 채워 줄 뿐이었다.

마침내 동생 쪽에서 오랜 세월 가족을 갈라놓았던 문제를 꺼내 놓았다. 부모님이 솔직하게 털어놔도 안전하겠다 싶은 분위기를 만들어 낸 덕에 가능했던 일이었다. 진실하게, 그리고 눈물로 대화를 나누었다. 우리 가운데 막혀 있던 관계와 영적인 문제들이 풀려 나갔다.

흑암 속에서
울다

교회에는 탄식이 들어설 만한 여지가 없다. 오늘날까지도 역경을 겪는 이들이 "주님, 어디에 계십니까? 왜 저를 도와주지 않으십니까?"라고 울며 부르짖을 자유를 허용하지 않는다. 존 페인버그는 너무 슬퍼해선 안 된다든지 한시 바삐 일어나서 '환난 중에도 기뻐해야' 한다는 소리를 들으며 느꼈던 뼈아픈 고통을 잊지 못한다. 겉으로 드러내진 않았지만, 속으로는 죽을 지경이었다. 하지만 기도하고 탄식하는 시편들을 읽으면서 다시 하나님이 선한 카운슬러가 되어 주시는 상태로 돌아갔다. 주님 말고는 그 누구도 그런 도움을 주지 못했다.

시편 88편은 탄식하는 시편이지만, '슬픈 노래'라고 불리는 이 범주 속에서도 단연 두드러지는 시가다. 탄원 시라 해도 대부분은 찬양이나 최소한 긍정적인 기대를 담은 시구로 끝난다. 하지만 시편 88편과 39편, 이 두 시편만큼은 소망의 토를 전혀 달지 않은 것으로 유명하다. 구약학자 데렉 키드너는 시편 전체를 통틀어 "88편보다 더 서글픈 노래는 없다"[5]고 단언한다.

표제에 따르면, 이 시편은 에스라 사람 헤만이 지었다. 히브리어로 적을 때, 이 시편의 마지막을 장식하는 단어는 "흑암"이다. 기자는 "흑암이 나의 유일한 친구가 되었습니다"(18절, 현대인의 성경)라고 탄식한다. 이는 하나님께 "주님은 나와 함께하지 않으셨습니다!"라고 직설적으로 고백하는 강력한 표현법이다. 성경 전체에 비추어 읽어 보면, 이 시편은 시련에 대한 엄청난 자원이 되며 더 나아가 큰 격려임을 알 수 있다. 헤만은 이렇게 노래했다.

> 여호와 내 구원의 하나님이여
> 내가 주야로 주 앞에서 부르짖었사오니
> 나의 기도가 주 앞에 이르게 하시며
> 나의 부르짖음에 주의 귀를 기울여 주소서
> 무릇 나의 영혼에는 재난이 가득하며

나의 생명은 스올에 가까웠사오니

나는 무덤에 내려가는 자같이 인정되고

힘없는 용사와 같으며

죽은 자 중에 던져진 바 되었으며

죽임을 당하여 무덤에 누운 자 같으니이다

주께서 그들을 다시 기억하지 아니하시니

그들은 주의 손에서 끊어진 자니이다

주께서 나를 깊은 웅덩이와

어둡고 음침한 곳에 두셨사오며 ……

주께서 죽은 자에게 기이한 일을 보이시겠나이까

유령들이 일어나 주를 찬송하리이까

주의 인자하심을 무덤에서

주의 성실하심을 멸망 중에서 선포할 수 있으리이까

흑암 중에서 주의 기적과

잊음의 땅에서 주의 공의를 알 수 있으리이까

여호와여 오직 내가 주께 부르짖었사오니

아침에 나의 기도가 주의 앞에 이르리이다

여호와여 어찌하여 나의 영혼을 버리시며

어찌하여 주의 얼굴을 내게서 숨기시나이까

내가 어릴 적부터 고난을 당하여 죽게 되었사오며

주께서 두렵게 하실 때에 당황하였나이다

주의 진노가 내게 넘치고

주의 두려움이 나를 끊었나이다

이런 일이 물같이 종일 나를 에우며

함께 나를 둘러쌌나이다

주는 내게서 사랑하는 자와 친구를 멀리 떠나게 하시며

내가 아는 자를 **흑암**에 두셨나이다(시 88:1-6, 10-18).

본문을 읽어 보면, 우선 하나님을 믿는 이들이 오랫동안 흑암 속에 있었음을 알 수 있다. 이 시편 하나에 '흑암'의 표현이 세 번이나 등장한다(6, 12, 18절). 기도하고 또 기도하며 견뎠음에도 사실상 상황은 조금도 나아지지 않았음을 효과적으로 전달하는 표현이다. 노래는 소망의 기운 한 점 없이 끝나 버린다. 우리는 여기에서 주님을 따르는 이들이 바르게 살아도 여전히 흑암 속에 머물 수 있음을 배울 수 있다.

흑암은 외부의 어려운 환경, 또는 고통스러운 내면의 영적 상태 가운데 어느 한쪽을 상징한다. 이는 이 시편의 중심에 자리 잡은 지극히 현실적이고 가혹한 메시지다. 앞뒤를 단숨에 파악하려 해서는 안 된다. 이러저러한 일이 벌어진 까닭이 항상 선명하게 드러나는 것도 아니다. 어느 주석가는 이렇게 적었다. "누구든 성경에서 '만사형통' 철학을 고안해 내려는 사람은 일단 이 시편을 찢어 버리는 데서부터 시작해야 할 것이다."[6]

둘째로, 암흑의 시기는 (어둠이 계속되는 가운데서도) 하나님의 은혜를 더 깊이 드러낸다는 사실을 배울 수 있다. 헤만은 화를 낸다. "주님을 찬양하고 싶어요. 거룩한 사랑과 성실하심을 뭇사람들에게 선포하고 싶다고요"라며 하나님을 몰아세운다. "이를 통해 선을 이루실 줄 믿습니다, 하나님!"

이라는 고백은 결코 찾아볼 수 없다. 본문의 마지막 대목에서, 헤만은 끝내 말하고 만다. "주님은 사실 단 한 번도 나를 위해 거기에 계신 적이 없었습니다." 그는 성질을 억누르지도 않고 하나님께 정중한 어투로 말씀드리지도 않는다.

데렉 키드너는 이렇게 말한다. "성경에 그런 기도가 존재한다는 사실 자체가 하나님이 우리의 형편을 이해하고 계심을 증언한다. 하나님은 사람들이 절망에 빠졌을 때 어떻게 말하는지 알고 계셨다."[7] 하나님이 우리를 위해 성령님을 통해 영감을 불어 넣으시고 성경을 구성하셨다고 믿는다면, 주님이 이런 기도를 "검열"하고 걸러내지 않으셨음도 알 수 있지 않느냐는 것이 키드너가 주장하는 핵심 논리다. 하나님은 "이런! 진짜배기 크리스천이라면 이런 식으로 이야기하진 않을 텐데!"라고 말씀하시지 않는다.

욥의 사례에서 그랬던 것처럼, 헤만의 태도가 나무랄 데 없다는 뜻은 아니다. 그럼에도 불구하고 욥기의 끝자락에서든, 이 시편에서든 하나님은 괴로워 울부짖는 행위를 모조리 부당하다고 규정하지 않으신다. 아니 하나님은 오히려 이해하신다. 달리 말하자면, 하나님이 우리의 하나님으로 남아 계실 수 있는 것은 우리가 행복한 표정을 짓고 감정을 통제해서가 아니라 오로지 그분의 은혜 때문이다. 주님은 우리를 오래 참아 주시며 너그럽게 대해 주신다. 우리 마음속에 온갖 불순물들이 뒤섞여 있는 줄 아시면서도 우리와 함께해 주신다. 구원은 오로지 은혜에서 비롯된다.

헤만은 하나님을 찬양하지 않는다. 그는 연약하고 망가져 가고 있다. 하지만 이 시편에는 그런 그의 진실한 기도가 담겨 있다. 그 간구는 내면의 혼란에 정직하라는, 그리고 솔직하게 쏟아 내고 표현하라는 권면이기도 하다.

셋째로, 좀처럼 수그러들 줄 모르는 암흑의 시기야말로 악의 세력을 물리칠 더없이 좋은 기회임을 배울 수 있다. 오로지 하나님은 하나님이시므로 그분을 섬기기로 선택할 수 있다. 한 치 앞이 보이지 않을 만큼 캄캄한 순간들에는 주님, 또는 그분과의 관계에서 그 어떤 것도 얻을 수 없다는 느낌이 든다. 만일 그렇다면, 그러니까 정말 하나님으로부터 오는 도움이나 유익이 거의 없어 보임에도 불구하고 계속해서 이웃을 사랑할 뿐만 아니라 하나님께 순종하고, 기도하며, 그분을 구할 수 있을까? 아무런 조건도 없이 하나님을 구한다면, 우리는 마침내 하나님이 주시는 유익 때문이 아니라 오로지 하나님 한 분만으로 만족하며 사랑하는 법을 배우고 있는 것이다.

어둠이 걷히거나 옅어지면, 하나님 외의 다른 요소들에 기대어 행복을 추구하려는 성향이 줄어들고 오로지 하나님 안에서 새 힘을 얻고 그분께만 헌신하는 자신의 모습을 보게 될 것이다. 시련 앞에서도 굴복하지 않는 새로운 용기와 흔들리지 않는 견고함, 침착함과 평안을 찾게 된다. 마치 석탄이 다이아몬드로 변해 가는 과정처럼 말이다. J. R. R. 톨킨은 《반지의 제왕》에서 이와 비슷한 시련을 당하고 결국 이겨 낸 샘 갬지Sam Gamgee라는 인물을 들어 이야기한다.

소망이 샘 안에서 다 죽어 버린, 또는 그런 기분이 드는 상황에서도 새로운 힘이 솟았다. …… 절망도, 피로도, 끝없이 펼쳐진 황량한 광야도

억누를 수 없는 돌과 쇠로 된 생물로 바뀌기라도 한 것처럼 팔다리로 전율이 퍼져 나가는 걸 느꼈다.[8]

이런 일은 우리에게도 얼마든지 일어날 수 있다. 헤만이란 인물에 관해서는 알려진 바가 거의 없지만, 그나마 남아 있는 몇 가닥 실마리에 비추어 그의 삶에 어떤 일이 벌어졌는지 짐작해 볼 수 있다. 키드너는 말한다.

> 이 시편 자체에서는 소망의 불씨를 한 점도 찾아볼 수 없지만, 표제에서 그 흔적을 찾을 수 있다. 하나님께 버림받은 기자는 다윗이 세운 찬양대의 창시자 가운데 하나로, 우리가 '고라 자손의 시'로 분류된 더없이 풍요로운 시편들을 대할 수 있는 건 그의 덕택이다. 고단하고 절망적인 상황이었지만 무의미한 삶을 살지는 않았다. 살아서 죽음을 맛보는 것과 같은 생활을 했지만, 하나님의 손에 붙잡힌 그의 삶은 풍성한 열매를 맺었다.[9]

가장 깊은 어둠 속으로
들어오신 분

이 시편이 주는 마지막 가르침은 우리의 어둠을 예수님의 흑암에 비추어 상대화할 수 있다는 점이다. 하나님은 헤만의 흑암을 사용하셨고, 그를 확실히 바꾸어 위대한 예술가로 만드셨다. 헤만의 인생은 결코 당시 그가 느꼈던 것만큼 총체적으로 버림당하지 않았다. 그런 일은 일어나지 않는다. 하나님이 우리를 버리셨다고 느끼는가? 그리스도를 믿는다면 "결코 정죄함이"(롬 8:1) 없기에, 그것은 그릇된 판단이다. 눈앞에 벌어지는 일들을 하나님이 속수무책으로 보고만 계신다고 생각하는가? 하나님은 "모든 것이 합력하여 선을"(롬 8:28) 이루게 하신다고 성경은 분명히 말씀한다. 따라서 그 역시 잘못된 관념이다.

"이 말씀이 내게도 사실이라고 어떻게 확신할 수 있습니까?"라고 묻고 싶은가? 흑암 말고는 아무것도 감지할 수 없는데, 어떻게 하나님의 임재를 느끼고 그분이 나를 향해 선한 뜻을 가득 품고 계심을 분명히 알 수 있는가? 여기 좋은 방법이 있다.

또 하나의 '절망 시'인 시편 39편은 "나에게서 눈길을 단 한 번만이라도 돌려 주십시오"(13절, 새번역)라는 기자의 탄원으로 끝맺는다. 하지만 하나님을 간절히 찾았지만, 진정으로 외면당했을 뿐 아니라 참으로 완전한 흑암을 경험한 이는 단 한 명, 예수님뿐이시다. 주님은 속속들이 하나님께 버림을 받으셨다. 숨을 거두시는 순간, 모든 사람이 그분을 배신하고, 부정하고, 거절하고, 저버렸다. 심지어 하늘 아버지에게서도 버려졌다. 절대적인 흑암만이 예수님의 유일한 친구였다.

제육시로부터 온 땅에 어둠이 임하여 제구시까지 계속되더니 제구시쯤에 예수께서 크게 소리 질러 이르시되 엘리 엘리 라마 사박다니 하시니 이는 곧 나의 하나님, 나의 하나님, 어찌하여 나를 버리셨나이까 하는 뜻이라(마 27:45-46).

궁극적인 흑암(마땅히 우리 몫으로 돌아와야 했던 우주적인 거절)을 진실로 체험한 분은 바로 예수님이었으므로, 주님은 결코 우리를 떠나거나 버리지 않으시리라는 사실을 확실히 믿을 수 있다(히 13:5). 그분이 참으로 하나님께 버림을 받았으므로 우리는 기껏해야 그분께 버림받은 것만 같은 기분이나 느낌을 받을 뿐이다. 그러나 실제로 하나님은 우리를 버리지 않으신다. 우리가 실패하고 실수한다 하더라도 마찬가지다. 20세기 초에 인도로 건너간 아일랜드 선교사이자 작가인 에이미 카마이클Amy Carmichael은 한 심령과 하나님 사이에 오가는 대화 형식의 시 "이 낯선 잿더미들These Strange Ashes"을 남겼다.

> "하지만 이 불안한 잿더미, 주님, 이 공허,
> 이해할 수 없는 이 상실감은요?"
> 아들아, 모든 걸 빼앗기는 괴로움도
> 고통스러운 십자가보다는 덜하지 않으냐?[10]

예수님은 겟세마네 동산에서 괴로워하실 때에 얼마든지 사명을 포기하고 던져 버리실 수 있었다. "어째서 나를 이해하지도 못하고, 곁을 지킬 줄도 모르고, 더없이 필요한 순간에 함께 깨어 있는 것조차 버거워하는 제자들을 위해 말 그대로 지옥으로 들어가야 한다는 말입니까?"라고 따지실 수도 있었다. 하지만 주님은 그러지 않으셨다. 우리를 위해 고난 속으로 걸어 들어가셨다. 가혹한 시련을 겪으면서도 우리를 버리지 않으셨다. 그런 주님이 환난 가운데 있는 우리를 외면하실 것 같은가? 성경 주석가 마이클 윌콕_{Michael Wilcock}은 시편을 통해 예수님이 우리에게 말씀하시는 장면을 상상한다.

> 그리스도 자신이 흑암 속으로 들어오셨다가 다시 들려 올라가셨다는 건 엄연한 진실이다. 하지만 여기서 주님은 말씀을 통해, 그리고 그 말씀을 아는 종들을 통해 깊은 바닥에 붙들려 있는 심령들에게 손을 내밀고 싶어 하신다. "믿는 이들에게도 이런 일이 닥칠 수 있단다." 그분은 말씀하신다. "그렇다고 네가 길을 잃어버렸다는 뜻은 아니란다. 무고한 이들에게도 시련은 일어날 수 있다. [무엇보다 내게도 그런 일이 생겼지 않니?] 그렇지만 네가 바른 길에서 벗어났다는 의미는 아니란다. 세상이 지속되는 한, 언제라도 벌어질 수 있는 일이지. 그런 사태는 다음 세상에나 완전히 사라지게 된단다. 이유를 모르는 상태에서 고난을 당할 수도 있다. 하지만 답도 있고, 목적도 있으니 언젠가는 너도 알게 될 거란다."[11]

우리를 위해 흑암 속을 걸어가신 예수님 덕분에 무슨 일이 있어도, 심지어 우리 삶의 가장 어두운 순간들에도 소망은 사라지지 않는다.

깊이 슬퍼하면서
깊이 즐거워하다

이제 마지막으로 "환난 중에도 즐거워하나니"라는 말씀의 참뜻을 살펴보기로 하자. 이 주제에 관해서는 나중에 다시 다루기로 하고 여기서는 일단, 성경의 이 권면을 순전히 주관적이고 감정적인 맥락으로 받아들여서는 안 된다는 점만 분명히 해 두기로 하자.

즐거워한다는 말은 엄밀하게 '행복한 감정'을 갖는다는 뜻으로만 풀이되지 않는다. 그렇다고 크리스천이라면 입술을 깨물며 비장하게 다짐하라는 얘기도 아니다. "절대로 굴복하지 않겠어!" 이는 마치, 하나님 안에서만 얻을 수 있는 힘과 필요한 능력을 이미 갖추고 있다는 듯 행동하는 자기중심적이고 자기만족적인 반응에 지나지 않는다. 비현실적이며 위험하기까지 한 마음가짐이다.

시련은 내면의 슬픔을 빚어내고 인간을 연약하게 한다. 지금 상처를 부정하면(스스로 "괜찮아, 고마워"라고 다독이면) 나중에 값을 치러야 할 가능성이 훨씬 커진다. 시간이 한참 지난 뒤에 폭발하거나, 망가지거나, 갑자기 무너져 내릴 수도 있다. 그제야 자기 자신을 철저히 속여 왔음을 알게 될 것이다. 상처는 생각했던 것보다 더 크고 심각할 수 있다.

베드로전서 1장 6-7절에서, 사도는 편지를 읽는 독자들이 그리스도 안에서 하나님의 구원을 바라보며 "오히려 크게 기뻐하는도다"라고 말한다. 또한 그는 지금은 "여러 가지 시험으로 말미암아 잠깐 근심하게 되지 않을 수 없으나"라는 주의를 덧붙였다. 놀랍게도 두 문장 모두 현재형이다. 성도들은 깊은 괴로움과 상처, 슬픔에 시달리면서도(현재형) 구원을 기뻐한다(이 역시 현재 시제). 여기서 "근심"에 해당하는 헬라어는 '루페오 lupeo'인데 이는 '심각한 정신적, 감정적 압박'을 가리킨다. 의미심장하게도, 겟세마네 동산의 예수님을 설명하는 데도 이 단어가 쓰였다. "고민하고 슬퍼하사[루페오] 이에 말씀하시되 내 마음이 매우 고민하여 죽게 되었으니"(마 26:37-38). 그러므로 베드로는 깊은 시련과 슬픔에 빠져 있는 독자들에게 동시에 기뻐하라고 말한다. 다시 한 번 말하지만 근심과 기쁨, 둘 다 현재 시제다.

놓치지 말라. 사도는 "지금까지는 그리스도 안에서 기뻐했지만 이제 너희는 고통과 역경이 지배하는 시기에 들어섰다. 하지만 염려 마라. 너희는 다시 즐거워하게 될 것이다"라고 말하지 않는다. 혹은 "이처럼 시험과 환난을 겪는 동안 슬퍼하거나 괴로워하지 말고 예수님 안에서 즐거워하는 게 좋다"라는 것도 아니다. 베드로는 그 둘을 경합시키지 않는다. 그리스도 안에서 기뻐하든지, 아니면 고통 가운데 통곡하며 부르짖든지 '둘 중 하나'가 아니라 '둘 다'라고 말한다. 양쪽 모두 할 수 있을 뿐만 아니라 역경에 부닥쳐 산산조각나지 않고 오히려 고난 속을 뚜벅뚜벅 걸어 통과하려면 두 가지가 반드시 함께 가야 한다고 가르친다.[12]

현대인들에게는 대단히 까다로운 관념이다. 현대인들은 인간의 감정이야말로 더없이 거룩하며 절대적인 것이라고 생각하기 때문이다. 행복하거나 그렇지 않거나 둘 중 하나일 뿐이며 느낌은 강제할 수 없다고 믿는다. 물론 그렇다. 감정을 부정하거나 억지로 빚어내려 애써서는 안 된다. 하지만 성경이 말하는 '마음'은 감정과 정확히 일치하는 건 아니다.

성경이 가리키는 마음은 가장 깊은 헌신과 신뢰, 소망이 존재하는 자리라고 보아야 한다. 그리고 그 헌신에서 감정과 생각, 행동이 비롯된다. 하나님 안에서 '기뻐한다'라는 말은 곧 하나님은 어떤 분이고, 인간은 어떤 존재이며, 주님이 우리를 위해 무슨 일을 해 주셨는지 붙들고 되새긴다는 의미다. 그럴 때, 때로는 감정이 따르기도 하고, 또 때로는 아무런 반응이 없기도 하다. 따라서 즐거워하는 것을 슬픔이나 의심, 연약함과 고통의 감정을 차단하는 무언가로 규정해서는 안 된다. 환난 중에 기뻐하는 일은 슬퍼하는 가운데도 얼마든지 가능하다.

이것이 무슨 의미인지 조금 더 들어가 보자. 불행한 일들과 슬픔은 우리를 하나님께로 더 깊이 몰아간다. 바깥 공기가 서늘할수록 풀무불의 열기가 실제 온도계가 가리키는 눈금보다 더 뜨겁게 느껴지는 것처럼 말이다. 이처럼 슬픔과 불행은 우리를 하나님께 더 가까이 데려가서 지금까지는 전혀 몰랐던 갖가지 자원들을 보여 준다. 그렇다. 불행을 만끽하라.

흔히 "괴로운 일이 닥칠까 무서워. 슬픔을 겪는 게 겁나. 그런 고통을 느끼고 싶지 않아. 날이면 날마다 주님 안에서 즐거워할 수 있으면 좋겠어"라고 생각한다. 하지만 예수님을 보라. 그분은 완벽하셨다. 그렇지 않은가? 그런데도 주님은 어디를 가든 항상 슬픔 가운데 계셨다. 언제나 눈물지으셨다. 그분을 슬픔의 화신이라고 해도 지나치지 않을 정도였다. 그 이유를 알고 있는가? 주님은 완전하셨기 때문이다. 자신에게 철저하게 몰입하지 않아야 비로소 세상의 슬픔을 느낄 수 있다.

그러므로 크리스천이 실제로 소유한 감정은 슬픔 가운데 솟아나는 주님의 기쁨, 바로 그것이다. 슬픔이 그친 뒤에 찾아오는 즐거움이 아니다. 걷잡을 수 없이 한바탕 눈물 바람을 하고 나서 느끼는 후련함도 아니다. 슬픔과 눈물은 우리를 기쁨으로 몰아가고, 즐거움을 더 깊게 한다. 그리고 그 기쁨은 괴로움을 절실히 느끼되 그 속에 가라앉지 않도록 지켜준다. 한마디로 말하자면, 정서적으로 대단히 건강해지는 것이다.

로이드 존스D. M. Lloyd-Jones는 베드로전서의 이 본문으로 설교하면서 바로 그 지점을 지목해 강조했다. 우선 하나님은 크리스천들에게 고난과 내면의 흑암을 면해 주지 않으시며, 기도하자마자 어둠을 걷어내 주시지도 않는다고 분명히 못 박았다. 따라서 주님이 슬픔을 없애고 그 자리에 행복을 채워 주시길 기대하기보다, 어둠에서 일어나도록 힘을 주는 "영광"(하나님의 임재를 맛보고, 확신하고, 점점 더 깊이 느끼는 의식)을 바라보아야 한다. 로이드 존스는 말한다.

> 정말 해야 할 이야기는 …… 크리스천 역시 주변에서 벌어지는 불행한 일들을 면제받는 존재가 아니라는 것이다. 우리는 이 사실을 강조해야 한다. 크리스천의 삶에 대해 온통 그릇된 의식과 관념을 가지고 있어서 크리스천을 아주 부자연스러운 부류로 만드는 이들이 있기 때문이다. 크리스천도 불행과 슬픔을 겪는다. …… 그리고 불행하다는 감정이 없는 건 …… 지극히 부자연스러우며 신약성경의 가르침에서 벗어나 기독교 신앙보다는 이교 집단이 빚어낸 금욕적이고 심리적인 상태에 더 가까운 냄새를 풍긴다. …… 크리스천들은 이를 넘어설 수 있는 무언가를 가지고 있다. 크리스천이 누리는 삶의 영광은 불행한 감정을 느낄지라도 그걸 초월하는 데 있다. 감각의 실종이 아니란 뜻이다. 이는 대단히 중요한 경계선이다.[13]

13

지금, 예수를 믿고
의지할 수 있다

삶의 모든 순간을 사용하시는 신실하심을 붙들다

하나님이 낱낱이 헤아려질 만큼 작은 분이라면,
경배를 받으실 만큼 큰 분이 될 수 없을 것이다.
_이블린 언더힐Evelyn Underhil[1]

정직한 슬픔과 현실을 직시하는 '탄식'이 고난을 다루는 데 얼마나 중요한지 살펴보았지만, 시련 가운데서 하나님을 믿고 의지하라는 부르심에 주목하는 시선 역시 중요하다.

어떤 크리스천 작가들은 욥의 불평과 예레미야의 비판, 탄식하는 시편을 크리스천들이 고통을 겪어 내는 합당한 방식으로 바라본다. 반면에 상대적으로 보수적이고 전통적인 성향을 지닌 작가들은 다른 성경 본문들을 인용해 가며 하나님의 가늠할 수 없는 지혜와 주권을 항상 신뢰해야 한다고 주장한다. 사실 두 논리가 모두 중요하며 뒷받침하는 근거들도 분명히 성경에 기록된 본문들이다. 따라서 어느 한쪽이 다른 쪽 주장이나 판단과 충돌하거나 약화시킨다고 해석해선 안 된다.

고난 속에서 주님을 신뢰하는 문제는 몹시 까다로운 과제다. 감사하게도 성경은 그런 명령과 지침만 내려놓고 무조건 행동으로 옮기라고 요구하지 않는다. 가르침과 아울러 역경을 겪는 인물의 생생한 스토리도 제공한다. 이 주제와 관련해서는 창세기 마지막 대목에 등장하는 요셉과 그 형들의 이야기를 살펴볼 만하다.

사연 많은
요셉의 인생

요셉은 야곱의 열두 아들 가운데 열한 번째 아들이었다. 하지만 야곱이 유난히 좋아했던 먼저 간 아내, 라헬의 첫째 아들로 아버지의 남다른 사랑을 받았다. 야곱은 요셉을 위해 대단히 값지고 화려한 겉옷을 만들어 입혔다(창 37:3). "그의 형들이 아버지가 형들보다 그를 더 사랑함을 보고 그를 미워하여"(창 37:4). 형들은 요셉을 시기해서 말 한마디도 다정스럽게 하는 법이 없었다. 성경 무대에 등장할 무렵, 요셉은 이미 십 대 후반에 들어섰으며 야곱의 편애가 미친 악영향이 서서히 나타나고 있었다.

요셉은 두 가지 생생한 꿈을 꾸었다. 두 꿈 모두, 누가 보더라도 결국은 형들이 요셉에게 머리를 조아리고 섬기게 된다는 의미로 해석됐다. 이런 꿈은 종종 확고하고도 생생한 소망을 빚어내서 좀처럼 잊히지 않고 은밀하게, 또는 무의식적으로 마음에 자리를 잡는다. 잔뜩 들떠서 꿈을 자랑하는 요셉의 모습을 보면 그 안에 우월 의식이 자라고 있음을 알 수 있다. 소년은 비현실적인 자아상에 스스로 매료된 오만한 젊은이로 자라갔다. 그런 식이라면 결국 남들에게 진심으로 공감하지 못하거나 사랑할 줄 모르는 인물이 될 게 뻔했다. 그런 이들이 대부분 그러하듯, 불행한 결혼 생활과 망가진 인간관계로 온통 비참한 삶과 맞닥뜨릴 수밖에 없었다.

하지만 요셉은 야곱 가문의 구조적인 독소를 전혀 헤아리지 못하고 있었다. 소년의 꿈은 형들의 마음에 쓰디쓴 악영향을 미쳐서 노여움을 더욱 부채질했다(창 37:11). 다들 아버지의 사랑을 갈구했지만 제대로 받아 누리지 못한 처지들이었다. 형들은 요셉을 미워했으며 그들 사이에서도 서로 경쟁이 심했다. 창세기 38장의 막간에 소개된 유다와 다말의 이야기는 이 모든 사태가 야곱 자손들의 성품에 어떤 영향을 미쳤는지 여실히 보여 준다. 하나같이 냉담하고, 이기적이며, 언제든 잔인한 짓을 저지를 수 있는 기질로 변해 갔다. 어느 누구의 미래도 밝지 않았다. 두려움과 질투, 실망과 폭력, 가정 파탄으로 얼룩진 삶이 모두를 기다리고 있었다.

그런데 요셉에게 끔찍한 일이 벌어졌다. 실제로 앞으로 이어질 길고 긴 고초의 첫 장이 열린 셈이었다. 형들은 멀리 떨어진 세겜에서 아버지의 양 떼를 돌보고 있었다. 야곱은 요셉을 보내서 다른 형제들이 어떻게들 하고 있는지 알아보고 오게 했다. 막상 현장에 가 보니 형들은 이미 그곳을 떠난 뒤였지만, 거기서 만난 낯선 이가 그들이 도단으로 갔다고 일러 주었다.

도단은 꽤나 외진 지역이었다. 따라서 평소 요셉에게 쓰린 속내를 가진 형들에게는 아무에게도 들키지 않고 감쪽같이 요셉을 처치할 절호의 기회였다. 형들은 아우가 도착하자마자 단단히 붙들어서 빈 우물에 던져 버렸다. 그렇게 가둬 놓고 나서 어떻게 처리할지 갑론을박을 벌였다. 한쪽에선 죽이자고 했고, 유다가 나서서 은을 받고 노예 상인에게 팔아 버리자는 의견을 내놓았다. 그들은 미디안 상인들에게 요셉을 팔고 나서 아버지에게는 사나운 짐승에게 요셉이 잡아 먹힌 것 같다고 꾸며 댔다.

요셉은 꼼짝없이 붙들려 머나먼 애굽으로 끌려갔고 거기서 어느 집 안의 종이 되었다. 주인의 눈에 들어서 좀 더 나은 처지가 되려는 꿈을 품고 열심히 일했지만, 연인을 삼으려던 계획이 틀어진 데 앙심을 품은 안

주인은 요셉에게 억울한 누명을 뒤집어씌웠다. 결국 요셉은 기약이 없는 옥살이를 하게 됐다.

요셉 이야기를 다루는 성경 본문들은 주인공의 영적인 생활에 대해 직접 이야기하지 않는다. 알다시피, 요셉은 우물에 갇혔을 때 형들에게 살려 달라고 애원했는데(창 42:21) 아마 그때 아브라함과 이삭, 야곱을 비롯한 조상들의 하나님께도 부르짖었을 것이다. 여호와께 구해 주시길 간청했지만 돌아오는 것은 침묵뿐이었다. 그리고 애굽에 끌려온 뒤로 노예 생활에서 풀려나 자유를 얻게 해 달라고, 적어도 종살이만큼은 면하게 해 달라고 기도했을지 모른다. 그런데 종살이를 면하기는커녕 바로의 감옥에 속절없이 갇힌 죄수 신세가 되고 말았다. 요셉은 하나님께 도와 달라고 오랫동안 기도해 왔을지 모른다. 하지만 대답이라고는 단 한마디도 들을 수가 없었다.

하지만 마침내 전환점을 맞았다. 옥살이를 하던 요셉은 바로의 궁정에서 일하다 임금의 총애를 잃고 끌려온 관리를 만났다. 바로의 술잔을 드는 일을 담당했던 남자는 꿈을 꾸었고, 요셉은 하나님의 영의 도움으로 그 환상을 정확하게 해석해 주었다. 그는 복직되어서 다시 궁전에서 일하게 되었지만, 바로 왕이 거푸 희한한 꿈을 꾸기 전까지는 요셉의 존재를 새카맣게 잊어버렸다. 술잔 드는 일을 담당하던 관리는 요셉을 궁궐로 데려왔고, 하나님은 이 히브리 청년을 다시 한 번 도우셨다. 요셉은 바로에게 꿈의 의미를 풀어 보여 주었다. 다가오는 7년 동안 전례가 없는 가혹한 흉년이 닥치리라는 하나님의 경고였다. 거기에 더해, 요셉은 기근에 대비해서 애굽을 구해 낼 뿐만 아니라 나라의 힘을 키워서 인근 지역 전체에 영향을 미칠 공공정책을 제안했다.

바로 왕은 곧바로 이 히브리 젊은이의 총명함과 그 안에 역사하는 거룩한 영을 알아보았다. 요셉을 총리라는 고위직에 앉히고 요셉이 설계한 정책을 직접 실행할 권한을 주었다. 요셉은 자신에게 주어진 권력을 이용해서 가뭄이 계속되는 동안 온 백성의 삶을 유지시킬 정부 차원의 광범위하고 효과적인 기근 대책을 마련했다. 얼마 지나지 않아, 인근 지역에서 허다한 이들이 식량을 구하러 애굽으로 몰려들기 시작했다. 그리고 어느 날, 마침내 지치고 남루한 히브리 사내 열 명이 요셉을 찾아왔다. 다들 식구들을 먹여 살릴 곡식을 사고 싶어 안달이었다.

요셉의 형들은 훌쩍 자란 데다 애굽 귀족의 차림을 한 아우 요셉을 면전에 두고도 알아보지 못했다. 하지만 요셉은 그들을 단박에 알아보았다. 에는 듯 가슴이 아팠음에도 감정을 숨기고 정체를 형들에게 알리지 않기로 작심했다. 몇 차례 만날 기회를 만들고 처음에는 함께 먹고 마시면서, 다음에는 을러대고 겁을 주면서 형들을 시험했다. 데렉 키드너는 창세기 주석에 이렇게 적었다. "요셉의 전략이 얼마나 적절했는지는 형들 속에 완전히 새로운 마음가짐이 자라나는 것만 봐도 알 수 있다. 냉온 양면에 걸친 공격은 형들의 마음을 깨트려서 하나님을 향해 열리게 했다."[2]

키드너의 이 주석은 요셉의 전략을 간결하게 압축해 보여 준다. 우선, 서릿발같이 차가운 전략, 다시 말해 가벼운 '응징을 경험하게 하는' 전략을 구사한다. 아우는 형들에게 간첩 혐의를 씌웠다. 다들 펄쩍 뛰며 부인했지만, 요셉은 진정성을 보이는 증표로 일행 가운데 한 명, 시므온을 억류했다. 형들은 이 모든 일을 겪으면서 예전에 저지른 죄를 뼈아프게 떠올렸다. 요셉은 끊임없이 상황을 몰아가서 형들이 지난날로 돌아갈 수밖에 없게끔 만들었다.

그리고 마지막 작업을 시작한다. 식량을 한 톨이라도 더 얻고 싶으면 막냇동생 베냐민을 애굽으로 데려오라고 압박한 것이다. 베냐민은 이제 아버지에게 가장 사랑스러운 아들이요, 세상을 떠난 아내 라헬이 남긴 마지막 자식이었다. 형들로서는 야곱에게 그 이야기를 꺼내기가 쉽지 않았다. 아버지에게 베냐민을 보낸다는 건 죽음에 맞먹는 일이었다. 하지만 굶어 죽지 않으려면 달리 선택의 여지가 없었다. 일행은 베냐민을 데리고 애굽으로 돌아왔다. 하지만 요셉은 다시 일을 꾸며서 베냐민을 값진 잔을 훔쳐간 도둑으로 몰았다. 그러고는 형들에게 최후통첩을 보냈다. 베냐민만 남겨서 벌을 받게 하면 나머지는 자유롭게 집으로 돌아가도 좋다는 통보였다.

간단히 말해서, 요셉은 지난날 형들이 자신에게 저질렀던 짓을 베냐민에게 고스란히 되풀이할 수 있는 길을 활짝 터놓았다. 다시 한 번, 자신의 목숨과 자유를 지키기 위해 아버지가 가장 사랑하는 자식을 없애 버리고 희생시킬 기회를 준 것이다(창 44:17). 키드너는 이렇게 적었다.

> 요셉의 전략은 …… 이제 절묘한 결과를 낳았다. 솔로몬의 재판에서처럼, 베냐민의 신변을 위협하는 돌연한 조처는 일행의 마음에 결정타를 날렸다. 바로 그 순간, 형들은 …… 다시 한 번 배신의 조건이 완벽하게 갖춰진 자리에 서게 되었다. …… 하나로 의견을 모으고(13절), 솔직하게

고백하며(16절), 뜻을 굽히지 않는(요셉이 같은 제안을 되풀이했다, 17절) 반응에 비춰 볼 때, 요셉의 징벌이 얼마나 잘 먹혀들었는지 알 수 있다.[3]

이윽고, 형제들 가운데 유다가 앞으로 나섰다. 요셉을 종으로 팔아 버리는 데 앞장섰던 인물이었다. 하지만 이번에는 그저 자비를 애걸하는 차원을 넘어 대신 고난을 받겠노라고 자청했다. 애굽의 귀인에게 머리를 조아리며 베냐민을 풀어 주고 자신에게 벌을 내려 달라고 매달렸다. 베냐민이 자유로이 집으로 돌아갈 수 있도록 제 목숨으로 잔을 훔친 죄를 갚겠다고 했다. 애굽 고관이 결코 자신을 알 리가 없다고 생각하고, 유다는 말한다.

> 이제 주의 종으로 그 아이를 대신하여 머물러 있어 내 주의 종이 되게 하시고 그 아이는 그의 형제들과 함께 올려 보내소서 그 아이가 나와 함께 가지 아니하면 내가 어찌 내 아버지에게로 올라갈 수 있으리이까 두렵건대 재해가 내 아버지에게 미침을 보리이다(창 44:33-34).

이 말을 들은 요셉은 더 이상 감정을 주체할 수가 없었다. 눈물을 쏟으며 놀라서 얼이 빠져 있는 형들에게 말한다. "나는 요셉이라 …… 나는 당신들의 아우 요셉이니 당신들이 애굽에 판 자라 당신들이 나를 이곳에 팔았다고 해서 근심하지 마소서 한탄하지 마소서 하나님이 생명을 구원하시려고 나를 당신들보다 먼저 보내셨나이다"(창 45:3-5). 그리고 얼마 뒤, 요셉은 아버지를 비롯해 온 가족과 다시 만났다. 그리고 야곱과 요셉이 수를 다 누리고 세상을 떠날 때까지 함께 모여 평안하고 넉넉하게 살았다.

보이지 않아도
일하고 계셨다

요셉의 이야기가 실망과 고통, 고난과 무슨 상관이 있을까? 모든 면에 다 연관이 있다. 오늘날의 독자들은 요셉의 삶에 하나님이 없는 것처럼 보이던 그 기간 동안 정말 하나님이 '실종 상태'셨는지 캐묻고 싶을지 모른다. 마른 우물에 던져진 요셉이 살려 달라고 기도할 때, 하나님은 그 소리를 진정 듣지 못하신 걸까? 만사가 요셉에게 압도적으로 불리하게 돌아가던 그 시기에 그분은 현장에 계시지 않았던 걸까? 그렇지 않다. 하나님은 그 자리에 계셨고, 그를 위해 여전히 일하고 계셨다. 겉으로 드러나지만 않았을 뿐, 상황을 완벽하게 통제하고 계셨다.

요셉을 애굽에 보내 종살이를 시키기 위해서는, 온갖 '우발적인 사건'과 '우연의 일치'들이 일어나야 했다. 먼저 야곱은 요셉을 시켜 나머지 형제들이 양을 잘 돌보고 있는지 살피게 해야 했다(창 37:13). 또 자식들이 틀림없이 세겜에서 양을 치고 있으리라고 확신해야 했다(12절). 외지고 인적이 드문 도단에 있는 줄 알았더라면(17절), 끔찍이 아끼는 아들을 보내지 않았을 게 분명하다.

요셉이 세겜에 당도했을 즈음에는 형들의 행선지를 아는 데다 먼저 말을 걸 만큼 친절하고 낯선 인물이 정말 '우연히' 끼어들어야 했다(15절).

그는 지금쯤 형들이 도단에 있을 거라고 했다. 목자들이 들판에서 나누는 이야기를 '어쩌다가' 들었다는 것이다(17절). 요셉이 그 낯선 남자를 만나지 못했거나, 그가 형들의 대화를 듣지 못했더라면, 애굽으로 끌려가는 일도 벌어지지 않았을 것이다. 형제들이 요셉을 성공적으로 '처리'해 내고, 짐 승한테 잡아먹혔을 것이란 설명으로 얼렁뚱땅 넘어갈 수 있었던 건 오로 지 그처럼 외진 곳에 있었기 때문이다(19-20절). 맏형 르우벤은 요셉을 해 코지하는 데 반대했지만, 때마침 우연히 자리를 비운 터여서 유다와 다른 형제들이 아우를 종으로 팔아 버릴 수 있었다(26-28절).

그뿐이 아니다. 요셉을 바로의 궁전으로 보낸 또 다른 종류의 우연 들이 있었다. 요셉은 그에게 한눈에 반해 사랑에 빠지는 안주인이 있는 집으로 보내졌다. 안주인에게 억울한 고발을 당하지 않았더라면 옥에 간 히는 일 같은 건 일어나지 않았을 것이다. 또 바로가 술잔을 올리는 관리 를 노여워하지 않았더라면 그 역시 감옥에 들어올 일이 없었을 테고, 요 셉과 만나는 일도 일어나지 않았을 것이다(창 40:1-3).

도대체 얼마나 많은 우연이 작용한 것일까? 이제는 세다가 지칠 판 이다. 하지만 분명한 사실이 있다. 이처럼 사소한 사건들 하나하나가(대다 수는 불행하고 끔찍한 일들이었다) 일어나지 않았더라면, 요셉이 애굽으로 가는 일 은 절대로 없었으리라는 점이다. 그랬더라면 어떤 사태가 벌어졌을지 생 각해 보라. 기근으로 이루 헤아릴 수 없을 만큼 많은 이들이 목숨을 잃었 을 것이고, 물론 요셉의 가족들 역시 굶어 죽고 말았을 것이다. 그뿐만 아 니라 영적으로도 온 식구가 재앙을 맞았을 것이다. 요셉은 교만했을 테고 형들은 분노에 찌들었을 것이다. 야곱은 막내를 우상처럼 섬기며 중독적인 사랑을 퍼부었을 것이다.

이와 관련된 신학은 앞에서 이미 살펴본 적이 있다. 성경에 따르면, 하나님은 주권적으로 우주를 다스리신다. 인간은 자유의지를 가지고 있으며 스스로 내린 선택에 책임을 져야 한다. 이미 알고 있던 신학적인 명제도 실제 이야기 속에서 만나면 훨씬 더 생생하고 강력하게 다가온다. 형들이 아우를 배신하고 종으로 팔아 버리지 않았더라면, 요셉을 포함해 온 가족은 재난과 죽음에서 살아남을 수 없었을 것이다. 이것이 하나님의 계획 가운데 한 토막이라는 데는 두말이 필요 없다. 주님은 매 순간 임하셔서 지극히 일상적인 삶의 세세한 대목들과 모든 사람의 계획과 선택에 개입하고 역사하신다. 모든 일이 "그의 뜻의 결정대로 일하시는 이의 계획"(엡 1:10-11; 롬 8:28)의 소산임을 여기서 알 수 있다.

그렇다면 요셉을 팔아먹은 형제들의 행동이 정당하다는 말인가? 전혀 그렇지 않다. 그들은 명백하게 잘못을 저질렀다. 아무도 억지로 그런 짓을 시킨 적이 없다. 형제들의 마음에는 수치심과 죄책감이 무겁게 내려앉았다. 그들에게는 과거 자신들이 저지른 과오를 다시 돌아보고, 악행을 그만두며, 자유와 용서를 얻는 과정이 반드시 필요했다.

요셉의 형제들은 어떻게 그 과정에 들어가게 되었는가? 고난을 통해서였다. 요셉이 끔찍한 시련을 당한 것처럼 형들과 야곱도 고난을 겪었다. 요셉이 거쳐 온 참혹한 종살이의 세월, 형들이 지나온 참담한 죄책감의 세월, 야곱이 살아온 처참한 슬픔과 우울의 세월은 하나 같이 하나님의 계획에 따른 것이었다. 하지만 이들은 어떻게 육체적으로만이 아니라 영적으로도 구원을 받았는가? 하나님은 우리의 유익을 위해 징계를 내리시고, 고통을 겪은 뒤에는 의와 평강의 열매를 맺게 하시기 때문이다(히 12:10-11).

영국의 목자들은 양을 한 마리씩 잡아서 소독약을 푼 커다란 물통에 집어넣는다. 한 마리 한 마리 귀와 눈, 코까지 물에 완전히 잠기도록 밀어 넣는다. 양들로서는 숨이 막히도록 무서운 과정이다. 물에 다 들어가기도 전에 수조 밖으로 뛰쳐나가려 하는 녀석이 있으면 때리고 을러서 도로 통 속에 몰아넣는다. 양들에게는 공포 그 자체지만, 주기적으로 그런 처치를 해 주지 않으면 기생충이나 질병으로 희생되기 쉽다. 결국 양들에게 유익한 조처인 것이다.

이를 지켜본 어느 크리스천 작가는 예수님은 선한 목자이며 우리는 그분의 양이라는 사실을 떠올리고 이렇게 말했다.

> 지금까지 살면서, 가엾은 양들에게 깊이 공감하게 하는 몇 가지 일들을 겪었다. 내가 믿고 의지하는 목자에게서 이러저러한 시련을 얻는 까닭을 도무지 알 수가 없었다. 게다가 그분은 속내를 짐작할 만한 어떤 힌트도 주지 않았다. 괴로워 아우성치는 양들을 지켜보며 생각했다. '녀석들한테 설명해 줄 길이 있다면 얼마나 좋을까! 하지만 그 깨달음이 쟤들한테는 너무 놀랍고 너무 높아서, 감히 측량할 수조차 없겠지'(시 139:6).[4]

우리에게도 지극히 헌신적인 목자가 계시다. 그분도 종종 우리에게는 겁나는 일, 당시로서는 이해할 수 없는 일들을 자주 하신다.

당장 보이지 않아도
그분의 사랑을 붙들 것

하나님이 정말 요셉이 기도하면서 구하는 일들을 허락하셨더라면, 그래서 그 일이 요셉에게 얼마나 끔찍한 결과를 불러왔을지 알고 난다면 우리는 아마 소스라치게 놀랄 것이다. 우리가 반드시 알아야 할 사실이 또 있다. 거의 20년에 가까운 기간 동안, 하나님은 기본적으로 요셉의 구체적인 요청들에 대해 일일이 답하시지 않았을 가능성이 높다. 흔히들 손을 털며 말한다. "기도할 때마다 하나님이 언제나 면전에서 문을 닫아 버리시니 이제 그만두려고요." 요셉이 그렇게 포기했더라면 모든 걸 다 잃었을 것이다. 요셉은 지하 감옥에서 꿈을 해석할 수 있게 도와주시길 주님께 간구했다. 그렇게 오래도록 기도에 응답을 받지 못했음에도 불구하고, 그는 여전히 하나님을 믿고 의지했다.

핵심만 간추려 말하자면 이렇다. 건져 주시길, 구출해 주시길 구하는 요셉의 기도를 하나님은 놓치지 않고 듣고 또 꾸준히 응답하셨다. 하지만 요셉이 청하는 시기와 방식대로는 아니었다. 주님이 숨어 계신 것만 같은 그 기간 내내, 요셉은 '그럼에도 불구하고' 그분을 신뢰했다. 성경에서 보다시피, 요셉은 지하 감옥에서 즉시 하나님을 바라보며 꿈을 해석할 수 있게 도와주시길 청했다. 그는 주님께 등을 돌리기는커녕, 하나님과 한 점 이지러지지 않는 관계를 계속 이어갔다.

우리도 그래야 한다. 우리의 모습은 요셉보다는 욥에 가깝지 않은지 돌아볼 필요가 있다. 요셉은 결국 하나님이 세우신 계획의 전모를 보았다. 모든 일의 아귀가 맞아 들어갔으며, 지난날을 돌아보며 하나님이 줄 곧 역사하고 계셨음을 마침내 깨달았다. 하지만 이 시대를 사는 크리스천 들 가운데는 하나님의 거룩한 계획의 많은 부분을 보지 못하고 놓치는 이 들이 훨씬 많은 듯하다. 시련이 끝나는 순간까지도 욥은 오늘날의 독자들 이 다 알고 있는 사실, 다시 말해 하늘나라 회의에서 그 모든 과정을 지켜 보았으며 그가 겪은 역경 자체가 한 세대에서 다음 세대로 끝없이 이어지 는 위대한 문학작품의 주제가 되리라는 점을 전혀 눈치 채지 못했다.

우리 대다수는 고난의 이면에 숨은 하나님의 뜻을 적잖이 파악했던 요셉이나 그 까닭을 거의 깨닫지 못했던 욥, 그 어느 쪽도 닮지 않았다. 지극히 일부를 감지하고 있는 수준에 가까우며 해가 갈수록 조금씩 더 깊 이 알아가는 게 아닌가 싶다. 하지만 거룩한 뜻을 얼마나 분별할 수 있느 냐와 상관없이, 우리는 요셉처럼 무조건 하나님을 믿고 의지해야 한다.

이를 먼 훗날, 이제는 외딴 벽지가 아니라 도시로 변한 도단에서 벌 어진 또 다른 사건과 비교하면 아주 흥미로운 사실을 볼 수 있다. 선지자 엘리사는 젊은 사환과 함께 아람 군대에 포위된 도단 성에 갇혀 있었다. 젊은 사환이 주체하지 못할 만큼 두려워하자 선지자는 그 눈을 열어 주시 길 기도했다. 그러자 청년도 "불 병거," 다시 말해 하나님이 보내신 큰 무 리의 천사들이 성을 둘러싸고 지키는 모습을 보았다. 결국에는 주님이 온 아람 군인들의 눈을 멀게 하셔서 도단을 구해 주셨다(왕하 6:8-23).

자, 도단에서 벌어진 이 두 차례의 구원 역사를 되짚어 보자. 첫 번째 사건에서, 요셉은 하나님께 살려 달라고 부르짖었다. 하지만 주님은 아무 런 조짐도 보여 주지 않으셨다. 그런데 두 번째 사례에서는 구원을 호소하는 엘리사의 기도에 즉시 응답하시고 엄청난 기적을 일으키셨다. 언뜻 보면, 요셉은 외면하고 엘리사에게는 반응하신 것만 같다. 하지만 실상은 다르다.

"하나님은 기적을 일으키실 때와 마찬가지로 전면에 나서지 않은 채 은밀하게 지켜보고 계셨다. 도단이라는 한 점에서 하나님이 역사하시는 방식의 두 극단이 만나고 있다. 요셉이 헛되이 부르짖었던(창 42:21) 바로 그 자리는 또한 엘리사가 온 성을 둘러싸고 있는 하나님의 병거를 두 눈으로 똑똑히 보았던 곳이기도 했다."[5]

엘리사에게 재빨리 응답하실 때와 마찬가지로 요셉에게 느리게 반응하실 때에도 하나님은 한결같이 임하시고 역사하셨다. 엘리사의 기도에 요란하고 웅장하게 답하실 때와 마찬가지로 마른 우물의 침묵에도 사랑으로 함께하셨다. 비록 덜 초자연적이고 극적이긴 했지만 깊이와 넓이, 그 파장에 있어서는 사실 요셉의 구원 쪽이 훨씬 더 컸다. 우리가 구하는 방식 그대로 하나님이 답하시지 않는 경우가 많다는 사실을 요셉의 이야기는 분명하게 가르쳐 준다. 도리어 우리가 하나님 계획의 전모를 다 알고 있다면 구했을 법한 방식으로 주님은 응답하신다.

하나님의 방식을 불신하거나 그분이 허락하신 일들을 씁쓸하게 여겨도 좋을 만큼 사리를 정확하게 분별하고 있다는 착각에 빠지는 건 금물이다. 반면에, 삶이 엉망으로 엉클어졌으며 우리를 향한 하나님의 뜻이 철저하게 망가졌다고 생각해서도 결코 안 된다. 요셉의 형들도 어느 한 시점에는 틀림없이 하나님과 아버지, 가족과 함께하는 삶이 완전히 쑥대밭이 돼 버렸다고 생각했을 것이다. 하지만 주님은 그런 상황을 통해 역사하셨다.

죄를 부채질하는 얘기가 결코 아니다. 제 손으로 저지른 짓이 그들의 삶에 불러온 고통과 상처는 이루 말할 수 없이 컸다. 하지만 하나님은 이를 구속 사역에 사용하셨다. 우리는 인류를 향한 그분의 선한 뜻을 망가트릴 수 없다. 주님은 더없이 크고 위대한 분이시므로 죄까지도 씨줄과 날줄로 삼아 우리를 쓸모 있고 소중한 존재가 되게 하신다.

그러므로 무슨 일이 있어도 하나님의 사랑을 믿고 의지해야 한다. 야곱이 세상을 떠나자, 형들은 혹시라도 요셉에게 아직 원한이 남아 있어서 이제 복수에 나서지 않을까 전전긍긍했다. 하지만 요셉은 형들을 한데 모으고 말했다.

> 두려워하지 마소서 내가 하나님을 대신하리이까 당신들은 나를 해하려 하였으나 하나님은 그것을 선으로 바꾸사 오늘과 같이 많은 백성의 생명을 구원하게 하시려 하셨나니 당신들은 두려워하지 마소서 내가 당신들과 당신들의 자녀를 기르리이다(창 50:19-21).

요셉은 간곡한 말로 형제들을 위로했다. 이 짧은 담화는 혼란스러운 암흑기와 누군가의 배신을 마주한 이들에게 어마어마하게 큰 자원이 된다. 우선, 요셉은 눈앞에 벌어지는 모든 일들의 이면에 하나님의 선하심과 사랑이 숨어 있다고 본다. 형들의 소행은 잘못이었고 악했을지라도, 하나님은 그것을 사용해 선을 이루셨다. "하나님을 사랑하는 자 곧 그의 뜻대로 부르심을 입은 자들에게는 모든 것이 합력하여 선을 이루느니라"

라고 한 로마서 8장 28절의 구약판인 셈이다. 바울은 곧바로 몇 가지 강력한 질문을 던진 뒤에 숨 돌릴 틈도 주지 않고 "어떤 피조물이라도 우리를 우리 주 그리스도 예수 안에 있는 하나님의 사랑에서 끊을 수 없으리라"라는 선포를 덧붙인다(롬 8:31-39).

바울과 요셉은 제아무리 나쁜 일들이 닥친다 해도 크리스천들은 하나님의 사랑을 자신해도 좋다고 이야기하고 있다. 로마서 8장 38-39절에서 바울은 이 사실에 대한 절대적인 확신을 드러낸다. 사도는 언어의 한계를 아쉬워하듯 죽음과 삶, 천국과 지옥까지 언급해 가며 그 무엇도 우리를 주 예수 그리스도 안에 있는 하나님의 사랑에서 끊을 수 없다고 단언한다. 아무것도! 내면에 도사린 악의 권세와 밖에 버티고 선 악의 권세가 온 힘을 다한다 해도 하나님의 사랑에서 떼어 놓을 수 없다. 한 번 그리스도를 통해 우리를 하나님께 드리면, 영원히 그분은 우리의 아버지가 되시고 우리는 그분의 자녀가 된다. 그 무엇도 이 사실을 바꿀 수 없다.

예비된 우연,
모든 것이 합력하여

요셉의 이야기는, 아주 사소하고 불행한 일일지라도 우리에게 일어나는 온갖 사건들은 전부 하나님이 세우신 계획의 일부임을 보여 준다. 이를 잘 설명해 주는 본보기 하나를 더 들어보겠다.

뉴욕 리디머장로교회에서 목회를 하면서 종종 교인들에게 이 교회가 있어서 기쁜지 물어볼 때가 있다. 감사하게도, 다들 그렇다고 답한다. 그러면 곧이어 오늘이 있기까지 요셉에게 일어났던 것과 같은 흥미로운 '우연들'이 우리에게도 줄을 이었음을 이야기한다. 리디머교회가 존재하는 데는 아내 캐시의 역할이 컸다.

나는 뉴욕으로 파송을 받아 새로운 교회를 시작했다. 교회 개척을 장려하고 우리를 기꺼이 파송할 뜻을 가진 장로교단에 속했기 때문이다. 왜 장로교단에 들어갔을까? 신학교 졸업반 마지막 학기에 수강한 두 과목의 담당교수가 장로교파의 교리와 신념을 받아들여야겠다는 확신을 심어 준 까닭이었다. 그렇다면 어쩌다 그 교수가 그 시점에 그 신학교에서 강의를 하게 된 걸까? 영국 국적을 가진 그 교수가 오랜 시간을 기다린 끝에 바로 그 무렵 비자를 얻어 비로소 미국에서 학생들을 가르칠 수 있게 되었기 때문이다.

교수는 미국 신학교에 자리를 얻었지만 비자가 나오지 않아서 몹시 속을 끓이던 터였다. 당시에는 갖가지 이유로 비자 발급이 정체를 빚고 있어서 신청자가 끝도 없이 밀려 있었다. 어떻게 교수는 쓸데없고 번거로운 갖가지 행정적 장벽들을 돌파해서 비자를 얻고 제때에 입국해서 마지막 학기에 날 가르치게 된 걸까? 같은 시기에 우리 신학교에 다니던 학생 하나가 학교 행정처에 큰 도움을 제공한 덕에 비자 발급 절차가 훨씬 쉬웠다고 들었다. 그 학생은 당시 현직 미국 대통령의 아들이었다.

어쩌다 그 친구의 아버지는 대통령이 될 수 있었을까? 전임인 리처드 닉슨이 워터게이트 스캔들 탓에 사임할 수밖에 없었던 까닭이다. 그럼 어째서 워터게이트 사건이 벌어지게 된 걸까? 한 야간 경비원이 어느 사무실의 문이 열려 있는 걸 알아보았기 때문이다. 만일 경비원이 그 문에 신경을 쓰지 않았더라면 어찌 되었을까? 다른 쪽을 보고 있었더라면 어 땠을까? 꼬리에 꼬리를 무는 길고 긴 '우연'은 시작되지 않았을 것이고, 뉴 욕에 리디머장로교회도 생기지 않았을 게 분명하다.

이게 모두 그저 '어쩌다 보니' 생긴 일들 같은가? 난 그렇게 여기지 않는다. 이 모든 일이 우연히 일어나지 않았더라면 아무 일도 우연히 벌 어지지 않았을 것이다. 교인들에게 농담 반 진담 반 이야기하곤 한다. 리 디머교회가 존재하는 게 고맙고 기쁘다면, 워터게이트 사건이 일어난 덕 일 거라고 말이다.

하나님이 그분을 사랑하는 이들에게 모든 일이 합력하여 선을 이루 도록 역사하시는 방법을 백만분의 일이라도 감지할 줄 아는 이는 매우 드 물다. 하지만 하나님은 엄연히 그렇게 일하고 계시며, 그러므로 주님이 우리를 버리지 않으시리라 확신할 수 있다.

19세기 영국 국교회 목회자이자 저술가인 존 뉴턴이 깊은 슬픔에 빠 진 한 여인에게 큰 힘과 깨달음을 주기 위해 쓴 이 전통적인 목회 서신은 요셉의 이야기를 배경에 깔고 있다.

그대의 여동생 생각이 많이 납니다. 몸이 아프다니 몹시 안타깝습니 다. 내게 그럴 힘이 있다면 당장이라도 고쳐 주고 싶습니다. 허락하신 상황을 끝내 달라는 기도에 응답하신다면, 주님은 그러실 수 있고 나는 그렇게 해 주시길 소망합니다. …… 여동생과 그대 자신, 그리고 모든 염려를 그분의 손에 맡길 수 있기를 빕니다. 하나님께는 그분이 기뻐하시는 대로 우리를 대할 주권적인 권한이 있습니다. 우리가 어떤 존재인지를 깊이 곱씹어 보면 불평할 근거가 전혀 없음을 고백하게 될 겁니다. 주님은 그분을 찾는 이들에게는 은혜로운 방법으로 통치권을 행사하십니다. 모든 것이 합력해서 선을 이룹니다. 주님이 보내 주셨다면 하나같이 필요한 것들입니다. 그러나 주님이 허락지 않으셨다면 그어떤 것도 필요한 것일 리가 없습니다. ⋯⋯

그대는 인내해야 합니다. 구하면 주실 것입니다. 하지만 우리 의지가 어느 정도 가라앉기 전까지는 깊은 평화가 깃들 수 없습니다. 주님의 날개 아래 자신을 숨기십시오. 죄라는 죽을병을 앓는 그대의 심령을 은혜로 고치는 일에 착수하신 영혼의 의사를 바라보십시오. 주님의 처방에 맡기십시오. 바람직한 대안을 자처하며 그대가 스스로 선택해 주길 기다리는 온갖 생각들과 싸우십시오.

갈 길을 모르겠거든 주님이 인도자라는 사실에 만족하십시오. 영혼이 그대 안에서 짓눌릴 때, 주님은 길을 아십니다. 그대가 침몰하게 버려 두지 않으실 겁니다. 그대가 원기를 회복할 시기를 그분은 지정해 놓으셨습니다. 그때가 되면, 주님이 그대를 잊지 않으셨음을 알게 될 겁니다. 무엇보다, 은혜의 보좌로 꾸준히 나아가십시오. 끊임없이 주님께 가까이 가려고 애써도 아무 유익을 얻지 못하는 느낌이 들 정도라면, 그분께 멀어진 상태에선 그야말로 아무것도 얻을 수 없을 것입니다.[6]

'주님이 보내 주셨다면 하나같이 필요한 것들이며, 주님이 허락지 않으셨다면 필요한 것일 리가 없다'는 뉴턴의 말은 바다처럼 넓은 성경의 신학을 종지 하나에 담아낸 명언이다. 요셉의 이야기를 비롯해 성경 전체가 진실이라면, 삶에 일어나는 일들은 무엇이든 중요하며 설령 고통스럽다 할지라도 어떤 식으로든 꼭 필요한 요소들임에 틀림없다. 아무리 간구해도 들어주시지 않는 무언가가 있다고 하자. 그것이 없이는 살 수 없을 것 같을지라도 하나님이 허락하시지 않는 그 무엇이라면, 우리 삶에 소용없는 것이 확실하다.

예수님이 마신
아버지의 잔

요셉은 형들에게 이렇게 말하는 셈이다. "형님들은 나를 죽이려고 했지만 하나님은 여러분을 비롯해 수많은 생명을 건지게 하시려고 악과 고난의 잔을 내게 주셨습니다. 이 모든 일 뒤에 숨어 있는 하나님의 구속적인 사랑을 알고 있기에 저를 권능의 보좌 오른편에 오르게 하셨습니다. 그러하기에 나는 형님들을 용서하고 온 힘을 다해 여러분을 보살피며 보호할 것입니다." 인생사의 이면을 움직이는 하나님의 손길을 볼 수 있었기에 요셉은 형들을 용서할 수 있었다.

하지만 그 위대한 요셉도 그저 그림자였을 따름이다. 키드너는 이렇게 적었다.

만사의 두 측면(인간의 미숙한 처리와 본질을 파악하지 못하고 무작정 움직이는 성질이 한 면이라면, 다른 한 면은 하나님의 완전한 뜻)을 선명하게 꿰뚫어 보는 성경적 사실주의는 겟세마네 동산에서 최상의 본보기를 볼 수 있다. 예수님은 배신을 "아버지께서 주신 잔"으로 받아들였다.[7]

요셉으로부터 오랜 세월이 흐른 뒤, 자신의 백성에게 거부당하고(요 1:11) 은돈 몇 푼에 팔려나간(마 26:14-16) 또 다른 인물이 등장한다. 형제들에게 부정되고 배신당했으며 부당하게 포박당하고 사형 선고를 받았다. 그 역시 할 수만 있다면 임박한 고난과 죽음의 잔을 피하게 해 주시길 하늘 아버지께 간구했다. 하지만 예수님의 기도를 보면, 그분도 요셉처럼 그것을 "아버지께서 주신 잔"(요 18:11)이라고 하시는 걸 볼 수 있다.

고난은 하나님의 선하신 계획의 일부다. 예수님은 빌라도에게 "위에서 주지 아니하셨더라면 나를 해할 권한이 없었으리니"(요 19:11)라고 하셨다. 그리고 마침내 하늘 아버지께 고백했다. "뜻이 이루어지이다." 주님은 대적들을 위해 돌아가셨으며 죽음을 통해 원수들을 용서하셨다. 그 이면에 사랑으로 구원하시려는 아버지의 뜻이 숨어 있음을 아셨기 때문이다. 대적들은 악한 의도로 주님을 죽였지만, 하나님은 그 의도를 뒤엎고 허다한 생명을 살리는 데 사용하셨다. 이제 부활하신 예수님은 하나님의 우편에 앉아 우리를 굽어보시고 보호하시며 거룩한 자녀들을 위해 역사를 다스리신다.

예수님을 따라다니던 열렬한 제자의 입장이 됐다고 상상해 보라. 주님이 병을 고치고 기적을 행하는 걸 곁에서 똑똑히 목격했다. 그분의 더없이 지혜로운 말씀을 두 귀로 듣고 비할 바 없이 고상한 성품을 지켜보았다. 그분이 지도자가 된다는 생각만으로도 온몸이 짜릿했다. 모든 백성이 주님의 말씀을 듣고 이끄시는 대로 따라가기만 하면 이스라엘의 황금기가 열리리라 믿었다.

그런데 그나마 배짱이 있는 몇몇 제자들과 함께 십자가 앞에 서게 됐다. 사람들이 수군거리는 소리가 들린다. "하나님한테 완전히 질렸어. 어떻게 전무후무하리만치 선한 이 사람을 버리실 수가 있지? 어떻게 이것으로 선을 이루실 수 있다는 건지, 난 도무지 모르겠어." 당신이 제자였다면 그들에게 무슨 이야기를 해 주었을 것 같은가? 십중팔구 맞장구를 쳤을 것이다.

하지만 사실, 거기 서서 지켜보고 있는 건 하나님이 인류를 위해 해주실 수 있는 가장 위대하고 빛나는 역사다. 십자가에서 정의와 사랑이 동시에 채워졌다. 악과 죄, 죽음은 완전히 퇴치되었다. 이처럼 절대적인 선을 보고 있지만, 제한된 인간의 이해로는 따라잡을 도리가 없는 탓에, 제 발로 하나님께 등을 돌리려는 위태로운 생각을 하고 있는 것이다.

그러지 말라. 예수님이 하신 대로 따르라. 하나님을 믿고 의지하라. 요셉처럼 처신하라. 지하 감옥에 갇힌다 해도 하나님을 신뢰하라. 십자가에 달려 돌아가신 예수님의 죽음이 실패와 비극이 아니라 완전하게 하는 지혜임을 온전히 이해하려면 성경 전체를 다 동원해야 한다. 요셉이 겪은 환란에 담긴 하나님의 뜻을 파악하는 데는 창세기의 많은 부분이 소요된다.

때로는 하나님의 완벽한 해설이 담긴 맞춤형 설명서를 보내 주시면 좋겠다 싶을 때가 있다. 하지만 우리는 십자가의 이유를 낱낱이 알지 못한다 할지라도, 주님의 십자가를 바라보며 하나님이 역사하고 계신다는 사실을 확신할 수 있다. 그러므로 우리는 다른 이들을 향해 이렇게 노래할 수 있다.

검은 구름 우리를 뒤덮을지라도
그 자비하신 은혜가 우리를 지키네.

하나님은 강함이 아니라 약함을 통해 구원을 이루신다는 사실을 거듭 보여 주신다. 성경은 처음부터 끝까지 예수님은 패배함으로 승리하셨고, 잃음으로 얻으셨으며, 올라가기 위해 내려오셨다고 말한다. 크리스천의 삶도 매한가지여서 회개와 신뢰의 연약함을 통해서만 하나님이 베푸시는 구원의 능력을 맛볼 수 있다. 그러므로 승리보다 오히려 고난을 통해 하나님의 은혜가 더 깊어지는 경우가 흔한 건 결코 이상한 일이 아니다.

14

지금, 예수께
기도할 수 있다

처한 형편에 대한 골똘한 씨름을 멈추다

어둠이 길을 막아도, 주님이 인도자가 되시니
내 할 일은 순종, 공급하심은 주님의 몫 ……
기도로 씨름하세, 그분이 역사하시리니
그리스도 배 안에 모셨으니, 폭풍에도 웃음 짓네.
_존 뉴턴, 〈물러가라 불신이여〉

구약성경 욥기를 제대로 파악하지 못하고는 그 누구도 성경이 고난에 관해 들려주는 이야기를 제대로 이해할 수 없다. "하나님은 점잖고 다정한 분이 아니다. 하나님은 마음씨 좋은 아저씨도 아니다. 하나님은 지진 같은 분이다."[1] 유대교 신학자 아브라함 헤셸Abraham Joshua Heschel의 이 유명한 말의 실체를 여실히 볼 수 있는 자리가 바로 욥기다. 철학자 피터 크리프트Peter Kreeft는 말한다. "욥기는 수수께끼다. 신비는 인간 내면의 무언가를 채워 주지만, 이성을 만족시키지는 못한다. 욥기는 합리주의자를 쫓아낸다. 욥이 합리주의자인 세 친구에게 반박한 것처럼 말이다. 그러나 욥기는 인간 내면 더 깊은 곳에 있는 무언가를 충족시키며 풍요롭게 한다. …… 마치 피 속에 철분을 더하는 것처럼 말이다."[2]

(개인적인 생각이기는 하지만) 성경, 아니 고대 문학 전체를 통틀어 욥기처럼 정서적이고 극적인 리얼리즘과 더불어 지성적이고 철학적인 노련함을 갖추고 악과 고난의 문제를 다룬 책은 다시없을 것이다.[3] 알다시피, 욥기의 주제는 죄 없이 고난당하는 인간이다. 더없이 착한 이들이 터무니없으리만치 숱한 환난과 불행을 겪는 반면, 부정직하고 이기적이며 욕심 많은 이들이 편안한 삶을 누리는 까닭은 무엇인가? 욥기는 독특한 균형 감각을 가지고 이 주제를 다룬다. 추상적으로 흐르지도 않고 본능적인 차원에 머물지도 않는다. 한 인간의 고뇌를 생생하게 설명하면서 악의 문제를 검증할 따름이다.

욥의 외침은 통렬하고 도발적이다. 그럼에도 불구하고 그의 긴 대사는 오묘하고 사려 깊은 성찰로 가득하다. 참혹한 고난은 거대한 철학적 이슈이자 크나큰 개인적인 문제라는 사실을 완벽하게 드러내 보인다. 그러므로 이것 아니면 저것이라는 식으로 이 주제를 단순하게 다루는 건 대단히 부적절하다.

욥기가 가진 또 다른 독특한 면모는 악의 문제에 관해 흔히 내놓는 거의 모든 답변을 노골적으로 비판한다는 데 있다. 고난이 닥치면 다들 왜 이런 일이 자신에게 일어났는지 의문을 제기한다. 전통적인 신앙은 이 질문에 "틀림없이 부적절하거나 나쁜 짓을 했기 때문"이라고 대답한다. 세속주의는 "합당한 이유는 없다. 선한 하나님이라면 이런 일을 허용하지 않았을 터이니 신은 없거나, 있다 하더라도 잔인할 뿐이다"라고 답한다. 신앙적이면서 반종교적이고, 윤리적이면서 동시에 허무주의적인 답들은 옳지 않다는 게 욥기의 주요 메시지 가운데 하나다. 양쪽 다 결국 한두 문장으로 정리할 수 있는 가벼운 답들이다. 하지만 욥기의 기자든, 욥 자신이든 그처럼 쉬운 해법을 선택하지는 않았다.

욥기는 이 고전적인 두 답을 모두 기가 죽을 만큼 강력하게 비판한다. 욥기 전반에 극적인 긴장이 흐르고 끊임없이 호기심을 갖게 만드는 건 대부분 그 때문이다. 친구들이 내놓은 신앙적인 답은 중상모략에 가까운 오답이었다. 욥이 선하게 살았음에도 '불구하고'가 아니라 선하게 사는 데 문제가 있는 '까닭에' 어려움을 겪는다는 논리였다. 하지만 당시 욥이 기울었던 허무주의적인 시각 역시 커다란 오류이긴 마찬가지였다.

"나의 종 욥"

욥기의 첫 두 장은 운문이 아니라 산문이며 욥과 친구들, 그리고 하나님 사이에 벌어질 대립과 충돌을 예고한다. 욥은 선하고 경건한 인물이다. '온전하고 정직하다'(욥 1:1)는 성경의 평가는 그의 삶이 나무랄 데 없이 훌륭하다는 뜻이다. 삶의 어느 영역에서도 흠 잡을 구석이 없었다. 욥은 자상한 아버지이자 남편이었고, 하나님께 깊이 헌신했으며, 무슨 거래를 하든지 반듯하고 인정이 넘쳤고, 더 올라갈 자리가 없을 만큼 성공하고 부유했다. 다들 욥을 "동방 사람 중에 가장 훌륭한 자"(욥 1:3)라고 불렀다. 자녀들도 저마다 가정을 꾸렸으며 집안에 잔치가 끊이지 않았다. 이는 아주 흔치 않은 일로 욥의 집안이 얼마나 번성했는지를 보여 준다.

그런데 갑자기 이 선한 주인공에게 불가사의한 재난들이 줄지어 덮쳤고 결국 재산과 가족, 심지어 건강까지 다 잃어버리는 지경에 이르렀다. 어째서일까? 독자들은 욥도, 그의 친구들도 알지 못했던 새로운 세계관과 맞닥뜨리게 된다. 욥기 1장 6-8절은 하나님과 천사들, 그리고 사탄이 참석하는 하늘나라의 회의 한 장면을 그려 낸다.

이 장면에 대해 오늘날의 독자들이 보이는 첫 번째 반응은 혼란스럽다는 것이다. 세상에 있어야 할 사탄이 천국에서 무얼 하고 있는 거지? 진작에 하늘나라에서 쫓겨나지 않았던가? 하지만 성경 기자들은 무슨 이야기를 하든지 어휘 선택에 엄밀하다는 건 알 만한 이들은 다 아는 사실이다. 예수님이 부자와 나사로의 비유를 들어 말씀하시는 누가복음 16장에서도 이와 비슷한 유형의 대화를 볼 수 있다. 여기서는 지옥에 간 부자가

천국에 있는 아브라함과 이야기를 나눈다. 하늘나라에 속한 이가 어째서 지옥에 있는 이와 말을 할 수 있다는 말인가?

서술자의 제약을 인정하고 받아들이라는 게 이 물음에 대한 가장 근사한 답이 될 것이다. 기자는 스토리를 이루는 사건들을 납득시킬 수 있을 정도의 세부 사항만 제공하는 게 고작이다. 성경은 하늘나라, 천사, 초자연적인 세계와 관련해 시시콜콜 이야기하지 않는다. 그러므로 구체적인 세부 사항을 내놓으라고 기자들을 압박하지 말자.

그런 한계 속에서도 욥의 내러티브 전반에서 사탄이 하나님께 복종하고 경의를 표하는 기색을 좀처럼 찾아볼 수 없다는 점은 자못 흥미롭다. 주님이라고 부르지도, 머리를 숙이지도, 존경을 드러내지도 않는다. 성경이 들려주는 다른 설명들에 비추어 우리가 생각하는 사탄의 모습과 정확하게 들어맞는다. 그럼에도 불구하고 기자의 목적이 영적인 세계에 관한 정보를 제공하는 데 있었다면 훨씬 더 구체적인 사항들을 기록했을 것이다. 그러므로 눈에 보이지 않는 일들을 추측하느라 애쓸 게 아니라 욥의 사연을 읽으면서 고난과 악 사이에 하나님이 설정해 두신 '비대칭적인' 관계를 이 대화가 얼마나 절묘하게 풀어내는지 살펴보는 데 초점을 맞춰야 한다.

하나님은 욥을 더없이 훌륭한 그분의 종으로 지목하신다. "그와 같이 온전하고 정직하여 하나님을 경외하며 악에서 떠난 자는 세상에 없느니라"(욥 1:8). '고발하는 자'는 지체 없이 욥에게 위선의 죄를 덮어씌운다. 그리고 하나님이 욥을 종이라고 부르자 발끈해서 말한다. "욥이 어찌 까닭 없이 하나님을 경외하리이까." 사탄은 이죽거린다. "주께서 그의 손으로 하는 바를 복되게 하사 그의 소유물이 땅에 넘치게 하셨음이니이다 이 제 주의 손을 펴서 그의 모든 소유물을 치소서 그리하시면 틀림없이 주를 향하여 욕하지 않겠나이까"(욥 1:9-11). 요지는 간단하다. 욥은 자신의 유익 을 위해 하나님과 관계를 지켜 나가고 있을 뿐이란 뜻이다.

사탄은 목청을 돋운다. "진심으로 하나님을 섬기고 사랑하는 게 아 니올시다. 욥은 그냥 자신을 사랑하고 섬길 뿐이죠. 그걸 위해 하나님을 이용하고 있고요. 뭐, 일종의 도구라고나 할까요? 목적을 이루기 위한 수 단인 셈이죠. 하나님과 이 회의 앞에 입증해 보이겠습니다. 만사를 욥에 게 불리하게 돌아가게 하고 은총을 끊어 보세요. 그럼 실상을 알게 될 겁 니다. 욥은 불에 덴 듯 하나님을 내팽개칠 겁니다."

욥이 하나님께 순종하는 건 자기애와 자기 구원을 추구하는 행동일 뿐이라고 단언한다. 주님을 섬겨도 세속적인 유익을 얻을 수 없으면 당장 본색을 드러내리라고 장담한다. 하지만 이는 궁극적으로 하나님을 향한 공격이다. 알다시피 욥은 더없이 훌륭한 하나님의 종이었다. 그런데 실 제로 사기꾼, 위선자에 지나지 않는다면, 하나님은 그분의 사랑스러운 종 을 만드는 데 철저하게 실패했다는 뜻이 된다.

사탄은 선한 이들을 미워하고 하나님을 증오한다. 따라서 동기 자체 가 처음부터 끝까지 악할 뿐이다. 고통을 떠안기길 즐기고 인간들이 괴로 워하는 걸 보고 싶어 한다. 그리고 인류를 사랑하는 하나님의 마음도 잘 알고 있어서 뭇사람을 변화시켜 하나님을 기쁨으로 경배하는, 선하고 뛰 어난 예배자를 만들려는 거룩한 뜻을 꺾고 싶어 한다. 사탄은 주님이 우 리를 향해 마음에 품으신 원대한 소망을 무산시키려 안달이다.

"자유로운 연인이자 종"으로

하나님은 사탄에게 욥을 시험해 보도록 허락하셨다. 어째서일까? 주님은 이미 욥의 사랑을 아셨던 게 아닐까? 그리고 아직 그 사랑이 자자손손 후대까지 엄청난 유익을 끼치는 방식으로 더 다듬어져야 할 필요가 있었던 듯하다. 고난은 욥을 위대한 인물의 반열에 올려 놓았다.

하지만 사탄이 터무니없는 소리를 하는 것만은 아니다. 겉으로 드러나는 경건한 모습과 하나님을 사랑하고 섬기는 속마음 사이에는 다소 차이가 있을 수 있다. 이런 간극은 누구에게나 어느 정도씩 나타나게 마련이며, 이는 마땅히 그래야 하는 줄 알면서도 하나님과 친밀한 교제를 나누지 못하고, 또 그 안에서 평안과 기쁨을 누리지 못하는 요인으로 작용한다.

누군가와 사랑에 빠졌다고 하자. 상대방도 나와 똑같은 감정이라고 느낀다. 그런데 때마침 재정적인 어려움이 닥치자 그 사실을 안 상대방이 이제 그만 만나자고 한다면 어떻겠는가? 내 존재 자체로서가 아니라 내게서 얻을 이익 때문에 사랑했다는 생각이 들지 않겠는가? 하나님과의 관계도 마찬가지다. 주님이 주시는 무언가가 아니라 오로지 그분 한 분을 사랑해야 한다.

그런 사랑을 키워 가고 있는가? 누군가에게 처음으로 사랑을 느꼈다고 상상해 보라. 솔직히 말해서, 적어도 부분적으로는 상대방이 가진 어떤 '자산'(예를 들어, 근사한 외모라든지 화려한 인맥 같은)에 반했을 가능성이 높다. 하지만 관계가 깊어지면서 상대를 있는 모습 그대로 사랑하게 된다면 자산을 얼마쯤 잃어버린들 중요하지 않게 된다. 사랑과 성품이 성숙해 간다는 말은 그런 걸 가리킨다.

자, 하나님을 향한 사랑이 그처럼 성숙해진다면 어떻게 되겠는가? 주님을 향한 사랑이 점점 자라서 갈수록 그분 자체로 한없이 만족스럽다면 어떻겠는가? 환경의 변화에 그다지 휘둘리지 않게 될 것이다. 우리를 둘러싼 조건이 어떠하든 상관없이 풍성한 삶을 주시는 하나님과 그분의 사랑을 소유한 까닭이다.

어떻게 하면 그러한 경지에 이를 수 있을까? 내게 이득이 될 만한 무언가를 바라고 사랑하는 데서 하나님 한 분만을 사랑하는 수준으로 성숙할 수 있을까? 유감스럽게도, 삶에 닥치는 시련이 그 으뜸가는 길인 듯하다. 고난은 자신을 돌아보아 이제껏 세속적인 목적을 위해 하나님을 사랑해 왔음을 깨닫게 해 준다. 더없이 소중하게 여기는 것을 잃어버리면 상실감과 분노에 주님을 거부하고 싶은 마음이 들지 모른다. 하지만 역경은 곧이어 기회를 제공한다. 하나님께 등을 돌리고 멀어지는 게 아니라 마음을 가다듬고 지금껏 한 번도 경험해 보지 못한 방식으로 그분께 초점을 맞출 수 있도록 말이다.

풍자적인 작품, 《스크루테이프의 편지The Screwtape Letters》에서 C. S. 루이스는 아직 인간을 유혹하는 현장에서 뛰고 있는 후임 악마에게 편지로 조언하는 선임 악마를 그린다. 고참은 신참에게, 예수님(이들은 "원수"라고 부른다)은 곤경과 궁핍을 사용한다고 귀띔한다. 곧 크리스천들에게 역경을 주어서 돈을 바라고 일하던 삯꾼에서 사랑하는 마음으로 섬기는 일꾼으로 바꾼다는 것이다.

원수는 인간의 노력이 한계에 부닥칠 때마다 …… 낙심을 안긴다. 유
치원에서 들은 《오디세이》 이야기에 푹 빠진 꼬마가 정말 그리스어를
배우겠다고 본격적으로 덤벼들 때 겪는 실망 같은 거지. 사랑하는 이
들이 결혼하고 함께 사는 법을 배우는 진짜 숙제를 시작하면서 겪는 좌
절 같은 것이기도 하고. 그런 낙담은 삶의 어떤 영역에서든 꿈꾸던 포
부를 수고로운 행동으로 옮길 때마다 어김없이 나타나게 마련이다.

원수가 이런 위험 부담을 떠안는 까닭은 이 넌덜머리나는 벌레 같은 인
간들을, 그자의 말을 빌리자면, "자유로운 연인이자 종"('아들'이란 말을 쓰더
군)으로 삼겠다는 희한한 환상에 사로잡혀 있기 때문이지. 두 발 달린
짐승들과 부자연스러운 관계를 맺어 영적 세계 전체의 수준을 떨어뜨
리는 그 고질적인 사랑으로 말이다. 자유를 주려는 욕심에 얽매인 탓
에, 원수는 애정과 습관을 적절히 이용해 자기 손으로 인간들 앞에 제
시한 목표까지 이끌어 가는 걸 한사코 마다한다. 인간이 '스스로 해내
도록' 내버려 두겠다는 뜻이다. 우리에게는 기회인 셈이지.

하지만 한편으론 우리에게 위험하다는 사실도 잊지 말아야 한다. 인간
들이 첫머리의 건조함을 잘 넘기기만 하면 감정에 덜 기대게 되고 우리
로선 유혹하기가 훨씬 힘들어질 테니 말이다.

사탄이 욥을 오판하고 있음을 하나님은 잘 아셨다. 하지만 주님은
부분적으로는 사탄의 판단이 옳다는 점도 아셨다. 마땅히 그래야 하고 또
그럴 수 있었지만, 욥은 아직 온전한 주님의 종이 아니었다. 하나님은 그
분의 온전한 종이 되는 유일한 방법, 다시 말해 역경과 고통을 통해 그만

큼 위대한 수준에 이르기를 바라셨다. 욥이 오로지 하나님만을 사랑하기에 기꺼이 섬기는 그분의 "자유로운 연인이자 종"이 되기를 원하셨다. 그러기에 하나님은 하늘나라의 천군천사들만이 아니라 욥기를 읽게 될 무수한 독자에게도 이 같은 욥의 변화를 보여 주기로 작정하셨다.

하나님과 사탄의
대등한 대결 구도가 아니다

그래서 하나님은 사탄에게 욥의 삶에 고통과 시련을 끌어들여도 좋다고 허락하셨다. 욥기 1장에서 주님은 욥의 소유는 빼앗을 수 있지만 몸에는 손을 대선 안 된다고 말씀하신 반면(12절), 다음 장에서는 고통스러운 질병은 허용하시지만 생명은 건드리지 못하게 하셨다(욥 2:6). 하나님이 이를 허락하셨다는 사실에 요즘 독자들은 적잖이 당혹스러워한다. 하지만 이번에도 본문이 서술하는 핵심을 놓쳐서는 안 된다. 본문은 악에 대한 하나님의 비대칭적인 관계를 생생하게 전달하는 데 초점을 맞추고 있다. 심오한 철학이 바닥에 깔려 있다.

욥기에는 선과 악이라는 동등하지만 대립적인 두 세력이 존재한다는 이원론적인 세계관을 찾아볼 수 없다. 이원론적 관점으로 보자면, 세상에는 주도적인 단일 세력이 없으므로 인생은 그야말로 전쟁터이자 도박판이 된다. 역사는 팽팽하게 세력 균형을 이루고 있는 선과 악 사이의 갈등 과정일 뿐이다. 일관된 계획으로 역사를 이끌어 갈 만큼 강력한 존재는 어디서도 찾아볼 수 없다. 성경은 그런 세상을 제시하지 않는다. 하나님은 온 우주의 주관자이시다. 사탄을 총체적으로 다스리신다. 사탄도 힘을 쓸 수는 있지만 하나님이 허락하신 그 이상은 아니다. 주권은 분명히 하나님께 있다.

한편, 욥기는 하나님이 이 모든 시련을 욥에게 떠안겼다고 설명하지 않는다. 만사가 하나님의 섭리 가운데 일어나지만, 주님은 악한 일들을 바라지 않으시며 선을 이루신다는 진리를 대단히 탁월한 방식으로 전달한다. 하나님은 인간의 역사가 제멋대로 굴러가도록 내버려 두지 않으시지만, 인간이 고통스러워하는 모습을 보며 즐기시는 분이 아니다. 악과 고난은 세상을 향한 하나님의 최초 설계에 들어 있지 않았으므로, 당연히 만물이 새로워지면 사라질 조건들일 뿐이다.

욥에게 닥친 첫 번째 참사는 재산과 자식들을 모조리 잃어버리는 비극이었다. 욥은 극도로 비통한 심정을 고스란히 드러내지만 그럼에도 불구하고 땅에 엎드려 저 유명한 말로 하나님을 경배했다. "주신 이도 여호와시요 거두신 이도 여호와시오니 여호와의 이름이 찬송을 받으실지니이다"(욥 1:21). 욥은 정서적으로 진실한 반응을 보였다. 일어나 겉옷을 찢고 땅에 엎드렸다. 고도의 자제력은 보이지 않았다. 그뿐 아니라 참된 감사와("주신 이도 여호와시오니") 합당한 순종("거두신 이도 여호와시오니")을 드러낸다. 1라운드는 욥의 완승, 사탄의 패배로 선언해도 좋을 법하다.

하지만 건강을 잃었을 때는 그처럼 침착한 자세를 유지하지 못한다. 이번엔 냉정을 잃었다. "하나님을 욕하고 죽으라"(욥 2:9)라는 아내의 부추김에 넘어가지는 않았지만, 크나큰 시련을 앞에 두고 하나님을 탓한다(욥

3:23). 주님께 등을 돌리거나 삶을 끝내려고 생각하진 않았지만 심각하게 부당해 보이는 상황을 붙들고 엄청나게 씨름했다.

선한 삶이 도리어 주체할 수 없는 고통과 고뇌를 떠안길 수 있다. 만사가 철저히 무의미하며 부당하게 보이기 때문이다.

"재난을 주는 위로자들"

욥기의 중반부는 욥을 위로한 세 친구들(엘리바스, 빌닷, 소발)이 세 번씩 돌아가면서 쏟아 내는 이야기들로 채워진다. 하지만 그들의 조언은 욥에게 깊은 상처를 주었다. 엘리바스의 주장이 담긴 욥기 4장은 욥의 고난에 대한 친구들의 기본적인 접근 방식을 잘 보여 주는 전형적인 사례라고 할 수 있다. 엘리바스는 말한다. "생각하여 보라 죄 없이 망한 자가 누구인가 정직한 자의 끊어짐이 어디 있는가 내가 보건대 악을 밭 갈고 독을 뿌리는 자는 그대로 거두나니 다 하나님의 입 기운에 멸망하고 그의 콧김에 사라지느니라"(욥 4:7-9).

친구들이 욥에게 전하는 메시지는 분명하다. 하나님을 신뢰하며 순종하는 일에 어떤 면으로든 잘못이 있지 않고는 이런 시련이 닥칠 리가 없다는 것이다. 욥이 그럴 만한 행동을 한 탓에 이처럼 참혹한 사태가 벌어졌을 뿐, 주님은 절대로 부당한 일을 하실 분이 아니라고 주장한다. 그러므로 욥이 상황을 되돌리려면 기억나는 모든 죄를 고백하고 삶을 재정비해야 한다고 충고한다.

엘리바스의 논리는 전통적인 복음주의가 가르치는 경건과 불편하리만치 닮았다. 그의 주장은 추상적이긴 하지만 하나같이 성경에 나오는 진술들이다. 우주에 대한 도덕 질서는 엄연히 존재한다. 악한 행동은 조만간 고통스러운 결과로 이어진다는 말도 어김없는 사실이다. 하나님을 신뢰해야 하며 자신은 늘 올바르다고 생각해선 안 된다. 힘겨운 시기를 만나면 당연히 하나님 앞에 겸손히 엎드려 스스로를 돌아보아야 한다.

앞에서 살펴보았듯, 다윗이나 요나와 같은 상황일 수도 있다. 하나님은 우리를 일깨우고 싶어 하시는지도 모른다. 욥기 5장 17절에서, 엘리바스는 말한다. "하나님께 징계받는 자에게는 복이 있나니 그런즉 너는 전능자의 징계를 업신여기지 말지니라." 이번에도 지당한 말씀이다. 하지만 구약 주석가 프랜시스 앤더슨Frances I. Anderson은 욥의 친구들이 꺼내 놓은 말들과 관련해 "밑바닥에 떨어진 이에게 참말은 효과가 신통치 않은 약이나 다름없다"[4]라고 꼬집는다.

욥의 친구들은 원칙적으로는 진실이 분명한 이야기들을 꿰어 맞추는 데 성공했지만 하나님의 은혜를 정확하게 파악하지 못한 탓에 목회적으로는 실패하고 말았다. 그들은 도덕적인 신학을 가지고 있었다. 엘리바스는 말한다. "재난은 티끌에서 일어나는 것이 아니며 고생은 흙에서 나는 것이 아니니라"(욥 5:6). 시련은 저절로 오는 게 아니라 바르지 못하게 살았거나 잘못을 저질렀을 때 닥친다는 뜻이다.

하지만 죄로 말미암아 "땅이 네게(그리고 이제는 모든 인류에게) 가시덤불과 엉겅퀴를 낼 것"이라는 창세기 3장 18절의 가르침을 그가 전혀 파악하지 못하고 있다는 사실이 여실히 드러난다. 다시 말해, 죄 탓에 세상은 완전히 망가졌으며 얼마나 선하게 사느냐와 상관없이 불행한 일들이 일어나게 마련이라는 얘기다. 욥의 친구들은 '잘 길들여진 하나님'이라는 의식을 품고 있다. 그들은 삶에는 결코 수수께끼랄 게 없다고 단정한다. 삶이 별 탈 없이 굴러가는 건 다 반듯하게 산 덕이고, 인생이 제대로 풀리지 않는다면 무언가 잘못을 저지른 탓이라고 철석같이 믿는다.

하지만 앤더슨은 그런 의식 자체가 하나님에 대한 섣부른 판단이라고 지적한다. "하나님을 [인간의] 윤리적 의무 아래로 끌어들이는 행위는 …… 주님의 주권을 침해하는 짓이다."[5] 달리 말해, 엘리바스처럼 도덕적인 이들은 그 윤리의 틀로 하나님도 관리할 수 있다고 믿는다는 것이다. 그래서 그들은 욥에게 조언한다. "맥을 제대로 짚게나. 기억나는 죄를 다 털어놓고 행실을 고치면 만사가 다시 잘 돌아갈 걸세. 내 장담하지!"

욥은 친구의 무감각하고 잔인한 언사를 잠자코 받아들이지 않는다. 욥기 6장에 나타난 욥의 반응은 그 정서적인 사실성에 등골이 오싹할 정도다. 친구들의 '잘 길들여진 하나님'이라는 의식이 바르지 않음을 잘 알지만, 그렇다고 해서 부당하다고 아우성치면서 하나님을 원망하거나 거부하지도 않는다. 전통적인 신앙의 지침이나 비신앙적인 가르침 가운데 한쪽을 택하기 쉬운 상황에서, 욥은 그 어느 편도 따르지 않는다. 결국, 고뇌와 괴로움만 한없이 깊어진다.

> 나의 괴로움을 달아 보며
> 나의 파멸을 저울 위에 모두 놓을 수 있다면
> 바다의 모래보다도 무거울 것이라

그러므로 나의 말이 경솔하였구나

전능자의 화살이 내게 박히매

나의 영이 그 독을 마셨나니

하나님의 두려움이 나를 엄습하여 치는구나(욥 6:2-4).

욥은 너무도 두려워서 하나님 앞에서 차라리 죽는 게 낫겠다는 식의 부질없는 말조차 입에 담지 못한다.

나의 간구를 누가 들어 줄 것이며

나의 소원을 하나님이 허락하시랴

이는 곧 나를 멸하시기를 기뻐하사

하나님이 그의 손을 들어 나를 끊어 버리실 것이라

그러할지라도 내가 오히려 위로를 받고

그칠 줄 모르는 고통 가운데서도 기뻐하는 것은

내가 거룩하신 이의 말씀을 거역하지 아니하였음이라(8-10절).

하지만 친구들의 조언에 대해서는 생각하는 바를 무서우리만치 솔직하게 쏟아 낸다.

낙심한 자가 비록 전능자를 경외하기를 저버릴지라도

그의 친구로부터 동정을 받느니라

내 형제들은 개울과 같이 변덕스럽고 ……

내게 가르쳐서 나의 허물된 것을 깨닫게 하라

내가 잠잠하리라

옳은 말이 어찌 그리 고통스러운고

너희의 책망은 무엇을 책망함이냐

너희가 남의 말을 꾸짖을 생각을 하나

실망한 자의 말은 바람에 날아가느니라 ……

너희는 돌이켜 행악자가 되지 말라

아직도 나의 의가 건재하니 돌아오라

내 혀에 어찌 불의한 것이 있으랴(14-15, 24-26, 29-30절).

친구들을 비아냥대는 욥의 반응은 자못 신랄하다. "이런 말은 내가 많이 들었나니 너희는 다 재난을 주는 위로자들이로구나"(욥 16:2). "너희만 참으로 백성이로구나 너희가 죽으면 지혜도 죽겠구나"(욥 12:2).

이렇게 욥과 세 친구들은 여러 장에 걸쳐 주인공의 고난을 두고 뜨겁고 깊은 논쟁을 벌인다. 욥은 발언할 때마다 친구들의 주장을 논박할 뿐만 아니라 시련을 당하는 이들이 오랜 세월 동안 꾸준히 제기해 왔던 질문들을 하나님께 소리 높여 던진다. "왜 이런 일이, 왜 하필 저에게 일어난 겁니까?"

마침내 또 다른 인물, 엘리후가 등장한다. 나머지 둘에 비해 나이가 젊은 이 친구는 욥과 다른 두 벗들을 싸잡아 비판한다(욥 32-37장). 욥도, 친구들도 모두 '승기'를 잡지도, 하나님의 뜻을 명확하게 분별하지도 못했음이 확실해지면서 극적인 재미가 배가된다. 친구들의 말은 더없이 유창한

반면, 욥의 이야기는 그 나물에 그 반찬과 같다. 누가 옳은가? 하나님의
의도는 무엇인가?

욥기의 첫머리에서 중반부까지는 주인공에게 닥친 환란이 징벌이
아님을 독자들에게 보여 준다. 욥이 당한 고난은 그가 개인적으로 저지
른 죄에 대한 응징이 아니다. 잘못된 행동을 교정하려는 조처도 아니다.
욥을 일깨워 엉뚱한 길로 가지 않게 하거나 곁길을 그만 헤매고 믿음으
로 돌아오게 하는 작업이 아니라는 뜻이다. 프랜시스 앤더슨은 욥의 고
난 이면에 숨은 뜻이 '하나님과 동행하는, 지경이 넓어진 삶'에 있다는 사
실이 서서히, 그러나 여실하게 드러난다고 주장한다. 그밖에는 달리 이
유가 없다. 일단, 욥의 독실한 삶만 감안해도 다른 가능성을 생각하기 어
렵다. 앤더슨은 이렇게 말했다.

> "전능자의 징계"(욥 5:17)를 말하는 엘리바스의 주장에 한 점 진실이라고
> 볼 만한 면이 있다 해도, 그것은 한 인간을 훈련해서 죄를 지을 가능성
> 을 저지한다는 부정적인 의미에서의 훈련은 아니다. 욥은 오랜 시간이
> 걸려서 이 결론에 이르렀다. …… 욥이 모르는 걸 오늘날의 독자들은
> 알고 있다. 욥이 가진 가장 고상한 지혜는 하나님 한 분만을 사랑하는
> 데 있다는 사실이다. 그러기에 엘리바스의 말은 위안은커녕 덫일 따름
> 이다. 그의 충고를 거칠게 물리치는 모습으로 미루어, 욥은 그 위험을
> 감지했음을 알 수 있다.[6]

욥이 역경이란 특정한 죄를 바로잡기 위한 징벌이나 교정이라는 친

구들의 주장에 동의했더라면, 스스로 겪고 있는 환난의 목적과 유익을 다 놓쳐 버렸으리라는 게 앤더슨의 판단이다. 하나님은 새로운 차원의 삶을 살라고 명령하고 계셨고, 욥이 그것을 눈치 채고 있음을 드러낸다. 무슨 말을 하고 어떤 기도를 하든, 욥은 하나님을 만나고 주님의 음성을 직접 듣고 싶다는 소망을 되풀이해 고백한다. 책의 끝 대목에 이르러 소원을 이루지만 애초에 기대하는 방식은 아니었다. 하나님이 욥기 마지막 장에서 실제로 나타셨을 때, 네 가지 커다란 충격과 놀라운 일이 벌어졌다.

드디어
하나님이 나타나셨다!

하나님은 정말 두려운 모습으로 나타나셨지만 욥을 멸하지 않으셨다. 이게 첫 번째 놀라운 일이다. 하나님의 준엄한 말씀을 처음 들으면, 이제 곧 욥을 모질게 심판하시겠구나 하는 생각이 든다. 하나님은 폭풍우 속에서 말씀하신다.

무지한 말로 생각을 어둡게 하는 자가 누구냐

너는 대장부처럼 허리를 묶고

내가 네게 묻는 것을 대답할지니라

내가 땅의 기초를 놓을 때에 네가 어디 있었느냐

네가 깨달아 알았거든 말할지니라

누가 그것의 도량법을 정하였는지

누가 그 줄을 그것의 위에 띄웠는지 네가 아느냐

그것의 주추는 무엇 위에 세웠으며

그 모퉁잇돌을 누가 놓았느냐

그때에 새벽 별들이 기뻐 노래하며

하나님의 아들들이 다 기뻐 소리를 질렀느니라(욥 38:2-7).

그러나 이처럼 강력하고 도전적인 말씀에도 불구하고, 하나님은 욥을 심판하거나 파멸시키는 대신 은혜의 손길을 내미셨다. 이를 보여 주는 첫 번째 실마리는 여태껏 욥기에 단 한 번도 출현하지 않았던 하나님의 인격적인 히브리 이름, "여호와"(1절)가 갑작스레 등장한다는 데서 찾을 수 있다. 여호와는 타오르는 가시덤불 속에서 모세에게 나타나셨을 때 스스로 부르신 이름이다. 하나님이 언약 가운데서 사랑으로 교제하는 이들에게 주시는 인격적이고 친밀한 관계를 드러내는 이름이기도 하다. 그런데 바로 그 여호와가 욥에게 말씀하고 계신다.

아울러 여호와는 폭풍우 속에서 욥에게 "대답하셨다"(1절, 새번역)라고 성경은 전한다.[7] 이 문구는 대단히 중요하다. 조지 버나드 쇼George Bernard Shaw를 비롯해 적지 않은 독자들은 욥에게 들려주신 하나님 말씀을 "조롱"이나 "야유"로 이해했다.[8] 하지만 히브리어 어법에서 누군가에게 '이야기하다'라는 말은 권위를 가진 쪽에서 그보다 지체가 낮은 이에게 일방적으로 의사를 전달하는 식의 소통을 가리키는 반면, '대답하다' 또는 '답하다'라는 동사는 동등한 양측 사이의 대화를 뜻한다. 그러기에 하나님이 오셔서 대화하셨다는 사실 자체가 굉장히 충격적이다. 주님은 일방적으로 선포하러 오신 게 아니다. 다시 말해, 하나님은 욥을 관계 속으로 불러들이셨다. 게다가 최종 결정권까지 욥에게 주셨다(욥 42:1-6).

어느 주석가는 이렇게 풀이한다.

> 하나님 편에서 보여 주신 이 겸양과 상대에게 맞춰 응해 주신 증거는, 일반적으로 가정하는 부류와는 다른 성격을 하나님과 욥 사이의 상호작용에 부여한다. 하나님은 욥을 꾸짖고 조롱하는 신랄하고 대립적인 신이 아니다. …… 오히려 하나님은 충만함 가운데 임하셔서 욥에게 그분의 실상을 압도적으로 경험하게 하셨다. …… 그렇게 욥(과 독자들)은 제자리로 돌아간다. 꾸지람이나 하나님을 의심한 데 대한 경고를 통해서가 아니라 인간의 눈으로 볼 수 있는 형태로, 곧 하나님이 친히 강림하시는 방식을 통해서였다. 결국, [하나님의 임재는] 틀림없이 압도적이었을 텐데 은혜로운 역사로 해석할 수밖에 없다.[9]

여호와라는 이름이 주는 친밀감과 말씀의 분위기에도 불구하고, 하나님은 폭풍우 속에 임하셨다. 고대인들에게는 태풍급 폭풍만큼 두렵고 파괴적인 게 없었다. 욥의 자녀들도 큰 바람 앞에 한꺼번에 목숨을 잃었다(욥 1:19). 욥은 실제로 하나님이 나타나시면 '그가 폭풍으로 나를 치시지' 않을까 두려워했다(욥 9:17). 실제로 하나님은 폭풍우의 왕이라는 더없이 맹렬하고, 압도적이며, 장엄한 모습으로 찾아오셨다. 욥은 물론이고 구약성경 독자들도 이런 형태로 오신 하나님이라면 당장 상대를 파멸시키리라 여기기 쉽다. 하지만 주님은 그러지 않으셨다. 시내산에 임하셨을 당시는 누구든 경계선을 넘거나 산에 오르면 죽음을 면치 못했다. 하지만 이번에는 눈앞에 바로 임하셨지만 욥은 생명을 잃지 않았다.

이 역설을 잊어선 안 된다. 하나님은 은혜롭고 인격적인 분으로 오시는 동시에 무한하고 압도적인 권능으로 임하신다. 단번에 양쪽을 다 아우르신다. 어떻게 그럴 수가 있는가? 오직 예수 그리스도를 통해서만, 인간의 손이 닿지 않는 무한하신 하나님이 어떻게 힘없는 아기인 동시에 사랑이 넘치는 구세주가 되시는지 알 수 있다.

십자가에서는 어떻게 하나님의 사랑과 거룩함이 동시에 채워지는지 볼 수 있다. 하나님은 너무도 거룩하셔서 예수님이 죄를 위해 돌아가시지 않고는 인간이 용서받을 길이 없었다. 그러나 주님은 우리를 너무도 사랑하신 나머지 기꺼이 목숨을 버리셨다. 복음은 어떻게 하나님이 사랑의 주님인 동시에, 흑암과 폭풍우가 사납던 날 욥이 마주했던 진노의 주님이 될 수 있는지 설명해 준다.

왜 설명해 주지
않으셨을까

두 번째 놀라운 일은 본문에 하나님이 "대답하셨다"라고 되어 있기는 하지만, 얼핏 보기에 욥이나 친구들의 관심사에 대해서는 한마디 말씀도 없다는 점이다. 하나님이 임하셔서 모든 것을 설명해 주시길 욥은 기대했다. 하나님이 오셔서 욥에게 유죄 판결을 내려 주시길 욥의 친구들은 바랐다. 하지만 어느 쪽도 아니었다. 도리어 하나님은 자연계의 놀라움에 관한 시적인 말씀만 잔뜩 들려주셨다.

하나님이 욥에게 들려주신 말씀을 살피기 전에 우선, 걸음을 멈추고 주님이 욥에게 일어난 일에 관해 일언반구 설명하지 않으신다는 점의 중요성을 가늠해 볼 필요가 있다. 사탄이나 하늘나라에서 열린 회의에 관해서도 말씀이 없으시다. 욥에게 시련을 쏟아붓도록 사탄에게 허락하신 이유도 들려주지 않으신다. 시련의 이유에 대해 말씀하시는 것이 하나님께 어려운 일이어서는 아닐 것이다.

주님은 얼마든지 말씀하실 수 있었다. "욥아, 네가 정말 고통스러웠다는 걸 잘 안다. 하지만 이 모든 일로 말미암아 네가 위대해지고, 세상의 마지막 날이 오는 순간까지 시련을 겪는 수많은 사람에게 영감을 불어넣게 되리라는 사실을 알아야 한다. 환난 가운데 인내하는 법을 내 아들만큼 잘 아는 이는 아무도 없을 게다." 그랬더라면 욥도 말씀드렸을 것이다. "오, 좀 다르군요. 제 시련이 그렇게 이어진다면 다른 각도에서 상황을 볼 수 있을 것 같습니다." 하지만 아니었다. 하나님은 아무 말이 없으셨다. 어째서일까?

프랜시스 앤더슨은 다시 한 번 통찰력 있는 해석을 내놓는다.

욥이 자신의 시련과 관련된 요소들을 전부 파악하지 않고도 만족하게 되었다는 점은 이 책이 가진 탁월한 미덕 가운데 하나다. …… 시련의 목적이 어디에 있는지 욥이 모르는 경우에만 시험은 의미를 갖는다.

하나님은 버려지는 경험을 욥의 삶에 불쑥 들이밀어 벌거벗은 신앙으로 인생을 다시 시작하도록, 곧 하나님 한 분만 사랑하는 법을 배울 수 있게 하셨다. 하나님이 많은 사람에게 이런 특권을 부여하시는 것 같지는 않다. 깨달음을 얻기 위해 너무 엄청난 값을 치러야 하는 탓이다. 고난을 하나님의 더없이 소중한 선물들 가운데 하나로 여기는 것 역시 그 깨달음에 속한다.

시험이 다 끝난 뒤에도 앞뒤를 완전히 밝혀 주시지 않은 까닭에 욥은 눈에 보이는 사실이 아니라 믿음으로 한길을 갔다. 욥은 마지막 대목에서 "이제 다 압니다"라고 말하지 않는다. 욥은 결코 전모를 보지 못했다. 욥은 하나님을 보았다(욥 42:5). 하나님이 누구에게도 인생의 줄거리 전체를 말씀해 주지 않으셨다면, 아마 그편이 더 낫기 때문일 것이다.[10]

욥은 실제로 하나님을 사랑하지도 섬기지도 않으며, 하나님의 뜻을 따르는 방식으로 자신을 사랑하고 섬길 뿐이라는 게 사탄의 고발 내용이었다. 둘째가라면 서러우리만치 하나님을 충실하게 따른 이들에게조차 이는 어느 정도 인정할 만한 사실이라는 이야기는 앞에서 이미 했었다. 인생사가 어떻게 풀려 가느냐에 따라 하늘까지 치솟았다 바닥으로 곤두박질하길 반복하는 건 하나님을 오로지 그분 자체로 온전히 사랑하지 않는 탓이다.

우리는 자신을 둘러싼 모든 일이 잘 돌아가지 않는 한 만족해하는 법이 없다. 뿌리가 깊지 못해서 환경 변화라는 바람 앞에서 이리 쓰러지고 저리 넘어지기 일쑤다. 그러나 대가를 바라는 조건부 신앙 구경꾼들은 죽었다 깨나도 그 깊이를 가늠할 수 없는, 하나님의 "자유로운 연인"이 되기 위해서는 일반적으로 껍질을 벗어 버리는 과정을 거쳐야 한다. 하나님께 순종해도 아무 소득이 없다고 느껴지는 지점까지 가야 한다. 거기가 바로 하나님을 찾고, 기도하고, 순종하는 씨름이 변화를 일으키기 시작하는 출발점이다.

욥은 마침내 '하나님과 동행하는, 지경이 넓어진 삶'을 받아들인다. 고난을 당한 이유를 하나님이 끝내 알려 주시지 않았기에 가능한 일이다. 하나님은 자기를 합리화하고 싶어 하는 인간의 욕구에 협력해 시련의 까닭을 알려 주실 수도 있었다. 하지만 고난의 경험은 욥을 이끌어 단지 그분이 하나님이시기에 사랑하고 신뢰하는 경지에 이르게 했다.

욥은 엄청난 힘을 지니고 기쁨을 누리는 인간이 되었다. 호의적인 환경이 갖춰져야 영적으로 바로 서는 차원을 넘어섰다. 고난은(정확하게는 고난의 결과는) 위대하리만치 대단한 선물이 되었다. 환난 외에 그 어떤 다른 방법으로 하나님을 의지하는 수준이 여기에 이를 수 있었을지 의심스럽다. 앤더슨의 말대로, 욥은 큰 그림을 본 적이 없다. 본 것이라고는 오로지 하나님뿐이다. 하지만 이것이야말로 크리스천에게 영원토록 필요한 일이다.

하나님이 욥에게 고난에 대해 한마디도 설명하지 않으신 결정적인 이유가 하나 더 있다. 사탄은 욥을 위선자로 고발했다. 개인적인 유익을 바라기에 도덕적인 생활을 하고 하나님께 순종할 뿐이라는 것이다. 사탄은 욥에게 고통을 안길 뿐만 아니라 그의 신용을 떨어트리고 흠집을 한껏 노출시키고 싶어 했다. 하지만 하나님은 그 기대에 완전히 어긋나는 결과가 나올 정도로만 사탄에게 여지를 허락하셨다.

　오늘날의 독자들로서는 하나님이 사탄에게 욥을 공략하도록 허락하신 게 몹시 못마땅할 수 있겠지만, 사탄의 공격은 결국 욥에게 영원히 사라지지 않을 명성을 얻게 하고 역사를 통틀어 가장 유명한 인물 가운데 하나로 자리매김하게 했음을 잊지 말아야 한다. 지금부터 3천 년쯤 흐른 뒤에, 수백, 수천만이 누군가의 말과 행적을 찾아 읽고 토론을 벌인다면, 그 주인공은 위대한 인물로 평가할 수 있을 것이다. 하나님은 욥의 시련을 통해 인류사 전반에 걸쳐 역경을 마주한 수많은 이에게 인내와 끈기를 가지도록 영감을 불어넣는 위대한 자원을 빚어내셨다.

　하나님은 악에게 자멸할 정도의 여지만 열어 주신다. 욥의 이야기는 주님이 우리의 삶과 세계 속에서 행하시는 역사의 축소판이다. 하나님은 지금도 악마저도 한 부분으로 아울러 가며 역사의 판을 짜고 계신다. 그러기에 때로는 혼란스럽고 화가 날지도 모른다. 하지만 욥기는 그 베일을 단번에 열어 젖혀서, 하나님은 악에게 그 의도와 백 퍼센트 딴판인 결과가 나올 만큼만 운신의 폭을 허락하신다는 점을 또렷이 보여 준다.

하나님만
참 주인이시다

　최종 판결에서, 주님은 세상의 창조 과정을 곰곰이 되짚으시며, 하나님이 지으신 온 피조물 가운데 욥이 아는 것은 지극히 일부일 뿐이라고 다그치신다. 신랄한 말투로 과연 "네가 아느냐"(욥 38:5)라고 물으신다. 주님은 세상을 뒤덮은 대양들도 한낱 힘없는 아기로 그려 내신다. 조산사가 갓난아이를 배냇저고리에 감싸 안듯, 친히 구름으로 따뜻하게 두르신다는 것이다(8-9절).

이어서 하나님은 세상의 경계로 나가신다. 멀리는 해가 뜨고 지는 가장자리까지(12-15절), 깊게는 지구의 마지막 밑바닥, 곧 암석과 바다의 가장 깊은 기초까지(16-18절), 높게는 세상 꼭대기, 즉 눈과 우박과 비와 번개의 곳간까지(19-30절), 심지어 별자리와 뭇별까지(31-38절) 조목조목 짚으신다. 하나님은 그 모든 것을 지으셨고 속속들이 아신다. 욥도 그런가?

물리적인 세계를 훑고 난 뒤에는 사자(39-40절), 까마귀(41절), 산 염소들과 새끼를 낳는 사슴(39:1-4), 들나귀(5-8절), 들소(9-12절), 타조(13-18절), 말(19-25절), 매와 독수리(26-30절)들을 줄줄이 열거하신다. 신앙적인 글을 쓰는 작가들은 장구한 세월에 걸쳐 이런 짐승들에게서 윤리적인 교훈을 끌어내려 애써 왔지만, 하나님은 그러지 않으신다. "사슴의 이러저러한 면을 닮으라"라는 식의 말씀은 단 한마디도 없다. 뭇짐승은 그 자체로 사랑하고 즐겨야 할 하나님의 작품들이며, 그분의 지혜와 기쁨, 권능과 아름다움을 드러내기 위해 존재한다.

자연의 경이로움을 소개하는 이 목록은 볼수록 놀랍다. 핵심은 단순하다. 우리는 하나님이 아니다. 주님의 지식과 권능은 끝이 없어서 인간으로서는 따라갈 엄두조차 낼 수 없다. 이 첫 번째 말씀은 주님의 질문으로 마무리된다. "트집 잡는 자가 전능자와 다투겠느냐 하나님을 탓하는 자는 대답할지니라"(욥 40:2). 일곱 살짜리 코흘리개는 세계적인 석학의 수

학적인 계산에 토를 달지 못한다. 하지만 인간은 어찌 된 셈인지 하나님이 세상을 움직이시는 방식에 이의를 제기한다. 이게 가당하기나 한 일인가?

두 번째 말씀에서(욥 40:6-41:34), 하나님은 이를 직설적으로 지적하신다. 이스라엘 사회에서 재판관은 판결을 내릴 뿐만 아니라 집행까지 담당한다. 재판관 자리에 앉은 임금은 원고에게 죄가 없으면 사회적인 지위를 회복시키고 잘못을 바로잡는다. 욥기 40장 8절에서, 하나님은 적법성의 근거를 보이기 위해 애초에 그랬던 것처럼 스스로 세상을 심판하는 재판장 자리에 좌정하신다. 그러고는 9-14절에서 엄하게 추궁하신다.

> 네가 하나님처럼 능력이 있느냐 하나님처럼 천둥소리를 내겠느냐
> …… 너의 넘치는 노를 비우고 …… 악인을 그들의 처소에서 짓밟을지
> 니라 그들을 함께 진토에 묻고 그들의 얼굴을 싸서 은밀한 곳에 둘지니
> 라 그리하면 네 오른손이 너를 구원할 수 있다고 내가 인정하리라.

이제 독자들은 창조 질서의 경이로움을 일일이 꼽으신 하나님의 뜻을 가늠할 수 있다. 욥에게는 심판자가 될 만한 권세가 없으므로, 그럴 권리도 없다. 창조주보다 세상을 잘 굴릴 수 있다고 말하지만, 그건 터무니없는 소리일 뿐이다. 하나님은 욥에게 그럴 수 있다는 주장을 철회하라고 요구하신다. 앤더슨은 욥에게 "짜증을 그치고 더 기꺼운 마음으로 사안 전체를 온전히 하나님께 맡기라. 주님이 먼저 모든 질문에 답해 주서야 한다는 고집을 버리고 그리하라"라는 명령이 떨어졌다고 말한다.[11]

마지못해서가 아니라 선뜻, 하나님만이 참 주인이심을 인정하는 게 지혜로운 길이다. 그 밖에는 무엇이 됐든 그 자체로 악이 된다. 앤더슨은 이렇게 정리한다.

> 욥기 전체의 신학적인 핵심을 제대로 파악했다면, 여기에 한없이 심오한 진리가 있음을 발견한다. 무엇보다, 삶 속에 벌어지는 이러저러한 일들을 두고 불평을 늘어놓음으로써 결국 현재 하나님이 우주를 움직이는 방법보다 더 나은 비결을 스스로 내놓을 수 있다는 속내를 드러내는 이들을 향한 꾸지람이 있다. 사람들은 힘을 써서 악과 싸우느라 열심이며, 조급한 마음에 하나님도 자주 그러해 주시길 고대한다. 하지만 그런 파괴적인 행위를 통해 인간은 악을 행하고 또 악해진다. [욥이 실제로 욥기 40장 8-14절에 기록된 짓을 저질렀더라면] 하나님의 역할을 빼앗았을 뿐만 아니라, 또 다른 사탄이 되었을 것이다. 오직 하나님만이 창조적으로 파괴하실 수 있다. 오직 하나님만이 악을 선으로 바꾸실 수 있다.[12]

엘리자베스 엘리엇만큼 이런 생각을 잘 표현한 이도 없을 것이다. 두 차례나 겪어야 했던 배우자의 죽음을 비롯해 말로 다 할 수 없는 온갖 비극과 역경으로 얼룩진 일생을 되짚고 나서, 그녀는 욥기의 마지막 대목을 묵상하며 이렇게 말했다.

> 하나님은 하나님이시다. 하나님이시라면 마땅히 내 예배와 섬김을 받

으시기에 합당하다. 오로지 그분의 뜻 가운데서만 쉼을 찾는다. 하나
님이 하실 일을 기껏 가늠해 본다 해도, 그분의 뜻은 한없이, 헤아릴 수
없을 만큼, 말로 다 표현 못할 정도로 나의 생각을 뛰어넘는다.[13]

힘들수록
하나님의 품을 파고들라

마지막으로, 네 번째 놀라운 일이 있다. 앞에서 욥은 하나님의 설명
을 기대했지만, 친구들은 욥이 죄인이라는 판결을 내려 주시길 바랐다는
이야기를 했다. 그런데 하나님은 말씀을 매듭지으면서 엘리바스와 빌닷,
소발을 향해 율법적이고 자기합리화에 급급하다고 책망하신다. 그들의
보복 신학 역시 그릇되었다고 나무라신다. 또한 무고하게 고난을 당한다
는 "내 종" 욥의 주장은 옳았다고 지적하신다(욥 42:7-9). 아울러 욥이 친구
들을 위해 기도해 주어야만 거룩한 징계를 면할 수 있다고 말씀하신다.

오늘날의 독자들을 몹시 의아하게 만드는 대목이다. "어째서 하나
님은 그토록 욥을 인정하시는가? 자신의 태어난 날을 저주하고, 하나님
의 지혜에 도전하며, 울부짖다가 쓰디쓴 불만을 터트리고, 절절한 회의를
드러냈던 인물이 아닌가? 욥을 시종일관 견실하게 믿음을 지킨 본보기로
꼽기는 어렵지 않을까?"

우선, 하나님은 너그러우시며 즐겨 용서하시기 때문이다. 그러나 반
드시 알아야 할 중요한 사실이 있다. 처음부터 끝까지, 욥은 기도를 멈추

지 않았다. 불만을 쏟아 내긴 했지만 하나님께 토로했다. 의심했지만 하나님 앞에서 회의했다. 비명을 지르고 고함을 쳐 댔지만 하나님의 임재 안에서였다. 제아무리 고뇌가 깊어도 쉬지 않고 하나님께 말씀드렸다. 끊임없이 주님을 찾았다.

하나님은 마침내 욥이 이겼노라고 하셨다. 그렇게 슬퍼하고, 노하고, 의심하는 걸 지켜보시고도 여전히 "네가 이겼다"라고 말씀하시다니, 얼마나 놀라운 일인가! 하나님이 보시기에 욥의 행위가 다 괜찮아서, 그러니까 욥의 마음과 동기가 늘 합당해서가 아니었다. 하나님의 얼굴과 임재를 찾은 욥의 근성은 고난을 통해 주님에게서 멀어지는 게 아니라 도리어 더 가까이 나가게 되었음을 가리키기 때문이다. 바로 거기서 모든 게 달라졌다. 존 뉴턴의 말대로, 끊임없이 기도하며 주님께 가까이 가려고 애써도 유익을 얻지 못하는 느낌이 들 정도라면, 그분께 멀어진 상태에선 그야말로 아무것도 얻을 수 없다.

이는 역경을 겪는 이들이 욥기에서 배울 수 있는 가장 확실하고 실질적인 가르침이다. 성경은 "여호와는 마음이 상한 자를 가까이하시고"(시 34:18), "모든 넘어지는 자들을 붙드시며 비굴한 자들을 일으키시는도다"(시 145:14)라고 말한다. 하나님이 시련을 겪는 이들을 가까이하시며 보살피신다는 건 지극히 보편적인 원리다. 그뿐만 아니라, 성령이 고통으로 신음하는 크리스천과 함께하시겠다고 약속하신다(롬 8:26). 그리스도를 믿는 이들에게 "결코 너희를 버리지 아니하고 너희를 떠나지 아니하리라"(히 13:5)라고도 하신다. 예수님은 우리를 양으로 규정하시면서, "그들을 내 손에서 빼앗을 자가 없느니라"(요 10:28)라고 단언하신다.

이런 말씀들은 설령 더없이 캄캄하고 메마른 시기를 지내며 하나님을 조금도 느낄 수 없을지라도 그분은 여전히 거기에 계심을 보여 준다. 고난에 맞서는 기본 중의 기본이 여기에 있다. 욥처럼 하나님을 찾고 그분께 나아가야 한다. 파삭파삭하게 말라붙은 느낌이 들지라도 꾸준히 기도해야 한다. 괴로울지라도 말씀을 읽어야 한다. 그러면 끝내는 다시 주님의 임재를 감지하게 될 것이다.

흑암은 영원히 계속되지 않는다. 하나님이 요구하시는 책임과 의무를 다하는 데서 시련을 견디는 데 필요한 힘이 나온다. 주님의 명령을 단 한 줄이라도 소홀히 하지 말라. 읽고, 기도하고, 연구하고, 교제하고, 섬기고, 증거하고, 순종하라. 물리적으로 감당할 수 있는 모든 책임을 다하라. 평강의 하나님이 함께하실 것이다.

성경에는 이와 관련된 본보기들이 수두룩하다. 가장 유명한 사례 가운데 하나로 꼽히는 시편 42편에서 기자는 이렇게 고백한다.

> 내가 전에
> 성일을 지키는 무리와 동행하여
> 기쁨과 감사의 소리를 내며
> 그들을 하나님의 집으로 인도하였더니
> 이제 이 일을 기억하고
> 내 마음이 상하는도다
> 내 영혼아, 네가 어찌하여 낙심하며
> 어찌하여 내 속에서 불안해하는가

너는 하나님께 소망을 두라

그가 나타나 도우심으로 말미암아

내가 여전히 찬송하리로다

내 하나님이여, 내 영혼이 내 속에서 낙심이 되므로

내가 …… 주를 기억하나이다(4-6절).

시편 42편은 치열하고, 한결같고, 설득력 있는 기도다. 기자는 하나
님께 상한 마음을 쏟아 낸다. "내 마음이 상하는도다"라는 말은 무슨 뜻인
가? 우선, 자신의 마음속으로 들어간다는 의미다. 요즘 더러 쓰는 '감정을
직시한다'는 말의 더 오래되고 더 건전한 버전이다. 회의와 욕구, 두려움
과 소망을 정직하게 들여다보는 작업을 가리킨다.

하지만 추상적인 자기 검증이 아니라 하나님 앞에서 자신을 돌아보
는 것임을 잊지 말라. 시편 기자는 구석에 쪼그리고 앉아 자신을 살피는
게 아니라 하나님께 내면의 실상을 드러내고 있다. 부르짖고, 갈망하고,
되돌아보고, 기억하는 행위가 모두 하나님 앞에서 이뤄진다.

"내 마음이 상하는도다"라는 말은 또한 단순히 하나님을 부른다는
의미기도 하다. 시편 42편을 찬찬히 보노라면, 혼란과 좌절을 정직하고
직설적으로 토해 내는 서술들을 여럿 만나게 된다. 그럼에도 불구하고 기
자는 한결같이, 그리고 집중적으로 기도하길 잊지 않는다.

그저 마음의 소리에 귀를 기울이기만 하는 게 아니라 대화를 주고받
는다는 점도 주목해야 할 포인트다. 기자는 "내 영혼아"라고 자신을 부르
며 말을 건다. 한창 시련과 시험을 겪는 이들이라면 누구나 기억해야 할

사실이다. 마음의 소리에 귀를 기울여야 한다. 자기 감정을 정직하게 살펴서 무엇을 할 수 있을지 알아내야 한다. 하지만 마음이 들려주는 이야기를 듣기만 해선 안 된다. 한편으로는 반드시 마음과 이야기할 줄 알아야 한다. 마음이 내세우는 논리의 전제를 파악하기 위해 귀 기울여 경청해야 하지만, 옳지 않다는 판단이 들면(그러기 십상인데) 그 전제에 도전해야 한다.

마음에서 "희망이 없어!"라는 소리가 들린다면 잠자코 있어선 안 된다. "어디에 소망을 두느냐에 따라 다르지! 올바른 대상에 희망을 걸고 있니?"라고 말해 주어야 한다. 시편 기자가 자신의 소망들을 어떻게 분석하고 있는지 주목하라. "네가 어찌하여 낙심하며 어찌하여 내 속에서 불안해하는가?" 그리고 어떻게 자신을 다잡는지 보라. "너는 하나님께 소망을 두라 그가 나타나 도우심으로 말미암아 내가 여전히 찬송하리로다." 기자는 자신의 마음과 대화하면서 하나님께 나가고 그분을 바라보라고 다독인다.

로이드 존스는 시편 42편을 본문으로 설교하면서, 시편 기자는 낙담했지만, 좌절을 겪는 이들이라면 누구나 활용해야 할 중요한 전략을 놓치지 않았다고 지적한다.

우리가 반드시 배워야 할 으뜸가는 일은 시편 기자 역시 배웠던 일인데, 바로 자기 자신을 엄하게 다루는 법이다. …… 기자는 자신에게 이야기하고 말을 건다. …… 병적인 상태나 자아 성찰과는 다르다는 점을 기억하는 게 중요하다. …… 자아가 말을 걸게 하지 말고 우리가 자아에게 말을 걸어야 한다. 영적 침체에 빠지면, 자아에게 말을 거는 대신 자아가 말을 걸어오기 쉽다. 일부러 궤변을 늘어놓고 있다고 생각하는가? 천만의 말씀이다. 이 문제에 관한 한, 지혜의 핵심이 여기에 있다. 삶 속에서 부딪히는 불행 가운데 많은 부분은 자신과 대화하는 대신 자신의 소리에 귀를 기울이기 때문이라는 걸 알고 있는가? ……
그래서 이 기자는 일어나 말한다. "자아야, 잠시 들어 보아라……." 이어서 자신에게 하나님이 어떤 분이시며, 지금 무엇을 하고 계시고 또 지금까지 무슨 일을 하셨는지, 그리고 앞으로 어떤 일을 하시겠다고 약속하시는지 지속적으로 일깨워 주어야 한다. …… 그리고 이 위대한 마침표로 마무리하라. 자신에게 저항하라. 다른 이들에게 저항하라. 악마와 온 세상에 저항하라. 그리고 기자와 입을 모아 말하라. "그분은 내 하나님이시니 …… 내가 여전히 찬양하리라!"[14]

이는 감정에 초점을 맞춘 이야기가 아니라고 로이드 존스는 조심스럽게 말한다. 오히려 그 반대다. 더없이 메마른 시절에도 규칙적으로 기도하고 말씀을 읽으며 시간을 보낸다는 뜻이다.

크리스천 정신과 의사 존 화이트John White는 The Masks of Melancholy(우울의 가면들)란 책에 이렇게 적었다.

여러 해 전, 심각한 우울감에 시달리던 시절에는 정신을 놓지 않게 붙들어 주는 것이라곤 호세아의 예언을 붙들고 벌이는 한 줌 모래만큼이나 건조한 씨름이었다. 하루하루, 아침마다 꼼꼼하게 주를 달고 본문에 담긴 역사적인 암시들을 점검하기를 몇 주씩 되풀이하면서 발밑이 갈수록 단단해지는 걸 서서히 감지하기 시작했다. 말씀의 의미를 파악하려는 안간힘에서 치유가 솟아나고 있다는 사실을 한 점 의심 없이 깨달았다. 시련을 겪는 이들에게 한 줌의 집중력이라도 남아 있다면, 묵상하는 자세로 성경을 읽기보다는 철저하게 귀납적으로 연구할 필요가 있다. 깊은 우울을 겪는 이들 대다수에게는 묵상하는 심정으로 성경을 읽는 행위가 쉬 끊어지거나 곧잘 도움이 되지 않는 방향으로 흐르기 때문이다.[15]

화이트는 실의에 빠져 있을 때는 '묵상하듯,' 다시 말해 영감과 격려를 구하며 성경을 읽는 방식은 도움이 되지 않는다고 보았다. 오히려 성경을 연구하며 객관적으로 내용을 파악하라고 조언한다. 본문에서 진리를 뽑아내며, 하나님은 어떤 분이며, 그리스도 안에서 자신이 어떤 존재가 되었는지, 주님이 행하신 일을 되새기라는 것이다. 시몬 베유는 적어도 하나님을 사랑하고 싶어 하는 게 중요하다고 말한다. 그러므로 할 수 있는 한 주님께 기도하고 진리를 파고들어야 한다. 그리고 기다리는 일이 필요하다. 욥이 기다렸듯 우리는 하나님을 기다려야 한다.

이런 노력을 기울이는 이들 가운데 상당수는 특히 시편에서 유익을 얻는다. 시편에는 하나님에 대한 가르침으로 가득하며, 많은 부분이 기도다. 게다가 그 기도들은 거의 모든 인간 경험을 아우르고, 하나님 앞에서 시련에 대처해 가는 방법을 알려 준다. 시편 기자들은 자신의 형편을 골똘히 생각하는 대신 기도했다. 시편에서는 은혜에 감격해 기뻐하며 기

도하는 모습뿐만 아니라 눈물, 회의와 두려움, 슬픔과 무력감을 끌어안고
간구하는 장면도 수없이 볼 수 있다. 하나님을 기다리기에는 시편 속 깊
은 구석만 한 좋은 자리도 없다.

하나님을 조종하려던
모든 시도를 내려놓다

욥기 42장 2-6절에서, 욥은 마지막으로 하나님의 말씀에 답한다. 사
용된 어법과 어휘로 미뤄 볼 때, 이는 권위에 눌려 마지못해 토해 내는 고
백이 아니라 예배임에 틀림없다. 일단 욥은 하나님을 "신기한"(3절, 새번역)
분으로 일컫는다. 첫마디부터 감탄의 연속이다. "주께서는 못 하실 일이
없사오며 무슨 계획이든지 못 이루실 것이 없는 줄 아오니." 자신의 요구
들은 하나님의 놀라운 실상을(2-3절) 제대로 고려하지 않은 데서 온 결과임
을 인정한다. 세상에서 벌어지는 모든 일의 이면에는 설령 겉으로 드러나
지 않을지라도 엄연한 하나님의 계획이 있음을 받아들인다.

이렇게 새로운 분위기의 변화와 깨달음은 어디서 비롯된 것일까? 처
음에는 주님에 대해 귀로 듣기만 했는데, 이제는 눈으로 주를 뵙는다고
욥은 고백한다. 애초에는 하나님의 권능과 위엄, 능력에 대한 추상적인
개념이 마음을 제대로 사로잡지 못했다는 뜻이다. 하나님의 임재와 말씀
은 그 모든 관념을 내면화시켰으며 욥을 뒤흔들어 자기합리화의 욕구, 고
난에 대한 구체적인 설명과 공개적인 지지를 요구하는 고집, 하나님이 행

하시는 일들에 대해 자신이 하나님보다 더 잘 안다는 믿음에서 벗어나게 해 주었다. 그러므로 욥의 중심에 일어난 변화는 한층 깊어진 신학의 문제일 뿐만 아니라 영적인 체험의 문제이기도 하다. 어느 한 쪽이 아니라 양쪽 모두라는 뜻이다.

마지막으로 욥은 말한다. "그러므로 내가 스스로 거두어들이고 티끌과 재 가운데에서 회개하나이다"(6절). 이 표현의 속뜻은 겉으로 드러난 것과 다소 차이가 있을 수 있다. 히브리 성경에는 "스스로"라는 표현이 없다. 훗날 성경 번역자들이 추론해 집어넣은 말로, 이를 최선의 선택으로 여기지 않는 주석가가 많다. '회개'라는 말에는 '취소'란 뜻도 있는데, 지금까지 들려주신 하나님 말씀의 핵심이 여기에 있으므로 그렇게 읽는 편이 가장 낫지 않을까 싶다. 욥은 스스로 저지른 잘못 전반에 대해 일반적인 회개를 표현하고 있는 게 아니다. 그건 이 책의 의도 전체를 망가뜨리는 일이다. 세 친구가 욥에게서 이끌어 내려 했던 결과가 바로 그것이기 때문이다.

오히려 욥은 지금 욥기 40장 3-5절에 기록된, 차마 하고 싶지 않았던 일을 하고 있는 중이다. 욥은 자기 변명 프로젝트를 완전히 폐기한다. 나는 의롭고 떳떳하므로 하나님은 반드시 이 모든 일의 앞뒤 사정을 설명하고 공개적으로 자신을 지지해 주어야 한다는 요구를 철회한다. 어떤 식으로든 하나님을 조종하려는 시도를 포기한다(즉, 하나님을 불신하는 행위를 멈춘다). 주님 앞에 엎드려 그분을 본래의 자리에 돌려놓는다. 다른 속셈 없이, 오로지 하나님이라는 이유만으로 주님을 섬기길 원한다.

함께하신다,
지금 여기

놓치기 쉽지만 꼭 알아 두어야 할 사실이 있다. 하나님의 길고 긴 담화에는 욥의 유한한 인간 본질을 일깨우는 강렬한 말들이 가득하지만, 욥의 죄를 언급하는 대목은 그 어디서도 찾아볼 수 없다는 점이다. 하나님은 단 한마디라도 죄가 욥의 시련을 불렀다는 취지의 말씀을 하신 적이 없다. 따라서 욥은 비극이 벌어진 이유를 전혀 듣지 못했으면서도 마음의 평안을 얻는 데 결정적인 깨달음을 얻었다. "하나님이 (친구들이 그랬던 것처럼) 욥의 죄를 나열한 목록을 들이대지 않으셨던 것 자체가 그럴 필요가 없다는 증거"[16]라고 앤더슨은 말한다.

하나님은 무시무시한 폭풍우 속에서 욥에게 임하셨지만 '여호와'로서 아무런 혐의도 제기하지 않으셨다. 그 사실은 곧 하나님이 욥을 사랑하고 용납하시며, 그의 특별한 고난은 남다른 죄에 대한 징계가 아님을 가리킨다. 정죄가 따르지 않았다는 건 주님 앞에서 의롭다는 뜻이다. 결국 하나님은 말씀하고 계신 셈이다. "욥아, 그만하면 됐다." 여기에 무엇이 더 필요하겠는가?

욥의 죄에 대한 하나님의 위대한 침묵은 어마어마한 사랑을 확인해 주는 증표다. 고난의 한가운데에서 어떻게 하면 이런 확신을 품을 수 있을까? 세상의 눈에는 어찌 비치든 상관없이, 진정 중요한 눈으로 보기에는 사랑과 용납을 받고 있음을 어떻게 자신할 수 있을까? 어떻게 하면 자신의 의로움이 아니라 하나님의 은혜를 믿고 의지해서, 설령 형편이 혼란스럽게 돌아간다 하더라도 세상을 심판하는 재판관의 자리에 서지 않을 수 있을까?

모두에게 폭풍우 속에서 들려오는 소리가 필요한 건 아니다. 예수 그리스도가 더없이 큰 폭풍(하나님의 공의) 앞에 대신 머리를 숙이신 덕분에, 우리는 거룩하신 하나님의 사랑이 넘치는 음성을 듣게 되었음을 아는 걸로 충분하다. 우리에게 마땅히 돌아와야 할 심판을 주님이 대신 받으신 덕에 우리는 하나님의 용납을 받을 수 있게 되었다. 예수님은 궁극적인 욥, 진정 죄 없이 고난을 받으신 단 한 분이시기 때문이다. 예수님은 "최후의 결말에 이르기까지, 기꺼이 욥의 삶을 사셨다. 친구들과 적들에게 자신의 목숨도 살릴 힘이 없는 멍청이, 하나님을 모독하는 자, 심지어 범죄자 취급을 받아가면서 흔쾌히 죽음의 길을 가셨다."[17]

욥이 동전 한 푼 없는 "알몸"이 되고 육체적인 고통을 겪었듯(욥 1:21), 예수님도 거처가 없었고, 벌거벗었고, 십자가의 악형을 당하셨다. 욥은 상대적으로 무고했지만, 예수님은 절대적으로, 완벽하게 결백하셨다. 욥은 하나님께 버림받았다고 느꼈지만, 예수님은 실제로 어리석은 친구들의 배신과 가족의 상실뿐만 아니라 실질적인 하나님의 부재를 경험했다. 겟세마네 동산에서, 예수님은 하늘 아버지께 전폭적으로 순종하면 그분으로부터 철저하게 버림받고, 끝내는 지옥의 멸망을 겪게 되리라는 걸 아셨다. 세상 누구도 그런 상황을 마주해 본 적이 없다. 오직 예수님만 "아무것도 바라지 않고 하나님을 섬기셨다."

예수님은 욥과는 비교도 되지 않을 만큼 사탄의 강력한 공격을 받으셨다. 하지만 엄청난 반전이 일어났다. 사탄은 하나님의 구원과 은혜를 성취하는 데 힘을 보탠 꼴이 되고 말았다. 프랜시스 앤더슨은 말한다. "이 것이 욥과 세상 모든 욥들에게 주는 최종 답변이다. 무고하게 고난을 당한 인간으로서, 욥은 하나님의 동반자다."[18]

따라서, 한 점 위안도 얻지 못하는 고난을 당할 때, 누구 하나 곁에 없는 절대 고독을 느낄 때, 하나님이 함께하신다고 믿어도 좋다. 주님이 우리 죄를 대신 지신 까닭이다. 예수님이 가신 길을 가고 있으니 우리는 혼자가 아니다. 그리고 그 길은 결국 우리를 주님께로 데려다 줄 것이다.

15

지금, 예수로 생각하고
감사하고 사랑할 수 있다

'근심의 부재'가 아니라 '하나님의 임재'를 구하다

인간의 고난을 면해 주기 위해서가 아니라,
우리의 고난이 주님의 고난과 같은 것이 되게 하시려고
하나님의 아들은 죽기까지 고난을 받으셨다.

_조지 맥도널드 George Macdonald,
Unspoken Sermons(전하지 못한 설교들 I)[1]

성경에서 심한 고난을 겪은 인물들을 골라 목록을 만든다면, 바울의 이름이 결코 빠지지 않을 것이다. 그를 사도의 길로 부르시면서 하나님은 말씀하셨다. "이 사람은 내 이름을 이방인과 임금들과 이스라엘 자손들에게 전하기 위하여 택한 나의 그릇이라 그가 내 이름을 위하여 얼마나 고난을 받아야 할 것을 내가 그에게 보이리라"(행 9:15-16). 그리고 얼마 지나지 않아, 바울이 직접 "하나님의 나라에 들어가려면 많은 환난을 겪어야 할 것"이라고 설교하는 걸 들을 수 있다(행 14:22).

바울은 여러 교회에 편지하면서 여섯 차례나(롬 8:35; 고전 4:9-13; 고후 4:8-9; 6:4-5; 11:23-33; 12:10) 자신이 당했던 환난을 열거한다. 사도가 나열하는 목록을 한데 모으면, 굶주림, 투옥, 배신을 포함해 신체적, 정서적, 영적 고난을 총망라한다. 그는 "사십에서 하나 감한 매"(고후 11:24)를 다섯 번이나 맞는 등 가혹한 형벌을 당했다. 시련의 목록은 끝없이 이어진다.

> 세 번 태장으로 맞고 한 번 돌로 맞고 세 번 파선하고 일주야를 깊은 바다에서 지냈으며 여러 번 여행하면서 강의 위험과 강도의 위험과 동족의 위험과 이방인의 위험과 시내의 위험과 광야의 위험과 바다의 위험과 거짓 형제 중의 위험을 당하고 또 수고하며 애쓰고 여러 번 자지 못하고 주리며 목마르고 여러 번 굶고 춥고 헐벗었노라 이외의 일은 고사하고 아직도 날마다 내 속에 눌리는 일이 있으니 곧 모든 교회를 위하

여 염려하는 것이라 누가 약하면 내가 약하지 아니하며 누가 실족하게 되면 내가 애타지 아니하더냐(고후 11:25-29).

모든 지각에 뛰어난
하나님의 평강

바울은 그 모든 역경을 어떻게 감당했을까? 고린도후서 1장에서 바울은 최근에 겪었던 몇 가지 시험 이야기를 꺼낸다. 그는 "아시아에서 당한 환난을 너희가 모르기를 원하지" 않는다면서 "힘에 겹도록 심한 고난을 당하여 살 소망까지" 끊어질 지경이었다고 한다. 하지만 그런 일들이 벌어진 건 "우리로 자기를 의지하지 말고 오직 죽은 자를 다시 살리시는 하나님만 의지하게" 하려는 뜻이었다고 설명한다(8-9절). 또 같은 장 앞쪽에서는 하나님이 "모든 환난 중에서 우리를 위로하사 우리로 하여금 하나님께 받는 위로로써 모든 환난 중에 있는 자들을 능히 위로하게" 하신다고 말한다(4절). 따라서 바울이 이 모든 곤경에 어떻게 맞섰는지 알고 싶으면 여러 편지들 속에서 이 사도가 시험과 환난을 당하는 다른 이들을 어떻게 위로했는지 살펴볼 필요가 있다.

바울은 곳곳에서 하나님으로부터 받은 위안을 다른 이들에게 전달하는데, 그 가운데 하나를 빌립보서에서 볼 수 있다.

주 안에서 항상 기뻐하라 내가 다시 말하노니 기뻐하라 너희 관용을 모든 사람에게 알게 하라 주께서 가까우시니라 아무것도 염려하지 말고 다만 모든 일에 기도와 간구로 너희 구할 것을 감사함으로 하나님께 아뢰라 그리하면 **모든 지각에 뛰어난 하나님의 평강**이 그리스도 예수 안에서 너희 마음과 생각을 지키시리라 끝으로 형제들아 무엇에든지 참되며 무엇에든지 경건하며 무엇에든지 옳으며 무엇에든지 정결하며 무엇에든지 사랑받을 만하며 무엇에든지 칭찬받을 만하며 무슨 덕이 있든지 무슨 기림이 있든지 이것들을 생각하라 너희는 내게 배우고 받고 듣고 본 바를 행하라 그리하면 평강의 하나님이 너희와 함께 계시리라 내가 주 안에서 크게 기뻐함은 너희가 나를 생각하던 것이 이제 다시 싹이 남이니 너희가 또한 이를 위하여 생각은 하였으나 기회가 없었느니라 내가 궁핍하므로 말하는 것이 아니니라 어떠한 형편에든지 나는 자족하기를 배웠노니 나는 비천에 처할 줄도 알고 풍부에 처할 줄도 알아 모든 일 곧 배부름과 배고픔과 풍부와 궁핍에도 처할 줄 아는 일체의 비결을 배웠노라(빌 4:4-12).

"하나님의 평강"이란 무엇을 말하는가? 바울이 이야기하는 건 두 가지다. 우선, 내면의 고요와 균형이다. 11-12절을 보자. "어떠한 형편에든지 나는 자족하기를 배웠노니 나는 비천에 처할 줄도 알고 풍부에 처할 줄도 알아 모든 일 곧 배부름과 배고픔과 풍부와 궁핍에도 처할 줄 아는 일체의 비결을 배웠노라." 처지가 이러하든 저러하든, 자신은 한결같다는 고백이다.

이것이 얼마나 대단한 평온함인지 알겠는가? 바울의 형편에 비추어 생각해 보라. 누구나 내면의 평안을 원한다. 하지만 우리는 무엇에 맞서서 평온한 마음을 얻으려 하는지 돌아볼 필요가 있다. 기껏해야 쉴 새 없이 날아오는 청구서, 일터에서 벌어지는 경쟁, 못살게 구는 상사, 중요한 데이트가 있거나 또는 전혀 없는 정도가 아닌가? 하지만 바울은 고문과 죽음을 마주하고 있었다. 편지를 쓰고 있는 순간에도 감옥에 갇힌 상태였다. 그럼에도 불구하고 사도 바울은 말한다. "나는 그런 상황 속에서도 미소를 지을 수 있는 비결을 배웠다."

그의 고백을 면밀히 살펴보라. "내가 본래 좀 터프한 사나이라 고문과 죽음에도 미소를 지을 수 있다"라고 이야기하는가? 그렇지 않다. 그건 태생적으로 강철 같은 기질을 가진 덕에 누리는 평강이다. 일종의 달란트인 셈인데, 재능은 가지고 태어나거나 그렇지 않거나, 둘 중 하나다. 하지만 바울은 그렇게 말하지 않는다. 사도는 "비결을 배웠노라"라고 말한다. 가지고 태어난 재주가 아니라는 뜻이다. 바울이 말하는 특별한 부류의 내적 평안은 그만이 아니라 어느 누구에게도 태생적이지 않다. 사도는 "그런 비결을 배운 덕에 어떤 상황에서도 평정을 지킬 수 있다"라고 고백하는 것이다.

그뿐만 아니라 이 평강은 단지 '부재'를 가리키지 않는다. 도리어 '임재'를 의미한다. 이게 바울이 들려주고 싶어 하는 두 번째 이야기다. 오로지 두려움이 없는 상태를 뜻하는 게 아니다. 보호받고 있다는 감각의 실재를 말한다. 이건 해석상의 문제가 아니다. 7절에는 "하나님의 평강이 그리스도 예수 안에서 너희 마음과 생각을 지키시리라"라는 표현이 나온다. "지키시리라"로 번역된 단어는 건물이나 도시를 요새처럼 완전히 둘러싸서 누구도 침범하지 못하게 보호한다는 의미를 가진 헬라어다. 군대가 철통같이 에워싸고 보호해 준다면 마음 놓고 단잠을 잘 수 있지 않겠는가? 이것이 이 말에 담긴 기본 개념이다.

이는 대단히 중요한 사실과 맞닿아 있다. 염려를 이겨 내고 두려움을 처리하는 문제와 관련해 요즘 나오는 책이나 웹사이트의 글을 보면, 대부분 두려운 생각을 떨쳐 버리라는 쪽으로 이야기를 몰아간다. 부정적인 생각은 아예 떠올리지도 말라, 생각을 통제하라, 긍정적이지 못한 생각은 쫓아내라는 식이다. 하지만 본문에 나타난 하나님의 평강은 부정적인 생각들의 부재가 아니라 하나님의 임재를 가리킨다. "평강의 하나님이 너희와 함께 계시리라"(빌 4:9).

그리스도의 평강은 부정적인 생각을 쫓아내는 데서 출발하지 않는다. 그랬다가는 나쁜 일의 실상을 회피하는 수준에 그치고 말 것이다. 물론, 사실을 인정하지 않는 것도 자신을 진정시키는 한 가지 방법이다. 하지만 그건 얼마 못 가서 깨지고 말 거짓 평강에 불과하다. 그리스도의 평강은 그렇게 시작되지 않는다. 사실을 직면하는 걸 멈추는 게 아니라, 삶속에 들어와 현실에 맞서게 하는, 높이 끌어올려 어려움을 넘어서게 하는, 살아 있는 능력을 얻는 데서 비롯되는 평안이다.

수많은 크리스천이 이런 하나님의 평강을 경험했다. 하나님의 평강은 단순히 긍정적인 생각이나 정신력과는 다르다. 이는 무슨 일이 벌어지든, 당장은 괜찮지 않고 힘겨울 수 있으나 결국에는 다 잘되리라는 인식이다. 내 경험에 비춰 볼 때, 사람들은 보통 오로지 비극적인 상황에서, 때로 죽음의 그늘이 드리운 골짜기를 지날 때 이런 부류의 평안까지 돌진

하는 듯하다.

비유를 들자면 이런 식이다. 폭풍우가 몰아치는 바닷가에 서서 파도가 밀려와 바위에 요란하게 부딪히는 모습을 지켜본다고 하자. 너울이 너무 높아 갯바위를 완전히 덮어 버리면 속으로 생각할지 모른다. "저 바위도 이제 끝이구나." 하지만 물살이 빠지고 나면 바위는 다시 제 모습을 드러낸다. 조금도 흔들리지 않은 채, 제자리를 지키고 있다.

"모든 지각에 뛰어난 하나님의 평강"을 느끼는 이들도 그와 같다. 무슨 날벼락이 떨어지든 발판을 잃지 않으리라는 사실을 잘 알고 있다. 바울이야말로 최고의 본보기다. 사도 바울은 툭하면 두들겨 맞았다. 돌팔매질을 당했고 매타작을 당했다. 채찍질을 당했고 배신을 당했다. 적들은 틈만 나면 죽이려 들었다. 파도는 끝도 없이 밀려왔다.

하지만 바울은 한결같았다. "어떤 조건, 아니 모든 환경에서 철저하게 동요하지 않는 법을 배웠다"라고 그는 말한다. 아무리 거대한 삶의 파도도 사도 바울을 깨트릴 수 없었다. 아울러 바울은 그 비결이 타고난 재주가 아니라고 못 박아 말한다. 우리도 이를 배울 수 있다는 말이다. 이것이 그리스도의 평강이 가진 속성이다. 내면의 고요와 균형인 동시에 이성을 초월해 하나님의 임재와 보호를 감지하는 의식이기도 하다.

타고나는 게 아니라면 즉 배워야 하는 자질이라면, 어떻게 이런 평강을 배우거나 발견할 것인가? 어떤 훈련을 해야 얻을 수 있는가? 바울은 빌립보서에서 이런 평강을 배우는 데 필요한 이모저모를 조언하고 있다. '내면의 평안을 얻는 4단계 전략' 같은 방법론을 제시한다는 뜻은 아니다. 하나님의 평강은 기술이나 기교로 주무를 수 있는 대상이 아니다. 그럼에도 불구하고, 사도는 평강에 이르는 세 종류의 훈련에 대해 이야기한다. 이런 훈련을 하는 이들은 그 과정에서 하나님의 평강을 남들보다 더 자주 경험한다고 말한다. 개인적으로는 이를 일종의 생각 훈련, 감사 훈련, 사랑 훈련으로 보고 그렇게 부르려 한다.

인생의 본질을
깊이 생각하는 훈련

빌립보서 4장 8-9절에서, 바울은 "형제들아 무엇에든지 참되며 무엇에든지 경건하며 무엇에든지 옳으며 무엇에든지 정결하며 …… 이것들을 생각하라 …… 그리하면 평강의 하나님이 너희와 함께 계시리라"라고 말한다. '경건'이라든지 '옳음' 같은 말을 들으면 바울이 통상적인 차원에서 고상하고 영감을 주는 사고를 추천한다고 생각하기 쉽다. 하지만 바울의 문헌을 연구하는 학자들은 그런 이야기가 아니라고 지적한다.

사도 바울은 일반적으로 말하는 정신적인 고상함이 아니라 하나님, 죄, 그리스도, 구원, 세상, 인간의 본성, 세계를 향한 하나님의 구원 계획 같은 성경의 구체적인 가르침을 이야기하고 있다는 것이다. 바울은 어떻게 이런 일들을 생각해야 하는지 설명하기 위해 '로기조마이logizdomai'라는 단어를 동원한다. 이는 회계 용어로 "추정하다"라든지 "계산하다"로도 번역되는 말이다.[2] 바울은 평강을 원한다면 성경의 핵심 교리를 더 열심히 그리고 더 깊이 생각하고 갈구하라고 말하는 셈이다.

서점의 빼곡히 진열된 책들 속에서 '염려, 걱정, 스트레스 처리법'을 뒤져 얻을 수 있는 내용과는 완전히 딴판이다. 거기선 절대로 보지 못할 이야기들이 있다. 스트레스와 염려를 다루는 그 어떤 책도 "스트레스에 짓눌렸거나, 불행하다고 느낀다면 정말 중요한 질문을 던지는 데서 시작하자. 삶의 의미는 무엇인가? 진정 무엇 때문에 사는가? 삶이란 도대체 무엇인가? 인간은 어디서 왔고 또 어디로 가는가? 무엇을 하며 살아야 하는가?"라고 이야기하지 않는다. 요즘 나오는 책들은 곧장 긴장을 늦추고 일과 휴식 사이에 균형을 맞추는 기술과 같은 주제로 직행한다. 예를 들어, 바닷가에 앉아 파도를 지켜보면서 걱정이나 부정적인 생각을 아예 날려 버리라고 한다. 부정적인 생각과 감정, 죄의식을 처리하는 마인드컨트롤 기술을 알려 주기도 한다.

스트레스와 염려를 다루는 현대 서적들이 삶에 대한 더 깊은 성찰을 통해 주제에 접근하려 들지 않는 까닭은 무엇인가? 세속적인 서구 문화는 어쩌면 인류 사상 '삶의 근본적인 질문에 대한 답안 없이 돌아가는' 최초의 사회일지 모른다. 하나님이 없다면 인간은 기본적으로 우연히 지금 이 자리에 있는 셈이며, 죽고 나면 얼마 지나지 않아 잊힐 수밖에 없다. 이런 관점에서 보자면, 태양이 소멸되는 순간 인류가 이뤄 놓은 모든 것들이 곧장 무無로 돌아간다.

그게 사물의 본질이라면 스트레스에 시달리는 이들을 다루는 세속적인 서적들이 "무얼 위해 사는가?"라고 묻지 않는다고 해서 놀랄 이유가 없다. [3] 오히려 그런 책들은 매사를 너무 깊이 생각하지 말고 편안히 쉬면서 즐거움을 안겨 줄 경험을 찾아보라고 조언한다.

바울은 그리스도의 평강은 그와 정반대로 작동한다고 말한다. 삶의 커다란 이슈들을 덜 생각하는 게 아니라 더 많이, 더 깊이 생각하는 데서 평안이 찾아온다는 것이다. 로마서 8장 18절에서 구체적인 예를 든다. 빌립보서와 마찬가지로 '로기조마이'라는 말을 써 가며 고난을 당하는 이들에게 이야기한다. "생각하건대 현재의 고난은 장차 우리에게 나타날 영광과 비교할 수 없도다." 여기서 "생각하건대"[로기조마이]라는 말은 짐짓 침착한 척 한다는 얘기가 아니라 정밀하게 계산한다는 뜻이다. 조깅을 하거나 쇼핑을 하면서 평안을 얻는다는 소리가 아니다. "깊이 생각하라! 속에서 기쁨이 솟아날 때까지, 다가올 영광을 생각하고 또 생각하라!"는 의미다.

독자들 가운데는 "지금 필요한 건 위로인데, 웬 교리 타령이지?"라고 의아하게 여기는 이도 있을지 모르겠다. 하지만 생각해 보라. 예수님은 참으로 하나님의 아들이신가? 정말 이 세상에 오셔서 인류를 위해 돌아가시고 다시 살아나셨으며, 하늘로 올라가셔서 하나님의 오른편에 앉아 계신가? 우리를 위해 한없는 고난을 견디시고, 언젠가 그분께로 데려가 우리의 눈에서 모든 눈물을 닦아 주시는가? 그렇다면 세상에 넘치는 게 위로다. 그렇지 않다면(이게 다 사실이 아니라면), 70년이나 80년쯤 살다가 썩어 없어질 테고, 알고 있는 행복이라고 해 봐야 이 세상에서 맛본 정도가 고작일 것이다. 어려움이나 시련이 닥쳐 그 행복을 앗아 가면 다시는 되찾지 못한다. 예수님이 보좌에 앉아 우리를 위해 만물을 다스리시거나, 우리가 지금 여기서 누리는 행복이 최선이거나, 둘 중 하나다.

바울이 무슨 이야기를 하고 있는지 알겠는가? 오늘을 사는 크리스천에게 평강이 거의, 또는 전혀 없다면, 그건 크고 높게 생각하지 않는 까닭일 수도 있다는 말이다. 평강은 믿음의 의미를 캐내는 생각 훈련에서 비롯된다. 의지적으로 넓고 밝은 시야를 확보하는 데서 온다. 산꼭대기에 올라 뒤를 돌아보며 지금까지 지나온 길을 굽어보는 것만큼 짜릿한 일이 또 있을까? 그때에는 문득, 관계들이 눈에 들어온다. 건너온 개울과 넘어온 등성이, 거쳐 온 마을들이 보인다. 사방이 탁 트인 높은 자리에 오르면 폭넓은 시야와, 명료한 감각, 아름다운 느낌을 얻을 수 있다.

바울이 주문하는 게 바로 이것이다. 크고 높게 생각하라. 하나님이 어떤 분이시며, 무슨 일을 하셨고, 그리스도 안에서 우리는 어떤 존재이며, 역사가 어디로 흘러가는지 깨달으라. 인류를 위해 그리스도가 당한 고난과 그분이 주신 여러 약속, 그리고 주님이 이루신 역사에 비추어 저마다 겪는 시련을 균형 잡힌 안목으로 바라보라.

달리 이야기해 보자. 평강에도 '어리석은 평강'이라는 게 있다. 이것은 종합적인 상황을 살피지 않는 데서 온다. 이 길로 가면, 거대한 계획 같은 건 생각지 않으려 애쓰며, 샴페인을 터트리고, 나무그늘이나 벤치에 앉아 쉬기 십상이다. 하지만 바울은 크리스천이라면 누구나 큰 그림을 생각해야 하며, 그럴 때 비로소 평강을 얻는다고 말한다. 크리스천임에도 불구하고 단 한 점의 평안도 없다면, 그것은 전혀 생각하지 않기 때문이다.

미국 초기에 활동했던 신학자 조나단 에드워즈는 회중 교회의 설교자였다. 지금까지 남아 있는 그의 가장 오래된 설교 원고는 열여덟 살 무렵에 작성한 글로 "크리스천의 행복"이란 제목이 붙어 있다. 어린 나이에 쓴 원고임에도 불구하고 그 내용이 그저 놀랍기만 하다. 크리스천은 "외부여건이 어떠하든지 상관없이"[4] 행복해야 한다는 단순한 뼈대에 세 가지 명제로 살을 붙였다. 에드워즈의 설명을 조금 정리해서 소개하면 이렇다.

○ 크리스천에게는 '나쁜 일들'도 합력해서 선을 이룬다(롬 8:28).

○ 크리스천이 가진 '선한 것들'(하나님의 가족으로 입양되고, 주님이 보시기에 의롭다 인정을 받으며, 그분과 하나가 되는 것)은 그 무엇도 빼앗아 갈 수 없다(롬 8:1).

○ 가장 좋은 것들(하늘나라의 삶, 새 하늘과 새 땅, 부활)은 아직 시작되지 않았다 (계 22:1-5).

이 설교는 그리스도의 평강에 대한 바울의 설명을 청년 에드워즈가 그대로 구현해 보여 주는 소박한 본보기다. 깊이 생각하고, 낱낱이 헤아리며, 차곡차곡 쌓아서 복음을 통한 구원의 영광이 속속들이 스며들게 만들고 있다. 나쁜 일들은 결국 선한 일이 되고, 선한 것들은 빼앗기지 않으며, 가장 좋은 것들은 아직 오지 않았다. "이것들을 생각하라"(빌 4:8).

미리 감사하며
소원을 아뢰는 훈련

생각 훈련을 살펴봤으니 이제 감사 훈련 차례다. 빌립보서 4장 6절에서 바울은 말한다. "아무것도 염려하지 말고 …… 감사함으로 하나님께 아뢰라." 찬찬히 짚어 보라. 직관을 거르는 것 같지 않은가? 일단 모든 염려를 하나님께 아뢰고 요청한 것을 얻으면 응답하심에 감사하라고 해야 이치에 맞는다. 하지만 바울은 그렇게 이야기하지 않는다. 하나님께 부탁드린 일에 어떻게 응답하실지 확인하기도 전에 구하면서 동시에 감사하라고 요구한다.

어째서 그렇게 앞질러 감사해야 하는가? 언뜻 이해하기 어려운 게 당연하다. 하지만 곰곰이 되새겨 보면 바울의 속내를 알 수 있다. 바울은 인류 역사와 개인의 삶을 다스리시는 주님의 권세를 믿고 의지하라고 요청한다. 우리가 하나님께 무언가를 간구할 때, 삶이 그분의 손안에 있으며 주님이 우리와 비할 바 없을 만큼 지혜로우시다는 사실을 의식하지 않으면 만족을 모르게 된다고 말한다. 이는 또한 신구약에서 각각 확인할 수 있다. "당신들은 나를 해하려 하였으나 하나님은 그것을 선으로 바꾸사"(창 50:20). "하나님을 사랑하는 자 곧 그의 뜻대로 부르심을 입은 자들에게는 모든 것이 합력하여 선을 이루느니라"(롬 8:28).

로마서 8장을 지나치게 감상적으로 읽어서는 안 된다. 본문은 제아무리 나쁜 일에도 '밝은 미래'가 있게 마련이라거나, 삶 속에 벌어질 수 있는 끔찍한 사태들 역시 "제대로 보는 법을 배우기만 하면 실제로 좋은 일"이 된다고 이야기하지 않는다. 바울은 로마서 8장 28절에서, 하나님이 결국 모든 일을(심지어 나쁜 일들마저도) 다스리신다고 강조한다. 악한 의도에서 비롯된 일도 애초에 뜻했던 것과 정반대의 결과를 낳도록, 다시 말해서 불행한 일이 생기지 않았을 때보다 더 큰 선과 영광을 이루게 하신다는 것이다. 오로지 하나님 한 분만이 영원한 안목으로 모든 일이 합력해 인간의 선과 주님의 영광을 이루는 광경을 지켜보실 수 있다. 그분은 가장 높은 자리에 서 계시지만, 마침내 우리도 그 자리에 이르러 그 광경을 바라보게 될 것이다.

지금까지 이 소중한 본문에 담긴 기본적인 성경의 가르침을 훑어보았다. 주권자는 하나님이시니 그분을 신뢰하고 따라야 한다. 하지만 바울은 한 걸음 더 깊이 들어간다. 하나님이 주권자시므로 그분께 감사해야 한다는 것이다. 주님이 이를 기뻐하시니 감사하는 삶을 살아야 한다. 무언가를 부탁드리는 상황에서도 앞질러 감사해야 한다. 설령 인간의 머리로 납득하기 어려울지라도, 하나님이 허락하셨다면 그게 무엇이든 감사해야 한다.

20대 초반의 어느 해인가, 나는 당시 교제하고 있던 여성을 두고 일 년 내내 기도하고 있었다. 그녀와 결혼하고 싶었지만 그쪽에선 관계를 정리하려는 눈치였다. 한 해 꼬박, "주님, 그녀가 저를 떠나지 않게 해 주세요"라고 기도했다. 물론, 지나고 나서 생각해 보니 나와 어울리는 여성은 아니었다. 하지만 당시에는 기도하면서 하나님의 역사에 보탬이 될 만한 일을 추진했다. 관계가 거의 끝나가던 어느 여름날, 나는 그 여성과 쉽게 만날 수 있는 근처 동네로 이사했다.

속으로 주님께 말씀드렸다. "이렇게 하면 일하시기가 좀 더 수월하실 겁니다. 간절히 구하는 데 그치지 않고 물리적인 거리도 좁혀 놓았으니까요." 하지만 돌아보면 하나님은 말씀하고 계셨다. "얘야, 자식이 무언가를 달라고 할 때마다 나는 언제나 그 애가 나처럼 모든 걸 다 알고 있을 때 구했을 법한 걸 베풀어 준단다."

믿어지는가? 믿는 만큼 깊은 평강을 누리게 될 것이다. 믿지 않으면 믿을 때만 얻을 수 있는 평안을 맛보지 못한다. 감사함으로 소원을 하나님께 아뢰라.

사랑의 우선순위를
올바로 세우는 훈련

생각하고 감사할 준비가 됐다면 세 번째는 사랑하는 훈련이다. 빌립보서에서 바울은 독자들에게 "무엇이든지 참된 것과, 무엇이든지 경건한 것과, 무엇이든지 옳은 것과, 무엇이든 순결한 것"(4:8, 새번역)을 먼저 생각하라고 권면한다. 여기까지는 정신과 의지와 관련해 전통적인 신학에서 가르치는 미덕들에 가깝다. 하지만 사도는 곧이어 "무엇이든 사랑스러운 것과, 무엇이든지 명예로운 것과, 또 덕이 되고 칭찬할 만한 것이면, 이 모든 것을 생각하십시오"(4:8, 새번역)라고 주문한다. "사랑스러운 것"이란 진실할 뿐만 아니라 매력적인 무언가로 규정할 수 있다.[5]

여기서 바울은 정신세계의 생각들을 다시 정리할 뿐만 아니라 마음에 담긴 애정들도 끌어들이기를 요구하고 있다. 어떻게 영적인 바닥짐ballast을 배 안으로 끌어들여 거친 바다에서 파선하지 않을지, 쉽게 말해 어떻게 어렵고 곤란한 문제들이 쉴 새 없이 터지는 가운데 평형을 유지할 수 있을지 설명한다. 그런 시기를 맞으면 옳은 것을 생각하는 정도로는 충분치 않다. 옳은 것을 사랑하는 태도 또한 중요하다는 것이다.

3-4세기에 활약했던 기독교 사상가 성 아우구스티누스는 그리스 철

학의 핵심 이슈를 깊이 파고들었다. 사실, 바울 역시 그 주제를 짚고 있다. 바로, 어떻게 만족스러운 삶을 살 것인가 하는 문제다. 이를 가리키는 헬라어는 '아우타르케이아autarkeia'인데, 바울은 빌립보서 4장 11절에서 정확하게 이 단어를 사용하고 있다. "어떠한 형편에든지 나는 자족[아우타르케이아]하기를 배웠노니." 한마디로, 환경이나 조건에 휘둘리지 않는다는 말이다. 항상 이 평형, 이 균형 감각을 가지고 있어서 그 무엇에도 마음이 상하거나, 피폐해지거나, 무너져 내리지 않는다는 뜻이다.

앞 장에서 이미 이야기한 적이 있지만 이를 열심히 연구한 학자들이 바로 스토아학파다. 이들은 대다수 사람이 만족스럽고 평온하게 살지 못하는 까닭은 세상 것들을 지나치게 사랑하기 때문이라고 가르쳤다. 그들은 말한다. 성공을 너무 사랑하지 말아야 한다. 설령 그것을 손에 넣는다 하더라도 늘 불안하게 마련이다. 이뤄 놓은 것을 잃을까 두려워 절대로 평안을 얻지 못하기 때문이다. 또 그들은 마음에 가족조차 으뜸으로 두어선 안 된다고 말한다. 더없이 훌륭한 가정을 꾸린다 하더라도 식구들 걱정에 마음 편할 날이 없기 때문이다. 혹시라도 가족 중 누구에게 무슨 탈이 나지 않을까 전전긍긍하기 쉽다. 그리고 정말 문제가 생기기라도 하면 엄청난 충격을 받게 된다.

스토아 철학자들은 제힘으로 통제할 수 없는 무언가를 사랑하는 데서 사달이 나기 시작한다고 말한다. 무언가를 사랑하는데 거기에 문제가 생기면 휘청거릴 수밖에 없다. 따라서 그들은 세상의 무엇이 아니라 자신에게 있는 덕성을 진정 사랑하라고 말한다. 어째서 그런가? 성품은 스스로 조절할 수 있기 때문이다. 성공은 자기 힘으로 유지할 수 없다. 가족이 영원하리라는 법도 없다. 제 마음 밖에서 일어나는 일들은 아무도 어쩌지 못한다. 그러므로 덕성에만 마음을 두라는 것이다. 용기를 낼지, 성실할지, 정직할지는 내 뜻대로 결정할 수 있다. 어떤 인간이 되길 원하는지 스스로 선택할 수 있다는 인식만이 마음에 만족을 준다. 제힘으로 좌우할 수 있는 건 그뿐이다. 그러므로 독자적인 내면의 선택과 성품을 행복으로 삼아야만 평온을 찾을 것이다.

하지만 스토아학파는 상당한 오류를 범하고 있다. 무엇보다 기본 전제가 잘못되어 있다. 덕성을 제힘으로 조절할 수 있다는 건 그릇된 생각이다. 성공하는 삶에 마음을 두면 쓰디쓴 좌절을 맛볼 가능성이 크지만, 늘 스스로 세운 원칙에 충실하게 사는 고상하고 절제된 인간이 되는 데 뜻을 두어도 불안정하고 불확실하기는 매한가지다. 그 역시 마음대로 통제할 수 없다. 우리는 연약해서 망가지기 쉬운 인간이다. 정신과 의지, 마음과 영혼, 육신이 복잡하게 어우러진 복합적인 존재다. 덕성 또한 다른 요소들만큼이나 실망을 안겨 주기 일쑤다. 덕성에 마음을 두다가 실수하는 순간, 아무것도 남지 않는다. 처절하게 무너져 내릴 뿐이다.

아우구스티누스는 스토아 철학에 도무지 동의할 수 없다며 거부했다. 그 대신에 "변함없는 사랑만이 평강을 가져온다"[6]라고 주장했다. 변치 않는 건 바꿀 수도 없다. 덕성은 직업과 가족, 재물처럼 변할 수 있고 실제로 영원하지 못하다. 인간이 평안을 누리지 못하는 이유는 환경에 따라 사라지거나 변하는 대상을 사랑하기 때문이다.

하지만 단 하나 변치 않는 것이 있다. 바로 하나님과 거룩한 임재, 그분의 사랑이다. 실망을 안기지 않는 단 하나의 사랑이 있다면 변치 않는 사랑, 사라지지 않는 사랑, 인생의 생사고락에 토대를 두지 않은 사랑이다. 죽음조차도 앗아 갈 수 없는 사랑이다. 성과가 형편없어도 끊어지지 않을 뿐만 아니라, (갑작스러운 죽음처럼) 이생의 환경이 참담할수록 더 깊어지는 사랑이다. 그토록 분명하고 견고해서 죽음마저도 흠집을 낼 수 없고 도리어 더 굳세게 하는 이 사랑의 근원은 무엇인가? 바로 하나님의 사랑과 임재다. 하나님의 아름다움이다. 하나님의 얼굴이다.

아우구스티누스가 《고백록 Confessions》에서 이렇게 장담할 수 있는 근거가 여기에 있다. "[하나님만이] 아무도 흐트러뜨릴 수 없는 평강의 거처시다. 우리가 그분을 향한 사랑을 거두지 않는 한, 주님은 결코 우리를 향한 사랑을 멈추지 않으신다."[7]

이쯤 되면, 자연스럽게 질문 하나가 떠오르게 마련이다. "잠깐만요. 하나님을 사랑해야 한다는 말씀이죠. 하지만 난 사랑하는 게 많아요. 물질적인 편안함도 사랑하고, 사람들도 사랑하고, 로맨스도 사랑하죠. 그런데 이런 것들은 다 버리고 하나님만 사랑하라고요?" 천만의 말씀이다. 사랑의 순서를 바로잡아야 한다는 뜻이다. 문제는 일이나 가족을 너무 많이 사랑하는 게 아니라 하나님을 향한 사랑이 상대적으로 너무 적다는 데 있다. C. S. 루이스는 아우구스티누스와 같은 맥락에서 이렇게 말한다.

어떤 사람을 단순히 "너무 많이" 사랑하는 건 아마 불가능할 것이다. 단지 하나님께 드리는 사랑에 비해 더 많이 사랑할 수는 있다. 하지만 그건 하나님을 향한 사랑이 아주 작아서지, 그를 향한 사랑이 크다는 뜻이 아니다. 여기서 무질서가 생기는 것이다.[8]

고요와 평온, 그리고 평안을 얻는 마지막 방법이 있다. 하나님을 최고로 사랑하는 것이다.

무엇을
영광으로 삼고 있는가

시편 3편에서, 다윗 왕은 적들에게 겹겹이 둘러싸인 심각한 상황을 설명한다. 형편이 얼마나 열악했던지 따르는 백성마저 하나님이 다윗을 버리셨다고 수군거릴 정도였다. 백성의 신망을 잃고 적들의 위협을 받는 곤경을 다윗은 어떻게 받아들이고 있는가?

> 여호와여 나의 대적이 어찌 그리 많은지요
> 일어나 나를 치는 자가 많으니이다
> 많은 사람이 나를 대적하여 말하기를
> 그는 하나님께 구원을 받지 못한다 하나이다
> 여호와여 주는 나의 방패시요
> 나의 영광이시요 나의 머리를 드시는 자이시니이다
> 내가 나의 목소리로 여호와께 부르짖으니
> 그의 성산에서 응답하시는도다
> 내가 누워 자고 깨었으니 여호와께서 나를 붙드심이로다
> 천만인이 나를 에워싸 진 친다 하여도

나는 두려워하지 아니하리이다(시 3:1-6).

적군이 코앞까지 밀려든 난국 속에, 다윗은 어떻게 단잠을 잘 만큼 평안했던 것일까? 3절에 답이 있다. "여호와여 …… 나의 머리를 드시는 자이시니이다." 머리를 든다('고개를 당당하게 들고' 걷는다)는 말은 요즘도 건전한 자부심, 깨끗한 양심, 자신감 등을 가리키는 비유로 쓰인다. 자신을 둘러싼 백성의 귓속말에도 불구하고 왕은 거기에 짓눌리지 않았다. 하나님이 '머리를 들게' 하신다고 다윗은 노래한다. 하지만 어떻게 말인가?

왕은 "[그러나] 주는 나의 방패시요 '나의 영광'이시요"(3절)라고 고백한다. 데렉 키드너는 이렇게 적었다. "'나의 영광'은 깊이 생각해 볼 만한 표현이다. …… 이는 세상의 평판이 상대적으로 중요치 않음을 나타낸다."[9] 다윗은 백성의 인정과 칭찬을 자존감의 원천으로 삼는 성향이 자신에게 있음을 깨달았다. 사람들의 칭송과 인기에 힘입어 '머리를 곧게 들고' 걸었다. 그런데 이제 그는 오직 하나님만이 영광을 받으실 분이란 신학적인 진리를 단호하게 주장한다.

이는 고난에 대처하는 법을 배우는 데 이루 말할 수 없을 만큼 중요한 사실이다. 무언가를 빼앗기면 고난은 한층 구체적이고 생생하게 다가온다. 하지만 시련이 움켜쥔 손을 잡아 흔드는 통에 단순히 좋은 수준 이상의 가치를 부여하던 무언가를 놓치고, 그 때문에 내면적으로 터무니없이 큰 좌절을 맛보는 경우도 허다하다. 그것이 영적으로, 그리고 정서적으로 너무나 중요하게 자리 잡아 왔던 까닭이다.

우리는 그것을 영예와 영광, 다시 말해 고개를 빳빳이 들고 걸을 수 있게 하는 이유로 삼는다. 남들 앞에서는 "예수님은 내 구세주이십니다. 정말 중요한 건 그분의 인정, 나에 대한 그분의 평가, 그분의 섬김뿐입니다"라고 당당히 고백할지 모르지만, 실질적으로는 다른 데서 자존감을 찾기 쉽다. 그런데 역경을 만나면 그 '다른 것들'이 흔들린다.

다윗의 경우에는 고통스러워할 만한 이유가 차고 넘쳤다. 아들과 백성의 사랑을 잃고 억울하게 욕을 먹는 건 참으로 뼈아픈 경험이다. 하지만 한편으로는 대중의 의견과 '세상의 찬사'가 지나치게 중요한 자리를 차지하게 방치했다는 사실을 깨달았다. 다윗은 하나님을 자신의 유일한 영광으로 삼는 일에 다시금 헌신한다. 오직 기도하는 가운데, 회개와 찬양을 통해서만 가능한 일이다. 왕은 정말 중요한 게 있다면 하나님의 임재, 그리고 주님과 더불어 나누는 우정뿐임을 다시 선언한다. 다윗은 이런 과정을 거치면서 차츰 소망과 용기를 되찾았다.

3절은 회개를 기반으로 한 일종의 찬양이다. 다윗은 하나님께 말씀드리고 있다. "그러나 주님, 주님은 나를 에워싸는 방패입니다. 오직 주님만 그러실 수 있습니다. 주님은 나의 영광, 나의 머리를 들게 하시는 분이시니, 주님 말고는 다른 그 무엇도 의미가 없습니다. 그동안 쌓은 업적도, 정치적인 권력도, 심지어 내 아들의 사랑이나 백성의 찬사도 아니고, 내게는 오직 주님 한 분뿐입니다." 이것은 찬양이다. 하지만 회개에 토대를 둔 찬양이다. 아울러 찬양을 바탕으로 한 회개이기도 하다.

어떻게 하나님이 실제로 우리의 영광이 되시는가? '자유롭게 하는 은혜의 복음을 다시 발견함으로써.' 이것이 유일무이한 정답이다. '하나님은 너를 구원하지 않으실 거야. 네게는 그만한 가치가 없거든!'이라고 정죄하는 마음의 소리를 듣고 있다면, 하나님의 구원은 가치 있는 자가 아니라 겸손한 이를 위한 선물이라고 말해 주어야 한다. 8절은 소리 높여 말한다. "구원은 여호와께 있사오니 주의 복을 주의 백성에게 내리소서." 저 유명한 요나의 선포와도 정확히 들어맞는다. "구원은 여호와께 속하였나이다"(욘 2:9). 우리는 자신을 구원할 수 없다. 구원은 아무런 공 없이 얻은 선물이다.

은혜로 구원받았다는 사실을 다윗은 직관적으로 파악했지만, 오늘날의 크리스천들은 스스로 생각하는 것보다 훨씬 큰 보장을 받고 있다. 십자가를 염두에 두고 3절을 읽어 보면 그 보증이 눈에 들어온다. 그리스도 안에서, 하나님은 말 그대로 "우리의 방패"가 되신다. 방패는 사방에서 날아오는 공격을 막아 우리를 보호한다. 타격을 온몸으로 대신 받아내 우리를 지킨다.

예수님은 우리 자리에 서서서 마땅히 우리에게 돌아와야 할 형벌을 대신해 받으셨다. 하나님이 절대로 버리지 않으신다는 사실을 우리는 안다. 그분이 우리 죄 때문에 친아들을 버리신 까닭이다. 죄로 얼룩진 전과 기록에도 불구하고, 우리는 그리스도 안에서 "거룩하고 흠 없고 책망할 것이 없는 자"(골 1:22)가 되었음을 안다. 그리스도가 하늘 아버지 앞에서 진실로 우리의 영광이며 영예임을 안다(요일 2:1-2). 이런 믿음을 가졌다면 정죄를 받아도 결코 실족할 일이 없다.

그런데 여기 고난을 당하는 동안 반드시 해야 하는 일이 있다. 혹시 지나치게 마음을 두거나 소망을 거는 무언가가 있어서 필요 이상으로 시련이 더 깊어지는 건 아닌지 스스로 삶을 돌아보아야 한다. 영광의 대상을 재배치하고 사랑의 우선순위를 다시 세워야 한다. 역경은 우리의 삶에 없어선 안 된다고 생각하는, 그러나 하나님께 의지하면 없어도 충분한 무언가를 반드시 드러내 보여 준다. 이는 우리에게 자유를 선사한다.

주님을 철저하게 사랑하면 곤경을 만나지 않으리란 이야기가 아니다. 그건 전혀 사실이 아니다. 하나님을 사랑하는 이들도 어쩌면, 아니 반드시 이 세상의 무언가를 아울러 사랑하게 마련이기 때문이다. 예수님은 하나님을 완벽하게 사랑하셨지만 '슬픔의 사람'으로 사셨다. 우리를 지나치리만치 깊이 사랑하신 탓이다.

세상에 속한 사물에서 마음을 떼어 놓으라는 스토아 철학의 유혹에 넘어가선 안 된다. 인간은 어쩔 수 없이 많은 것을 사랑하며 산다. 그리고 그것을 빼앗기면 상처를 받는다. 하지만 하나님 안에서 깊이 안식하는 법을 배우고 우리를 향한 주님의 사랑을 실존적으로 깨닫고 나면, 곤경이 독침을 날리고 고통을 안길지라도 뿌리가 뽑혀 나가거나 거꾸러지지 않는다. 고난이 가장 중요한 심지, 다시 말해 하나님과 그분의 사랑, 거룩한 구원은 건드리지는 못하는 까닭이다.

몇 년 전, 리디머교회에서 만난 두 젊은이가 생각난다. 둘 다 배우였는데, 같은 역할을 놓고 오디션을 치른 처지였다. 양쪽 모두 그 배역을 따는 걸 일생일대의 중대사로 여겼다. 하나같이 그리스도를 주로 고백하는 크리스천들이었지만, 한 친구는 배우로 성공하는 일에 정서적이고 영적인 온 소망을 걸고 있는 듯했다. 예수님을 믿었지만 일이 잘 풀리지 않아도 삶을 즐기며 자신에게 만족을 느낄 수 있을지는 확실치 않았다. 다른 한 친구 역시 예수님을 인격적으로 영접한 크리스천이었는데, 몇 차례 좌절을 겪으면서 구원을 베풀어 주신 하나님을 기쁘고 영화롭게 하는 데 삶의 가장 큰 목표를 두는 수준으로 성장했다. 이 젊은이는 배우라는 역할을 통해 그 뜻을 이룰 수 있으리라고 믿었다.

결과는 둘 다 탈락이었다. 어느 쪽도 배역을 따지 못했다. 첫 번째 청년은 끝 모를 낙담에 빠져들었다. 우울한 시기를 보내며 약물에 손을 댔다. 다른 친구 역시 처음에는 몹시 실망해서 눈물을 쏟기까지 했다. 하지만 얼마 지나지 않아 평정심을 되찾고 이야기했다. "제 생각이 짧았어요. 다른 일로도 하나님을 기쁘고 영광스럽게 해 드릴 수 있을 것 같아요." 이 둘의 차이가 보이는가? 두 번째 젊은이는 연기를 목표를 향해 가는 수단으로 보았던 반면, 첫 번째 청년은 배우라는 직업 자체를 목표로 삼았다. 인생의 변화는 두 번째 젊은이가 삶에서 가장 소중히 여기는 가치를 건드리지 못했지만, 첫 번째 청년의 보화는 단번에 휩쓸어 가고 말았다.

하나님의 사랑을 받는다는 것, 주님이 알아봐 주신다는 것은 그 무엇과도 바꿀 수 없는 보물이다. 그 사실을 궁극적인 가치로 삼으면 그 어떤 도둑도 "뚫고 들어와서 훔쳐 가지 못한다"(마 6:20, 새번역).

아프지만
생명을 위한 과정

우리는 앞에서 금속을 순수하고 아름답게 만드는 풀무불에 빗대어 고난을 이야기했다. 여기서 풀무의 기능 가운데 하나를 더 살피기로 하

자. 고난은 선하지만 지나치게 중요한 의미를 갖게 된 요소들을 정확히 짚어 낸다. 그처럼 죽고 못 사는 것들을 내버리는 통상적인 반응에서 머물러선 안 된다. 하나님께로 돌아서서 그분을 더 사랑하며 그 안에 더 깊이 뿌리를 내려야 한다. 하지만 만사가 잘 돌아가는 동안은 제 마음을 정확하게 헤아리지 못하는 법이다.

우리는 시련이 닥쳐야 비로소 진실한 모습이 고스란히 드러난다. 그러기에 역경을 마주하지 않고는 자신의 삶에서 누가 참 하나님이고, 무엇이 가짜 신인지 가려낼 수 없다. 풀무불을 나란히 통과해서 반대편으로 데려가 주실 분은 오직 참 하나님뿐이다.

존 뉴턴의 *Olney Hymns*(올니 찬송가)에는 이런 과정을 생생하게 보여 주는 노래가 실려 있다. 〈이런 마음의 시험들These Inward Trials〉이란 곡에서 뉴턴은 "박넝쿨," 구체적으로 말하자면 요나에게 큰 즐거움을 주었지만 하나님이 단번에 시들게 하셔서 그가 지닌 그릇된 우선순위를 짚어 주셨던 박넝쿨 이야기(욘 4장)를 꺼낸다. 이 찬송가에서 박넝쿨들은 기쁨과 환희를 주지만 괴로운 시험을 거치며 걷혀 나가는 것들을 상징한다. 찬송은 그 자체로 훌륭한 설명이어서 따로 풀이를 덧붙일 필요가 없다.

> 주님께 구했습니다.
> 믿음과 사랑, 온 은혜가 깊어질수록
> 그분의 구원을 더 깊이 알게 되기를,
> 또 주님의 얼굴을 더 열심히 구하게 되기를.

바라고 기다렸습니다, 맞춤한 때에
마침내 내 간구에 답해 주시기를.
또 그분의 사랑으로 구속하는 권능이
내 죄를 누르고, 안식을 주시기를.

그 대신 주님은 알아채게 하셨습니다,
내 마음에 숨은 온갖 악들을.
또 지옥의 사나운 권세가
사방에서 내 영혼을 공격하게 하셨습니다.

오히려 작심하신 듯 보였습니다.
친히 그 손으로 내 곤경을 더하시려는.
애써 반듯하게 세워 놓은 계획을 뒤엎고
박넝쿨을 걷어 날 기진하게 하셨습니다.

"주님, 왜 이러세요?" 떨며 울부짖었습니다.
"벌레 같은 저를 죽이실 작정이십니까?"
"지금 이렇게," 주님이 답하셨습니다.
"은혜와 믿음을 구하는 기도에 응답하고 있지 않느냐."

"이런 마음의 시험들로
자아와 교만에서 널 벗어나게 하리라.

또 세상 즐거움을 좇는 꿈을 깨트리리니,

그제야 내 안에서 너를 찾게 되리라."

참 평강의
비결

빌립보서 4장으로 돌아가 보자. 어떻게 하면 하나님을 더 절실하게 사랑할 수 있을까? 주님을 믿는다 하더라도 '하나님'이 추상적인 선에 머물 수 있다. 하나님을 향한 사랑을 어떻게 더 깊이 진실하게 느낄 수 있을까? 직접 감정을 움직여 보려고 노력하지 말라. 그래 봐야 소용없을 것이다. 도리어 눈에 보이는 데서부터 감정이 솟아 자연스럽게 흘러가게 하라. "하나님의 평강이 그리스도 예수 안에서 너희 마음과 생각을 지키시리라"라고 한 빌립보서 4장 7절 말씀을 기억하라. 거기에 답이 있다.

추상적인 하나님을 바라보며 사무치게 사랑하는 건 불가능한 일이다. 그러므로 예수님을 바라봐야 한다. 그리스도가 어떤 분이시고 무슨 일을 해 주셨는지 바라봐야 한다. 요동치 않는 사랑에 이르고 평강을 찾으려면 그분의 인격과 사역을 통상적으로 훑어보는 수준이 아니라 구체적으로 살피는 노력이 필요하다. 자신을 위해 예수님이 어떤 일들을 하셨는지 묵상해 보라. 주님이 행하신 일을 깊이 생각하고 바라보면 하나님을 향한 사랑에 빨려 들어가게 될 것이다.

이사야서에 이런 대목이 있다. "악인은 평온함을 얻지 못하고 그 물이 진흙과 더러운 것을 늘 솟구쳐 내는 요동하는 바다와 같으니라 내 하나님의 말씀에 악인에게는 평강이 없다 하셨느니라"(사 57:20-21). 얼핏 보면, 악한 일을 하는 자들을 엄히 벌하시겠다는 구약성경의 여느 말씀과 별 차이가 없어 보인다. 하지만 다시 보면, 자연스러운 결과를 지적하고 있음을 알 수 있다.

여기에 대해서는 스토아학파가 정확히 보고 있었다. 하나님이 아닌 다른 무언가를 위해 살면서 더 큰 사랑을 쏟으면 인생은 풍랑이 이는 바다처럼 사납게 뛰놀게 마련이다. 거기에는 안식도 없고 평강도 없다. 하나님이 아닌 다른 무언가를 더 사랑하면 걱정 때문에 마음이 편할 날이 없다. 하나님은 말씀하신다. "내게서 등을 돌리면(온 삶의 중심에 나를 두지 않으면) 깊은 불안과 두려움에 시달리게 될 것이다."

평강이 없는 삶은 마땅히 우리에게 돌아올 몫이었다. 그런데 고린도후서 5장 21절은 "하나님이 죄를 알지도 못하신 이를 우리를 대신하여 죄로 삼으신 것은 우리로 하여금 그 안에서 하나님의 의가 되게 하려 하심이라"라고 말한다. 하나님이 정말 예수님을 죄인으로 만드셨다는 뜻은 아니다. 십자가에서 독생자를 죄인처럼 대하셨음을 가리킬 뿐이다.

그리스도는 우리가 받아야 할 형벌을 대신 받으셨다. 이는 주님이 평안을 빼앗겼던 수많은 사례 가운데 하나에 지나지 않는다. 예수님이 십자가를 향해 걸어가시면서 "하나님을 마음의 중심에 모시고 절대로 놓지 않을 거야. 어떤 환경에서도 주님만으로 만족하겠어!"라고 말씀하셨을 것 같은가? 어림도 없다. 예수님은 그렇게 이야기하지 않으셨다. 실제로 그러지 않으셨기 때문이다.

예수님은 남김없이 평안을 다 잃으셨다. 성경은 십자가에서 예수님이 소리 높여 부르짖으시고 숨을 거두셨다고 전한다. 마가복음을 주해한 주석가 윌리엄 레인William L. Lane은 말한다.

> 버려졌다는 울부짖음, 통상적으로 십자가에 못 박힌 죄수들은 그렇게 비명을 지르다 완전히 탈진해 상당한 시간을 의식 없이 매달렸다 숨을 거두게 마련이다. 마가의 설명은 갑작스럽고 격렬한 죽음을 놀라우리만치 사실적으로 그려 낸다. 왜 나를 버리셨느냐는 부르짖음은 형언할 수 없는 고통을 보여 준다.[10]

십자가에서 예수님은 어마어마하게 깊은 고통과 불안을 비롯해 마땅히 우리에게 돌아왔어야 할 수난을 겪으셨다. 고린도후서 5장 21절은 주님이 의당 우리 몫이어야 할 고난을 대신해 받으심으로, 우리는 당연히 그분의 것이어야 할 축복을 누리게 되었다고 말한다. 예수님이 모든 평안을 다 잃으신 덕에 우리는 영원한 평강을 누릴 수 있게 되었다. 그리스도가 우리를 위해 행하신 일을 생각하노라면 그분을 사랑할 수밖에 없다.

어떻게 이런 역사가 일어나는지 잘 보여 주는 본보기가 있다. 미국에서 변호사로 일하던 호레이쇼 스패포드Horatio Spafford는 1871년에 일어난 시카고 대화재로 전 재산을 잃어버렸다. 2년 뒤, 아내 애너와 네 딸을 대서양을 건너는 여객선에 태워 영국으로 보냈다. 그런데 그 배가 다른 선박과 충돌해 침몰하기 시작했다. 물이 점점 차오르자 애너는 딸들을 부둥켜안고 기도했다. 마침내 여객선은 물속으로 완전히 가라앉고 가족들도 파도에 휩쓸려 뿔뿔이 흩어졌다. 결국 네 딸은 물에 빠져 숨졌다. 애너는 정신을 잃은 채 떠다니다 구조선에 발견되었다. 영국으로 이송된 애너는 남편에게 단 두 단어로 전보를 보냈다. "혼자 구조됐음."

아내를 데리러 영국으로 가는 배 위에서 호레이쇼 스패포드는 찬송가를 지었다. "내 평생에 가는 길 순탄하여 늘 잔잔한 강 같든지……." 이 곡이 바로 그가 쓴 찬양이다. 여기서 함께 생각해 보고 싶은 사실이 있다. 깊은 슬픔을 다독이느라 안간힘을 쓰며 (늘 잔잔한 강 같은) 하나님의 평안을 갈구하는 이가 찬송의 대부분을 예수님과 그분의 구원 사역을 노래하는 데 쏟은 까닭은 무엇인가? 어째서 그처럼 참담한 상황에도 자신의 죄에 초점을 맞추고 있는가? 스패포드는 이렇게 노래했다.

> 내 지은 죄 주홍빛 같더라도, 주 예수께 다 아뢰면
> 그 십자가 피로써 다 씻으사 흰 눈보다 더 정하리라
> 내 영혼 평안해, 내 영혼, 내 영혼 평안해.[11]

이러한 고백이 잃어버린 어린 네 딸과 무슨 상관이 있는가? 모든 면에서 연관된다. 까닭을 가늠할 수 있겠는가? 고난이 닥쳤을 때, 평안을 잃게 만드는 요인 가운데 하나는 자신이 벌을 받고 있을지 모른다는 생각이다. 하지만 십자가를 보라! 모든 형벌이 예수님께 쏟아졌다.

또 다른 요인은 하나님이 보살펴 주시지 않는다는 생각이다. 하지만 십자가를 보라! 성경은 "나도 아들을 잃었다. 하지만 '뜻하지 않게'가 아니라 너희를 위해 자원해서 십자가에 못 박히게 했다. 그러기에 너를 내 가

족으로 맞아들일 수 있었다" 말씀하시는 하나님을 밝히 드러내 보인다.

이 찬송을 들여다보면, 하나님을 생각하고, 감사하며, 사랑해서 그 평안에 깊이 잠기는 이의 모습을 만날 수 있다. 바울 역시 어떤 환경에서도 그런 평강을 누렸다. 이제 그 평안이 우리에게도 임한다.

16

지금, 예수로
소망할 수 있다

영원의 시각으로 현재를 바라보다

그러므로 비통을 위해 일하는 그 세력들은
주님의 보응의 길에 들어갈 것입니다.
날이면 날마다
애써 주님을 찬양하며 위안을 얻게 하시고,
보살피고 용기를 더해 나를 세우소서.
하늘나라에, 더 나아가 당신에게 이를 때까지.

_조지 허버트, "고통 Ⅳ"

고난을 당하는 이들에게 소망을 갖는 것보다 더 실질적인 문제는 없다. 소망의 침식 또는 상실은 시련을 더 고통스럽게 만든다. 그런데 여기 성경의 마지막 부분에 모든 고난이 사라진 물질세계를 바라보는('모든 눈물을 그 눈에서 닦아 주시는'), 곧 우리가 품어야 할 궁극적인 소망이 자리 잡고 있다. 이는 삶을 변화시키는, 살아 있는 소망이다.

> 또 내가 새 하늘과 새 땅을 보니 처음 하늘과 처음 땅이 없어졌고 바다도 다시 있지 않더라 또 내가 보매 거룩한 성 새 예루살렘이 하나님께로부터 하늘에서 내려오니 그 준비한 것이 신부가 남편을 위하여 단장한 것 같더라 내가 들으니 보좌에서 큰 음성이 나서 이르되 보라 하나님의 장막이 사람들과 함께 있으매 하나님이 그들과 함께 계시리니 그들은 하나님의 백성이 되고 하나님은 친히 그들과 함께 계셔서 모든 눈물을 그 눈에서 닦아 주시니 다시는 사망이 없고 애통하는 것이나 곡하는 것이나 아픈 것이 다시 있지 아니하리니 처음 것들이 다 지나갔음이러라 보좌에 앉으신 이가 이르시되 보라 내가 만물을 새롭게 하노라 하시고 또 이르시되 이 말은 신실하고 참되니 기록하라(계 21:1-5).

요한계시록을 기록한 기자는 어떤 인물인가? 요한은 끔찍한 일들을 겪고 있는 이들에게 편지하고 있다. 4절은 그 구체적인 사례들을 열거한다. 곧 누군가의 죽음을 경험하고, 애통해하며, 울부짖으며, 고통스러워하는 이들을 대상으로 삼고 있다. 이 책은 로마의 도미티아누스 황제가 크리스천들을 대대적으로 박해하던 1세기 말엽에 기록되었다. 어떤 이들은 집을 빼앗기고 재산을 약탈당했다. 경기장으로 끌려가 뭇 관중들이 지켜보는 가운데 야수의 발톱에 갈가리 찢겨 나가는 이들도 있었다. 산 채로 기둥에 묶어 놓고 기름에 불을 붙여 태워 죽이기도 했다. 이것이 요한 계시록의 첫 독자들이 마주한 현실이었다.

요한은 이 모든 환난에 맞설 수 있도록 무엇을 제시하고 있는가? 다가올 "새 하늘과 새 땅"을 바라보는 궁극적인 소망이었다. 이것이 바로 요한이 초대 교회의 시련 앞에 내놓은 대책이었으며, 이 방법이 제대로 작동했음은 역사를 통해 확인할 수 있다. 알다시피, 초기 크리스천들은 환난을 놀라우리만치 침착하고 평안하게 받아들였다. 짐승에 물려 살점이 뜯겨나가는 순간까지 찬송을 멈추지 않았고 자신을 핍박하는 자들을 용서했다. 순교자들이 늘어갈수록 복음 전파는 더 확산되었다. 어째서일까? 구경꾼들은 그처럼 처참하게 죽어가는 크리스천들을 바라보며 "저들에게는 무언가 다른 게 있다"고 생각했기 때문이다.

소망, 주어진 환경에
체념하는 것이다?

자, 이제 초대 교회의 크리스천들이 무엇을 가지고 있었는지 알겠는가? 그들이 분명히 지녔던 게 있다. 바로 살아 숨 쉬는 소망이었다.

인간은 소망으로 빚어진 존재들이다. 미래에 무엇을 소망하느냐에 따라 오늘을 사는 방식이 완전히 달라진다. 몇 년 전에, 지하 감방에 갇힌 두 남자의 이야기를 읽은 적이 있다. 두 사람은 모두 체포 직전 한 가지 소식을 전달받았다. 한 사람은 아내와 아이가 숨졌다는 통보였고, 다른 한 사람은 아내와 자식이 살아서 자신을 기다리고 있다는 소식이었다. 감옥에 갇힌 지 2년 만에 첫 번째 남성은 몰라보게 수척해졌으며 나날이 기력을 잃어 가다 결국 죽고 말았다. 하지만 두 번째 남성은 똑같은 처지였음에도 불구하고 전혀 다른 반응을 보였다. 두 사람이 처한 현재의 상황은 매한가지였지만 미래를 바라보는 그들의 마음가짐은 백팔십도 달랐다. 현재의 고난에 대처하는 방식을 좌우하는 것은 바로 미래에 대한 소망이다.

고난당하는 이들에게 소망을 불어넣어야 한다는 요한의 판단은 정확했다. 우리의 인생이 죽으면 썩어 사라질 뿐이라고 믿는가? 이생의 삶이 행복의 전부라고 생각하는가? 언젠가 태양이 소멸하는 날, 인류 문명은 완전히 사라지고 인간의 흔적 역시 깡그리 지워지리라 여기는가? 그것도 미래를 그리는 한 가지 방법이다. 하지만 여기 다른 그림이 있다. "새 하늘과 새 땅"을 믿는가? 모든 악한 행동과 불의가 바로잡히는 마지막 심판의 날을 믿는가? 영원한 기쁨이 가득한 미래가 다가오고 있음을 믿는가? 이처럼 철저하게 다른 두 갈래의 미래가 있다. 어느 쪽을 믿느냐에 따라 완전히 다른 방식으로 저마다의 감옥, 즉 고난에 대응하게 된다.

초기 크리스천들이 참혹한 시련과 환난을 받아들이는 모습이 이 원리를 보여 주는 역사적인 증거라는 이야기는 앞에서 이미 했다. 하지만 그런 사례는 한둘이 아니다.

1947년, 아프리카계 미국인 학자 하워드 서먼Howard Thurman은 하버드 대학에서 흑인 영가에 대해 강의하면서, 이런 부류의 노래들을 두고 자주 제기되는 비판에 답했다. 비평가들은 흑인 영가의 내용이 지나치게 "내세 지향적"이라고 꼬집었다. 노래마다 하늘나라나 마지막 심판 날, 면류관과 보좌, 장차 입게 될 예복 같은 이야기로 가득했다. 문제를 제기하는 쪽에서는 이런 것들이 흑인 노예들에게 아무 도움이 되지 않는다고 주장했다. 사실, 하늘나라에 관한 이야기는 오히려 그들을 유순하게 하며 주어진 환경을 체념적으로 받아들이게 만든다는 것이다. 하지만 하워드 서먼은 다른 의견을 제시했다.

> 노래에 표현된 이런 신앙이 고난을 견디며 흡수하는 능력을 키워 주는 건 어김없는 사실입니다. …… 어떻게 높은 자리에서 삶을 굽어볼지, 모든 소망을 더없이 강력하게 부정하는 사실들 앞에서 어떻게 정확하게 상황을 판단할지, 그리고 어떻게 그 사실들을 지극히 가혹한 환경으로도 결코 으스러트릴 수 없을 만큼 단단한 소망을 빚어내는 원재료로 삼을지 가르쳐 주었습니다. …… 이는 그들에게 소멸을 거부하고 삶을 이어가야 한다는 권리, 그 가혹한 살 권리를 긍정할 수 있게 해 주었습니다.[1]

노예들은 기독교 신앙을 품고 새 하늘과 새 땅, 그리고 마지막 심판을 믿었다고 서먼은 주장했다. 마침내 모든 소망이 이뤄지는 그때는 그 어떤 불의한 압제자라 할지라도 그들의 털끝 하나 건드릴 수 없으며, 온 갖 악한 행동들은 빠짐없이 대가를 치르리라는 사실을 알고 있었다는 것이다. 제아무리 큰 힘으로 억눌러도 꺼트릴 수 없는 소망이었다. 어째서 일까? 그들의 소망은 현재가 아니라 미래에 있었기 때문이다.

더러, 노예들에게는 차라리 실체가 분명한 정치적인 활동에 소망을 거는 편이 낫지 않았겠냐고 이야기하는 이들이 있다. 그러나 인간의 성취에 소망을 두면 순식간에 절망에 빠질 수 있다. 새 예루살렘에 거는 소망은 절대로 무너지지 않는다. 이 소망은 인간이 아니라 하나님의 역사에 토대를 두고 있으며, 그만큼 확고한 까닭이다. 물론, 서먼의 강의를 듣는 이들 가운데는 흑인 영가에 들어 있는 이러한 요소들이 대단한 상징들일 뿐, 그것을 문자 그대로 받아들여서는 안 된다고 믿는 세속적인 청중이 많았다. 하지만 서먼은 하나님의 말씀을 곧이곧대로 받아들일 수 없다면 그건 참다운 소망이 아니라고 주장했다.

> 결국, 문자적인 진리를 거부하는 건 존엄성을 가진 삶 자체와 인간에게
> 는 인간 차원에서 충족되어야 할 권리, 또는 필요성이 있음을 부정하
> 는 것입니다. 이런 (세속적인) 시각으로 보면, 오로지 지금 이 순간만 남을
> 뿐입니다. 인간은 …… 순간적인 사건들로 이뤄진 견고한 세계에 갇힌
> 죄수가 됩니다. 그 이상도 이하도 아닙니다. ……
> 흑인 영가를 부르는 노예들은 그런 관점을 조금도 마음에 들어 하지 않
> 았으며, 철저하고도 단호하게 배격했습니다. 그들이 이뤄 낸 기적이
> 바로 이것입니다. 덕분에 이들은 온 인류에 영향을 미치는 대단히 창

의적인 종교 사상가들로 자리매김할 수 있었습니다. 그들은 무가치한 삶, 무일푼의 빈곤한 인생을 …… 값진 삶으로 가꿔 냈습니다. 삶의 경험들에 매몰되지 않고, 도리어 경험적인 사건들을 모두 아우르는 인생관을 불굴의 열정을 품고 추구했습니다.

그들은 고집스럽게 이런 삶의 자질을 지켜 나갔습니다. 그 깊은 곳에서 하나님과 그분의 심원한 목적들을 발견했기 때문입니다. 하나님을 안다는 건 곧 지극히 고상한 삶의 의미에 부합하는 가치 있는 인생을 산다는 것입니다.[2]

성경의 약속들을 '오로지 상징'으로만 보는 해석을 거부한 서면의 판단은 정확하기 이를 데 없다. 당시로 돌아가서 노예들과 나란히 앉아 이야기한다고 상상해 보라. "그래요, 여러분이 흑인 영가에서 큰 힘을 얻는다니, 나도 기쁩니다. 하지만 여러분에게 정말 좋은 학교에 들어갈 기회가 주어진다면, 이생이 전부여서 죽으면 그뿐이라는 걸 배우게 될 겁니다. 여기서 겪은 온갖 고난을 보상해 줄 하늘나라 같은 건 어디에도 없어요. 만사가 다 바로잡히고 온갖 불의가 단죄되는 심판의 날도 없고요. 그래도 다들 소망을 품고 두려움 없이 살길 바랍니다."

그러면 누군가 곧장 대꾸할 것이다. "입은 비뚤어져도 말은 바로 합시다. 댁은 지금 이생이 전부고 여기서 행복을 누리지 못하면 어디서도 얻을 길이 없다고 얘기하는 거잖소. 그걸 알면서도 어떤 환경 속에서도 고개를 똑바로 쳐들고 당당하게 살라고요? 옛 소망을 도로 돌려 주시오! 정치적인 미래 따위에 기대서 살긴 싫소!"

지금 우리가 사는 시대는 아무도 사자 우리에 던져져 구경꾼들이 환호하는 가운데 팔다리가 찢겨 나가지 않으며, 노예가 되어 평생 종살이에 시달릴 일도 없다. 삶의 무게에 무겁게 짓눌릴 수는 있겠지만 적어도 사자나 채찍은 아니다. 그렇다면 지난날 그들이 엄청난 문제에 맞서게 했던 그 소망이 오늘날 우리가 마주한 사안들에도 도움을 주어야 마땅하지 않을까?

예수 믿으면
소망할 수 있다

하지만 우리에게 그런 미래가 기다리고 있다는 사실을 어떻게 확신할 수 있을까? 예수님을 믿으면 그럴 수 있다는 게 정답이다. 우리에게 돌아와야 할 형벌을 그리스도가 대신 받으신 덕에 우리는 주님께 합당한 하늘나라와 영광을 소유하게 되었다.

필라델피아의 텐스장로교회Tenth Presbyterian Church에서 오랫동안 사역하고 있는 목회자 도널드 그레이 반하우스Donald Grey Barnhouse는 어린 딸을 남긴 채 아내가 세상을 떠나는 아픔을 겪었다. 반하우스는 어떻게 해서든 마음을 다잡고 어린 딸아이를 추슬러 아내와 엄마를 잃은 상실을 견뎌 나가려 애쓰고 있었다. 그러던 어느 날, 차를 몰고 가는데 몸집 큰 이삿짐 트럭이 앞질러 달려갔다. 추월하는 짐차를 따라 거대한 차 그림자가 부녀가 탄 차를 훑고 지나갔다.

반하우스의 마음에 문득 떠오르는 생각이 있었다. 그는 어린 딸에게 물었다. "차에 치이는 게 나을까, 아니면 트럭 그림자에 치이는 게 나을까?" "당연히 그림자죠. 치어 봐야 아무 데도 다치지 않잖아요." 딸아이의 대답을 듣고 나서 그는 아이에게 이렇게 말했다. "맞아. 트럭이 아니라 그림자가 널 치었다면 넌 멀쩡할 거야. 엄마를 치고 지나간 것도 죽음의 그림자일 뿐이란다. 사실, 엄마는 살아 있어. 우리보다 더 잘 살고 있지. 2천 년 전에 진짜 죽음의 트럭이 예수님을 치고 지나갔기 때문이야. 차에 깔려 으스러졌던 예수님 덕분에 우리를 덮칠 수 있는 건 그 그림자뿐이야. 게다가 그 그림자는 영광으로 들어가는 문 노릇을 한단다. 우린 그저 예수님을 믿기만 하면 돼."[3]

자주 부르는 찬송가 〈예수 부활했으니Christ the Lord Is Risen Today〉의 4절 마지막 소절에는 "그분이 그러신 것처럼, 우리 부활하겠네. 우리의 십자가, 무덤, 하늘에서"란 대목이 나온다(저자의 위트를 살리기 위해 찬송가 원문 가사 그대로 옮겼다-편집자 주). 이는 거의 조롱에 가까운 가사다. 마치 이렇게 말하는 듯하다. "오라, 십자가들이여. 네가 나를 낮출수록 결국 더 높이 일으켜 세울 것이다. 오라, 무덤이여. 나를 죽일지라도, 끝내는 이전보다 더 낫게 만들 뿐이니!" 예수 그리스도가 인류를 위해 죽음을 받아들이시고 인간의 절망적인 상황을 대신 짊어지셔서 우리가 소망을 갖게 되었다면, 그리고 주님이 부활하는 사건이 정말 일어났다면, 최악도 마침내 최악이 될 것이다. 가장 위대한 세상은 아직 오지 않았다.

개인적으로 지금까지 살면서 "모든 지각에 뛰어난 하나님의 평강"을 자주 경험하진 못했다. 하지만 더없이 감사한 순간이 있었는데, 그 배경에는 이 위대한 그리스도의 소망이 자리하고 있었다. 암 수술을 코앞에 둔 시점이었다. 일단 갑상선을 떼어 내고, 그 뒤에는 방사성 요오드로 몸에 남아 있는 암 조직들을 파괴하는 치료를 받을 예정이었다. 두렵고 걱정스러웠다. 온 가족이 다 마찬가지였다. 수술하는 날 아침, 아내와 아이들에게 작별 인사를 하고 채비를 마쳐 놓은 수술실로 들어갔다.

의료진이 마쳐 준비를 하는 걸 보고 말없이 기도했다. 그 순간, 놀랍게도 갑자기 마음의 눈이 열리면서 모든 것을 새로이 바라보게 되었다. 우주가 기쁨과 즐거움, 지극한 아름다움으로 가득한 광대한 왕국처럼 보였다. 물론, 새삼스러울 게 없는 일이었다. 삼위일체 하나님은 그분의 끝없는 환희와 지혜, 사랑과 행복을 넘치게 채워 두시지 않았는가? 이렇게 영광스러운 세상 전체로 보자면 일시적인 고통과 고난은 눈에 보이지도 않는 작은 점에 지나지 않는다. 그리고 그 작은 점마저 밝은 빛이 만물에 스며드는 날이 오면 색깔이 바래고 말 것이다.

속으로 생각했다. "수술이 어찌 되든, 정말 중요한 건 그게 아니지. 모든 일이 다 잘될 거야. 나는 물론이고 아내도, 아이들도, 교회도 다 잘될 거야." 깊은 평강이 환하게 깃든 마음으로 나는 잠에 빠져들었다.

C. S. 루이스는 이렇게 말했다.

성경을 진지하게 받아들이면, 그러니까 하나님이 언젠가 우리에게 새벽별을 주시고 태양의 광휘를 덧입게 하신다는 사실을 믿는다면, 고대 신화와 현대의 시들이 모두 역사로는 참이 아닐지 몰라도, 예언으로서는 모두 진리에 아주 가까울지 모른다고 추측해 볼 수 있습니다. 지금 우리는 세계의 바깥, 문의 맞은편에 서 있는 셈입니다. 아침의 신선함과 깨끗함을 분간할 줄 알지만, 그게 우리를 신선하고 깨끗하게 만들어 주지는 않습니다. 우리는 눈에 보이는 찬란한 빛과 하나로 섞이지 못합니다.

하지만 신약성경의 갈피갈피는 모두 우리의 형편이 늘 그러하지는 않으리라는 소문으로 마무리됩니다. 언젠가 하나님이 원하시면 그 문 안으로 들어갈 겁니다. 만물이 자연의 법칙에 따라 순종하듯, 인간의 영혼이 온전히 자원해서 순종하기에 이르면, 우리는 영광을, 자연이 그저 어렴풋이 그려 보였던 것보다 더 큰 영광을 입을 것입니다. 우리는 자연을 통해, 자연을 뛰어넘어, 그리고 자연이 적절하게 되비추어 보여 주는 광채 속으로 뛰어들라는 부름을 받고 있습니다.[4]

'깊은 슬픔'을 '노래'로 바꾸는
오늘의 한 걸음

지금까지 나눈 이야기들을 정리해 보려 한다. 성경이 가르치는 고난 신학을 알고 있고 온 마음으로 그것을 받아들이고 있다면, 슬픔과 고통, 상실이 닥쳐도 무너지지 않으며 하나님의 말씀이 제시하는 다양한 방법들로 대처할 수 있다. 여기에서 우리가 해야 할 일 열 가지 정도를 간추려 보면 다음과 같다.

첫째로 우리는 고난에 다양한 면모가 있음을 알아야 한다. 어떤 시련은 우리의 그릇된 행동에서 비롯되고, 또 어떤 역경은 누군가의 배신과 공격이 주원인이 된다. 게다가 사랑하는 이의 죽음, 질병, 파산, 또는 인간이라면 아무도 피할 수 없는 죽음의 문제처럼 어떻게 사느냐와 상관없이 일어나는 한층 보편적인 고난도 있다. 끝으로, 뉴타운의 초등학교에서 벌어진 무차별 총격 사건처럼 참극이라고 부를 수밖에 없는 환난도 있다. 물론, 현실에서 실제로 벌어지는 고난에는 이 네 가지 유형 가운데 몇몇이 서로 맞물려 일어난다. 고난의 성격에 따라 조금씩 다른 종류의 감정을 불러온다. 첫 번째 유형은 죄책감과 수치심을, 두 번째는 분노와 원망을, 세 번째는 깊은 슬픔과 두려움을, 네 번째는 혼란이나 하나님을 향한 분노를 일으킨다. 이렇게 다른 유형의 고난들 사이에도 공통점이 있고 같은 방식으로 반응하기도 하지만, 저마다 고유한 대처 방식이 필요한 게 사실이다.

둘째로, 고난을 당하는 이들 사이에 성향의 차이가 있음을 인정해야 한다. 하나님이 역경을 만난 누군가를 이러저러하게 이끌어 불같은 과정을 지나가게 도우셨다면 자신에게도 똑같은 방식이 적용되리라고 생각해선 안 된다. 시몬 베유는 환난의 경험을 이루는 얼개로 고립, 내면의 파열, 정죄, 분노, 고통과의 공모를 꼽았다. 이런 요인들은 개인의 정서적인 기질과 영적인 성숙도, 그리고 역경의 이면에 숨은 동기들에 따라 더 강해지기도 하고 더 약해지기도 한다. 그러므로 이를 잘 조절하고 조정하는 게 필수적이다.

셋째로, 울음이 필요하다. 고통과 슬픔 앞에서 하나님께 자신의 망가진 모습을 어린아이처럼 솔직하게 드러내는 게 몹시 중요하다. 신앙을 내세워 감정을 부정하거나 지나치게 통제하려 해선 안 된다. 탄식하는 시편이나 욥기를 읽기를 바란다. 하나님은 우리의 절박함을 오래 참고 지켜봐 주신다. 온 마음을 주님께 쏟아 놓으라.

넷째로, 믿고 의지해야 한다. 성경은 감정을 숨기지 말고 하나님 앞에서 토해 내라고 가르치지만, 다른 한편으로는 (그분이 주권자시므로) 하나님의 지혜를 믿고 의지하며, (우리가 걷는 길을 그분이 이미 걸으셨으므로) 그분의 사랑을 신뢰하라고 요구한다. 견디기 힘들 만큼 비통할지라도 결국은 예수님이 그러셨던 것처럼(진실하게 "이 잔을 내게서 지나가게 하옵소서"라고 기도하다가), 마침내 "아버지의 원대로 되기를 원하나이다"라고 고백해야 한다. 그럴 수 있을 때까지 씨름을 멈추지 말라.

다섯째로, 기도해야 한다. 욥은 수없이 불평하고 자신이 태어난 날을 저주하기까지 했지만 언제나 기도 속에서였다. 그가 불평을 쏟아놓은 대상은 하나님이었다. 뒹굴며 괴로워했던 자리 역시 하나님 앞이었다.

시련을 겪는 동안, 설령 메마르고 고통스러운 나날일지라도 성경을 읽고, 기도하고, 예배에 참석하길 잊지 말아야 한다. 시몬 베유는 하나님을 사랑할 수 없으면, 그분을 사랑하길 소원하거나, 적어도 사랑할 수 있게 도와주시길 구하기라도 해야 한다고 말했다.

여섯째로, 생각하는 훈련을 해야 한다. 진리를 묵상하고 하나님이 우리를 위해 행하셨고 또 앞으로 하실 일들을 기억하는 데서 오는 바른 안목을 갖춰야 한다. 아울러 '자기 성찰'에 힘써야 한다. 그러려면 마음의 소리에 귀를 기울이는 동시에 마음과 대화하며 설득해야 한다. "내 영혼아, 왜 낙심하니? 하나님의 은택과 구원을 잊지 마"(시 42; 103편)라고 이야기해 주라. 이러저러한 방법을 써서 어떤 느낌에 초점을 맞추는 게 아니라 언제고 마음이 정돈될 때까지 한 방향으로 생각을 집중하라는 뜻이다. 우리가 마음을 써야 할 사고와 성찰은 전반적으로 크리스천의 소망과 연결되어야 한다. 자신이나 다른 누군가의 죽음을 마주한 상황이라면 하늘나라와 부활, 약속된 미래를 묵상하는 게 특별히 중요하다. 또한 이는 다른 모든 고난에도 결정적인 의미를 갖는다.

일곱째로, 자기 검증을 망설이지 말아야 한다. 성경이 고난을 상징하는 이미지로 '훈련장'을 택하고 있다는 사실이 이 훈련의 가치를 잘 보여 준다. 하지만 여기서 조심해야 할 게 있다. 항상 자신을 들여다보며 고난의 원인을 찾으라는 얘기는 아니다. 하나님이 무언가를 바로잡으려고 욥에게 고난을 주신 게 아니었지만, 친구들은 마치 그런 것처럼 몰아갔다. 그럼에도 불구하고, 욥은 은혜 가운데 성장하고 성숙해졌다. 시련은 매번 자신을 돌아보고 얼마나 더 성장해야 할지, 어려움을 통해 어떤 약점이 드러났는지 살필 기회를 준다.

여덟째로, 사랑의 우선순위를 재조정해야 한다. 고난은 지나치게 사랑하는 것들이 있거나, 그에 비해 하나님을 너무 적게 사랑한다는 사실을 여실히 드러낸다. '선한 것'을 '으뜸가는 것'으로 바꿔 놓는 탓에 고난은 과장되거나 증폭되기 일쑤다. 환난을 겪는 동안 이전보다 하나님을 더 사랑하도록 도전한다면, 시련은 우리를 추락시키는 것이 아니라 더 높은 곳으로 뛰어오르게 만든다. 기도하고, 생각하며, 우리 영혼에 베풀어 주시는 사랑을 믿고 의지하는 가운데 하나님이 우리를 위해 예수 그리스도를 통해 겪으신 고난을 인식할 때 그런 역사가 일어난다.

아홉째로, 공동체를 피해선 안 된다. 시몬 베유는 어떻게 고난이 고립으로 이어질 수 있는지 이야기한다. 하지만 초기 크리스천 공동체들은 시련을 겪는 이들이 피하기 좋은 곳으로 명성이 자자했다. 초대 교회 저술가들에 따르면, 크리스천들이 고난 속에서도 '행복하게 죽음을 맞이한' 건 남달리 강인해서가 아니라 교회가 견줄 데 없을 만큼 강력한 동정과 지지를 보내 주었기 때문이었다. 복음은 욥의 도덕적인 친구들처럼 "재난을 주는 위로자"가 자라나지 못하게 막아 준다. 그리스도의 복음은 세속 사회에서는 생각할 수 없는 방식으로 고난의 경험을 설명하고 의미를 부여한다. 수많은 크리스천의 사랑과 지지를 받을 수 있는 교회를 찾으라.

열째로, 고난 가운데는(특히 네 가지 형태 가운데 처음 두 가지는) 하나님의 은혜와 용서를 받고 그것을 다른 이들에게 다시 베풀기 위해 일종의 기술 같은 게 필요하다. 곤경이 윤리적인 실수와 죄스러운 성품의 결함을 드러내는 경우는 회개하고 하나님, 그리고 이웃과 화해하는 법을 배워야 한다. 배신과 불의에서 비롯된 고난이라면 용서를 배우는 게 결정적이다. 나를 해코지한 상대를 마음으로부터 용서하고 복수하고 싶은 마음을 내려놓아야 한다. 그래야 정의를 효과적으로 추구할 수 있다.[1]

이 모든 일은 처음에는 조지 허버트의 말처럼 당신의 "기쁨을 눈물로" 바꾸는 작업일 뿐이나, 나중에는 당신의 "깊은 슬픔이 노래로" 변할 것이다.

감사의 말

늘 그랬듯, 해마다 우리 부부에게 다양한 방식으로 3주 정도 집필 휴가를 낼 수 있게 도와준 친구들에게 감사를 드리고 싶다. 그처럼 방해받지 않는 시간을 마련해 주기 위해 수많은 이(린 랜드, 팀 & 메리 코트니 브룩스, 재니스 워스)가 그야말로 최선을 다했다. 리디머장로교회에서 함께 일하는 팀(브루스 테럴, 크레이그 엘리스, 앤디 브린들리)에게도 고마움을 전한다. 혼자일 때보다 한층 효과적이고 능률적으로 사역할 수 있게 해 주는 식구들이다. 대형교회 목회와 집필이라는 폭넓은 활동을 지속할 수 있는 힘 역시 이들에게 있다.

아울러 1970년대 중반부터 10여 년 동안 사역했던 버지니아주 호프웰의 성도들에게도 큰 빚을 졌다. 그들은 경험 없는 신출내기 목사를 오래 참아 주고 열성적으로 지지해 주었다. 아내와 내가 슬픔과 상실, 죽음과 흑암을 마주한 이들과 동행하는 법을 처음 배운 것도 바로 거기서였다. 모두에게 감사를 전한다.

주

프롤로그

1. Ernest Becker, *The Denial of Death* (Free Press, 1973), pp. 283-284. 어네스트 베커, 《죽음의 부정》(인간사랑 역간).

2. *The Independent*, http://www.independent.co.,uk/news/world/politics/un-report-uncovers-global-child-abuse-419700.html에 보도된 세계보건기구(WHO)의 통계에 따름.

3. William Shakespeare, *Macbeth*, 4막 3장에 나오는 맥더프의 대사. 윌리엄 셰익스피어, 《맥베스》.

4. Becker, *The Denial of Death*, pp. 283-284. 어네스트 베커, 《죽음의 부정》(인간사랑 역간).

5. Ann Patchett, "Scared Senseless," *The New York Times Magazine*, October 20, 2002.

6. Philip Yancey, *Where Is God When It Hurts?* (Zondervan, 2002), p. 77에서 재인용. 필립 얀시, 《내가 고통당할 때 하나님 어디 계십니까》(생명의말씀사 역간).

7. Robert Andrews, *The Concise Columbia Dictionary of Quotations* (Columbia University Press, 1989), p. 125.

8. C. S. Lewis, *The Problem of Pain* (Harper, 2001), p. 94. C. S. 루이스, 《고통의 문제》(홍성사 역간).

9. Ibid., p. 91.

10. "How Firm a Foundation," hymn by John Rippon, 1787.

1 '인생의 목적'에 따라 고통에 대한 해석이 달라진다

1. Max Scheler, "The Meaning of Suffering," in *On Feeling, Knowing, and Valuing: Selected Writings*, ed. H. J. Bershady (University of Chicago Press, 1992), p. 98.

2. 선구적인 사회사상가 막스 베버의 말이다. Christina Simko, "The Rhetorics of Suffering," *American Sociological Review* 7 (6), p. 882에 인용. Weber, *The Sociology of Religion*, trans. Ephraim Fischoff (Beacon Press, 1963), pp. 138ff (chapter IX, "Theodicy, Salvation, and Rebirth")를 보라.

3. Richard A. Shweder, Nancy C. Much, Manamohan Mahapatra, and Lawrence Park, "The 'Big Three' of Morality (Autonomy, Community, Divinity) and the 'Big Three' Explanations of Suffering," in *Why Do Men Barbecue?: Recipes for Cultural Psychology*, ed. Richard A. Shweder (Harvard University Press, 2003), p. 74.

4. Peter Berger, Brigitte Berger, and Hansfried Kellner, *The Homeless Mind: Modernization and Consciousness* (Vintage, 1974), p. 185. 이 글과 *The Sacred Canopy: Elements of a Sociological Theory of Religion* (Anchor, 1967)에서, 버거는 막스 베버의 논리를 좇아 "신정론"이라는 어휘로 모든 사회나 문화가 지닌 이런 면모, 즉 어려움을 겪는 이들을 위해 고난에 의미를 부여하는 특성을 설명한다. 하지만 철학자 고트프리트 라이프니츠가 처음 만들어 낸 이 말은 "비극의 여파 속에서 하나님의 방식을 정당화함"을 의미했다. 신정론은 전통적으로 악과 고난의 존재가 하나님이 없음을 입증한다는 주장에 맞서 하나님의 실재를 옹호하는 수단으로 사용되었다. Peter van Inwagen, *The Problem of Evil: The Gifford Lectures Delivered in the University of St Andrews in 2003* (Oxford University Press, 2006), pp. 6-7과 각주를 보라. 개인적으로 이 말은 버거의 용례보다는 한층 신학적인 의미를 담고 있는 라이프니츠 본연의 용법이 최상이라고 생각한다.

5. Simko, "Rhetorics," p. 884.

6. Maureen Dowd, "Why, God?" *The New York Times*, December 25, 2012.

7. Ronald K. Rittgers, *The Reformation of Suffering: Pastoral Theology and Lay Piety in Late Medieval and Early Modern Germany* (Oxford University Press, 2012), p. 4.

8. Tom Shippey, *The Road to Middle-Earth* (Houghton Mifflin, 2003), p. 78.

9. Lewis, *The Problem of Pain*, p. 57. C. S. 루이스, 《고통의 문제》(홍성사 역간).

10. Dr. Paul Brand and Philip Yancey, *The Gift of Pain* (Zondervan, 1997), p. 12.

11. Berger, *The Sacred Canopy*, pp. 60-65를 보라.

12. Scheler, "The Meaning of Suffering," p. 98.

13. Berger, *The Sacred Canopy*, p. 62. '신정론들'(고난을 다루는 다양한 문화들의 전략)에 대한 버거의 논지는 막스 베버의 유형 분류 체계에 크게 의지하고 있다.

14. Berger, *Sacred Canopy*, pp. 73-76을 보라. 버거는 칼뱅주의 기독교 신앙을 이 범주에 넣고 카테고리에 "종교적 마조히즘"이라는 유감스러운 이름을 붙였다.

15. Weber, *Sociology of Religion*, pp. 144-145.

16. Ibid., p. 62.

17. Shweder, et al., *Why Do Men Barbecue?*, p. 125.

18. Richard Dawkins, *River Out of Eden: A Darwinian View of Life* (Basic Books, 1996), pp. 132-133. 리처드 도킨스, 《에덴의 강: 리처드 도킨스가 들려주는 유전자와 진화의 진실》(사이언스북스 역간).

19. Ibid., p. 96.

20. Richard Dawkins, *The God Delusion* (Houghton Mifflin, 2006), p. 360. 리처드 도킨스, 《만들어진 신》(김영사 역간).

21. Shweder, et al., *Why Do Men Barbecue?*, p. 74.

22. Dawkins, *The God Delusion*, p. 360. 리처드 도킨스, 《만들어진 신》(김영사 역간).

23. 2012년 10월에 방송된 도킨스의 텔레비전 프로그램 *Sex, Death and the Meaning of Life*의 내용이다. http://www.channel4.com/programmes/sex-death-and-the-meaning-of-life에서 영상을 볼 수 있다.

24. Schweder, et al., *Why Do Men Barbecue?*, p. 125.

25. Ibid.

26. James Davies, *The Importance of Suffering: The Value and Meaning of Emotional Discontent* (Routledge, 2012), p. 29.

27. Ibid., pp. 1-2.

28. Ibid., p. 2.

29. Ibid.

30. C. S. Lewis, *The Abolition of Man* (Harper, 2009), p. 77. C. S. 루이스, 《인간 폐지》(홍성사 역간).

31. Charles Taylor, *A Secular Age* (Harvard University Press, 2007), pp. 373, 375.

32. http://www.bostonreview.net/books-ideas-mccoy-family-center-ethics-society-stanford-university/lives-moral-saints.

33. Scheler, "Meaning of Suffering," p. 110.

34. Ibid.

35. Ibid.

36. Ibid., p. 111.

37. Ibid.

38. Aleksandr Solzhenitsyn, *The Gulag Archipelago* 1918-1956 (Harper & Row, 1974).

39. Ibid., p. 112.

40. Ibid., p. 113.

2 고통을 위로하고 처리할 만능열쇠 같은 건 없었다

1. 고대 문헌들에 관한 대목은 Rittgers, *Reformation of Suffering*, 2-3장과 Luc Ferry, *A Brief History of Thought: A Philosophical Guide to Living* (Harper, 2010), 1-3장의 도움을 받았다. Robert C. Gregg, *Consolation Philosophy: Greek and Christian Paideia in Basil and the Two Gregories* (Philadelphia Patristic Foundation, 1975), 1장과 John T. McNeill, *A History of the Cure of Souls* (Harper, 1951), 2장도 보라.

2. Rittgers, *Reformation of Suffering*, p. 39.

3. Ferry, *Brief History*, p. xiv.

4. Ibid.

5. Ibid., p. 4.

6. Ibid., p. 7.

7. Ibid., pp. 3-5.

8. Ibid., p. xiv.

9. 자신의 글 *Brief History*, 2장, "The Greek Miracle" 가운데 스토아 철학을 요약한 페리의 유용한 정리를 보라. Rittgers, *Reformation of Suffering*, pp. 39-40도 보라.

10. Rittgers, *Reformation of Suffering*, p. 39.

11. Ferry, *Brief History*, p. 45.

12. Rittgers, *Reformation of Suffering*, p. 39.

13. Epictetus, *Discourses* III, 24, 84-88. Ferry, *Brief History*, pp. 47-48에 인용.

14. Ibid., p. 48.

15. Ibid.

16. Ibid., p. 50.

17. Epictetus, *Discourses*, III, 24, 91-94와 Marcus Aurelius, *Meditations*, IV, 14. Ferry, *Brief History*, p. 37에 인용.

18. 키케로가 고난을 겪는 이들에게 주는 충고(역경에 맞닥뜨려 고통스러워하는 이들의 영혼을 치유하는 조언)를 소개하자면 이렇다. 우선, 시련을 당해 아파하는 이들은 놀랄 이유가 없음을 알아야 한다. 이미 수많은 이들이 같은 사태를 경험해 왔으며 그런 상실과 고통은 사실상 살아 숨 쉬는 모든 이들의 몫이다. 둘째로, "거기엔 아무 이점이 없음을 염두에 둔다면, 부질없이 슬픔에 짓눌리는 건 지극히 어리석은 일이다"(Cicero, *Tusculan Disputations*, III, 6, sect. 12, Rittgers, *Reformation of Suffering*, p. 40에 인용). 셋째로, 시간에는 고통을 치유하는 효과가 있지만 이성을 활용해서, 다시 말해 사물의 덧없는 속성을 제대로 인식함으로써 그 효과를 높일 수 있으며 삶은 그저 자연에서 빌려 왔을 뿐, 반드시 돌려 주어야 한다는 사실을 잊지 말아야 한다. 키케로, 《투스쿨룸 대화》(아카넷 역간).

19. 앙리 블로셰는 저서 *Evil and the Cross: An Analytical Look at the Problem of Pain* (Kregel, 1994), pp. 15-17에서 이 주제에 관한 동양 사상들을 훌륭하게 정리했다.

20. 불교는 범신론이 아니라 무신론의 한 갈래라고 주장하는 이들이 적지 않음을 안다. 아울러 신을 믿을 필요가 없는 영성을 제공한다는 이유로 불교도의 관습을 받아들인 서구 문화 속의 여러 무신론자들도 잘 안다. 하지만 서구의 시각으로 들여다보면 불교는 진정한 무신론은 아니다. 불교는 초자연적이고 형이상학적인 대상을 확고히 믿는다. 자연적이고 물질적인 것들은 허상으로 보고 만물은 결국 '영'이라고 생각한다. 많은 학자들이 지적하듯, 붓다는 오랜 세월 이어져 내려온 인도의 옛 신앙을 내버리는 게 아니라 개혁하고 싶어 했다. 앙리 블로셰는 연구하면 할수록 "불교와 브라만교를 구별하기가 어려워진다"고 한 하버드대학 교수 아난다 쿠마라스와미(Ananda Coomaraswamy)의 글을 인용한다. Blocher, *Evil and the Cross*, p. 17.

21. 스토아 사상에 더하여, 악과 고난을 바라보는 이런 입장은 랄프 왈도 에머슨(Ralph Waldo Emerson)이나 월트 휘트먼(Walt Whitman) 같은 작가들뿐 아니라, 스피노자(Spinoza)나 헤겔(Hegel) 같은 철학자, 마이스터 에크하르트(Meister Eckhart) 같은 신비주의자들 사이에 널리 퍼져 있었다. 아울러 크리스천사이언스의 창시자 메리 베이커 에디(Mary Baker Eddy)의 관점은 물론이고 이른바 '뉴에이지' 사상의 특징과도 상당 부분 일치한다. 이는 흔히 '범신론'이라고 부르는 하나님 이해를 토대로 삼고 있다. *Stanford Dictionary of Philosophy*에 따르면, '범신론'은 존재하는 모든 독립체는 하나의 실재이며, 다른 유형의 실질들은 모두 그 형식(껍질)이거나 본체와 하나라는 믿음을 의미한다. http://plato.stanford.edu/entries/pantheism. 대중적인 눈높이에 맞춰서 설명하자면, 과학소설에 등장하는 비인격적인 신령의 개념으로 선과 악의 면모를 둘 다 지니고 있다. 영화 〈스타워즈〉(Star Wars)에 나오는 '포스'(The Force)가 대표적인데, 모든 생명을 한데 묶는 단일한 생명력으로 '선한 면'만이 아니라 '악한 면'도 가지고 있다.

22. 불교와 그리스 스토아 철학의 유사성을 살피려면 Ferry, *Brief History*, pp. 43-49을 보라.

23. Plutarch, *A Letter of Condolence to Apollonius*, Rittgers, *Reformation of Suffering*, p. 43에 인용.

24. Rittgers, *Reformation of Suffering*을 보라. 이 대목과 다음 대목은 이 주제에 대한 리트거스의 탁

월하고도 획기적인 연구 성과에 크게 기대고 있다.

25. Cyprian, *On Mortality*, 13장. Rittgers, *Reformation of Suffering*, p. 45에 인용.

26. Ibid., p. 47.

27. Judith Perkins, *The Suffering Self: Pain and Narrative Representation in the Early Christian Era* (Routledge, 1995).

28. Ferry, *Brief History*에서.

29. Ibid., p. 52.

30. Ambrose of Milan, *On the Death of Satyrus*. Rittgers, *Reformation of Suffering*, pp. 43-44에 인용.

31. Ferry, *Brief History*, p. 52.

32. Ibid., pp. 52-53.

33. Ibid., p. 63.

34. Rittgers, *Reformation of Suffering*, p. 46.

35. Ibid.

36. Ferry, *Brief History*, p. 86.

37. 신을 믿었던 세네카마저도 신 역시 운명의 지배를 받는다고 믿었다. 그리스-로마 문화에서 운명은 비인격적이며 그 결정은 도무지 설명할 수가 없어서 운명에 대고는 정의를 호소할 여지가 전혀 없다. 그건 번지수를 잘못 찾아도 한참 잘못 찾은 짓이다. 이상적으로 의인화한 옛 글에서 조차 운명은 변덕스럽고 마구잡이다. 보에티우스(Boethius)의 *Consolation of Philosophy*에는 그런 시각이 잘 드러나 있다. "행운의 여신이 그대에게 변덕을 부린다고 생각한다면, 그건 오판이다. 변덕은 그녀의 통상적인 행동이고 진정한 속성이다. …… 제멋대로 날뛰는 여신의 시시때때로 변하는 얼굴을 여태 보아 오지 않았던가? …… 독재적인 그 손으로 우연의 수레바퀴를 돌려 댄다. 겉은 잔잔하지만 속은 요동치는 만의 물살처럼 쓸려갔다 밀려온다. 고통스러운 울부짖음 같은 건 듣지도 못한다. 어떤 눈물에도 주의를 기울이지 않는다. 쇳덩이처럼 단단하고 차가운 마음을 가진 여신은 제가 쥐어 짜낸 신음소리를 들으며 연신 웃어 댈 뿐이다." Boethius, *The Consolation of Philosophy*, translated with an introduction by Victor Watts (rev. ed.; Penguin, 1999), pp. 23-24.

38. Rittgers, *Reformation of Suffering*, pp. 46-47.

39. Ibid., p. 47.

40. Ferry, *Brief History*, p. 89.

41. Ibid., pp. 53, 90.

42. Gregory the Great, *The Book of Pastoral Rule*, trans. George Demacopoulos (St Vladimir's Seminary Press, 2007)와 Thomas C. Oden, *Care of Souls in the Classic Tradition* (Fortress Press, 1984)에 수록된 이 작품에 대한 요약 설명과 토의를 보라. 그레고리오의 *Moralia*와 *Pastoral Rule* 개요를 살피려

면 Rittgers, *Reformation of Suffering*, pp. 49-52를 참고하라.

43. Rittgers, *Reformation of Suffering*, p. 51.

44. Ibid., p. 53.

45. Ibid., p. 61.

46. Ibid., p. 62.

47. Ibid., p. 88.

48. Martin Luther, *Luther's Works, Volume 29: Lectures on Titus, Philemon, and Hebrews*, ed. Jaroslav Pelikan (Concordia, 1968), p. 189. Rittgers, *Reformation of Suffering*, pp. 103-104에 인용됨.

49. Rittgers, *Reformation of Suffering*, p. 95.

50. Martin Luther, *Luther's Works, Volume 14: Selected Psalms III*, ed. Jaroslav Pelikan (Concordia, 1968), p. 163. Rittgers, *Reformation of Suffering*, p. 101에 인용됨.

51. Rittgers, *Reformation of Suffering*, p. 112. 제5장, "Suffering and the Theology of the Cross," pp. 111-124를 보라.

52. Quoted in ibid., p. 112.

53. Ibid., p. 117.

54. Alister McGrath, *Luther's Theology of the Cross: Martin Luther's Theological Breakthrough* (Blackwell, 1990), p. 170.

55. Rittgers, *Reformation of Suffering*, p. 117. 루터는 여러 종교 개혁 신학자들보다 한 걸음 더 나아가 하나님이 신성을 가지고 계시면서도 고난을 경험했다고 주장했다. 물론, 하나님의 신성이 전능성을 잃는 일은 벌어질 수 없다고 굳게 믿었다. 그러면서도 루터는 "신성이 참으로 고통스럽다고 할 만한 방식으로 그리스도를 통해 그분의 거룩한 속성과 인성을 결합하려 하셨다"고 했다. 루터의 이런 진술들은 속성의 교류(communicatio idiomatum, 그리스도의 신성과 인성이라는 두 속성이 서로 작용하는 방식)에 대한 그만의 입장을 어느 정도 반영하고 있다. 루터는 1520년대 후반에 벌어진 성체 논쟁에서, 신성과 인성은 각자의 특성을 서로 주고받을 수 있다고 주장했지만 다른 여러 개혁 신학자들은 그런 입장을 받아들이지 않았다. 그럼에도 불구하고 하나님이 인간의 고통을 친히 경험해서 누구보다 잘 아신다는 관념은 성경적인 가르침이며 다른 종교와 기독교 신앙을 구별하는 요소이기도 하다.

56. Ibid., p. 115.

57. Taylor, *Secular Age*, p. 25.

58. Ibid., p. 542.

59. 여기에 꺼내 놓은 이런 용어와 관념들은 "닫힌 세계"라는 내재적인 틀이 "닫힌 자아"로 이어진다는 인상을 줄 수 있음을 안다. 실제로 테일러는 현대의 자아가 현대 세계에 선행한다고 믿었다. 여기서 다 설명하기에는 그 이유가 너무 복잡하다.

60. Taylor, *Secular Age*. 이 문장에서 인용한 어구들은 각각 p. 38과 p. 581에서 가져왔다.

61. Ibid., p. 27.

62. Megan L. Wood, "When the New You Carries a Fresh Identity, Too," *The New York Times*, February 17, 2013.

63. Taylor, *Secular Age*, p. 232.

64. Ibid., p. 306.

65. Andrew Delbanco, *The Death of Satan: How Americans Have Lost the Sense of Evil* (Farrar, Straus, and Giroux, 1995), pp. 106-197.

66. Christian Smith, *Soul Searching: The Religious and Spiritual Lives of American Teenagers* (Oxford University Press, 2007).

67. Ferry, *Brief History*, pp. 3-5.

68. Susan Jacoby, "The Blessings of Atheism," *The New York Times*, January 5, 2013.

3 인본주의도 무신론도, 실제 고난 앞에 무력해지다

1. 헨리 프레데리크 아미엘의 금언은 James Davies, *The Importance of Suffering: The Value and Meaning of Emotional Discontent* (Routledge, 2012), 표지에서 가져왔다.

2. Ibid., p. 75.

3. Samuel G. Freedman, "In a Crisis, Humanists Seem Absent," *The New York Times*, December 28, 2012.

4. Jacoby, "Blessings of Atheism."

5. Ibid.

6. 데이비드 캠벨(David L. Chappell)이 *A Stone of Hope*에서 주장한 것처럼 민권 운동 전략의 핵심으로 시민불복종을 제안한 세력은 북부의 백인 자유 사상가들이나 세속주의자들이 아니었다. 그 주인공은 죄와 인간 본성에 관해 한층 비관적인 시각을 가졌던 아프리카계 미국인 교회와 목회자들이었다. Chappell, *A Stone of Hope: Prophetic Religion and the Death of Jim Crow* (University of North Carolina Press, 2007), 2장, "Recovering Optimists"와 5장, "The Civil Rights Movement as a Religious Revival"을 보라. 〈뉴욕 타임스〉는 서평에서 "이 책을 읽으면 신앙이 공적인 삶에서 …… 어떤 역할을 할 수 있는지 근본적으로 다시 생각할 수밖에 없다"라고 했다.

7. Steven D. Smith, *The Disenchantment of Secular Discourse* (Harvard University Press, 2010), p. 166에

인용.

8. Michael Sandel, *Justice: What's the Right Thing to Do?* (Farrar, Straus, and Giroux, 2010). 마이클 샌델, 《정의란 무엇인가》(와이즈베리 역간).

9. "Obama's Speech in Newtown," http://reason-being.com.

10. 프랭클 사상의 핵심에 대한 유용한 서술이 필요하면 다음을 보라. Emily Esfahani Smith, "There's More to Life Than Being Happy," *The Atlantic*, January 9, 2013.

11. Victor Frankl, *Man's Search for Meaning* (Washington Square Press, 1984), p. 54. 빅터 프랭클, 《죽음의 수용소에서》(청아출판사 역간).

12. Eleanor Barkhorn, "Why People Prayed for Boston on Twitter and Facebook, and Then Stopped," *The Atlantic*, April 20, 2013. 온라인으로는 http://www.theatlantic.com/national/archive/2013/04/why-people-prayed-for-boston-on- twitter-and- acebook-and-then-stopped/275137에서 볼 수 있다.

13. Andrew Solomon, *Far from the Tree: Parents, Children, and the Search for Identity* (Scribner, 2012), p. 47. 앤드류 솔로몬, 《부모와 다른 아이들》(열린책들 역간).

14. Ibid., pp. 357-363.

15. Martha C. Nussbaum, *Women and Human Development: The Capabilities Approach* (Cambridge University Press, 2000), chap. one, "In Defense of Universal Values." Steven D. Smith, *Disenchantment*, p. 167에 인용. 인권에 대한 세속주의의 설명이 잘 먹혀들지 않는 이유를 더 알아보려면 Smith's Disenchantment and Nicholas Wolterstorff, *Justice: Rights and Wrongs* (Princeton University Press, 2008), pp. 323-341을 보라.

16. Solomon, *Far from the Tree*, p. 147. 앤드류 솔로몬, 《부모와 다른 아이들》(열린책들 역간).

17. Ibid., p. 697.

18. Shweder, *Why Do Men Barbecue?*, p. 128.

19. John Gray, *Straw Dogs: Thoughts on Humans and Other Animals* (Farrar, Straus, and Giroux, 2003), p. 142. 존 그레이, 《하찮은 인간, 호모 라피엔스》(이후 역간).

20. Andrew Delbanco, *The Real American Dream: A Meditation on Hope* (Harvard University Press, 1999), pp. 1, 3.

21. Ibid., p. 5.

22. Delbanco, *Real American Dream*, p. 109에 인용.

23. Ibid., pp. 96-97.

24. Ibid., pp. 102.

25. Ibid., p. 103.

26. Robert Bellah et al, *Habits of the Heart: Individualism and Commitment in American Life* (University of California Press, 1985).

27. Wood, "New You."

28. William H. Willimon, *Pastor: The Theology and Practice of Ordained Ministry* (Abingdon, 2002), p. 99.

29. Ibid., pp. 98-99.

30. 성경에 기록된 나아만과 엘리야의 이야기는 *Counterfeit Gods* (Dutton, 2009)에서 상세하게 다루었다. 팀 켈러, 《팀 켈러의 내가 만든 신》(두란노 역간).

31. J. R. R. Tolkien, *The Lord of the Rings: The Fellowship of the Ring* (Houghton Mifflin, 2004), p. 50. J. R. R. 톨킨, 《반지의 제왕》(씨앗을뿌리는사람 역간).

4 신이 없다면 '악'에 분노할 이유도 없다

1. Albert Camus, *The Plague*, trans. Stuart Gilbert (Random House, 1991), p. 128. 알베르 카뮈, 《페스트》.

2. David Hume, *Dialogues Concerning Natural Religion*, ed. Richard Popkin (Hackett Pub, 1980), p. 63. 데이비드 흄, 《자연종교에 관한 대화》(나남 역간).

3. Peter Berger and Thomas Luckman, *The Social Construction of Reality: A Treatise in the Sociology of Knowledge* (Anchor, 1967)와 Berger, *A Rumor of Angels: Modern Society and the Rediscovery of the Supernatural* (Doubleday, 1969), pp. 40ff (chap. 2, "The Perspective of Sociology: Relativizing the Relativizers")을 보라.

4. J. L. Mackie, "Evil and Omnipotence," *Mind* 64, no. 254 (April 1955), Alvin Plantinga, *Warranted Christian Belief* (Oxford University Press, 2000), p. 460에 인용.

5. Alvin Plantinga, *God, Freedom, and Evil* (Eerdmans, 1974)과 *The Nature of Necessity* (Oxford University Press, 1974)를 보라. 일차적으로 이 주제와 관련해 플란팅가가 내리는 최고 수준의 처방은 *God and Other Minds: A Study of the Rational Justification of Belief in God* (Cornell University Press, 1967; paperback ed. 1990), pp. 115-155 (5장, "The Problem of Evil"과 6장, "The Free Will Defense")에서 볼 수 있다. 알빈 플란팅가, 《신과 타자의 정신들》(살림 역간).

6. Plantinga, *Warranted Christian Belief*, p. 461.

7. William P. Alston, "The Inductive Argument from Evil and the Human Cognitive Condition," *Philosophical Perspectives* 5 (1991): 30-67.

8. Daniel Howard-Snyder, ed., *The Evidential Argument from Evil* (Indiana University Press, 1996)를 보라. 알빈 플란팅가는 그의 책, *Warranted Christian Belief*, pp. 465-481에서 윌리엄 로우와 폴 드 레이퍼(Paul Draper)가 제시한 확률적 논거를 활용하고 있다.

9. J. P. Moreland and William Lane Craig, *Philosophical Foundations for a Christian Worldview* (Inter-Varsity Press, 2003), p. 552. 이는 플란팅가와 뜻을 함께하는 이들의 누적된 주장들을 담고 있다.

10. Van Inwagen, *Problem of Evil*, p. 6.

11. John Hick, *Evil and the God of Love* (rev. ed.; Harper, 1978), pp. 255-256. 이레나이우스가 보이는 이런 관점의 사례는 "Against Heresies," in *The Ante-Nicene Fathers*, eds. Alexander Roberts and James Donaldson (Hendrickson, 1994), vol. I, pp. 521-522를 보라.

12. 악과 자유의지에 관한 아우구스티누스의 글은 A. I. Melden, ed., *Ethical Theories* (2nd ed.; Prentice-Hall, 1955)에서 볼 수 있다.

13. Jean-Paul Sartre, *Being and Nothingness* (Philosophical Library, 1956), p. 367. 장 폴 사르트르, 《존재와 무》(동서문화사 역간).

14. 악은 물질이나 사물이 아니라 선이 '결핍된' 상태를 가리킨다고 보는 입장이다. 이런 관점을 명쾌하게 설명하는 데는 시각의 예화가 자주 쓰인다. 나무가 앞을 보지 못하는 건 악이 아니다. '봄'은 나무의 본성이 아니기 때문이다. 하지만 눈을 가진 인간이 보지 못하는 건 고난, 또는 악으로 생각할 수 있다. '봄'은 눈의 존재 이유인 까닭이다. 악을 결핍으로 보는 시각은 영향력이 대단히 커서 아우구스티누스와 아퀴나스뿐만 아니라 수많은 프로테스탄트 개혁 신학자들과 C. S. 루이스 같은 현대 변증가들도 같은 입장을 보였다. 개인적으로는 이 관점이 전반적으로 악을 생각하는 유용한 방식이라고 믿는다. 하지만 다른 이들은, 악이란 근본적으로 '비존재'(non-being)라고 주장하는, 토마스 아퀴나스 신학자 에티엔느 질송(Etienne Gilson)의 시각을 비롯해 적어도 몇 가지 형식에는 문제가 있다고 지적한다. 하지만 모든 악이 다 그럴까? 성경은 악을 그보다 더 적극적이고 공격적인 힘으로 설명하고 있지 않은가? 악이 약화와 분열로 이끈다고 말하는 건 정당할지 모르지만 그저 "비존재에 빠지게" 한다는 건 지나치게 유약한 표현이 아닐까 싶다. 결국 악을 피조물이 아니라 부패한 상태로 설명하는 태도는 어째서 하나님이 악을 허용하셨는가에 대한 진정한 답이 되지 못한다. 악을 결핍으로 보는 입장에 대한 존 프레임(John Frame)의 비판은 그의 논문 "The Problem of Evil," in *Suffering and the Goodness of God*, eds. Christopher W. Morgan and Robert A. Peterson (Crossway, 2008), pp. 144-152를 보라. 악을 결핍으로 보는 입장을 처음 이를 정립한 토마스 아퀴나스의 말을 인용해 가며 잘 정리한 글로는 Jeremy A. Evans, *The Problem of Evil: The Challenge to Essential Christian Beliefs* (Broadman, 2013), pp. 1-2가 있다.

15. Van Inwagen, *Problem of Evil*, p. 90.

16. Ibid., pp. 85-86. 반 인와겐은 성경 창세기에 나오는 (아담과 하와를 주인공으로 한) 인류의 타락 이야기가 실제로 벌어진 사건이란 관념을 받아들이지 않는다. "과학이 인간의 진화와 물리적 우주의 역사에 관해 발견한 사실과 모순된다"(p. 84)는 것이다. 하지만 크리스천인 반 인와겐은 창세기 1-3장은 "인류사 초기에 실제로 벌어진 사건"(p. 85)을 설명한다고 믿는다. 인와겐이 들려주는

이야기는 모름지기 '수십 종'의 영장류가 존재할 때까지 진화의 과정을 인도하시는 하나님, 그리고 "기적적으로 그들을 이성을 가진 존재로 키우시고 …… 언어와 추상적인 사고, 이해를 초월한 사랑, 그리고 물론, 사랑하는 데 반드시 필요하기에 …… 자유의지를 선물로 주신 하나님에 관한 스토리다"(p. 85). '완벽한 사랑의 조화' 속에 살며 질병과 파괴적인 자연재해, 노화와 죽음의 위험에서 안전하게 벗어날 "초자연적인 능력들을 …… 가졌던 까닭에"(p. 86) 이런 최초의 선조들은 낙원과도 같은 상태에서 지냈다. 하지만 이 이야기에서 고난이 없는 완벽한 세계를 누리도록 지음받은 최초의 인류들은 하나님께 등을 돌리고 그분의 정당한 권위에 저항했다. "자유의지라는 선물을 남용하고 하나님과의 연합에서 스스로 떨어져 나왔다"(p. 86). 도덕적인 악과 자연적인 악은 둘 다 그 결과물이다. "반역에 따른 당연한 결과로, 그들을 둘러싼 자연이 멋대로 휘두르는 힘에서 비롯된 파괴와 마주하게 되었으므로" 자연적인 악이 생겨났다. "원죄, 또는 태생적인 죄(죄를 저지르고자 하는 타고난 성향)라고 부르는 유전적 기질을 형성한 까닭에" 도덕적인 죄가 나타났다(p. 87).

반 인와겐은 자신의 이야기가 사실임을 입증할 필요가 없다고 말한다. 그편이 더 목적에 부합한다는 것이다. 악을 근거로 하나님을 논박하는 이들은 하나님에게는 왜 악과 고난을 허락하시는지 설명할 수 있는 합리적인 이유가 전혀 없다고 단언한다. 그들의 논리에는 늘 이런 전제가 깔려 있다. 반 인와겐은 말한다. "나로서는 이야기의 주인공인 하나님이 존재한다면, 그 이야기 …… 또한 사실일 것이라고 주장할 따름이다"(p. 90). 하지만 어째서 악과 고난을 허용할 수도 있는지에 대해 신뢰할 만한 설명을 내놓는다면(설령, 그게 악과 고난을 허용하신 까닭이라고 단정할 수는 없을지라도), 그건 악을 근거로 삼는 주장의 전제(악의 존재를 합리화할 만한 합당한 근거가 전혀 없다)가 거짓임을 드러낸다.

반 인와겐의 이야기와 논리는 기발하다. 크리스천들이 진화를 믿으면서도 여전히 인간의 타락을 자연적인 악과 도덕적인 악의 존재를 풀이하는 설명으로 활용할 수 있는 길을 열어 준다. 무신론자들에게 맞서는 철학적인 논리라서 많은 장점을 가진 주장이기는 하지만, 그럼에도 불구하고 이 이야기가 성경의 설명에 딱 들어맞는다고는 생각지 않는다. 실존했던 아담과 하와가 없다면 인류가 동일하게 죄에 빠진 이유를 설명할 수 없으며, 바울이 로마서 5장과 고린도전서 15장에서 온 인류의 대표인 아담에 대해 이야기하는 내용과 어떻게 조화시킬 수 있을지도 설명하지 못한다. 이 주제에 대해 더 알고 싶으면 8장과 그 주를 보라.

17. Ibid., p. 90.

18. '자유의지론적인 자유'가 성경적인 정의가 아니라는 포괄적인 주장을 살피려면 G. C. Berkouwer, *Man: The Image of God* (Eerdmans, 1962), pp. 310-348에 수록된 고전적인 에세이 "Human Freedom"을 보라.

19. 성경적인 자료들에 관한 탁월한 연구가 필요하면 D. A. Carson, *How Long, O Lord?: Reflections on Suffering and Evil* (2nd ed.; Baker, 1990), pp. 177-203 (11장, "The Mystery of Providence")을 보라. 아울러 J. I. Packer, *Evangelism and the Sovereignty of God* (Inter-Varsity Press, 1961)도 참조하라. 제임스 패커, 《제임스 패커의 복음 전도란 무엇인가》(생명의말씀사 역간).

20. 자유의지 신정론에 관해 알빈 플란팅가는 짧은 버전을, 피터 반 인와겐은 '확장판'을 제공한다. 양쪽 모두, 자유의지를 옹호할 뿐 신정론을 주장하는 건 아니라고 말한다. 하지만 하나님이 악과 고난을 허용하시는지 묻는 질문에 대해 답하는 데 그 논리를 동원하는 까닭에 나를 포함한 여러 전문가들의 눈에는 그들이 신정론으로서의 자유의지 이야기를 들려주는 것처럼 보인다.

21. C. S. Lewis, *The Problem of Pain* (Harper eBook, 2009); Richard Swinburne, *Providence and the Problem of Evil* (Oxford University Press, 1998). C. S. 루이스, 《고통의 문제》(홍성사 역간).

22. Donald A. Turner, "The Many-Universes Solution to the Problem of Evil," in Richard M. Gale and Alexander R. Pruss, eds., *The Existence of God*, Aschgate, 2003. pp. 143-159를 보라.

23. Ibid.

24. Alvin Plantinga, "Self-Profile," in *Alvin Plantinga*, eds. James E. Tomberlin and Peter van Inwagen (Reidel, 1985), p. 35.

25. 악의 문제에 대한 무신론자와 유신론자 사이의 대화는 Van Inwagen, *Problem of Evil*, p. 64에 토대를 두었다.

26. Ibid., p. 65.

27. 악을 근거로 한 논박에 대처해 변론(완전한 신정론이 아니라)을 내놓을 때, 하나님을 믿는 이들은 전통적인 신정론들에서 제시해 온 최고의 사상들(하나님이 악을 지속적으로 허용하시면서 품으셨을 수도 있는 몇몇 부류의 선한 이유들을 드러내는) 가운데 일부를 끌어다 쓸 수 있다는 점을 알아두면 도움이 된다. 신정론은 저마다 하나님이 고난을 허락하시는 설득력 있는, 그러나 충분치 않은 이유들 내놓는다.

28. 플란팅가의 언급, *Warranted Christian Belief*, pp. 481-482.

29. Stephen John Wykstra, "Rowe's Noseeum Arguments from Evil," in *The Evidential Argument from Evil*, ed. Daniel Howard-Snyder (Indiana University Press, 1996), pp. 126-149.

30. Wykstra, "Rowe's Noseeum," p. 126.

31. Plantinga, *Warranted Christian Belief*, pp. 466-467.

32. 악을 근거로 한 증거적 주장을 가장 열렬히 지지한 인물은 윌리엄 로우다. William L. Rowe, "The Problem of Evil and Some Varieties of Atheism," *American Philosophical Quarterly* 16 (1979): 335-341를 보라.

33. Ray Bradbury, "*A Sound of Thunder*"는 http://www.lasalle.edu/~didio/courses/hon462/hon462_assets/sound_of_thunder.htm에서 볼 수 있다.

34. Moreland and Craig, *Philosophical Foundations*, p. 543.

35. Van Inwagen, *Problem of Evil*, p. 97.

36. Elie Wiesel, *Night* (Hill and Wang, 1960). 엘리 위젤, 《나이트》(예담 역간).

37. Ibid., pp. 43-44.

38. 엘리 위젤은 하나님의 존재와 선하심에 대해 대단히 완강하게 이의를 제기하지만, 그가 하나님에 대한 믿음을 완전히 내버리지는 않고 있음에 주목하는 게 중요하다.

39. J. Christiaan Beker, *Suffering and Hope: The Biblical Vision and the Human Predicament* (Eerdmans, 1994). 여기에 소개한 정보는 Ben C. Ollenburger의 서문, "The Story behind the Book"에서 가져왔다.

40. Ibid., p. 16.

41. Blaise Pascal, *Pascal's Pensées* (Echo Library, p. 70), *Pensées*, 276, 277. 블레즈 파스칼, 《팡세》(민음사 역간).

42. C. S. Lewis, *Mere Christianity* (Macmillan, 1960) p. 31. C. S. 루이스, 《순전한 기독교》(홍성사 역간).

43. C. S. Lewis, *Christian Reflections* (Eerdmans, 1967), p. 69. C. S. 루이스, 《기독교적 숙고》(홍성사 역간).

44. Ibid., pp. 69-70.

45. Ibid., p. 70.

46. Ibid., pp. 69-70.

47. Alvin Plantinga, "A Christian Life Partly Lived," in *Philosophers Who Believe*, ed. Kelly James Clark (IVP, 1993), p. 73. 피터 반 인와겐에게 보낸 플란팅가의 편지도 보라. "나는 무신론자들에게 …… 악과 관련된 난제가 …… 존재한다고 믿는 쪽입니다. …… 만일 유신론이 거짓이라면 옳고 그름 같은 건 아예 없고, 악이니 뭐니 하는 것도 일절 없게 되는 것이라고 생각합니다." van Inwagen, *Problem of Evil*, p. 154, n14.

48. A. N. Wilson, "Why I Believe Again," *The New Statesman*, April 2, 2009.

49. Andrea Palpant Dilley, *Faith and Other Flat Tires: Searching for God on the Rough Road of Doubt* (Zondervan, 2012), pp. 224-225.

50. 딜리의 코멘트는 http:// www.patheos.com/blogs/michaboyett/2012/04/andrea- palpant-dilley-doubt-flat-tires-and-the-goodness-of-god에 소개된 미샤 보예트(Micha Boyett)와의 인터뷰에서 볼 수 있다.

- PART 2 -

5 생명의 교리들로, 마음의 틀을 세우라

1. Van Inwagen, *Problem of Evil*, p. 89.

2. Alvin Plantinga, "Supralapsarianism, or 'O Felix Culpa,'" in *Christian Faith and the Problem of Evil*, ed. Peter van Inwagen (Eerdmans, 2004), p. 18. 악의 문제에 접근하는 데 있어서 이 글은 훨씬 널리 알려진 플란팅가의 "Free Will Defense"보다 전통적인 칼뱅주의의 입장을 따르는 것처럼 보인다. 칼뱅주의적인 신정론이 만족스러운 정리를 내놓았다고 보지는 않지만 어느 정도 가능성을 보여 주었다고 한 인와겐의 설명도 주목해 보라. *Problem of Evil*, p. 163, n9.

3. C. S. Lewis, *The Great Divorce* (Macmillan, 1946), p. 64. C. S. 루이스, 《천국과 지옥의 이혼》(홍성사 역간).

4. J. R. R. Tolkien, "The Field of Cormallen," chapter in *The Lord of the Rings: The Return of the King* (various editions). J. R. R. 톨킨, 《반지의 제왕: 왕의 귀환》(씨앗을뿌리는 사람 역간).

5. Berger, *Sacred Canopy*, p. 74.

6. Ibid., p. 75.

7. Ibid., pp. 76-77.

8. Ibid., p. 78.

9. John Dickson, *If I Were God I'd End All the Pain: Struggling with Evil, Suffering, and Faith* (Matthias Media, 2001), pp. 66-67.

10. Ann Voskamp, *One Thousand Gifts: A Dare to Live Fully Right Where You Are* (Zondervan, 2010), pp. 154-155. 앤 보스캠프, 《나의 감사연습, 하나님의 임재연습》(사랑플러스 역간).

11. Tolkien, *The Lord of the Rings*, p. 50. J. R. R. 톨킨, 《반지의 제왕》(씨앗을뿌리는사람 역간).

12. John Gray, *The Silence of Animals: On Progress and Other Modern Myths* (Farrar, Straus, and Giroux, 2013), p. 79. 존 그레이, 《동물들의 침묵》(이후 역간).

6 고난은 정당한 동시에 부당하다

1. C. S. Lewis, *George MacDonald: An Anthology* (Harper, 2001), p. 49. C. S. 루이스, 《조지 맥도널 드 선집》(홍성사 역간).

2. 창세기의 설명은 모든 지상에 존재하는 생명은 세대를 거듭하며 자연선택의 과정을 통해 진화해 왔다는 과학적 합의에서 크게 벗어났다고 의문을 제기하는 이들이 많다. 이는 인간이 출현하기 도 전에 폭력과 고난, 죽음이 이미 광범위하게 퍼져 있었다는 뜻이다. 앞에서 살펴본 것처럼, 피 터 반 인와겐은 *The Problem of Evil*, pp. 85-86에서, 하나님은 여러 해에 걸친 진화 과정을 이끄 신 뒤에 소수의 영장류를 온전한 인간으로 삼았다는(하나님의 형상을 주시고 '완벽한 사랑의 하모니' 속에 살 낙원과도 같은 소수를 위한 거주지를 지으셨으며, 질병과 파괴적인 자연의 사건들, 노화와 죽음에서 안전한 삶을 누 리게 하는 '초자연적인 능력들을 …… 소유하게' 하셨다는) 사실을 "누구나 알고 있으므로" 창세기의 설명은 엄연한 진실이라고 설명한다. 하지만 "그들은 자유의지라는 선물을 남용하고 하나님과의 연합 을 스스로 깨트렸다"(p. 86). 그 결과 자연적인 악(고난과 죽음)이 세상에 퍼지고 인간을 집어삼키게 되었다. "반역의 자연스러운 결과로, 그들은 사방에서 에워싸고 있는 무작위적인 자연의 힘이 빚어내는 파괴에 직면하게 되었다." 또한 처음으로 지상에서 도덕적인 악을 목격하게 되었음은 두말할 필요가 없다. 이제 인간 본성이 죄스러운 자기중심성에 물들었기 때문이다.

앞에서 말했던 것처럼, 개인적으로는 이 이야기가 창세기는 물론 나머지 성경 말씀에 잘 들어맞 는다고 생각지 않는다. 아담과 하와라는 인물이 실존하지 않았다면, 온 인류가 똑같이 죄에 물 든 까닭을 설명할 수 없고, 아담이 온 인류의 대표가 되는 문제에 관해 바울이 로마서 5장과 고 린도전서 15장에 기록한 내용과 조화를 이룰 길도 없을 것이다. 그러므로 하나님께 등을 돌리고 자연적인 악과 도덕적인 악을 세상에 끌어들여 자자손손 인류에게 유전시킨 역사적인 부부가 실제로 존재한다고 믿는다. 한편, 문자적인 아담과 하와를 믿는 동시에 또한 진화를 통해 생명 이 지상에 깃들게 되었다고 믿는다면, 피터 반 인와겐과 기본적인 입장을 같이하는 이야기를 따 라가게 된다. 여기서 하나님은 아담과 하와를 데려다가(또는 처음부터 새로 지어서) 에덴동산이라는 제한된 거주지에 둔다. 그곳은 고난과 죽음이 없는 낙원이었다. 이는 인류를 위해, 또한 아담과 하와가 하나님께 순종했더라면 온 지구를 가득 채웠을 그 부류의 생명체들을 위해 창조주가 지 으신 세계였다. 하지만 아담과 하와가 타락하자마자, 주변 세계가 그들에게 와락 덮쳐 왔고 도 덕적인 악이 더해지면서 세상의 자연적인 악이 훨씬 강해져 온 천지가 몹시 암울한 공간으로 변 해 버렸다. 이 이야기는 도덕적인 악과 죽음뿐 아니라 세상의 고난과 악 역시 인간의 죄 때문이 라는 성경의 기본적인 가르침을 뒷받침한다.

3. Walter C. Kaiser, "Eight Kinds of Suffering in the Old Testament," in *Suffering and Goodness*, eds. Morgan and Peterson, pp. 68-69를 보라. 아울러 Klaus Koch, "Is There a Doctrine of Retribution in the Old Testament?" in *Theodicy in the Old Testament*, ed. James L. Crenshaw (Fortress, 1983), pp. 57-87도 함께 보라.

4. Rittgers, *Reformation of Suffering*, p. 9.

5. Gerhard von Rad, *Wisdom in Israel* (SCM Press, 1972), pp. 144-176 (chap. 9, "The Self-Revelation of Creation").

6. Ibid., p. 310.

7. Graeme Goldsworthy, *The Goldsworthy Trilogy: Gospel and Wisdom* (Paternoster, 2000), pp. 428-458.

8. M. J. Lerner and D. T. Miller, "Just World Research and the Attribution Process: Looking Back and Ahead," *Psychological Bulletin* 85: 1030-1051. Jonathan Haidt, *The Happiness Hypothesis: Putting Ancient Wisdom and Philosophy to the Test of Modern Science* (Arrow Books, 2006), p. 146에 인용. 조너선 하이트, 《행복의 가설》(풀무레 역간).

9. David Bentley Hart, *The Doors of the Sea: Where Was God in the Tsunami?* (Eerdmans, 2005), pp. 99, 101, 103-104. 개인적인 생각이지만, 하트는 고난에 대한 성경의 신학 가운데 이 한 가지 입장(불의로서의 고난, 그리고 하나님의 원수로서의 고난)을 지나치게 강조하는 한편, 고난에 대한 하나님의 주권과 역영에 담긴 목적을 가르치는 성경의 다른 자료들을 외면한다. 하트는 자신의 저서에서 고대 영지주의(지극히 높으신 하나님은 악이나 고난과는 아무 관련이 없으며, 그런 요소들은 어느 면으로든 주님이 세우신 거룩한 계획의 일부가 될 수 없다)에 공감한다고 인정한다. 아울러 도스토옙스키의 작품에 등장하는 이반 카라마조프의 시각에도 온정적이다. 이 인물은 '더 큰 선'을 이루기 위해 고난을 사용하실 수 있는 하나님을 거부하며, 그분은 장차 다가올 마지막 심판 자리에서, 자신이 생각해 보지 못한 그 어떤 통찰이나 지혜도 내놓지 못하리라고 굳게 믿는다. 고난은 하나님이 미워하는 일이라는 진리를 또한 주님은 그 시련을 주관하신다는 가르침과 더불어 단단히 붙드는 게 대단히 중요하다. 고난과 악이 하나님의 거룩한 계획의 일부라는 사실을 믿지 않는다면, 앞으로 살펴볼 엄청나게 많은 성경의 가르침을 외면할 뿐만 아니라, 주님이 어떤 형태로든 실질적인 경험들과 악한 사건들 속에 역사하신다는 위로를 내버리는 셈이다. 그뿐 아니라, 하나님이 우리에게 무언가를 가르쳐 성장하게 하신다고 생각하는 대단한 특권도 놓치게 될 것이다.

10. B. B. Warfield, "The Emotional Life of Our Lord," in *The Person and Work of Christ*, ed. Samuel G. Craig (P&R, 1950), p. 115.

11. Ibid., pp. 116-117.

12. Rittgers, *Reformation of Suffering*, p. 9.

13. Ibid., p. 261.

14. '인간의 자유의지'가 '역사를 이끄는 하나님의 절대적인 결정'과 양립할 수 있다는 시각은 특히 개혁 신학과 잘 맞는다. 다른 시각을 살펴려면, Roger Olson, *Arminian Theology: Myths and Realities* (Inter-Varsity Press, 2006)를 보라. 피터 반 인와겐 같은 철학자들은 자유의지는 결정론과 양립할 수 없다고 주장한다. 이런 관점을 상세하게 다룬 글로는 D. A. Carson, *Divine Sovereignty and Human Responsibility: Biblical Perspectives in Tension* (John Knox, 1981)과 Packer, *Evangelism and the Sovereignty of God*, 이 두 편을 추천하고 싶다. 제임스 패커, 《제임스 패커의 복음 전도란 무엇인가》(생명의말씀사 역간).

532 팀 켈러, 고통에 답하다

15. 누구나 스스로의 선택과 행동에 책임을 져야 한다고 가르치는 본문들(마 25장; 롬 2:1-16; 계 20:11-13 등)뿐 아니라, 역사 속에 일어나는 모든 일들에 대한 하나님의 절대적인 주도권을 가르치는 구절들(창 14:8; 잠 21:1; 마 10:29; 롬 9:20 등)도 수를 헤아릴 수 없을 만큼 많다.

16. J. I. 패커는 고전적인 글에서 하나님의 주권과 인간의 책임 사이의 관계를 '이율배반'으로 설명한다. '두 가지 명확한 진리 사이에 불일치가 명확한 …… 모순 양상'을 가리키는 말이다. 두 가지 원리들이 나란히 대치해 접점이 거의 없어 보이지만 양쪽 모두 부정할 수 없을 때 이율배반이 존재하게 된다. 패커는 빛의 예를 들었다. 빛은 파장으로 드러나기도 하고 입자로 움직이기도 한다. 어떻게 그렇게 두 양상을 갖게 되는지는 명확하지 않지만, 그럼에도 불구하고 그렇게 활동한다. 마찬가지로, 성경에 따르면 하나님은 주권자이시다. 그렇지 않으면 역사는 대부분 아무 선한 의도 없이 벌어진, 그야말로 무의미한 사건의 연속일 따름이다. 하지만 우리 역시 책임이 있다. 그렇지 않으면 우리가 살아가면서 하는 대부분의 일들은 무의미하다. 성경은 둘 다 옳다고 가르친다. 패커는 안간힘을 써 가며 이 모순은 실질이 아니라 겉가죽일 뿐이라고 말한다. 관찰자인 인간의 한계 탓에 그리 보일 뿐이라는 것이다. Packer, *Evangelism and the Sovereignty of God*, pp. 18-19를 보라. 제임스 패커, 《제임스 패커의 복음 전도란 무엇인가》(생명의말씀사 역간).

17. Carson, *How Long, O Lord?*, p. 189.

18. Ibid.

19. 이 본문은 세상의 온갖 선한 것들의 궁극적인 근원은 하나님이라고 말한다. 본문을 그대로 옮기자면 이렇다. "온갖 좋은 은사와 온전한 선물이 다 위로부터 …… 내려오나니" J. B. 애덤슨은 이 구절의 가르침을 "인간이 가진 좋은 것들은 다 완벽한 우주의 아버지로부터 온다"는 말로 정리했다. J. B. Adamson, *The Epistle of James*. The New International Commentary on the New Testament (Eerdmans, 1976), p. 74.

7 하나님은 '고난을 다스리는' 주권자인 동시에 '몸소' 고난당하셨다

1. Dan G. McCartney, *Why Does It Have to Hurt?: The Meaning of Christian Suffering* (P&R, 1998), p. 56. 댄 매카트니, 《고통 속에서 하나님을 만나다》(P&R 역간).

2. Derek Kidner, *Genesis: An Introduction and Commentary* (Inter-Varsity Press, 1967), p. 86.

3. J. Alec Motyer, *The Message of Exodus: The Days of our Pilgrimage* (Inter-Varsity Press, 2005), p. 69. 알렉 모티어, 《출애굽기 강해》(IVP 역간).

4. Carson, *How Long, O Lord?*, p. 166.

5. F. L. Cross and E. A. Livingstone, eds., *The Oxford Dictionary of the Christian Church* (Oxford University Press, 1974), p. 694를 보라. Carson, *How Long, O Lord?*, p. 164에 인용.

6. Kidner, *Genesis*, p. 86.

7. Carson, *How Long, O Lord?*, p. 159.

8. McCartney, *Why Does It Hurt?*, pp. 57, 59. 댄 매카트니, 《고통 속에서 하나님을 만나다》(P&R 역간).

9. R. M. M'Cheyne, *Sermons of the Rev. Robert Murray M'Cheyne* (Banner of Truth, 1961), pp. 47-49.

10. McCartney, Why Does It Hurt?, p. 60. 댄 매카트니, 《고통 속에서 하나님을 만나다》(P&R 역간).

11. Douglas John Hall, *God and Human Suffering: An Exercise in the Theology of the Cross* (Augsburg, 1986)를 보라. Warren McWilliams, *The Passion of God: Divine Suffering in Contemporary Protestant Theology* (Mercer University Press, 1985)도 살펴보라.

12. Rittgers, *Reformation of Suffering*, p. 261.

13. Ibid.

14. Albert Camus, *The Rebel* (Vintage, 1956), p. 34. Berger, *Sacred Canopy*, p. 77에 인용됨. 알베르 카뮈, 《반항하는 인간》(책세상 역간).

15. Albert Camus, *Essais* (Gallimard, 1965), p. 444.

16. Berger, *Sacred Canopy*, p. 77.

17. Louis Berkhof, *Systematic Theology* (new ed. in 2 vols.; Eerdmans, 1996), p. 729. 루이스 벌코프, 《벌코프 조직신학》(크리스천다이제스트 역간).

18. Ibid.

19. Christopher J. H. Wright, *The God I Don't Understand: Reflections on Tough Questions of Faith* (Zondervan, 2008), p. 64. 크리스토퍼 라이트, 《크리스토퍼 라이트, 성경의 핵심 난제들에 답하다》(새물결플러스 역간).

20. Ibid., p. 67.

21. Henri Blocher, *Evil and the Cross,* p. 131.

22. 악에 대한 이 두 가지 시각은 때로 *The Consolation of Philosophy*를 쓴 보에티우스와 마니교의 이름을 따서 '보에티우스적 관점'이나 '마니교의 시각'이라고 불렸다. 톰 쉬피(Tom Shippey)는 *The Road to Middle Earth*에서 어떻게 톨킨의 작품 《반지의 제왕》이 악을 '두 가지 모두'로 풀어 내는지 깔끔하게 설명한다. 이는 내면의 결핍인 동시에 우주 속에 존재하는 실질적인 힘이다. 쉬피는 내러티브 속의 반지가 때로는 그 반지를 끼고 있는 이의 내면에 자리 잡은 뒤틀리고 그릇된 요소를 초자연적으로 증폭시키는 역할을 하지만, 또 한편으로는 스스로 악한 힘을 가진 것으로 그려진다는 점을 지적한다. 개인적으로는 이런 '두 가지 모두'는 악을 바라보는 성경의 시각과도 딱 들어맞는다. Shippey, *The Road to Middle Earth* (Mariner Books, 2003), pp. 138ff를 보라.

23. John Calvin, Introduction to Olievatan's translation of the New Testament.

24. Blocher, *Evil and the Cross,*, p. 132.

25. Ibid., pp. 131-132.

26. Ibid., p. 132.

27. Fyodor Dostoevsky, *The Brothers Karamazov*, chapter 34. 이 대사의 주인공 이반 카라마조프는 하나님의 창조세계에 대한 가능성을 일축하지만, 그렇다고 해서 도스토옙스키까지 그 설득력 있는 주장을 믿지 않았다는 뜻은 아니다. 도스토옙스키가 여기서 악 자체를 정당화할 수 있다는 이야기를 하고 있는 것이 아니라는 점도 짚어 둘 필요가 있다. 만일 하나님이 악을 이용해 그런 일이 벌어지지 않았을 때보다 '더 큰 선'을 가져오신다 하더라도, 악은 엄연히 남아 있으므로 악 그 자체는 용서되지도, 정당화되지도 않는다. 표도르 도스토옙스키, 《카라마조프 가의 형제들》.

8 모든 고난이 의미 있는가

1. Haidt, *Happiness Hypothesis*, p. 136. 조너선 하이트, 《행복의 가설》(물푸레 역간).

2. Ibid.

3. Ibid., p. 137.

4. Ibid., p. 138.

5. Ibid.

6. Ibid., p. 140.

7. Robert A. Emmons, *The Psychology of Ultimate Concerns: Motivation and Spirituality in Personality* (Guilford, 1999), and "Personal Goals, Life Meaning, and Virtue," in *Flourishing: Positive Psychology and the Life Well Lived*, eds. Corey L. M. Keyes and Jonathan Haidt (APA, 2003), pp. 105-28. Haidt, *Happiness Hypothesis*, p. 143에 인용.

8. Haidt, *Happiness Hypothesis*, p. 145. 조너선 화이트, 《행복의 가설》(물푸레 역간).

9. Ibid.

10. Ibid., p. 141.

11. C. S. Lewis, *Reflections on the Psalms* (Harcourt, 1958), p. 90. C. S. 루이스, 《시편사색》(홍성사 역간).

12. Ibid., p. 92.

13. J. R. R. Tolkien, *The Letters of J. R. R. Tolkien*, ed. Humphrey Carpenter (1981), letter #121. http://tolkien.cro.net/rings/sauron.html에서 인용.

14. Jonathan Edwards, *The Miscellanies* [entry nos. a-z, aa-zz, 1-500], *The Works of Jonathan Edwards*, Volume 13. Edited by Thomas A. Schafer (New Haven: Yale University Press, 1994), no. 448, p. 495.

15. Elisabeth Elliot, *No Graven Image* (Avon Books, 1966).

16. Ibid., p. 158.

17. Ibid., p. 164.

18. Ibid., p. 165.

19. Ibid., p. 174.

20. Ibid., p. 175.

21. Ibid.

22. Elisabeth Elliot, *These Strange Ashes* (Harper, 1975), p. 109.

23. Ibid., pp. 130-132.

24. 여기에 대한 설명은 Elisabeth Elliot, *Through the Gates of Splendor* (2nd ed.; Hendrickson, 2010)에서 볼 수 있다. 엘리자베스 엘리엇, 《영광의 문》(복있는사람 역간).

25. Ibid., p. 268.

26. Elisabeth Elliot, "The Glory of God's Will," in *Declare His Glory among the Nations*, ed. David Howard (Inter-Varsity Press, 1977), p. 133.

27. Rittgers, *Reformation of Suffering*, p. 47.

28. Cindy Stauffer, "Film Depicting Nickel Mines Shootings Questioned," Lancaster Online, http://lancasteronline.com/article/local/249326_Film-depicting- Nickel-Mines-shootings-questioned.html.

29. Donald B. Kraybill, Steven M. Nolt, and David L. Weaver-Zercher, *Amish Grace: How Forgiveness Transcended Tragedy* (Jossey-Bass, 2010).

30. Ibid., p. 183.

31. Ibid., p. 176-177.

32. Ibid., p. 181.

33. 이 이야기와 조니가 사고 첫해에 깨달은 사실들은 고난을 다룬 탁월한 책, Joni Eareckson Tada and Steve Estes, *A Step Further* (Zondervan, 1978)에 실려 있다. 드니스 월터스의 사연은 "When Nobody's Watching," pp. 56-62에서 볼 수 있다. 조니 에릭슨 타다, 《한 걸음 더》(기독교문서선교회 역간).

34. Ibid., p. 59.

35. Ibid., p. 61.

36. Ibid., p. 62.

9 '평소에' 예수와 걷는 법을 배우라

1. Haidt, *Happiness Hypothesis*, p. 152에 인용됨. 조너선 하이트, 《행복의 가설》(물푸레 역간).

2. Lewis, *Mere Christianity*, p. 134 (10장, "Hope"). C. S. 루이스, 《순전한 기독교》(홍성사 역간).

3. Davies, *Importance of Suffering*, p. 133.

4. Ibid., p. 130.

5. Ibid.

6. Ibid., p. 131.

7. Ibid., pp. 133-134.

8. Haidt, *Happiness Hypothesis*, p. 146. 조너선 하이트, 《행복의 가설》(물푸레 역간).

9. Ibid., pp. 146-147.

10. John Newton, *The Letters of John Newton* (Banner of Truth, 1960), p. 180. 존 뉴턴, 《존 뉴턴 서한집》(크리스천다이제스트 역간).

11. C. S. Lewis, "Epigraph," *The Problem of Pain* (HarperOne, 2001), p. viii에 인용. C. S. 루이스, 《고통의 문제》(홍성사 역간).

12. D. Martin Lloyd-Jones, *Spiritual Depression: Its Causes and Cure* (Eerdmans, 1965), pp. 247-259 (18장, "In God's Gymnasium")를 보라. 마틴 로이드 존스, 《영적 침체》(복있는사람 역간).

13. Michael Horton, *A Place for Weakness* (Zondervan, 2006), p. 19. 마이클 호튼, 《약함의 자리》(복있는사람 역간).

14. Simone Weil, *Waiting for God* (Harper, 2009), p. 70. 시몬 베유, 《신을 기다리며》(이제이북스 역간).

15. Plantinga, *God, Freedom, and Evil*, pp. 63-64.

16. John S. Feinberg, "A Journey in Suffering: Personal Reflections on the Religious Problem of Evil," in *Suffering and Goodness*, eds. Morgan and Peterson, p. 214.

17. Ibid., p. 215.

18. Ibid., p. 217.

19. Ibid., p. 218.

20. Ibid., p. 219.

21. Ibid.

22. Carson, *How Long, O Lord?*, pp. 18, 20.

23. Ibid., p. 20.

10 누군가의 고난을 함부로 판단하지 말라

1. 요나와 다윗이 신약성경에 소개된 예수님을 믿는 인물은 아니다. 따라서 '그리스도 안에 있는 자들'에 관한 바울의 주장을 직접 적용할 수 없다는 점은 이미 알고 있다. 구약의 유대인 신자들과 신약의 크리스천들의 위상을 비교하는 문제는 아주 복잡한 주제다. 하지만 이 책의 목적에 비추어 스스로 물을 필요가 있다. 오늘날 하나님은 크리스천들의 죄를 물어 그 벌로 고난을 주시는가? 엄밀하게 말하자면, 가장 좋은 대답은 (성경이 말하는 공의에 비추어) 우리 죄에 합당한 벌을 받지는 않는다는 것이다. 예수님은 그 형벌을 우리 대신 지셨다. 하지만 하나님이 마치 부모가 순종을 가르치기 위해 아이들의 삶에 마땅한 대가를 치르게 하듯, '교정을 위한 징계'로 나쁜 일들이 생기게 하실 수 있는가? 성경은 그렇다, 하나님은 그리하실 수 있다고 대답한다.

2. Weil, *Waiting for God*, pp. 67ff. 시몬 베유, 《신을 기다리며》(이제이북스 역간).

3. Ibid., pp. 68, 70.

4. Ibid., p. 68.

5. Solomon, *Far From the Tree*. 앤드류 솔로몬, 《부모와 다른 아이들》(열린책들 역간).

6. Weil, *Waiting for God*, p. 69. 시몬 베유, 《신을 기다리며》(이제이북스 역간).

7. J. R. R. Tolkien, *The Lord of the Rings: The Two Towers* (Houghton Mifflin, 2004), p. 914. J. J. R. 톨킨, 《반지의 제왕: 두개의 탑》(씨앗을뿌리는사람 역간).

8. Weil, *Waiting for God*, p. 70. 시몬 베유, 《신을 기다리며》(이제이북스 역간).

9. Ibid.

10. Ibid., p. 71.

11. D. A. Carson, *For the Love of God: A Daily Companion for Discovering the Treasures of God's Word, vol. 2* (Crossway, 1999), February 17 reading. http://s3.amazonaws.com/tgc-documents/carson/1999_for_the_love_of_God.pdf에서 온라인으로도 볼 수 있다.

12. Feinberg, "Journey in Suffering," p. 222.

13. Ibid., pp. 223-224.

14. Ibid., p. 224.

15. 존 페인버그는 아이를 잃은 제자 부부의 이야기를 들려준다. 누군가 그들에게 진심을 다해 이 야기했다. "아드님이 세상을 떠난 게 도리어 좋은 일일 수도 있습니다. …… 아이가 커서 약물에 중독될 수도 있지 않습니까? …… 어쩌면 하나님은 이런 일들을 미리 아시고 두 분을 그런 문제 들에서 건지셨는지도 모릅니다." Feinberg, "Journey in Suffering," p. 221.

- PART 3 -

11 반드시, 내가 걸어서 지나가야만 한다

1. 찬송가 〈Crown Him with Many Crowns〉 가사의 대부분은 매튜 브릿지즈(Matthew Bridges)의 작 품으로 1852년에 낸 *The Passion of Jesus*에 실렸지만, 여기에 인용한 3절은 1874년 나온 *Hymns and Sacred Lyrics*에 수록된 갓프리 드링(Godfrey Thring)의 글이다. 《새찬송가》 25장, 〈면류관 벗 어서〉.

2. Karen H. Jobes, *1 Peter*, Baker Exegetical Commentary on the New Testament (Baker, 2005), p. 94.

3. J. Alec Motyer, *The Prophecy of Isaiah: An Introduction and Commentary* (Inter-Varsity Press, 1993), p. 331.

4. "'고난당하다'라는 동사는 신약성경에 마흔한 번 나오는데, 그 가운데 열두 번은 이 짧은 편지에 등장한다. 열여섯 번 사용된 명사형 가운데 네 차례도 이 편지에 출현한다. …… 이런 빈도수만 보더라도 고난이야말로 베드로전서의 주요한 주제임을 여실히 드러낸다." I. Howard Marshall, *1 Peter*, The IVP New Testament Commentary Series (Inter-Varsity Press, 1991), p. 89n.

5. Frederick W. Danker and Walter Bauer, *A Greek-English Lexicon of the New Testament and Other Early Christian Literature* (3rd ed.; University of Chicago Press, 2000), p. 793.

6. Marshall, *1 Peter*, p. 42.

7. "불로 연단하여도 없어질 금"이란 사도 베드로의 말은 불을 못 견디고 금이 타버릴 수 있다고 그 가 믿었음을 가리키는 건 아니다. 불은 금을 녹이지만 태워 없애지는 못 한다. 대다수 주석가들 은 여기서 베드로는 금과 신앙을 대조시킨다고 본다. "베드로는 믿음과 금을 각각 다음 세상까 지 오래 견디는 것과 그러지 못하는 것에 빗댄다." Marshall, *1 Peter*, p. 41n.

8. 대다수 주석가들은 다니엘서 3장의 이야기가 이사야서 43장 2절에 대한 '미드라쉬'나 주석이 된

다고 본다. John E. Goldingay, *Daniel*, Word Biblical Commentary, vol. 30 (Word, 1998), p. 68를 보라.

9. J. Alec Motyer, *The Message of Exodus: The Days of Our Pilgrimage* (Inter-Varsity Press, 2005), p. 51. 알렉 모티어, 《출애굽기 강해》(IVP 역간).

10. Iain M. Duguid, *Daniel*, Reformed Expository Commentary (P&R, 2008), p. 58.

12 지금, 예수 앞에서 울 수 있다

1. Tremper Longman III, *How to Read the Psalms* (Inter-Varsity Press, 1988), p. 26.

2, Rittgers, *Reformation of Suffering*, p. 258.

3. Richard Sibbes, *The Bruised Reed and Smoking Flax*, in *Works*, vol. 1 (Banner of Truth, 2001).

4. Joseph Bayly, *The View from a Hearse* (Cook, 1969), pp. 40-41.

5. Derek Kidner, *Psalms 73-150: A Commentary on Books III-V of the Psalms* (Inter-Varsity Press, 1973), p. 316.

6. Martin Marty, *A Cry of Absence: Reflections for the Winter of the Heart* (Harper, 1983), p. 68.

7. Derek Kidner, *Psalms 1-72: A Commentary on Books I-II of the Psalms* (Inter-Varsity Press, 1973), p. 157. 이 주해는 소망의 표현 없이 마무리하는 또 다른 시편인 39편 주석의 마지막 부분에 나온다.

8. Tolkien, *The Lord of the Rings*, Houghton Mifflin, one volume edition, 1994, p. 913. J. J. R. 톨킨, 《반지의 제왕: 두개의 탑》(씨앗을뿌리는사람 역간).

9. Kidner, *Psalms 73-150*, p. 317.

10. Elisabeth Elliot, *Keep a Quiet Heart* (Servant, 1995), p. 73에 인용.

11. Michael Wilcock, *The Message of Psalms 73-150: Songs for the People of God* (Inter-Varsity Press, 2001), p. 65.

12. 주석가들은 본문에서 베드로가 사용하고 있는 동사의 애매모호한 속성에 주목한다. 현재명령 형뿐만 아니라 직설법 현재로도 해석할 수 있기 때문이다. 역자들이 이 동사의 시제를 다르게 번역한 까닭이 여기에 있다. "여러 가지 시험으로 말미암아 잠깐 근심하게 되지 않을 수 없으나." 이런 모호함은 다분히 의도적이고 노련한 조처라는 게 대다수의 의견이다. 이미 즐거워하면서 동시에 슬퍼하는 이들은 베드로의 글을 칭찬으로 읽었을 테고, 아직 그 경지에 이르지 못한 이들은 강력한 권면으로 받아들였으리라는 뜻이다. Marshall, *1 Peter*, p. 93을 보라.

13. Lloyd-Jones, *Spiritual Depression*, pp. 220-221. 마틴 로이드 존스, 《영적 침체》(복있는사람 역간).

13 지금, 예수를 믿고 의지할 수 있다

1. *These Strange Ashes* (Revell, 1982), p. 7에 인용됨.
2. Kidner, *Genesis*, p. 199.
3. Ibid., p. 205.
4. Elliot, "Glory of God's Will," p. 130.
5. Kidner, *Genesis*, p. 181.
6. Newton, *Letters*, pp. 179-180. 존 뉴턴, 《존 뉴턴 서한집》(크리스천다이제스트 역간).
7. Kidner, *Genesis*, p. 207.

14 지금, 예수께 기도할 수 있다

1. Peter Kreeft, *Three Philosophies of Life* (Ignatius Press, 1989), p. 61, "Job: Life as Suffering"에 인용. 피터 크리프트, 《삶의 세 철학》(성지출판사 역간).
2. Ibid.
3. "가장 근접한 경쟁자들과 비교해도 욥기는 인간의 고통이라는 주제를 악착같이 물고 늘어지는 일관성에서, 그 주제에 관한 다각적인 검증에서 …… 서정적인 시가들의 고상한 품격에서 …… 극적인 영향력에서, 그리고 인간 존재의 '불가해한 짐'을 대하는 지성적인 진정성에서 단연 우위에 있다. 이 모든 점에서 욥기는 비교가 불가능할 만큼 탁월하다. …… 그만한 수준에 오른 작품은 어디에도 없다. 비교는 오히려 욥기의 독보적인 위대함을 도드라지게 만들 뿐이다." Francis I. Anderson, *Job: An Introduction and Commentary* (Inter-Varsity Press, 1976), p. 32.
4. Anderson, *Job*, p. 123.
5. Ibid., p. 124.
6. Ibid., p. 125.
7. Gerald H. Wilson, *Job*, New International Biblical Commentary (Hendrickson, 2007), p. 422.
8. Anderson, *Job*, p. 270, n2, George Bernard Shaw, *The Adventures of the Black Girl in Her Search for God*, 1932, pp. 12, 19에서 인용.
9. Wilson, *Job*, p. 423.
10. Anderson, *Job*, p. 270, n1.

11. Ibid., p. 287.

12. Ibid., pp. 287-288. *The New York Times Book Review*에 실린 존 그레이의 책 *The Silence of Animals*에 대한 토머스 네이글의 서평도 보라. 그레이는 세속적인 서구 사회는 하나님 없이 인간의 자기 계발로 세상에서 악을 없앨 수 있다고 믿지만, 그처럼 거창하기만 한 수많은 시도들은 더 큰 악으로 이어질 뿐이라고 비판한다. 네이글도 여기에 공감하며 말한다. "이 시대는 세상적인 버전으로 악의 문제와 대면하고 있다. 시스템을 그렇게 형편없이 설계하고 유지하면서 어떻게 선한 결과가 나오길 기대할 수 있겠는가? 그동안 이 문제를 해결하기 위해 시도했던 일들이 참담한 결과를 낳았다는 그레이의 지적은 틀린 말이 아니다." Thomas Nagel, "Pecking Order," *The New York Times Book Review*, July 7, 2013, p. 10.

13. Elisabeth Elliot, "Epilogue II," in *Through the Gates of Splendor* (40th Anniversary ed.; Tyndale, 1996), p. 267. 엘리자베스 엘리엇, 《영광의 문》(복있는사람 역간).

14. Lloyd-Jones, *Spiritual Depression*, pp. 20-21. 마틴 로이드 존스, 《영적 침체》(복있는사람 역간).

15. John White, *The Masks of Melancholy: A Christian Physician Looks at Depression & Suicide* (1982). 오디오에서 인용.

16. Anderson, *Job*, p. 267.

17. Wilson, *Job*, p. 455.

18. Anderson, *Job*, p. 73.

15 지금, 예수로 생각하고 감사하고 사랑할 수 있다

1. C. S. Lewis, "Epigraph," *The Problem of Pain* (HarperOne, 2001), p. viii에 인용됨. C. S. 루이스, 《고통의 문제》(홍성사 역간).

2. "하지만 여기서 바울이 이야기하는 바는 영어 번역보다 훨씬 덜 선명해서 덥석 받아들이기 어려울 수도 있다. 언뜻 보기에, 바울은 마지막 때를 맞아 더 고상한 일에 '마음을 쓰라'고 권면하는 듯하다. 어떤 면에서는 사실이지만, 언어와 문법을 따져 보면 미세하게 다른 측면이 드러난다. 동사 자체가 단순한 '생각'이라기보다 통상적으로 '계산하다'라는 의미가 깔린 '생각하다'이다. 이는 바울이 '고상한 생각을 많이 하라'고 주문한다기보다 오래전부터 그리스도께 부합한다고 알고 있는 선한 것들을 '헤아려 생각하라'고 말하고 있음을 보여 준다." G. D. Fee, *Paul's Letter to the Philippians*, The New International Commentary on the New Testament (Eerdmans, 1995), pp. 415-416.

3. 세속적인 세계관의 적막함을 보여 주는 본보기는 이루 헤아릴 수 없이 많다. 찰스 다윈은 이렇게

적었다. "인격적인 하나님의 존재라든지 미래의 징벌과 상급에 대한 믿음이 전혀 없거나 한결같지 않은 이는, 내가 아는 한, 가장 강하거나 자신에게 최고로 유익한 충동과 본능을 따르는 것을 삶의 원칙으로 삼을 수 있다"(Charles Darwin, *Evolutionary Writings*, edited by James A. Secord, p. 396. books. google.com을 보라). 대법원 판사이자 20세기 초를 풍미했던 대단한 지성으로 꼽히는 올리버 웬들 홈스 2세는 친구에게 보낸 개인적인 편지에서 이렇게 이야기했다. "개코원숭이나 모래 한 줌에 매기는 것과 전혀 다른 부류의 의미를 인간에게 부여할 이유를 찾지 못하겠네. …… 세상은 나만이 아니라 방울뱀도 만들어 냈어. 하지만 난 기회만 있으면 그놈을 죽여 버릴 걸세. …… 이유가 있다면 내가 바라는 세상, 누구나 저마다 가진 힘에 맞춰 사는 세상에 어울리지 않는다는 것뿐이야"(Oliver Wendell Holmes Jr., *The Essential Holmes*, edited and with an introduction by Richard A. Posner, pp. 108, 114을 정리함. books.google.com을 보라). 역사가 칼 베커는, 엄격하게 과학적인 시각에서 인류는, "철을 녹슬게 하고 옥수수를 익히는 것과 똑같은 힘이 양대 빙하기 사이에 아무렇게나 지구 표면에 우연히 던져 넣은 찌꺼기보다 조금도 나을 게 없는 존재"로 보아야 한다는 유명한 말을 남겼다(Steven D. Smith, *Disenchantment*, p. 179에 인용). 영국 철학자 존 그레이는 인류에게 독특한 삶의 의미나 가치가 있다거나, 앞으로 좀 더 나아질 희망이 있다거나, 역사가 지향점을 가지고 흘러간다든가 하는 현대 세속 사회의 신화를 통렬하게 비판하는 글을 썼다. 인류는 짐승이나 풀 한 포기보다 결코 나을 게 없는 가치를 지녔다는 것이다. "인간이 독특하다는 생각은 종교에서 비롯되고 전승되었으며 휴머니스트들이 과학의 영역에서 재활용했던 신화"라면서 "진화는 끝도 지향도 없으므로 사회 발전이 진화의 과정이라면 그게 어디로 갈지는 아무도 모른다"라고 했다. Gray, *The Silence of Animals*, p. 78. 존 그레이, 《동물들의 침묵》(이후 역간).

4. Jonathan Edwards, "Christian Happiness," in *Works of Jonathan Edwards: Sermons and Discourses 1720-1723*, vol. 10, ed. Wilson H. Kimnach (Yale University Press, 1992), p. 297.

5. 이 단어는 주로 친근한 성향을 가졌다는 뜻에서 '사랑스럽다'고 여기는 것과 관련이 깊다. NJB 역본은 이런 속성을 잘 포착해서 "우리가 사랑하는 모든 것"으로 풀이했다. Fee, *Paul's Letter to the Philippians*, p. 418.

6. 아우구스티누스가 어떻게 '유다이모니즘'(Eudaimonism, 가장 고상한 행복의 근원은 인간의 덕성이라고 보는 관점)을 무너뜨렸는지에 관해서는 Wolterstorff, *Justice*, 7, 8장에 자세히 적혀 있다. "변함없는 사랑만이 평강을 가져온다"라는 구절은 아우구스티누스의 가르침을 함축한 말로 8장, p. 180에 나온다.

7. Saint Augustine, *Confessions*, Book IV, 11. 아우구스티누스, 《고백록》.

8. C. S. Lewis, *The Four Loves* (Harcourt, 1988), p. 122. C. S. 루이스, 《네 가지 사랑》(홍성사 역간).

9. Kidner, *Psalms 1-72*, p. 55.

10. William L. Lane, *The Gospel of Mark*, The New International Commentary on the New Testament (Eerdmans, 1974), pp. 573-574를 보라.

11. Horatio Spafford, "It Is Well with My Soul," 1873 hymn. 《새찬송가》 413장, 〈내 평생 가는 길〉.

16 지금, 예수로 소망할 수 있다

1. Howard Thurman, *A Strange Freedom: The Best of Howard Thurman on Religious Experience and Public Life*, eds. Walter Earl Fluker and Catherine Tumber (Beacon Press, 1998), p. 71.

2. Ibid., p. 79.

3. 이 이야기에는 수많은 버전이 있으며 저마다 조금씩 차이가 난다. 대표적인 이야기를 보려면 http://www.family-times.net/illustration/Troubled/200318을 참조하라.

4. C. S. Lewis, "The Weight of Glory." https://docs.google.com/ viewer?url=http%3A%2F%2Fwww. verber.com%2Fmark%2Fxian%2Fweight-of-glory.pdf, p. 8에서 볼 수 있다.

에필로그

1. 이 책에서는 다채로운 고난에 대처하는 데 필요한 여러 가지 전략들 가운데 몇 가지(믿고 의지하며, 성찰하고, 사랑의 우선순위를 재설정하는 것)에 집중했다. 하지만 종종 결정적인 요인으로 작용하기도 하는 두 가지 영적인 기술은 살피지 않고 넘어갔다. 첫 번째 기술은 회개와 하나님과의 화해를 통해 주님의 용서를 받는 것이다. 고난은 개인적인 결함을 드러내는 경우가 많으며 우리는 깊은 수치심을 느끼게 된다. 따라서 하나님의 은혜를 받아 누림으로써 죄책감과 수치감을 누그러뜨리는 게 대단히 중요하다. 다른 한편으로는 다른 이들을 용서하는 기술이 필요하다. 역경들 가운데는 누군가의 배신에서 비롯되는 경우가 적지 않다. 그런 경우에, 죄책감보다는 분노에 사로잡히기 쉽다. 은혜를 베풀어 분노를 누그러뜨리는 게 필수적이지만 한 걸음 더 나아가 용서해야 한다. 이 책에서는 그 두 가지 문제는 깊이 다루지 않았다. 도움이 될 만한 책들을 여기에 소개한다. J. R. W. Stott, *Confess Your Sins: The Way of Reconciliation* (Westminster, 1965), Dan Hamilton, *Forgiveness* (Inter-Varsity Press, 1980). Judith Gundry-Volf and Miroslav Volf, *A Spacious Heart: Essays on Identity and Belonging* (Trinity Press, 1997). Timothy Keller and Kathy Keller, *The Meaning of Marriage: Facing the Complexities of Commitment with the Wisdom of God* (Dutton, 2011), pp. 159-169도 참조하라. 존 스토트, 《너의 죄를 고백하라》(IVP 역간). 댄 해밀턴, 《용서》(IVP 역간). 팀 켈러, 《팀 켈러, 결혼을 말하다》(두란노 역간).